既见半岛，也见世界

他者中的近代朝鲜

邻国认知与朝鲜的现代性

Modern Korea
and its Others

Perceptions of the Neighbouring
Countries and Korean Modernity

［韩］弗拉基米尔·吉洪诺夫　著

刘荣荣　译

江苏人民出版社

图书在版编目（CIP）数据

他者中的近代朝鲜：邻国认知与朝鲜的现代性／
（韩）弗拉基米尔·吉洪诺夫著；刘荣荣译. — 南京：
江苏人民出版社，2025. 3. —（西方韩国研究丛书／
刘东主编）. — ISBN 978 - 7 - 214 - 29045 - 8

Ⅰ. D093.12

中国国家版本馆 CIP 数据核字第 20259FF768 号

书　　　名	他者中的近代朝鲜:邻国认知与朝鲜的现代性
著　　　者	［韩]弗拉基米尔·吉洪诺夫
译　　　者	刘荣荣
责 任 编 辑	陆诗濛
装 帧 设 计	周伟伟
责 任 监 制	王　娟
出 版 发 行	江苏人民出版社
地　　　址	南京市湖南路 1 号 A 楼,邮编:210009
照　　　排	江苏凤凰制版有限公司
印　　　刷	南京爱德印刷有限公司
开　　　本	890 毫米×1240 毫米　1/32
印　　　张	13.125　插页 4
字　　　数	261 千字
版　　　次	2025 年 3 月第 1 版
印　　　次	2025 年 3 月第 1 次印刷
标 准 书 号	ISBN 978 - 7 - 214 - 29045 - 8
定　　　价	78.00 元

（江苏人民出版社图书凡印装错误可向承印厂调换）

"西方韩国研究丛书"总序

  我对韩国研究的学术兴趣,是从数年之前开始萌生的。2019 年 11 月初的一天,我有点意外地飞到了那里,去接受"坡州图书奖"的"特别奖",也当场发表了自己的获奖词,这就是那篇《坚守坐拥的书城》,后来也成了我一本文集的标题。而组织者又于颁奖的次日,特地为我个人安排了观光,让我有机会参观了首尔,观摩了市中心的巨大书店,观摩了韩国的历史博物馆,也观摩了光化门和青瓦台。我还在那尊"大将军雕像"下边——后文中还会提起这位将军——抖擞起精神留了一个影,而此后自己的微信头像,都一直采用着这幅照片。

  当然,只这么"走马观花"了一遭,肯定还留有很多"看不懂"的。不过,既然生性就是要"做学问"的,或者说,生性就是既爱"学"又好"问",从此就在心头记挂着这些问题,甚至于,即使不能马上都给弄明白,或者说,正因为不能一下子都弄明白,反而就更时不时地加以琢磨,还越琢磨就越觉出它们的重要——比如,简直用不着让头脑高速运转,甚至于闭着眼睛也能想到,它向自己提出了下述各组问题:

· 韩国受到了儒家文化的哪些影响,这在它的发展过程中起到过什么作用?而它又是如何在这样的路径依赖下,成功地实现了自己的现代化转型?

· 作为曾经的殖民地,韩国又受到了日本的哪些影响?而它又是如何保持了强烈的民族认同,并没有被外来的奴化教育所同化?

· 尤其到了二战及其后,韩国又受到了美国的哪些影响?而它又是如何既高涨着民间的反美情绪,又半推半就地加入了"美日韩"的同盟?

· 韩国这个曾经的"儒家文化圈"的成员,何以会在"西风东渐"的过程中,较深地接受来自西方的传教运动?与此同时,它的反天主教运动又是如何发展的?

· 韩国在周边列强的挤压下,是如何曲折地谋求着生存与发展的?而支撑这一点的民族主义思潮,又显现了哪些正面和负面的效应?

· 韩国在如此密集的外部压强下,是如何造成了文化上的"多元"?而这样的文化是仍然不失自家的特色,还是只表现为芜杂而断裂的拼贴?

·韩国社会从"欠发达"一步跃上了"已发达",是如何谋求"一步登天"的高速起飞的?而这样的发展路径又有哪些可资借鉴之处?

·由此所造成的所谓"压缩性"的现代化,会给韩国的国民心理带来怎样的冲击?而这种冲击反映到社会思想的层面,又会造成什么样的特点或烙印?

·韩国在科学研究与技术创新方面,都有什么独特的经验与特长?而它在人文学术和社会科学方面,又分别显示了哪些成就与缺失?

·在这种几乎是膨胀式的发展中,韩国的社会怎样给与相应的支撑?比如它如何应对工具理性的膨胀,如何应对急剧扩张的物质欲望?

·传统与现代的不同文化因子,在韩国社会是如何寻求平衡的?而个人与现代之间的微妙关系,在那里能不能得到有效的调节?

·家庭文化在韩国的现代化进程中,起到了哪些正面和负面的作用?而父权主义和女权主义,又分别在那里有怎样的分裂表达?

·政党轮替在韩国社会是怎样进行的,何以每逢下台总要面临严酷的清算?而新闻媒体在如此对立的党争之下,又如何发挥言论自由的监督作用?

·这样的发展模式会不会必然招致财阀的影响？而在财富如此高度集中的情况下，劳资之间的关系又会出现什么样的特点？

·韩国的利益分配是基于怎样的体制？能否在"平等与效率"之间谋求起码的平衡，而它的社会运动又是否足以表达基本的民意？

·韩国的西洋古典音乐是否确实发达，何以会产生那么多世界级的名家？而它的电影工业又是如何开展的，以什么成就了在世界上的一席之地？

·韩国的产品设计是如何进行的，为什么一时间会形成风靡的"韩流"？而它的整容产业又何以如此发达，以致专门吸引出了周边的"整容之旅"？

·韩国的足球何以会造成别国的"恐韩症"？而韩国的围棋又何以与中日鼎足为三，它们在竞技上表现出的这种拼搏的狠劲和迅捷的读图能力，有没有体质人类学上的根据？

·韩国是否同样极度注重子女的教育，从而向现代化的高速起飞，源源地提供了优质的劳动力？而它的教育体制为了这个目的，又是如何对资源进行疏导和调配的？

·韩国如何看待由此造成的升学压力？而它眼下举世最低的人口出生率，跟这方面的"内卷"有没有直接关联？

·韩国如何应对严峻的老龄化问题，又如何应对日益紧迫的生态压力？而由此它在经济的"可持续发展"方面，遭遇到了怎样的挑战与障碍？

·作为一个过去的殖民地，韩国如何在当今的世界上定位自己？而作为一个已然"发达"的国家，即使它并未主动去"脱亚入欧"，是否还自认为属于一个"亚洲国家"？

·置身于那道"三八线"的南侧，国民心理是否会在压力下变形？而置身于东亚的"火药桶"正中，国家是否还能真正享有充分的主权？

·最后的和最为重要的是，韩国对于它周边的那些个社会，尤其是对于日益强大的中国，到底会持有怎样的看法、采取怎样的姿态？

一方面自不待言，这仍然只是相当初步的印象，而要是再使劲地揉揉眼睛，肯定还会发现更多的、隐藏更深的问题。可另一方面也不待言，即使只是关注到了上述的问题，也不是仅仅用传统的治学方面，就足以进行描述与整理、框定与解释的了。——比如，如果只盯住以往的汉文文献，就注定会把对于韩国的研究，只简单当成了"传统汉学"的一支，而满足于像"韩国儒学史""域外汉学"那样的题目。再比如，如果只利用惯常的传统学科，那么在各自画地为牢的情况下，就简直不知要调动哪些和多少学科，才足以把握与状摹、研究与处理这些林林总总的问题了。

所幸的是,我们如今又有了一种新的科目——"地区研究",
而且它眼下还正在风行于全国。这样一来,在我们用来治学的
武器库中,也就增添了一种可以照顾总体的方法,或者说,正因
为它本无故步自封的家法,就反而能较为自如地随意借用,无论
是去借助于传统的人文学科,还是去借助于现代的社会科学,更
不要说,它还可以在"人文"与"社科"之间,去自觉地鼓励两翼
互动与齐飞,以追求各学科之间的互渗与支撑,从而在整体上达
到交融的效果——正如我已经在各种总序中写过的:

> 绝处逢生的是,由于一直都在提倡学术通识、科际整
> 合,所以我写到这里反而要进一步指出,这种可以把"十八
> 般武艺"信手拈来的、无所不用其极的治学方式,不仅算不
> 得"地区研究"的什么短处,倒正是这种治学活动的妙处所
> 在。事实上,在画地为牢、故步自封的当今学府里,就算是
> 拥有了哈佛这样的宏大规模和雄厚师资,也很少能再在"地
> 区研究"之外找到这样的中心,尽管它在一方面,由于要聚
> 焦在某个特定的"领域",也可以说是有其自身的限制,但在
> 另一方面,却又为来自各个不同系科的、分别学有专攻的教
> 授们,提供了一个既相互交流、又彼此启发的"俱乐
> 部"。——正因为看到了它对"学科交叉"的这种促进,并高
> 度看重由此带来的丰硕成果,我才会在以往撰写的总序中
> 指出:"也正是在这样的理解中,'地区研究'既将会属于人
> 文学科,也将会属于社会科学,却还可能更溢出了上述学

科,此正乃这种研究方法的'题中应有之意'。"

(刘东:《地区理论与实践》总序)

正是本着这样的学科意识,我才动议把创办中的这套丛书,再次落实到江苏人民出版社这边来——这当然是因为,长达三十多年的紧密合作,已经在彼此间建立了高度的信任,并由此带来了融洽顺手的工作关系。而进一步说,这更其是因为,只有把这套"西方韩国研究丛书",合并到原本已由那边出版的"海外中国研究丛书"和"西方日本研究丛书"中,才可能进而反映出海外"东亚研究"的全貌,从而让我们对那一整块的知识领地,获得高屋建瓴的,既见树木、也见森林的总体了解。

当然,如果严格地计较起来,那么不光是所谓"东亚",乃至"东北亚"的概念,就连所谓"欧亚大陆"或者"亚欧大陆"的概念,都还是值得商榷的不可靠提法。因为在一方面,中国并非只位于"亚洲"的东部或东北部,而在另一方面,"欧洲"和"亚洲"原本也并无自然的界线,而"欧洲"的幅员要是相比起"亚洲"来,倒更像印度那样的"次大陆"或者"半岛"。可即使如此,只要能警惕其中的西方偏见与误导,那么,姑且接受这种并不可靠的分类,也暂时还能算得上一种权宜之计——毕竟长期以来,有关中国、日本、韩国的具体研究成果,在那边都是要被归类于"东亚研究"的。

无论如何,从长期的历史进程来看,中国跟日本、韩国这样的近邻,早已是命运密切相关的了。即使是相对较小的朝鲜半岛,也时常会对我们这个"泱泱大国",产生出始料未及的、具有转折性的重大影响。正因为这样,如果不是只去关注我们的"内史",而能左右环顾、兼听则明地,充分利用那两个邻国的"外史",来同传统的中文史籍进行对照,就有可能在参差错落的对映中,看出某些前所未知的裂缝和出乎意料的奥秘。陈寅恪在其《唐代政治史述论稿》的下篇,即所谓《外族盛衰之连环性及外患与内政之关系》中,就曾经发人省醒地演示过这种很有前途的路数,尽管当时所能读到的外部材料,还无法在这方面给与更多的支持。而美国汉学家石康(Kenneth M. Swope),最近又写出了一本《龙头蛇尾:明代中国与第一次东亚战争,1592—1598》,也同样演示了这种富含启发的路数。具体而言,他是拿中国所称的"万历朝鲜战争",和朝鲜所称的"壬辰倭乱"——前述那尊李舜臣的"大将军雕像",在那边正是为了纪念这次战争——对比了日本所称的"文禄庆长之役",从而大量利用了来自中文的历史记载,并且重新解释了日本的那次侵朝战争,由此便挑战了西方学界在这方面的"日本中心观",也即只是片面地以日文材料作为史料基础,并且只是以丰臣秀吉作为叙事的主角。

　　更不要说,再从现实的地缘格局来看,在日益变得一体化的"地球村"中,这些近邻跟我们的空间距离,肯定又是越来越紧凑、挤压了。事实上,正是从东亚地区的"雁阵起飞"中,我们反而可以历历在目地看到,无论是日本,还是"四小龙"与"四小虎",它们在不同阶段的次第起飞、乃至于中国大陆的最终起飞,在文化心理方面都有着同构关系。正如我在一篇旧作中指出的：

> 从传统资源的角度看,东亚几小龙的成功经验的确证
> 明;尽管一个完整的儒教社会并不存在"合理性资本主义"
> 的原生机制,但一个破碎的儒教社会却对之有着极强的再
> 生机制和复制功能。在这方面,我们的确应该感谢东亚几
> 小龙的示范。因为若不是它们板上钉钉地对韦伯有关中国
> 宗教的研究结论进行了部分证伪,缺乏实验室的社会科学
> 家们就有可能老把中国现代化的长期停滞归咎于传统。而
> 实际上,无论从终极价值层面上作何判定,中国人因为无神
> 论发达而导致的特有的贵生倾向以及相应的伦理原则,作
> 为一种文化心理势能却极易被导入资本主义的河床。不仅
> 东亚的情况是这样,东南亚的情况也同样证明,华人总是比
> 当地人更容易发财致富。
>
> （刘东:《中国能否走通"东亚道路"》）

——而由此便可想而知,这种在地缘上的紧邻关系和文化上的
同构关系,所蕴藏的意义又远不止于"起飞阶段";恰恰相反,在
今后的历史发展中,不管从哪一个侧面或要素去观察,无论是基
于亚洲与欧洲、东亚与西方的视角,还是基于传统与现代、承认
与认同的视角,这些社会都还将继续显出"异中之同"来。

有意思的是,正当我撰写此篇序文之际,杭州也正在紧锣密
鼓地举办着延期已久的亚运会;而且,还根本就用不着多看,最
终会高居奖牌"前三甲"的,也准保是东亚的"中日韩",要不就

是"中韩日"。——即使这种通过竞技体育的争夺,顶多只是国力之间的模拟比拼,还是让我记起了往昔的文字:

> 我经常这样来发出畅想:一方面,由于西方生活方式和意识形态的剧烈冲击,也许在当今的世界上,再没有哪一个区域,能比我们东亚更像个巨大的火药桶了;然而另一方面,又因为长期同被儒家文化所化育熏陶,在当今的世界上,你也找不出另一方热土,能如这块土地那样高速地崛起,就像改变着整个地貌的喜马拉雅造山运动一样——能和中日韩三国比试权重的另一个角落,究竟在地球的什么地方呢? 只怕就连曾经长期引领世界潮流的英法德,都要让我们一马了! 由此可知,我们脚下原是一个极有前途的人类文化圈,只要圈中的所有灵长类动物,都能有足够的智慧和雅量,来处理和弥合在后发现代化进程中曾经难免出现的应力与裂痕。

(刘东:《"西方日本研究丛书"总序》)

那么,自己眼下又接着做出的,这一丁点微不足道的努力,能否算是一种真正的现实贡献呢? 或者说,它能否在加强彼此认知的情况下,去增进在"中日韩"之间的相互了解,从而控制住积聚于"东亚"的危险能量,使之能不以悲剧性的结局而收场,反而成为文明上升的新的"铁三角"? 我个人对此实在已不敢奢想了。而唯一敢于念及和能够坚守住的,仍然只在于自己的内心与本心,在于它那种永无止境的"求知"冲动,就像我前不久就此坦承过的：

> 真正最为要紧的还在于，不管怎么千头万绪、不可开交，预装在自家寸心中的那个初衷，仍是须臾都不曾被放下过，也从来都不曾被打乱过，那就是一定要"知道"、继续要"知道"、永远要"知道"、至死不渝地要"知道"！
>
> （刘东:《无宗教而有快乐·自序》）

所以，不要去听从"便知道了又如何"的悲观嘲讽，也不要去理睬"不务正业"或"务广而荒"的刻板批评。实际上，孔子所以会对弟子们讲出"君子不器"来，原本也有个不言自明的对比前提，那就是社会上已然是"小人皆器"。既然这样，就还是继续去"升天入地"地追问吧，连"只问耕耘，不问收获"的宽解都不必了——毕竟说到最后，也只有这种尽情尽兴的追问本身，才能让我们保持人类的起码天性，也才有望再培养出经天纬地、顶天立地的通才。

刘　东

2023 年 10 月 1 日

于余杭绝尘斋

致我已故的老师米哈伊尔·尼古拉耶维奇·帕克

（Mikhail Nikolaevich Pak, 1918—2009）

目　录

前　言

　　在当今基于民族国家的新自由资本主义世界中,学术界也许是最不"国家化"的活动领域之一。大多数大学非常乐于聘用在国外出生或同时接受过国外教育的教师,也乐于招收国际学生,因为这往往可以提高他们的排名。学者,顾名思义,通常具有国际流动性,对外国文化具有敏感度,并且非英语圈国家的学者通常掌握双语或多语。另外,区域研究领域普遍适用的分类原则也主要基于民族国家的认识论霸权。如果将东亚的近代史和文学知识井然有序地划分到朝鲜半岛研究、中国研究和日本研究中,那么前殖民地时期和殖民地时期朝鲜(1882—1945)华侨相关研究属于哪个研究领域呢?事实上,在当代韩国,韩国史(朝鲜半岛研究)和中国史(中国研究)的研究学者都在研究朝鲜半岛的华侨,后者显然在该领域占主导地位(参见 Chŏn 2003、Son 2009 的文献综述)。朝鲜人对日本和日本人的认知,传统上是由从事日本研究的学者进行研究的（参见 Ha 1989 的文献综述），最近一些对日本感兴趣的韩国历史学家也加入其中（代表性文献可参见 Hŏ 2009）。总体而言，我认为，虽然区域内的相互认知和形象在一定程度上促进了包括朝鲜半岛在内的所有东亚国家民族主义的形成，但这类研究在朝鲜半岛、日本以及中国研究中被彻底边缘化了。

本书试图突出 20 世纪初朝鲜民族主义国际性和区域性的一面，让读者更全面地了解俄国/苏联、中国和日本的不同形象在朝鲜人的民族意识和自我认知形成中所起的作用。我的主要出发点是，近代朝鲜民族的"自我"是在与不同的外国"他者"进行直接和间接（象征性的）互动的过程中形成的。马丁·布伯（Martin Buber，1878—1965）提出了"我—你"本质上的"主体间性"（inter-subjectivenature）和"相互性"（Buber 1984），我也认为，在前殖民地时期和殖民地时期的朝鲜话语空间中出现的朝鲜民族主义"自我"是与多个外国"他者"复杂互动的结果。将"外侨"排除在朝鲜民族"我"之外，同时接纳他们为革命盟友；疏远"他们"，同时缩小主体间的距离，寻找更密切相关的"他者"，这些互动最终形成了我们所知的朝鲜民族主体性。

有两个重要的注意事项需要提前声明。第一，本书不是近代朝鲜与其邻国的外交或文化关系史，我也并不打算叙述日本在朝鲜的殖民政策历史以及朝鲜人对这些政策的反应。我感兴趣的主要是形象和认知，而不是制度或物质层面的互动本身。本书主要是分析朝鲜的邻国在朝鲜早期现代性话语建构中是如何呈现的,以及他们在 20 世纪上半叶的多元民族主义话语中是如何被定位的。第二,如果要讲述近代朝鲜对整个世界的认知历史,我需要写大量的书,而非一本专著。鉴于现代资本主义体系本质上以欧洲为中心的性质,以及美国自 19 世纪末以来在东亚外交和传教的介入程度,对欧洲尤其是美国的认知在朝鲜现代意识的形成过程中理所应当地起到了主导作用。但是,主要出于篇幅的考虑,我在这里仅论述与朝鲜距离最近的邻国——俄国/苏联、中国和日本在朝鲜的形象。还必须提及的是,关于朝鲜人对美国误解的历史已经在英语学术研究中进行了叙述(例如 Lew *et al.* 2006)。相比之下,近代朝鲜人对中国的看法在英语学术传统中几乎从未被研究过。因此,本书的目的首先在于涵盖迄今为止研究不充分的领域。不过,对于朝鲜的外部世界认知在其现代意识形成中所起的作用,我认为本书只是其系统研究的一个开端。

致　谢

本书致力于研究近代朝鲜与其邻国之间的对话,本身也是知识对话的成果,是作者与数十甚至数百名同行以及资助机构进行各种互动的结果。遗憾的是,由于篇幅所限,这里只能提及其中最重要的互动。

首先,我要感谢康拉德・劳森(Konrad Lawson,圣安德鲁斯大学),他对整个手稿的熟练编辑使我的苏式英语原文变得具有非常强的可读性。我撰写这份手稿总共花了7年多的时间,其间我无数次前往韩国、日本和俄罗斯进行资料收集和存档工作,这些都得益于我所在的奥斯陆大学文化研究与东方语言学系(人文学院)提供的数十万挪威克朗的研究资助。我也非常感谢劳特利奇出版社,尽管这本书明显难以在商业上取得成功,他们还是决定出版。另外还有两位匿名审稿人,他们的报告为我提高写作水平和出版本书提供了很大帮助。

　　第一部分俄国和苏联在朝鲜的形象，源于我之前发表的两篇期刊论文（Tikhonov 2009；Tikhonov 2015a）。两篇论文基本上都进行了重写，并补充了新材料。这些材料大部分是由塔蒂亚娜·茜比瑟娃（Tatiana Simbirtseva，曾在俄罗斯国立人文大学）提供的，我对她表示最诚挚的感谢。林秀贞（Susanna Soojung Lim，俄勒冈大学）的批评以及罗斯·金（Ross King，不列颠哥伦比亚大学）和列夫·康采维奇（Lev Kontsevich，莫斯科的东方研究所）的建议对改进这一部分有很大帮助。受到后者的启发，我关注了苏联时期关于托尔斯泰在日据时期朝鲜接受情况的研究。此外，与莫斯科（贝拉·朴［Bella Pak］博士，东方研究所）和首尔（朴钟孝［Pak Chonghyo］博士，曾在莫斯科国立大学）研究俄韩关系的资深学者交流，加深了我对俄韩边境互动的理解。

　　第二部分讨论中国在朝鲜的形象，第三章是基于之前发表的一篇论文（Tikhonov 2011），这篇论文在重写的过程中做了大量扩充；第四章一部分是基于以前出版的著作的部分章节（Tikhonov 2015b），这部分也进行了彻底改写。我在与韩国专家，特别是与李正熙（Yi Chŏnghŭi，仁川大学）和迈克尔·金（Michael Kim，延世大学）就日据时期的华侨进行交流的过程中获益颇多。著名的朝鲜近代小说翻译家布鲁斯·富尔顿（Bruce Fulton，不列颠哥伦比亚大学）指出，在日据时期的许多重要散文作品中，对中国主人公的描写相当负面，与他的对话也是一个重要的灵感来源。第四章的早期版本之一于 2008 年夏季在中国延边大学首次口头发表。与那里的韩国文学专家，特别是与金浩雄（Kim Ho'ung）的谈话令人振奋、鼓舞人心。2014 年秋季,通过类似的方式,我向斯坦福大学的教授和学生发表了第四章的最新版本。斯坦福大学朝鲜半岛历史学家文由美（Moon Yumi）的评论对我进一步提高写作质量起了重要作用。

　　第三部分是朝日主体间性（inter-subjectivity）,这一部分是与朝鲜海峡两岸以及其他地方的一些同行不断互动的结果。林敬华（Lim Kyŏnghwa,首尔大学人文学院）不辞辛苦地为我寻找和寄送所需的资料。我非常感谢她的帮助,特别是在我写第六章时,她帮我影印了许多日文的朝鲜文学作品（金史良［Kim Saryang］、韩雪野［Han Sŏrya］等多位作家的作品）。马克·卡普里奥（Marc Caprio,立教大学）对我于 2013 年 6 月在维也纳举行的 AKSE（欧洲韩国研究协会）会议上发表的第六章早期版本提出了许多重要的意见和建议。他的所有意见都被我采纳,对有关章节的改进起到了极大帮助。米卡·奥尔巴克（Micah Auerback,密歇根大学）推荐了一些重要的原始资料和参考资料（包括金史良一些作品的英译本）。另一个重要的启发来自我的同事雷科·阿贝·奥斯塔德（Reiko Abe Auestad,奥斯陆大学）的评论。幸运的是,2013 年 8 月,当我在卑尔根举行的 NAJAKS（北欧日韩研究协会）会议上发表第六章的修订版本时,他是听众之一。此外,在板垣龙太（Itagaki Ryuta,同志社大学）的合作和慷慨帮助下,我得以探索同志社大学图书馆的宝藏;在首尔,李惠京（Yi Hyegyŏng,首尔大学人文学院）的帮助使我能够多次使用首尔大学的图书馆,在那里我找到了所需的大部分韩语资料。

　　必须进行说明的是,由于篇幅限制,我无法在此全部列举我所感激的人和机构。对于那些名字没有出现在这里的人,我真挚地恳求他们的理解。最后,我还希望我的孩子尤里(Yuri)和萨拉(Sarah)能够原谅这个总是不在他们身边的父亲,他无法像他自己所希望的那样,花很多时间陪伴他们。我为自己无法有效地平衡学术工作和养育孩子而感到由衷内疚,我只希望在某个时候,我的孩子们(到那时他们已经成年)能够完全理解学术生活中那种吸收全部精力的特性。

简　介

　　如今，自从爱德华·赛义德（Edward Said）的《东方学》
（*Orientalism*，1978）永远地改变了我们对东方的永恒、女性化和
被动的刻板形象是如何、何时以及由谁塑造这些问题的理解以
来，已经过去了 30 多年。现在，人们常说，社会精英塑造的民族
宗教（ethno-confessional）和国家"他者"的形象，往往更符合这些
精英的需要和野心，而不是"客观"现实——如果这种现实的存
在可以假设的话。当下，至少在亚洲研究领域，人们普遍认为，
西方的东方主义话语的形成与帝国主义受害国内部观念的变化
相呼应。在这些受害国，力主推进现代化的精英们日益倾向于
同时将西方视为霸权或侵略势力，以及理性现代社会的典范（参
见 Bonnett 2002、Hutchinson 2001、Spencer 2003）。
　　从 19 世纪 80 年代初与美国和欧洲国家最早的直接接触开
始，西化的朝鲜知识分子就倾向于将现代西方的"文明"概念视

为普遍的衡量标准（Shin 2006，28）。西方列强被视为文明和进步的化身，他们的侵略也被以一种社会达尔文主义和自我东方化的方式解释为朝鲜人自己的集体错误。朝鲜本身难辞其咎，是因为它显然无法重现其辉煌的古代历史上曾有过的军事强盛的荣耀，且在现代达尔文主义丛林中输掉了生存之战（Jager 2003，3—43）。然而，西方（或日本在朝鲜）侵略的"必然性"并不一定会使其对受害者更具吸引力。近代早期朝鲜人对西方和日本的感知中常常流露出一种内在的挣扎，因为朝鲜人当时被要求从他们自己的实际或潜在的加害者那里学习普遍的文明规范。

朝鲜力主推进现代化的知识分子曾经将整个西方视为先进文明的源头。但是它的形象并不是无差别的。从 19 世纪 80 年代与西方对话者直接接触开始，朝鲜外交官就敏锐地意识到了"文明大国"之间复杂的国家关系网。毕竟，与美国（1882 年）、英国（1883 年）、德国（1883 年）、意大利（1884 年）、俄国（1884 年）、法国（1886 年）签订的条约都是单独谈判和缔结的。正是这些条约给了朝鲜希望，令朝鲜觉得它可能会被纳入国际关系的"文明"新体系中（Lee Keun-Gwan 2008）。因此，西方的整体形象最终也是各个西方大国形象的总和。当然，这些形象彼此之间有很大的不同。

本书开篇第一部分讲述了从 19 世纪末至 1945 年日本殖民统治结束（当时苏联军队接管的领土上最终建立了朝鲜民主主义人民共和国），朝鲜知识分子对俄国及后来的苏联的认知。在

"文明"世界的新等级观念中,西方大国被明确认定为文明的"中心"(在前殖民地时期和殖民地时期的朝鲜,美国、英国、法国和德国被视为典型的文明中心;参见 Ryu 2014,195—226),俄国和苏联则给朝鲜人提供了一个地理和文明模糊不清的令人烦恼的例子。一方面,它是一个真正的大国,它在 1895 年至 1905 年与日本争夺朝鲜就是一个非常好的证据。在苏联时期,它也被认为是朝鲜的殖民宗主国日本的头号潜在敌人(Bix 2001,151)。另一方面,西方的"文明"仲裁者从未承认它是完全的西方或完全的文明(Neumann 2004);苏联尤其不被视为白人,绝对不属于两次世界大战期间"体面的"国际社会(Leffler 1994,3—33)。正如第一部分中提到的,这种模棱两可的评判实际上最终促成了朝鲜对俄国和俄国人的某种亲近感,他们被视为更"东方",而不是帝国主义时代刻板印象中"傲慢的西方人"。虽然沙俄让朝鲜人看到了帝国主义的侵略性,但苏联被视为另一种现代性的发源地,它对殖民地属下阶层(subaltern)知识分子的吸引力不亚于西方或日本当权派对它的排斥程度。

　　另一个对朝鲜至关重要的邻国是中国,第二部分讨论朝鲜对中国的认知。在某种程度上,这些认知的演变与朝鲜对 1917 年十月革命及之后的俄国的认知变化是同步的。在 1911 年至 1912 年辛亥革命之前,现代化派知识分子对中国的看法和对沙俄的看法一样消极,但原因略有不同。沙俄不仅是一个"落后的"专制独裁国家,在 1904—1905 年日俄战争中被"进步的"日本打败之前,它还被朝鲜视为自身独立的威胁。清朝在甲午战争中与朝鲜结束了藩属关系以后，几乎不再构成任何威胁。然而，在朝鲜媒体和出版物中，清朝被描述得比沙皇政权更加落后，至少沙皇政权可以夸耀彼得大帝（1682—1725 年在位）和他的改革，这些改革受到朝鲜现代化推动者的热切关注。简言之，清朝是朝鲜新知识分子不希望朝鲜成为的所有一切的缩影。但是中国的革命使这些观念发生了根本性的改变。俄国十月革命被认为是一次成功的社会改造，最终建立了"第一个社会主义国家"苏联。中国在 20 世纪 20 年代和 30 年代进行了革命（包括国民党和共产党的革命），朝鲜出版物对此热切关注，朝鲜公众也为之欢呼。一些流亡中国的朝鲜人也参与了革命活动。虽然人们对中国震惊世界的举动持乐观态度，但与此相反，在朝华侨在话语和实践层面遭到排斥。革命的中国可以被想象成未来的盟友，但对于朝鲜的资本家和工人来说，华侨却是市场竞争者。

　　虽然中国和俄国是朝鲜的重要"他者"，但从法律意义上讲，它们仍然是外国。无论是在朝华侨，还是数百名在日据时期定居朝鲜的俄国白人流亡者，都没有日本帝国的公民身份，而这种公民身份是在 1910 年日本吞并朝鲜时强加给朝鲜人的。因此，日本（第三部分讨论朝鲜对其认知）既是朝鲜殖民地版图的一部分，又是一个外国势力。不过朝鲜人对日本和日本人的态度要比殖民地属下阶层对他们的外国主子所共有的那种容易想象的情感复杂得多。毕竟，在 1910 年吞并朝鲜之前的 20 年里，日本战胜了中国和俄国，而朝鲜是战场之一。这些胜利被朝鲜的进步知识分子解读为文明、宪政和民族团结战胜了落后的独裁统治,强化了日本作为现代化典范的形象,这一形象甚至经常得到那些在政治上反对日本殖民主义的朝鲜民族主义者的认同。对于那些选择与殖民统治者合作的人来说,日本的"现代性"是合理的选择(那些人在决定合作时,希望朝鲜在日本统治下取得几十年的"物质进步"之后再恢复国家地位,这种模糊的希望和陈腐的机会主义常常以一种微妙而复杂的方式掺杂在一起)。1938年,先前的马克思主义者和苏联崇拜者,后来为战时日本做宣传的作家、评论家白哲(Paek Ch'ŏl, 1908—1985)将日本占领武汉美化为日本"现代性"战胜了中国不可救药的"封建主义"(Paek 1938),这与《独立新闻》(*Tongnip sinmun*, 1896—1899)的说法如出一辙,这一朝鲜第一家民间报刊认为,在1894年至1895年日本战胜了清帝国(Chu 1995, 171—172)。到了20世纪40年代初,日本声称它正在构建新的东亚版现代性,可超越或者说克服以欧洲为中心的"文明世界"的所有缺点。这种对近代以来的西方中心主义的挑战似乎确实强烈吸引了许多朝鲜知识分子,因为他们也敏锐地意识到了自己在西方主导的全球体系中的边缘地位(Han and Kim 2003)。

正如第六章中所强调的那样,问题在于,先抛开声明不谈,在以日本为中心的格局中,朝鲜和朝鲜人仍然处于被歧视的边缘地带。虽然朝日异族通婚原则上受到殖民当局的鼓励,在20世纪30年代末至40年代初也的确得到积极推动,但是日本和朝鲜关于朝鲜人和日本人亲密关系、爱情和婚姻的书写都清楚地表明,这些政策几乎没有对族裔关系产生现实影响。殖民者

他者中的近代朝鲜：邻国认知与朝鲜的现代性

继续歧视朝鲜人，并且也连带歧视他们的日本配偶。日本配偶也没有被朝鲜社群接受为成员。殖民歧视模式只会强化排他性民族主义，1945年后，这种排他性民族主义为韩国和朝鲜民众接受"朝鲜民族同质性"理论奠定了基础。即使是朝日"合邦"的极端支持者之一玄永燮（Hyŏn Yŏngsŏp，1906— ?，他身体力行，1945年后移居日本）也提出，为了成功实现朝日统一，应强迫朝日夫妇转向"中立"的（最好是西式的）生活方式。否则，被"相互蔑视和仇恨"强化的"习俗差异"只能证明是不可逾越的（Hyŏn 1939, 102）。矛盾的是，或者也许仅仅是逻辑上的矛盾，在殖民背景下自上而下地推进民族同化，最终导致了民族文化障碍和边界的固化。朝韩两国的"去殖民化"民族主义强调"血统"、语言和历史，其情感基础是在殖民环境下建立的，当时，在各种行政压力下，一些朝鲜文人不得不称赞（通常用日语）朝日婚姻是两国人民共同的古代历史的延续。但很快，去殖民化使人们有可能也有机会说出完全相反的话。

最后，对于前殖民地时期和殖民地时期的朝鲜知识分子来说，邻国的不同形象非常重要，因为这些为他们试图解决我所说的属下阶层、边缘现代性的基本困境提供了许多必要的参考。第一个困境是如何在不被"支配与从属"的帝国主义和殖民主义等级秩序所束缚的情况下构建现代性，这些等级秩序往往以白人种族主义或日本人对被殖民的朝鲜人的优越感为基础。在这里，俄国和中国的革命提供了另一种现代性蓝图，正如本书第一部分和第二部分所提到的那样，这一蓝图强烈地吸引了一大批日据时期的知识分子。日本的"皇民化"政策(参见第六章)试图通过声称对朝鲜人的民族歧视已经停止来解决这一困境。然而,即使是日本最忠实的当地合作者,似乎也没有完全相信这一说辞。即使对朝鲜的国际主义激进分子来说,强烈的自卫民族主义倾向也是近代观中不可避免的一部分。

　　第二个困境是如何在现代性普遍化的世界中保持朝鲜的国家或区域(东亚)特殊性,在这里,"普世主义"通常是对无处不在的"西化"的礼貌称呼。在这一点上,俄国人和日本人都可以提供一些鼓舞人心的先例。日本在明治维新过程中对某些儒家学派(尤其是王阳明学说)的挪用,甚至可以很容易地激发朝鲜一些政治上反日但力主推进现代化的儒家知识分子的热情(参见第五章)。托尔斯泰版的另一种"反现代"(反资本主义、反军国主义和反帝国主义)的现代性高度批判西方"文明",体恤边缘化的非西方人的关切和愿望,这不仅吸引了朝鲜人(参见第二章),也吸引了大批日本知识分子(Konishi 2013,93—142)。朝鲜流亡者通常被视为中朝革命兄弟友谊的缩影,创作了中国人民解放军军歌(1939 年)等著名中国歌曲的作曲家郑律成(Chŏng Yulsŏng,1918—1976)①就是一个典型代表,他对汉族和少数民族民歌有着浓厚的兴趣(Kim 1996)。"具有民族特色的现代性"可以理解为对不加批判的西方化的反驳,它是许多东亚知识分子的共同目标。

---

① 　郑律成出生于朝鲜,1933 年来到中国,1950 年加入中国国籍。——编者注

　　第三个困境是个人与国家之间的辩证关系。无论是在朝鲜还是在其他地方，个人/个人主义和民族/民族主义都是现代最重要的发明。然而，个人自主的内心世界与民族边界之间的关系始终不明确，需要根据历史、社会和政治背景进行讨论和再讨论。从本书中分析的材料可以看出，殖民地朝鲜属下阶层知识分子倾向于认为，脱离民族背景的"自由"个性虽然原则上是可取的，但实际上是不可能的。正如第六章中所描述的那样，在殖民晚期的一些文学作品中，朝日通婚可以被视为超越民族历史边界的个人行为。但是由于殖民国家倾向于将任何一个朝鲜人首先归类为一个朝鲜人（被定义为"属下阶层"），而不是一个"个人"，因此，有关朝日亲密关系的文学作品通常既可以被解读为两个具体个体之间的故事，他们情投意合，有着个人的悲欢离合，也可以被解读为更大的族际关系的隐喻。例如，殖民地最受欢迎的散文作家之一蔡万植（Ch'ae Mansik，1902—1950）的《冷冻鱼》（Naengdongŏ，1940）讲述了两个曾经的社会主义者之间的通奸爱情故事，一个是日本女性，另一个是朝鲜的杂志编辑。这段罗曼史显然是个人行为，但与此同时，故事中的一些细节又表明，它也可以被解读为对朝鲜知识分子与战时日本政府"通奸"的批评（Ch'oe 2012）。对于那些不能也不愿意在个人和集体/国家层面上表达真实自我的殖民地知识分子来说，还能找到一个比"冷冻鱼"更好的隐喻吗？

　　总之，俄国、中国和日本这些"他者"在20世纪上半叶近代朝鲜的自我形成过程中起到了至关重要的作用。与邻国"他者"

的互动,促进了朝鲜现代话语空间中现代性的多元化。在以欧美西方为中心的现代世界等级格局中,朝鲜的三个邻国在某些时期象征着现代威胁,但同时也代表着另一种现代性的可能。正是他们的存在,最终塑造了朝鲜前殖民地时期和殖民地时期的现代性,为朝鲜多样化的民族主义话语的形成及发展提供了重要元素。

第一部分

俄国：东方的西方国家？

第一章 | 在朝鲜知识分子生活中,俄国既是威胁 又是希望(19世纪80年代—1945年)

导言: 朝鲜与俄国的碰撞

正如文化研究中众所周知的,在社会领域,几乎没有什么比"空间"(space)的含义更多样化而又往往自相矛盾。如果我们将"空间"视为与整个社会的一般话语发展同步产生、再产生、定义、再定义的社会文化现实(Lefebvre 1991〔1974〕),那么它在文化政治意义上既不是中立的,也从未被实事求是地、"客观"地描述过。当然,对空间上的"他者"的描述很可能是基于事实的,但这些描述总是与特定社会的各种认知地图上的形象重叠,这些形象部分继承自早期时代,部分受当时的政治或文化结构的影响(Michelet 2006,1—36)。正如地图绘制工艺对于民族身份的社会文化创造至关重要一样,作为一个对境外各种重要"他者"之认知的集体主体,想象中异域的地理风貌在界定特定社会的地位和身份方面往往发挥着重要的、建构性的作用。恰巧处于文明和"野蛮"之间的东欧,或者说"神秘而野蛮的东方"是欧洲的一部分,但它在帝国主义时代的共同世界观中也是欧洲的主要"他者",如果没有它的存在,启蒙时代或随后的进步时代的西欧人有可能将自己定位为世界（所谓"唯一真正的"）文明的中心吗（Wolff 1994，1—49）？

正如我们所见，在前殖民地时期（19 世纪 80 年代—1910年）和殖民地时期（1910—1945 年）的近代朝鲜，受教育阶层对朝鲜或后来的日本帝国边界以外的世界表现出持久而浓厚的兴趣。在前殖民地时期，他们的兴趣大多表现为迫切希望了解现代文明，以避免在帝国主义瓜分世界的过程中受害。朝鲜改革者认为，外界特别是欧洲和北美的"文明国家"具有更高的道德标准，在政治上和社会道德上都陷入严重危机的朝鲜如果要生存和振兴，就必须认同他们（Ch'oe 2013，103—125）。在殖民地时期，产生这种兴趣的一个潜在原因是他们抱有一种很容易理解的希望，即希望一系列新的国际事件将以一种有利于结束或缓解朝鲜殖民困境的方式重塑世界。与此同时，殖民地时期的知识分子在其国外经历的激励下，通过抵制殖民主义以及在无法逃避的殖民框架内工作，为实现现代化目标而"艰苦奋斗"（Sŏand Kim 2005，9—17）。总之，空间上的"他者"与地缘政治关切对朝鲜的现代身份建构产生了至关重要的影响。他们的现代发展"程度"不断地被拿来与其他国家比较、按等级排列（"最先进"的国家相对于"更落后"的社会），并在各方面展开激烈的辩论；"我们"（指朝鲜）的现代成就被认为既依赖于向顶级文明竞赛中的领先者学习，又避免了陷入"我们"的一些外国参照落入的陷阱。那么，在殖民地化之前到殖民地时期的朝鲜看来，俄国在这样一个世界的认知地图上处于什么位置呢？

　　朝鲜人对整个西方，尤其是对俄国的印象，大多受到了当时日本人观点的强烈影响。对于许多在日本留学或在朝鲜国内学习日语、力主推进现代化的朝鲜知识分子来说，日语是他们了解现代世界的主要媒介（Chaeil Han'guk yuhaksaeng yŏnhaphoe 1988；Hŏ 2009，31—44）。近代日本人对俄国的印象非常矛盾，而且常常是自相矛盾。俄国发展较晚，在西方的流行话语中被习惯性地"东方化"（Neumann 2004），并且经常被拿来与相对落后于西欧文明中心的明治日本做比较。尽管落后，俄国仍被视为一个军事大国。由于地理位置接近，且俄国被认为具有特殊的侵略性，加上自 19 世纪 90 年代中期开始日俄两国在朝鲜和中国东北的利益重叠，俄国被日本看作自身的主要威胁。日本人强调俄国贪得无厌的侵略性，这种观点在 1904 年至 1905 年日俄战争期间达到顶点。例如，在当时的报刊漫画中，可以找到俄国沙皇被画成贪婪的吃人恶魔的形象（Mikhailova 2000）。然而，文学作家、批判性知识分子和革命者的"另一个俄国"，是明治时期日本知识分子尤其是自由主义者和激进主义者的主要灵感来源。托尔斯泰（Tolstoy，1828—1910）（关于他在日本和朝鲜的受欢迎程度，我将在第二章中详述）和屠格涅夫（Turgenev，1818—1883）对 19 世纪 80 年代以后日本近代文学的形成起到了至关重要的作用。仅在 1881 年至 1883 年，日本就出版了大约 65 本关于俄国革命民粹主义的书籍，19 世纪 80 年代至 20 世纪 10 年代的报刊通常充斥着对俄国激进活动的描述（通常非常同情）（Konishi 2007；Rimer 1995）。对日俄战争（1904—1905）的反

对（前线另一侧的俄国社会主义者也是同样的立场）为日本形成
一种自觉的激进社会主义环境提供了机会（Kublin 1950）。正如
我们将在后文所见，近代日本对俄国的看法的许多基本特征，在
19世纪末和20世纪初朝鲜对俄国的理解中也可以看到。例如，
强调俄罗斯帝国的社会政治落后性和国际侵略性，以及对所有
那些冒着失去生命和自由的危险与这样一个滥用权力的政府进
行斗争的斗士们表示同情。

　　专制的俄罗斯帝国被认为以挑衅性的扩张主义方式行事
（然而，帝国主义全盛时期的西方大国大多都是如此），在社会政
治和经济方面无疑不符合它自己选择的西方现代化模式（关于
其经济落后的程度，参见 Stepanov 1993），对俄国的这种看法虽
然确实基于现实，但也应被归类为刻板印象。它们符合刻板印象
的典型定义：一种先入之见，它在那些不能或同时不愿自己评估世
界真实性的人的心中塑造了世界的形象（Lippmann 1922, 95—
156）。正如我们从社会心理学中了解到的，"外群体"（out-
group）刻板印象很可能是基于群体间关系的三个主要维度：相对
权力、相对地位和相对目标兼容性（Alexander et al. 1999）。地
位高、明显强大、目标不相容的他者很可能被视为潜在的侵略者
（"帝国主义者"），而地位和权力平等、目标相容的他者通常符
合盟友的定义（Alexander et al. 2005）。但是由于能够获得的关
于西方大国（包括俄国）的信息极其有限，朝鲜对西方对话者的
相对权力、地位和目标的认知都受到早期朝鲜现代化派知识分
子所能接触到的资料的制约。此外，他们还受到自身的政治立

场与好恶，以及阶级、宗教或个人的利益的制约。

　　朝鲜人和俄国人对彼此的刻板印象之间的一致性，或者说缺乏一致性，是一个有趣的问题。很显然，朝鲜在俄国的认知地图上从来没有像俄国在朝鲜的认知地图上那样重要。俄国是周边帝国（Kagarlitsky 2007），朝鲜是现代帝国主义（包括俄国）的受害者，两者的关系从一开始就是不对等的。与西欧的模范兼竞争对手相比，俄罗斯帝国的知识分子可以轻易地承认自己的弱点或落后。然而，以绝对的、本质的优越性为前提的“帝国之眼”（imperial eyes，Pratt 2007）却投向了朝鲜人。《巴拉达号三桅战舰》（*The Frigate Pallada*，Goncharov 1987［1858］）是一个很好的例子，俄国这部 19 世纪的著名游记可以说是第一部由真正访问过朝鲜的俄国人写的游记。苏珊娜·林（Susanna Lim）在一篇关于巴拉达号三桅战舰 1852—1855 年东亚航行的文章中，令人信服地指出，航行参与者之一、著名小说家伊万·冈察洛夫（Ivan Goncharov，1812—1891）于 1854 年 4 月至 5 月在巨文岛（靠近朝鲜西南海岸）和朝鲜东北海岸短暂逗留期间，曾两次遇到朝鲜人，在他的游记中，朝鲜人被这位旅行中的俄国作家视为高贵的野蛮人：“高大、健康、强壮”、热爱诗歌，但同时又幼稚、贫穷、“懒惰、粗俗”、缺乏任何技能（Goncharov 1987［1858］，462—476）。这一描述与冈察洛夫面对英国在海上技术、贸易和全球殖民扩张方面的压倒性优势时所感受到的羞耻感形成了鲜明对比。冈察洛夫痛苦地意识到，无论英国资本家多么“没有灵魂”（Goncharov 1987［1858］，48—52），他是在一个英国的世界里旅行，一个蒸汽轮船的世界，与冈察洛夫本人驾驶的陈旧的 20 年前的三桅战舰截然不同（Lim 2009）。但是在与朝鲜人的接触中，俄国拥有了无可争议的优越性，朝鲜被置于冈察洛夫所知世界的边缘。在冈察洛夫的世界里，朝鲜人甚至比中国人更加陌生——中国人的创业能力引起了这位俄国旅行者的注意。朝鲜没有地位和权力可言，他们是历史的"客体"，而非"主体"。

对于朝鲜知识分子所认为的"侵略性"，俄罗斯帝国的知识分子则倾向于认为这是一种保护"软弱、无助、孩童般"的朝鲜的方式，因为在这个由帝国主义"成年人"主导的世界里，朝鲜面临着各种危险。"保护当地人"也许是当时帝国主义最流行的说辞（August 1985）。让这种说辞听起来可信的方法之一是指出朝鲜人自己"渴望"俄国的"善意干预"。事实上，19 世纪 80 年代初朝鲜成为中国和日本帝国主义野心的角逐场（Deuchler 1977；Kim 1980；Duus 1998；Larsen 2008），朝鲜高宗（1863—1907 年在位）不顾一些大臣的反对于 1884 年 7 月 7 日签署了朝俄第一个条约之后，采取了一些行动以确保俄国对朝鲜的承诺（该条约的文言文和英文文本参见 Chǒng 1965，12—27）。当时高宗的外交顾问穆麟德（Paul von Möllendorff，1847—1901；关于他的传记参见 Lee 1988），大概是听从朝鲜王室的口头命令，在 1884 年 12 月多次向俄国外交大臣提议，鉴于日本在为期三天的"甲申政变"（1884 年 12 月 4 日，关于这一事件的更多内容参见 Cook 1982，247）失败后对朝鲜施加压力，仿照俄国与保加利亚的关系，俄国对朝鲜提供保护，对于抵御日本和中国的侵占以及使朝鲜成为

"亚洲的比利时"至关重要（Shpeyer 1885；转引自 Pak 2004，147）。

1885 年 1 月 1 日至 6 日，穆麟德先后为当时的俄国驻东京公使馆秘书亚历克西斯·施佩耶（Alexis Shpeyer，1854—1916）安排了汉城访问和王室接见。然而，俄国人并没有做出承诺，而是试图派遣军事顾问训练朝鲜军队（未成功），以期逐步提高他们在朝鲜的影响力，但不是要将朝鲜纳入俄国的势力范围，因为这可能会严重激怒俄国的主要殖民竞争对手英国（Pak 2004，148—162）。在接下来的 10 年里（1885—1895），俄国对朝政策的主要目的是防止中国完全控制朝鲜，并鼓励朝鲜政府更加坚定地对抗日本的入侵（Pak 2004，163—218）；然而，甲午战争中国战败后，日本试图占领辽东半岛，俄国认为这是对其在中国东北地区主要利益的威胁，从而发起了三国干涉还辽（Triple Intervention，1895 年 4 月 23 日；关于这一事件的更多内容参见 Duus 1998，104—105），迫使日本放弃此事。在俄国充分展现其实力后，接下来的一系列事件，包括日本人策划谋杀相当亲俄的闵皇后（1895 年 10 月 7 日至 8 日）和高宗受到惊吓逃往俄国公使馆（1896 年 2 月 11 日），使得俄国人（尽管时间相对较短）成为围绕朝鲜展开的帝国游戏的主要参与者。朝鲜王室的亲俄举动让俄国有机会将自己的干预描绘成一种善意的拯救。在中日战争和三国干涉之前，接管朝鲜本是不可能的。1873 年被任命为南乌苏里边区（South-Ussuri Area）边防委员的俄国贵族尼古拉·马秋宁（Nikolai Matyunin，1849—1907）是 19 世纪 80 年代至 90 年代制定对朝政策的关键人物之一,他在一份机密的参谋长出版物中写道,这样的任务(指接管朝鲜)需要先吞并整个中国东北地区——清朝的诞生地,意味着需要发动一场对中国的全面战争,而这超出了俄国的能力(Matyunin 1894)。1895 年后,战败的中国放弃了对朝鲜的所有主权,俄国在中国东北地区的扩张也很快加速。1896 年 6 月 3 日签订的《中俄密约》(Li-Lobanov Treaty)允许俄国修建中国东部铁路,俄国对朝鲜的野心也相应增长(Nish 1985,30—33)。吞并朝鲜绝不是意料之中的结果,但现在可以在决策圈内进行合法的辩论。

　　19 世纪 90 年代中期访问朝鲜的俄罗斯帝国旅行者(大多是外交官和军官),带有强烈的帝国意识的选择性心理,他们描述下的“当地人”感激地渴望俄国的救援。例如,当时的中校(后来的将军)、瑞典—芬兰贵族出身的弗拉基米尔(卡尔·约翰·沃尔德马尔[Karl Johan Voldemar])·冯·阿尔夫坦(Vladimir von Alftan,1860—1940)于 1895 年末至 1896 年初对朝鲜半岛北部地区进行了一次侦察旅行,他以通常用来描述儿童的方式描述了他所遇到的朝鲜官员。位于朝俄边境朝鲜一侧的庆兴郡(Kyǒnghǔng)的守令在短暂访问了边境附近的一个俄国村庄后,“彻底改变了房子的内部装修”,“自豪地向来访者展示”他的“欧洲风格”新家具,“收到俄国客人的赞美时神采飞扬”。他和他的下属“试图模仿”俄国人的举止时“很有趣”,他们甚至不敢在客人端起茶杯之前先端起来。由于受到日本人的“压迫”,幼稚的朝鲜居民热衷于向他们潜在的救星俄国抱怨并请求帮助:

在吉州（Kilju），"我们一到那里，就受到了极大的欢迎，并立即听到了日本人给我们（朝鲜人）带来了多少灾难和不幸，以及他们如何压迫我们（朝鲜人）的故事"。除此之外，这位贵族旅行者称朝鲜是一个相当悲惨的地方："难以置信的悲惨"，这个国家"几乎完全没有任何工艺或贸易"，人们"消极、没有进取心"、倾向于"将自己的欲望限制在最低限度"，他们的技术只能生产一些劣质的铜制餐具、马毛帽或纸张。在朝鲜，另一个潜在的"拯救"对象是妇女，"她们更像是奴隶或女仆，而不是丈夫的朋友"，因此"在我们的理解中，她们没有家庭生活"（Alftan 1896；另转引自Tyagai 1958，220—265）。总而言之，阿尔夫坦似乎真的相信俄国人在朝鲜是为了从日本人手中以及朝鲜自己的"不幸"中将它拯救出来。朝鲜人的地位或势力微不足道；至于朝鲜人的目标，对阿尔夫坦来说唯一的问题是他们会向俄国还是其预期的日本敌人提供援助，不过这种援助也几乎没有任何决定性意义。

高宗在俄国公使馆逗留结束后不久（1897 年 2 月 20 日），俄国人发现，最不"原始"的，也就是最西化的"当地人"，并不热衷于被他们拯救。"独立协会"（Tongnip Hyŏphoe，1896—1899）是朝鲜第一个公共的非政府政治团体，最初得到了朝鲜王室的支持，由受过美国教育的改革家徐载弼（Sŏ Chaep'il，1890 年入美国籍，英文名 Philip Jaisohn，1864—1951）和尹致昊（Yun Ch'iho，1865—1945）领导（关于该组织，参见 Chandra 1988），在俄国人推动朝鲜王室雇用一名俄国财政顾问（1897 年 10 月至 1898 年3 月），并要求租赁釜山港附近的绝影岛（Chŏryŏngdo）用于军事目的(1898 年 2 月 6 日)后,该协会迅速发起了一场抗议运动。这场运动得到了日本和美国的暗中支持,由警惕俄国干涉的现代化精英和下层精英真正的民族主义情绪推动,以传统(向朝鲜王室请愿)和现代(在首都中心举行群众集会)两种方式进行,最终进一步加强了高宗的势力,使他能够成功地抵制了俄国的要求(Lee 1965,62—63;Sin 1976,288—303)。俄国在这一事件中所暴露出的傲慢专横和最终弱点都没有改善朝鲜人对其西北邻国的看法,特别是那些对日本看待"富有侵略性和落后"的沙皇帝国的态度有所了解的现代化推动者尤其如此,但俄国官员似乎以一种截然不同的方式对此进行了解释,认为这是"可怜的当地人"被"外来的自由思想诱惑和宠坏了"。

在朝鲜国王仍安全居住在俄国公使馆,俄国的影响仍在朝鲜政治中占主导地位时,1896 年 12 月 1 日俄国驻朝鲜首都的官方军事代理人(1896 年 1 月 27 日—1902 年 8 月 28 日)、参谋长上校伊万·斯特雷尔·比茨基(Ivan Strel'bitsky,1860—1914)向圣彼得堡的上司提交了一篇长篇报告,其中概述了俄国对朝政策的宏伟蓝图。他将现状定义为俄国对朝鲜政府事务的"非正式指导",然后非常现实地将俄国在朝廷中的主要盟友——保守的闵派(闵皇后的亲戚)描述为"一群骗子",他们在很大程度上控制着国王,通过出售有利可图的职位来获取丰厚的行政租金,而且有俄国的军事和外交保护为其统治保驾护航,这样一来他们的行为就败坏了俄国的名声。因为与俄国结盟的朝臣们的寻租行为迟早会引发一场民众叛乱,叛乱也会转向反俄,所以斯特雷尔·比茨基提议在适当的时候将朝鲜转变为俄国的"公开保护国"，这样就能够打击"有害现象"，并将朝鲜民众从困境中解救出来。因为俄国不能"被动地看着迟早会成为俄国人民玉米地的土地上杂草丛生"。难道朝鲜人不应该拥有一个比斯特雷尔·比茨基所描述的那种仁慈的殖民主义更好的未来吗？俄国的军事代理人（代表朝鲜人发言）将朝鲜人的理想定义为"父权制、旧式的隐士般的生活"，并向他的上司保证，只要俄国的保护关系不干涉朝鲜的古老习俗，就完全有机会成功。这种向往父权制的人，有时可能也会受到徐载弼和独立协会宣传的"廉价自由主义的陈腐理论"的影响。但是，父权制下的大多数人永远不会产生任何真正的自由主义同情，而徐载弼和他的同伴仍然是美国或日本的工具，这是俄国在建立朝鲜保护国时所不能容忍的（Strel'bitsky 1896；转引自 Ku 2008，355—384）。"东方人"可以在沙皇的仁慈下被殖民和被明智地统治，他们的古老习俗会得以留存；但是，他们没有资格成为自由主义者，这种特权显然是留给更"先进"的欧洲人的。并不是决策圈里的每个人都像斯特雷尔·比茨基一样狂妄自大。朝鲜通马秋宁（Matyunin）在 1898 年预言性地警告俄国外交大臣，如果俄国"在朝鲜表现得傲慢"，并希望在一个具有战略地位的东亚国家获得垄断地位，结果可能会很糟糕（Matyunin 1898）。但马秋宁的时代已经结束，在担任俄国驻朝鲜公使几个月后（1898 年 3 月 27 日至 12 月 31日），他被朝鲜事务中的强硬派亚历山大·巴甫洛夫（Alexander Pavlov，1860—1923）取代。沙皇帝国正慢慢走向日俄战争的灾难。

　　随着独立协会的"美国和日本工具"成功抵制了俄国笨拙的错误决策,俄国代表的(过度)反应进一步强硬起来。朝鲜首都的俄国学校里一位匿名俄国教师(很可能是尼古拉·比留科夫[Nikolai Biryukov],也是俄国军方的一名"非正式"代理人;关于他的详细内容参见 Ivanova 2007)的报告(日期不详,但从内容来看,是在 1898 年末编写并发送的),描述了"天生懒惰、游手好闲、一无是处"的朝鲜人为"政治煽动"所"诱惑",从而忽视了他们所有的职责,学生不来上课等等。当然,"所有这些民众社团据说都是受美国传教士和日本人影响的产物";美国传教士甚至可能煽动独立协会的积极分子向保守的褓负商会①挑起扔石块对战(Anonymous n. d. ;另见 Yi et al. 2008,340—349)。由于朝鲜人基本上都是易于被煽动的"孩子",沙皇的仆人们顺理成章地将怨恨的矛头指向了煽动者。滨海边疆区的德裔军事总督帕维尔·翁特伯格(Pavel Unterberger,1842—1921,1888—1897 年任职)是一个种族主义者,厌恶包括朝鲜人在内的"黄种人"移居到俄国领土(Pak 1993,106—112),他在 1898 年向俄国皇室提交的关于朝鲜事务总体状况的报告中写道:鉴于"朝鲜人易被操纵

---

① 褓负商,是朝鲜历史上对行商的称呼,由"褓商"和"负商"组成。"褓商"指贩卖装饰品等工艺品的行商,"负商"指贩卖生活日用品的行商。褓负商产生于高丽王朝末期的恭让王时期,朝鲜王朝初期已形成褓负商行业,其后又逐步加强行业组织,在封建社会中对活跃社会经济和城乡物资交流起了一定作用。——译者注

的性格以及黄种人的冲动和火爆脾气"，西方教会学校里那些易于"就社会问题发表慷慨激昂的公开演讲"的一群"一知半解"的毕业生，将会给"国家带来严重的麻烦"。显然，唯一的例外是俄国学校，在那里除学习俄语和小学课程外，没有学习其他任何东西的风险（Unter‐Berger 1898；另见 Yi 2008，303—339）。因此，"幼稚"的朝鲜人不应因陷入自由主义异端而受到指责，但是只要他们胆敢反对俄国，就会受到应有的惩罚。俄国事实上的驻朝鲜副总督斯特雷尔·比茨基在一份报告中提到，在独立协会反俄运动的高峰期（1898 年 3 月），俄国公使馆提议，"作为一种镇压形式"，占领整个朝鲜北部，把其他地区留给日本人；但斯特雷尔·比茨基反对这一想法，因为朝鲜北部没有不冻港，而日本占领朝鲜南部将使它可以控制对马海峡（Strel'bitsky 1898；Ku 2008，420—421）。俄国政府最终驳回了这一想法，因为如果将如此一大部分朝鲜"儿童"置于其监护之下，将不可避免地与日本发生冲突，而当时俄国政府还没有做好准备。

　　1898 年至 1904 年期间，日俄两国在朝鲜的角逐愈演愈烈，最终爆发了日俄战争（1904—1905）。这场斗争的变迁是众所周知的，在其他地方也有论述（例如，参见罗曼诺夫[Romanov]的巨著：Romanov 1947）。就我们的研究目的而言，只需要关注这场斗争的表现形式。例如，日俄竞相收购军事要地——港口城市马山（Masan）、木浦（Mokp'o）和镇南浦（Chinnamp'o）的战略性地块（仅在马山，俄国拥有的财产在 1913 年达到 124 327 日元），争夺铁路特许经营权，以及臭名昭著的鸭绿江伐木特许权，这些对于朝鲜公众中具有政治意识的那部分人来说不言而喻，也给俄国营造了一种野蛮侵略的气场（更多细节见下文）。俄国军队（伪装成警卫）的存在实际上为日本提供了开战的借口（Pak 1997, 90—136）。认为俄国具有侵略性，并不是简单的偏执，因为众所周知，俄国官廷中至少有一个有影响力的集团，即所谓的贝佐布拉佐夫集团（Bezobrazov clique, 由沙皇尼古拉二世的心腹大臣亚历山大·贝佐布拉佐夫[Alexander Bezobrazov, 1855—1931]领导），确实考虑过在朝鲜建立保护国，甚至将朝鲜完全殖民地化，作为其对朝政策的最终目标（Pak 2004, 336—361）。虽然有势力的财政大臣谢尔盖·维特伯爵（Sergei Witte, 1849—1915）坚决反对通过在朝鲜的过度活动来对抗日本，并发言支持俄国集中精力于中国东北地区，让日本在朝鲜获得统治地位（Vitte 1902; Yi 2008, 377—412），但即使是相对温和派的驻日公使罗曼·罗森男爵（Roman Rosen, 1847—1921）也接受"武力占领朝鲜"作为俄国政策的最终目标（Rosen 1902），但随着局势发展越来越接近实际战争，他也越来越赞成"从朝鲜撤军"，优先巩固俄国在中国东北地区的"权益"（Rosen 1922, 224—227）。还需要注意的是，沙俄在朝鲜的公然帝国主义是由纯粹的军事战略动机驱动的。到 1902 年，俄国市场仅占朝鲜贸易的 1.3%，它在朝鲜的经济利益微不足道（Pak 2004, 322—323）。事实上，朝鲜的情况很符合列宁在 1915 年对俄罗斯帝国主义的著名描述（在他的《第二国际的破产》[Collapse of the Second International]中），即相对落后但仍然占主导地位的"军事封建帝国主义"

（Lenin 1974［1915］,Vol. 21,205—259）。

　　然而,俄罗斯帝国的仆人们往往认为自己属于一个与"幼稚"的朝鲜民众有着本质区别的世界。最令人震惊的是,他们中一些人的世界观与列宁的同志们的世界观并非完全无关。尼古拉·加林·米哈伊洛夫斯基（Nikolai Garin-Mikhailovsky,1852—1906）就是其中的一个例子,他无疑是一位进步作家,也是一位民粹派①,后来成为温和的社会民主党人。他还是俄国著名的铁路工程师之一,是西伯利亚大铁路建设的英雄（关于加林对列宁和高尔基的俄国社会民主工党的资助,参见 Gorky 1983［1927］）。加林·米哈伊洛夫斯基绝不是反动分子或帝国主义者,他曾陪同亚历山大·兹维金采夫（Alexander Zvegintsev,1869—1915）上校在朝鲜北部地区考察（1898 年）,并出版了一部长篇的朝鲜和中国东北游记,其中包括 64 个朝鲜民间故事（1903 年）,这是朝鲜民间传说被收集并翻译成西方语言的最早的作品之一。关于朝鲜民间传说最早的官方研究（基本上是初步尝试收集最典型的地方传说）,是在加林·米哈伊洛夫斯基旅行约 14 年后的 1912 年由朝鲜的日本总督府委托进行的（Yi *et al.*,2012［1913］）,因此加林·米哈伊洛夫斯基可以看作是朝鲜研究初期的重要先驱。

---

① 民粹派,俄国小资产阶级政治派别。自称是人民的精粹,故有"民粹派"之称。俄国 1861 年改革后,农民同地主和沙皇制度的矛盾日益激化。一批代表农民利益的平民知识分子走上民主革命的道路,逐渐形成"民粹派"。主要由资产阶级自由知识分子和平民知识分子组成。——译者注

作为一名自封的社会主义者，加林·米哈伊洛夫斯基煞费苦心地将自己与俄罗斯帝国主义粗野的在朝代表们区分开来。他对一个匿名的"俄国旅行者"进行了谴责，这个"俄国旅行者"坚称朝鲜人应该被武力统治并时常殴打，因为他们"喜欢棍棒"。加林·米哈伊洛夫斯基反驳称，对"这些孩子"使用拳头是绝对"可耻的"（Garin-Mikhailovsky 1958，196）。"这些孩子"相当可爱，他们"诚实、高尚、聪明、有教养"（Garin-Mikhailovsky 1958，262），总是信守诺言、温顺，"任何愿意在他们中间逗留的人都觉得他们是可爱的"（Garin-Mikhailovsky 1958，263）。他们远不只是冈察洛夫所形容的"高贵的野蛮人"，除了"高贵的性格"，他们还"有礼貌、有教养"，对彼此"彬彬有礼"，而且他们的脸上"散发着与生俱来的善良"（Garin-Mikhailovsky 1958，196）。但在加林·米哈伊洛夫斯基的大进化计划（grand evolutionary scheme）中，他们的社交能力和善良仍然属于最低阶段，是尚未离开"创造童话时期"的"幼稚的人"（Garin-Mikhailovsky 1958，187）。如果不是俄国人，谁会在危险的现代世界中扮演"这些孩子"的仁慈守护者呢？加林·米哈伊洛夫斯基认为这是朝鲜人自己的想法。据他说，朝鲜人告诉他，他们"渴望俄国人的到来，因为勇敢的俄国人会赶走"使朝鲜北部边境居民持续恐惧的"土匪"（Garin-Mikhailovsky 1958，177）。在加林·米哈伊洛夫斯基看来，俄国人是第一个登顶长白山并看到那里的天池的人（加林·米哈伊洛夫斯基将这一壮举归功于 1895—1896 年斯特雷尔·比茨基的探险；关于这次探险，参见 Pak 2004，232—233），而

"当地人"从未见过，因为他们"害怕传说中住在那里的龙"。俄国人是勇敢而现代的成年人，需要"保护和抚养"他们的朝鲜"孩子"，直到朝鲜做好准备要求获得自己的独立地位。

然而，再多的帝国主义傲慢也无法帮助俄国赢得日俄战争，这场战争让包括朝鲜知识分子在内的所有人看到了沙皇主义这座不朽大厦潜在的隐患。在俄罗斯帝国的野心被战争的结果粉碎后，俄国的东亚政策开始由谢尔盖·维特和他的官僚盟友、外交大臣亚历山大·伊兹沃尔斯基伯爵（Count Alexander Izvolsky，1856—1919，1906 年至 1910 年担任外交大臣）指导，他们倾向于与日本建立更密切的关系，以期最终与日本的盟友——英国结盟。在朝鲜人看来，这意味着俄国明确默许日本在朝鲜的野心，并完全放弃自己的殖民野心（Pak 2004，392—393）。有趣的是，这也意味着俄国观察家对朝鲜的态度发生了重大变化。由于朝鲜人不再是俄国母亲要抚养的"孩子"，俄国不得不允许朝鲜人有一定的历史主体性，哪怕仅仅是考虑到它自己在应对日本军队时的无能为力。例如，1905—1906 年一名在朝俄国军事要员在报告中称，反日的"义兵"运动是"朝鲜民族自我意识"的表现，这是俄国观察家以前从未在朝鲜人身上看到的。但由于它同时也是一场"社会革命运动"，这名军事要员建议革命此起彼伏的沙俄与之保持距离（Rossov 1906）。然而，由于对战胜国日本的仇恨挥之不去，滨海边疆区的俄国媒体对"义兵"运动的报道倾向于同情的态度，直到 1910 年日本完全吞并朝鲜（Pak 2004，410—411）。帝国主义热情的减弱给了朝鲜属下阶层发言的机会,在俄国读者大众的眼中他们成为独立的行为者。

　　1909 年 10 月 26 日发生的安重根刺杀伊藤博文事件就是一个很好的机会,它既可以表明对日本人的持续敌意,也可以表明对其受害者的民族感情一定程度的尊重。朝鲜民族主义者安重根(1879—1910)是一位天主教徒,自 1907 年 10 月以来一直在滨海边疆区流亡,他在俄国控制的哈尔滨火车站的站台上射杀了退休的驻朝鲜总督伊藤博文(1841—1909),当时伊藤正要在那里会见俄国的财政总长弗拉基米尔·科科夫佐夫(Vladimir Kokovtsov,1853—1943)。伊藤作为日本高层决策者中最突出的亲俄派而享有盛名(Vitte 1994,211—213);但俄国的观察家们并不知道,安重根是一个厌俄派,而且正如我将在下文说明的,他倾向于将俄国视为团结亚洲所有"黄种人"、朝日中三国人在平等的基础上组成某种联盟的最大威胁。虽然俄国外交官和媒体哀叹因伊藤遇刺而失去与日本改善关系的机会,但同时,他们却出乎意料地对安重根的动机表示理解。俄国驻汉城总领事(1908—1910)亚历山大·索莫夫(Aleksandr Somov)在一篇关于朝鲜人对哈尔滨事件的反应的报告中提到,"朝鲜的男人,甚至温顺的女人,都沉浸在疯狂而热烈的喜悦中"。索莫夫似乎很了解这种喜悦的原因,因为他提到了"伊藤在朝鲜人脖子上套的枷锁"(伊藤的继任者现在正在"用粗糙和不熟练的手"收紧它)。索莫夫还提到了伊藤所谓积极的"个人品质",也就是拉拢朝鲜社会一部分人的外交技巧,但他也不得不承认"大多数朝鲜人一直将伊藤视为他们的头号敌人"(Somov 1909)。在这样的背景下,安重根的行为即使肯定不值得赞扬,但至少是可以理解的。事实上它类似于当时俄国的社会革命者为争取民主和社会权利而反对沙皇专制的方式(关于俄国激进分子的恐怖活动,可参见Yarmolinsky 1959)。

　　俄国报刊也采取了类似的态度。两家主要的保守日报《圣彼得堡新闻》(*Sankt-Peterburgskie Vedomosti*, 1909 年 10 月 27日)①和《新时报》(*Novoe Vremya*, 1909 年 10 月 27 日),强调了伊藤"在建设现代日本方面的成就"以及他的亲俄倾向。同时,《圣彼得堡新闻》也承认,伊藤"在朝鲜实施的日本化政策"最终导致了他英年早逝。但是另一家保守媒体《Rech'》(1909 年 10 月 28日)将伊藤之死与 1909 年另一个备受瞩目的反殖民斗争相提并论,即 7 月 1 日印度民族主义者马丹·拉尔·丁格拉(Madan Lal Dhingra, 1883—1909)暗杀英国殖民官员寇松·威利(Curzon Wyllie)(关于这一抵抗行动,参见 Mukherjee and Ahmed 2012,8)。这些"民族报复行为"并不是要削弱殖民主义文明使命的合法性,《Rech'》的社论作者显然也坚信这一点。这些行为至少是可以理解的。在滨海边疆区和中国东北地区(那里对日俄战争的记忆仍然挥之不去)刊行的一些具有进步倾向的俄国报刊甚至更进一步。哈尔滨的一家报刊《哈尔滨》对"因祖国被奴役而感到愤怒的朝鲜人射出的子弹方向精准"表示赞赏,并称这是

---

① 所有日期都是按照公历。1918 年之前俄国一直使用传统的儒略历,这意味着一直到 20 世纪初,俄国的历法比同时代的西方历法要晚 13 天。

"对日本和其他国家的警告"（1909 年 10 月 28 日），其主编因此被俄国当局拘留了一个月。另一家进步媒体——伊尔库茨克的《滨海边疆区霞光》（*Vostochnaya Zarya*，1909 年 10 月 30 日）甚至预言"哈尔滨的枪声是对朝鲜半岛迟早发生巨大变动的警告"，并问道，伊藤将朝鲜人民推入"绝望深渊"的恶行，是否应该由整个日本民族的集体良知来处理（转引自 Pak 2012，276—284）。俄国的主流媒体（不包括一些最激进的出版物）虽然几乎没有批评俄国的帝国主义（关于公众舆论压力与俄国海外帝国主义之间的关系，参见 Geyer 1987，70—73），但当帝国主义与被殖民的朝鲜人民的民族主义发生冲突时，它们也不会急于站在昔日敌人这一边。然而，随着哈尔滨事件尘埃落定，朝鲜很快就被遗忘了。俄罗斯帝国正在寻求与日本人建立友好关系，日本人很快就会成为俄国在第一次世界大战中的正式盟友（Marinov 1974）。

俄国对朝认知真正的分水岭是 1917 年的十月革命。随着 19 世纪 90 年代至 20 世纪初沙俄的对朝政策设计者和执行者——阿尔夫坦（Alftan）、翁特伯格（Unterberger）、贝佐布拉佐夫（Bezobrazov）、罗森（Rosen）、巴甫洛夫（Pavlov）等人逃到西欧或美国过着舒适的流亡生活，现在掌权的布尔什维克革命者提出了关于朝鲜的新言论。这些言论以朝鲜人的反殖民主义斗争为中心，确立了朝鲜作为（潜在抑或是实际的）苏联盟友的地位和目标。苏俄作为世界革命的中心，是朝鲜人民的高级盟友，这一点已经十分明确，但朝鲜团体的作用也不容否认。事实上，苏联观察家们甚至也同情那些没有明显亲苏倾向的民族主义团体，仅仅因为他们参加了共同的反帝国主义斗争。这种倾向并不只限于朝鲜。在亚洲大陆的西部边缘，奉行凯末尔主义的土耳其（其国内政策是恶毒的反共产主义），作为反帝国主义阵线的一员，在 20 世纪 20 年代也得到苏联的外交和军事支持（Sheremet 1995，226—228）。与共产主义一样，广义的反帝国主义也是苏联早期国际观及其外交政策的基石。重要的是，朝鲜属下阶层终于获得了为自己说话的机会。苏联报刊、杂志以及专著中关于朝鲜的大部分材料都是由朝鲜共产主义者（主要是在苏联的朝鲜共产主义者）自己撰写的（此类材料集参见 Vanin 2006）。他们中的许多人隶属于共产国际（1919—1943），但由于文化、教育和社会政治背景不同，相互之间在朝鲜事务上的看法也大相径庭。

　　例如，著名的俄朝革命家南曼春（Nam Manch'un，又名 Nam Pavel Nikiforovich，1891—1938）隶属于主要由俄国出生的第二代朝鲜革命家组成的"伊尔库茨克"（Irkutsk）集团，他在给共产国际领导层的信中积极捍卫朝鲜地下共产党 1925—1926 年的政策，视该党（由他所在的"伊尔库茨克"集团下属的火曜［星期二］派领导）为真正的"无产阶级"，能够并愿意克服宗派主义和极左倾向，能够领导罢工、解决租户纠纷（Nam 1926；Wada *et al.* 2007，371—376）。另一位著名的俄朝革命家朴振善（Pak Chinsun，又名 Pak Ivan Fedorovich，1897—1938）是"上海"集团的创始成员之一，该集团中还有一些与俄国没有密切联系的前民族主义领导人,他们采取了相对更民族主义的姿态。在共产国际朝鲜委员会的一次会议上,朴振善公开批评了南曼春的主张,他认为,朝鲜共产主义者只不过是小资产阶级知识分子,他们应该更深入地接触在农民中有影响力的新宗教团体——天道教,而不是像南曼春所提议的那样与安昌浩(An Ch'angho,1878—1938)的民族主义团体联合起来。根据朴振善的说法,天道教将成为朝鲜革命的主要推动力量(Pak 1927;Wada *et al.* 2007,414—420)。流亡苏俄的朝鲜共产主义者中,不同派别的激进人士在苏联媒体关于朝鲜的讨论中发出不同的声音,这丰富和细化了苏联关于朝鲜的叙事,使其更接近于当时朝鲜国内激进派内部的辩论。同时,正如我们将在下文看到的,对于心存恶意的观察家来说,也很容易将他们的激烈讨论描绘成"派系争吵",这大概也是朝鲜革命者在政治上不成熟,或者更糟糕的是,普遍不适合的标志。

当然,俄国(或其他欧洲的)共产国际激进分子对他们的朝鲜(低级)盟友的态度中也不是没有家长式的居高临下和"兄长"的野心,不过这些都披着革命修辞的外衣。事实上,不是只有俄国(或非俄国的欧洲)干部才会有优越感,朝鲜裔的共产国际代理人通常也会采取类似的态度。赵斗元(Cho Tuwŏn,又名Iskrin,1903—1953)是一个富有地主的儿子,后来成为共产国际干部,1929年被非正式地派往朝鲜,重建因日本警察镇压而几乎被摧毁的朝鲜地下共产党,他在给共产国际的报告(1929年11月至12月)中写道,朝鲜学生"把苏联和共产国际视为摆脱日本

帝国主义的救世主"，并集体加入共产主义青年团，但他们仍然
"对马克思主义只有肤浅的了解"，其动机往往是因为在殖民环
境下几乎不可能找到合适的工作而被边缘化了。朝鲜无产阶级
及其运动还很"年轻"，朝鲜共产主义者大多是"原来一些从资产
阶级独立运动队伍中走出来的学生和知识分子"，其特点是"理
论上混乱，以及长期的、大多是无原则的派别斗争"。赵斗元最
信任的人往往是"苏联共产主义高等教育机构的毕业生"，他们
也将构成新共产党的核心（Cho 1929；Wada *et al.* 2007，574—
589）。赵斗元曾在东方劳动者共产主义大学（Kommunisticheskii
Universitet Trudyashchikhsya Vostoka，1921—1938）学习，但即使
是这所著名学府的朝鲜学生，也总是被怀疑成容易受日本警察
操纵的"派别"。1933年，在共产国际人事部工作的乌拉尔革命
家费奥多尔·科泰尔·尼科夫（Fyodor Kotel'nikov，1895—1971）
告诉他的上司，1921—1933年在东方劳动者共产主义大学学习
的201名朝鲜人中，只有111人是工人或农民出身，3人"被发现
是特工"，7人"被怀疑是特工"，只有81人毕业后被派往朝鲜从
事地下工作，其余的人因被判定为"不适合在自己的国家进行革
命斗争"而留在苏联。流亡的朝鲜革命者之间的"派系斗争"将
通过共产国际（主要是俄国）领导层更彻底的监督来防止
（Kotel'nikov 1933；Wada *et al.* 2007，652—654）。朝鲜人将在可
能更先进、更有经验的俄国同事的"领导"下进行革命，但他们永
远不会被后者完全信任。

　　不过，直到20世纪30年代中期，苏联涉朝话语主要是同情

朝鲜的殖民困境和声援朝鲜人的反殖民努力，而没有将仁慈的大俄国"父母"和他们的朝鲜"孩子"这种沙皇式叙事持续下去。一些描写殖民地朝鲜的苏联作家本身就是犹太少数民族，他们长期受到沙皇主义的迫害，自然对大俄罗斯沙文主义的任何痕迹都很敏感。一位颇受欢迎的犹太裔俄国作家马克斯·波利亚诺夫斯基（Max Polyanovsky, 1901—1977）于 1934—1935 年访问釜山，他将殖民地朝鲜的困境与苏联滨海边疆区的朝鲜村庄进行了对比，在殖民地朝鲜，穷困潦倒、食不果腹的农民不得不将女儿卖给日本人经营的妓院，他们的孩子在学校也无法接受朝鲜语教育，而苏联滨海边疆区的朝鲜村庄则相对富裕，他们拥有机械化的朝鲜集体农场、朝鲜民族区、使用朝鲜语进行教学的学校（Polyanovsky 1936, 182—195）。在波利亚诺夫斯基看来，朝鲜人一旦有机会自己进行苏维埃革命，就可以轻而易举地解决自己的问题。法尼·沙布希纳（Fani Shabshina, 1906—1998）是苏联驻殖民地京城（汉城）领事馆一名官员的犹太妻子，1940 年至1946 年居住在朝鲜，后来成为战后苏联最著名的朝鲜历史学家之一，她尽最大努力了解朝鲜工人和农民的实际工资和生活条件，还对朝鲜普通农民的热量摄入和食物消耗进行了详细调查。她特别关注京城工厂（包括著名的殖民地商人金圣洙［Kim Sŏngsu］和金英洙［Kim Yŏnsu］兄弟所拥有的京城纺织）那些实际上生活在契约奴役之中的"合同制女工"的困境，也特别关注日本战时为同化和动员朝鲜人所做的努力，她认为这些努力在很大程度上是失败的，因为她所认识的大多数朝鲜人对新政策

只是表面服从，并没有被这些政策彻底洗脑（Shabshina 1992，
40—64）。沙布希纳的记录令人震惊，因为这些记录对她所接触
的朝鲜人和没有特权的日本人在战争年代所面临的困难表现出
深切的同情心，而且完全没有任何带有优越感的主张。另一位
犹太共产主义者纳姆·伊兹戈耶夫（Naum Izgoev）1931 年概述
了兴凯湖（Khanka Lake，靠近苏朝边境）附近的朝鲜集体农庄，
他认为，来自朝鲜边境省份的非法移民（当代朝鲜女作家白信爱
[Paek Sinae]生动地描述了他们在苏联境内的困境[参见第二
章]）应该被接受为合法的苏联居民和集体农场成员，而不是被
驱逐或被迫非法居留并在高利贷条件下租用土地（Izgoev
1931）。然而，到了 1936 年至 1937 年，随着针对老布尔什维克
革命者的行动全面展开（很快也波及朴振善和南曼春），反对大
俄罗斯沙文主义的论调逐渐从苏联期刊上消失。带有明显沙文
主义色彩的"爱国主义"日益成为这个军事化独裁国家的新
规范。

　　在预料到对日战争即将到来之际，苏联境内"不可靠"的朝
鲜人，即"不成熟、派别林立、内部纷争不断的"流亡者，以及在
20 世纪初就被帕维尔·翁特伯格视为有"种族"和安全风险的
滨海边疆区以农民为主的朝鲜人，越来越多地被描述为实际或
潜在的"日本特工"。1936 年 1 月 26 日，共产国际人事部门下令
对目前在苏联的所有朝鲜革命活动家进行全面调查，因为他们
怀疑日本间谍渗透进了朝鲜流亡者（Wada *et al.* 2007，719—
723）。1936 年至 1938 年，大部分著名的在苏朝鲜共产主义者被

逮捕并处以枪决（Wada *et al.* 2007，35）；1937年，来自滨海边疆区的171 781名朝鲜人被强行驱逐到中亚（Wada *et al.* 2007，36）。此后，苏联的对朝政策在很大程度上从属于对日关系的考虑，即仅将朝鲜看作世界战略棋盘上的一枚棋子。不过革命的遗产并没有被完全扼杀。与贝佐布拉佐夫和末代沙皇的其他野心勃勃的仆人不同，斯大林没有殖民朝鲜的计划。朝鲜将成为一个完全的民族国家，苏联最初制定的唯一任务是确保它不会损害苏联的利益（Weathersby 1993）。正如我们将在下文看到的，虽然苏联的政策和态度发生了种种变化，但苏联由国家主导的现代发展的例子，包括激进的土地改革、大规模的群众动员和无可比拟的更好的社会和文化流动前景，直到日据时期结束，都持续吸引着朝鲜的进步知识分子。这场彻底背离沙皇帝国主义传统的革命，即使在一定程度上被斯大林主义镇压摧毁，它在很多朝鲜人眼中仍然保持着魅力。

"世界上最可怕的国家"：俄国是一个威胁（19世纪90年代—1910年）

在1910年之前，朝鲜将俄国视为一个当之无愧的大国，在1905年俄国被日本打败之前，朝鲜甚至将其视为军事上最强大的国家之一。考虑到前述俄国在朝鲜的殖民主义追求（特别是从1895年到1905年），这并不奇怪。但是俄国的实力和侵略性经常被夸大。一部分原因是日语和英语的消息来源对英国的竞

争对手怀有敌意，另一部分原因是朝鲜观察家无法透过俄国强
大的表象，理解沙皇帝国落后于其西方竞争对手的程度（关于
1910 年之前朝鲜新闻界对俄看法的消息来源和主要特征的整体
分析，参见 Kim 1995，54—62）。俞吉濬（Yu Kilchun，1856—
1914）对俄国的看法就是一个典型的例子。俞吉濬是日本著名
的现代化倡导者福泽谕吉（Fukuzawa Yukichi，1835—1901）的第
一批朝鲜弟子之一，曾于 1883—1884 年在美国短暂留学，
1894—1896 年成为朝鲜改革派政府的主要决策者之一（他的标
准传记参见 Yu 1987）。在《世界大势论》（*Segye Taeseron*，被认为
是百科全书《西游见闻》[*Sŏyu Kyŏnmun*，1895]的缩略版）中，俞
吉濬将俄国描述为"在欧洲与英国、法国、德国和奥地利竞争的
世界大国"（Yu 1971，Vol. 3，81）。对于 19 世纪末 20 世纪初的
朝鲜知识分子来说，俄国最主要的特征是，它是"大国协调"
（concert of powers）中的强大一员。在《西游见闻》中，俄国的实
力是用典型的现代统计方法来衡量的。俄国被评为世界上拥有
军舰数量最多的国家（据推测为 379 艘，而英国为 227 艘），也是
常备军中士兵和军官数量最多的国家（780 081 人，而法国为
502 866 人，德国为 427 241 人）（Yu 2004[1895]，272—273）。
该书主要论述了西欧和美国的"先进文明"制度和宪政治理，很
少提及俄国，但关于军事的章节是为数不多的例外之一。

　　事实上，革命前的俄国被朝鲜人认为缺乏"先进文明"，就像
朝鲜本身一样。对于 19 世纪末 20 世纪初完全为"富国强兵"的
理想所吸引的朝鲜开化派来说，俄国作为"令人恐惧的世界大

国",既令人生畏,又令人羡慕,但另一方面,俄国的社会政治地位在 1917 年以前远未达到理想的文明标准。俄国的"独裁/专制"与其他欧洲大国的宪政形成鲜明的对比。可想而知,朝鲜力主推进现代化的知识分子认为俄国政治的落后是无可救药的,几乎是非西方的。俞吉濬的《世界大势论》一书简明扼要地将俄国定义为一个君主制国家,并进一步解释说,那里的君主权力是"绝对的",君主把他的国家当作自己的私人财产(Yu 1971,Vol. 3,17、81)。在《西游见闻》中,他认为俄国的专制主义与土耳其、朝鲜、中国以及日本处于同一水平。这并不是一种恭维的描述,因为俞吉濬声称英国式的君主立宪制是最合理的政府形式,专制政府无法遏制权力的滥用,也无法激发臣民的爱国热情。当然,俞吉濬反对立即将政治权利给予"无知和没有准备的群众",他认为政治进步的程度必须与人民的受教育程度相称。因此,他也不是要批评俄国是一个专制国家。他只是注意到它在"文明与进步"这一普遍尺度上处于劣势(Yu 2004[1895],172—177)。这并不意味着俞吉濬作为朝鲜绝对君主制的忠实仆人,在专制制度中找不到任何可取之处。在一份题为《政治学》(Chŏngch'ihak)的未发表手稿中,他对"有序的王朝继承"所产生的政治稳定表示赞许(《政治学》被认为是粗略的基于卡尔·拉斯根[Karl Rathgen]1882 年至 1892 年在东京帝国大学所做演讲的日译本)。他的结论是,在一个弱肉强食的世界里,专制的俄国准备吞噬因"无效和小集团"的国王选举制度而摇摇欲坠的波兰(转引自 Kim 2000a,77—78)。

　　闵泳焕（Min Yŏnghwan, 1861—1905）是著名的朝臣和外交家，与俞吉濬不同的是，他在 1896 年和 1897 年两次作为朝鲜特使访问俄国（对他前往俄国和在俄国谈判的描述参见 Yi 2002, 148—179）。相比之下，俞吉濬的国外经历主要局限于日本、美国和几个西欧国家。闵泳焕是现实政治的实践者，与俞吉濬不同，他对文明等级不感兴趣。俄国的落后并没有困扰他，但俄国的扩张主义令他担忧，使他对俄国产生了一种几乎和俞吉濬同样危言耸听的看法。在他关于朝鲜的外交和其他任务的主要论述《千一策》（*Ch'ŏnilch'aek*，写于 1897 年左右［Yi 2001a, 107］）中，闵泳焕将俄国描述为"世界上最强大的国家，其军事力量无可匹敌"。他特别指出，随着西伯利亚大铁路计划的完成，俄国的"66 万强大的常备军和 368 艘军舰"对整个东亚构成了直接威胁。在他看来，俄国是一个崇尚武力的国家，一心想要侵略邻国，"已经摧毁了波兰，入侵了土耳其，征服了中亚"。因此，朝鲜外交的首要任务是找到防御俄国入侵威胁的方法（Min 1971, 52）。

　　俞吉濬和闵泳焕的观点代表了 19 世纪末朝鲜精英知识分子和政策制定者的涉俄言论，直到 1904—1905 年俄国被日本打败后，这些观点才有了明显改变。在朝鲜力主推进现代化的知识分子看来，沙俄是一个规模和实力令人恐惧的、落后的专制国家，其目标自然也是险恶的，与朝鲜自保的目标完全不相容。简言之，俄国是一个典型的掠夺性大国，是现代世界达尔文主义丛林中最糟糕的（或者说简直是最糟糕的）掠夺者之一。这一观点最初是 1880 年由黄遵宪（1848—1905）①向朝鲜决策者提出的，也基本得到了 19 世纪 80 年代至 90 年代许多开化派的认同，这些开化派要么亲美，要么亲日，倾向于从英语或日语资料中获取关于外部世界的信息。俞吉濬在 1885 年关于俄国是"掠夺性的狼"的描述（Yu 1987,15）（他一直坚持这一观点，直到公职生涯结束），代表了这一群体的想法。

　　当然，这并不意味着不应该研究"狼"。事实上，俄国的彼得大帝（1672—1725）与其他"文明和国家权力"的典范（如俾斯麦或华盛顿）一样，是朝鲜早期民族主义者的英雄之一。佐藤信康（Satō Nobuyasu）的彼得传记（Satō 1900）和其他日语资料被用来编写朝鲜的彼得传记（或者更确切地说，是彼得圣徒传记）（Kim 1908）。传记中充满了对俄国皇帝如何仿照普鲁士进行征兵，如何仿照荷兰建立舰队的动人描述，"不是因为他对外国的崇拜，而是因为他足够热爱自己的国家，希望在那里奠定文明、力量和财富的基础"（Kim 1908,47—49）。其简化版连载于《少年》（Sonyŏn；第 1—4 期,1908 年 11 月—1909 年 2 月），用了更少的汉字和更多的朝文解释。从表面上看，《少年》是一本主要面向青少年的杂志，实际上它拥有广泛的读者群，因为在前殖民地时

---

① 黄遵宪当时是清朝驻日外交官，也是著名诗人。他的著名论述《朝鲜策略》在一定程度上受到了日本同时期泛亚主义运动的影响（关于黄遵宪与日本泛亚主义者的关系，参见 Ng 1995），他认为俄国作为欧洲最坏的掠夺者，正在将其扩张主义利益的焦点从中亚转移到东亚，朝鲜只有亲中国、结日本、联美国，才能防范俄国的侵略（Song 2000,46—68、209—222）。

期的朝鲜，"青少年"指的不是特定的年龄段，而是面向未来的知
识分子（Kwŏn 2007，165—170）。该系列的第一篇就详细解释了
俄国的巨大规模、多民族构成和领土扩张的漫长历史
（P'idŭktaeje1 1908，51—56）。

　　虽然对"俄国侵略"心存恐惧，但闵泳焕在1896年访俄日记
《海天秋帆》（*Haech'ŏn ch'ubŏm*）中对彼得的成就表达了最深切
的敬意（"以前不文明的俄国变得强大而富有"）。他还赞扬了
俄国皇帝的品格，特别提到了彼得在荷兰造船厂当学徒以及他
前往英国"学习政治"的著名故事。在闵泳焕看来，最重要的是，
彼得还表现出了节俭勤奋、全心全意致力于公共事务的儒家美
德（Min 2007［1896］，96—97、108）。这些出版物给朝鲜带来一
些希望，即朝鲜有可能在自我文明化方面达到与彼得俄国相同
的高度，但与此同时，也巩固了俄国作为一个无情的扩张主义大
国的形象。毕竟，彼得除他所谓的"爱国主义和自我牺牲的性
格"之外，不是还从瑞典手中强行夺取了波罗的海地区，而他的
继任者也设法占领了另一个前瑞典属地芬兰吗？（Min 2007
［1896］，97）北方邻国的这一形象反过来印证了黄遵宪首先提出
的对俄国侵略的担忧，也加强了泛亚主义者的呼吁，即与日本合
作，或者东亚的三个主要国家（中国、日本、朝鲜）联合起来，组成
一个能够抵御"白色掠夺者"的"黄色联盟"。

　　俞吉濬和闵泳焕对俄国威胁的认知无疑是有所夸大的，这
种夸大很难仅仅归因于偏执或缺乏信息。对俄国的恐惧在一定
程度上是有道理的，因为在三国干涉还辽（1895年）之后，沙皇

政府在朝鲜采取了激进的扩张政策,对此我在上文中进行了简
要描述。此外,朝鲜力主推进现代化的知识分子对帝国主义在
整个东亚的扩张问题有着较清晰的认识,他们对俄国在中国东
北的扩张行为,特别是 1898 年强行租借旅顺(亚瑟港)深表关
切。但是俄国的威胁程度似乎也被朝鲜新生的现代媒体夸大
了。朝鲜第一份用朝文出版的私营报刊《独立新闻》发表社论
称,俄国在建成西伯利亚大铁路以及旅顺和大连的海军基地后
将征服所有东亚国家(1899 年 2 月 27 日社论)。《皇城新闻》
(*Hwangsŏng sinmun*)是一家私营(但由政府赞助)的报刊,以汉
朝混用文字印刷,在注重改革的儒家文人和官员中很受欢迎,它
延续了恐俄的社论路线。到了 1899 年至 1900 年,该报社论作
者已经确信,西伯利亚铁路的修建以及俄国海军在辽东的发展,
使朝鲜终将成为俄国保护国的威胁成为现实。想要阻止这场灾
难发生,必须要与朝鲜的东亚邻国——中国和日本合作(1899 年
10 月 10 日和 19 日、12 月 1 日和 4 日;1900 年 1 月 10 日和 23
日的社论)。考虑到贝佐布拉佐夫集团的计划,以及我在上文概
述的 1895—1904 年俄国一些高层决策者对朝鲜的鹰派观点,
《皇城新闻》社论作者的担心并非无中生有。然而,他们几乎没
有意识到沙皇帝国并未为实现扩张野心做好准备。同时代的一
些日本人对此更加清楚。内田良平(Uchida Ryōhei, 1873—
1937)学的俄语专业,是一位知名的日本泛亚主义者,后来在
1906—1910 年深度参与了日本吞并朝鲜的准备工作。他于
1897—1898 年走遍俄国,对俄国的腐败和落后程度印象深刻。

当不可避免的对俄战争到来时，他坚信日本有能力获胜（Kokuryū Kurabu，1967，154—158）。然而，朝鲜民族主义者却无法拥有同等水平的情报收集和分析能力。

《皇城新闻》提醒朝鲜社会注意俄国所谓将朝鲜一分为二给俄国和日本的提议（1900 年 8 月 8 日），引起了朝廷的恐慌。《皇城新闻》继续讨论"俄国威胁"的主题，在 1903 年夏天俄国占领朝鲜北部边境的龙岩浦（Yongamp'o）和邻近地区（1903 年 6 月 18 日社论）之后，这一讨论变得更加积极。1903 年秋，《皇城新闻》告诉读者，俄国占领中国东北地区可能导致"俄国对整个东方直至日本群岛的征服"，现在整个"黄种人"的未来岌岌可危（1903 年 10 月 1 日社论）。更具体而言，或许也更现实的是，朝鲜人认为俄国企图"像瓜分波兰一样"瓜分朝鲜，占领朝鲜半岛北部，将其余部分留给日本（1904 年 2 月 12 日社论）。因此，日本必须在其所谓"保卫朝鲜和中国领土不受俄国侵略的正义战争"中得到支持（1904 年 2 月 20 日社论）。虽然《皇城新闻》对俄国在朝鲜北部的战略利益的判断是正确的，但它显然低估了日本野心的危险性，这个"黄种人国家"的愿景是在整个朝鲜半岛建立保护国。在"文明世界"的达尔文式丛林中，俄国的威胁似乎使"狗咬狗"竞争时代的所有其他危险相形见绌（Hyŏn 2009，40—41、55、73—75、80—81）。

即使在"白色掠夺者"被日本人打败之后，对俄的这种看法仍具吸引力，刺杀伊藤博文的安重根在 1909 年写的《东洋和平论》（Tongyang p'yŏnghwaron，对该论文的详细分析参见 Rausch

2012)就是一个很好的例子。1907 年至 1909 年,安重根试图组织抗日游击战,这主要依靠符拉迪沃斯托克(海参崴)及其周边地区的朝鲜移民社群的支持,他本人也不得不迁往那里。然而,在论文中,他将俄国描述为比日本更可怕的敌人,因为俄国人被视为"东亚黄种人"的"白人威胁"。他对日本在日俄战争中取得胜利表示高兴,其方式让人想起一进会(Ilchinhoe,1904—1910)和其他泛亚亲日团体为代表的日本的朝鲜当地合作者(Moon 2013)。他谴责日本人未能占领符拉迪沃斯托克(海参崴)和哈尔滨,未能完全消除东方的白人威胁,还强调了朝鲜和中国的合作对确保日本胜利的重要性。此外,他还质问日本为什么要剥夺朝鲜的独立,而不是让朝鲜成为值得信赖的盟友。安重根的"东方和平"是一个"黄色联盟"的宏伟计划,这一计划主要针对俄国"这个咄咄逼人、充满罪恶和邪恶,最终受到了上帝和人民惩罚的国家"(Sin 1995,169—180)。具有讽刺意味的是,正如我们上面所看到的,安重根的大胆报复行为得到了俄国大部分舆论一定程度的理解。虽然俄罗斯帝国的建设者曾经希望将朝鲜人视为俄国未来的殖民地臣民,但俄国舆论的反日情绪仍然足以让他们对朝鲜人激进的反殖民民族主义投以善意的目光。

安重根在意识形态上是反俄的,而至少在 1905 年之后,他在政治上是反日的,但将俄国视为主要威胁的观点随后为 20 世纪 00 年代和 10 年代的一些知识分子所继承,他们在 1910 年后发展成为右翼保守派和日本殖民当局的亲密合作者。他们中的一些人，特别是著名的卫理公会领袖尹致昊（Yun Ch'iho，1865—1945）和著名作家李光洙（Yi Kwangsu，1892—1950），在 20 世纪 20 年代至 30 年代将前殖民地时期的反俄情绪转变为激烈的反苏主义（我们将在下文中论述）。在朝鲜沦为日本殖民地前，尹致昊对俄国的看法，既有对俄国现代化潜力的欣赏（他曾在 1894 年 8 月的英文日记中写道，他渴望朝鲜有自己的彼得大帝：Yun 1971—1989，Vol. 3，363），又有对这个欧亚巨人的日本对手长期以来的种族同情。他在 1905 年 9 月对日本战胜俄国发表了著名的评论：

> 我很高兴日本打败了俄国。岛国人光荣地维护了黄种人的荣誉。……作为黄种人的一员，我热爱并尊敬日本；但作为一个朝鲜人，我恨她，因为她正在夺走朝鲜人的一切。
>
> （Yun 1971—1989，Vol. 6，143）

闵泳焕（1896 年尼古拉二世加冕之际，尹致昊作为翻译陪同他正式访问俄国）显然非常痛恨日本，不愿继续生活在被胜利的日本人统治的朝鲜。在目睹日本将"保护国"的耻辱强加给其"种族兄弟"朝鲜之后，他于 1905 年 11 月 30 日自杀身亡（关于闵泳焕的生活和观点，参见 Finch 2012）。尹致昊活了下来，虽然他反对日本吞并朝鲜，但显然两国之间的"种族兄弟情谊"对他来说意义更大。

如果俄国如此强大且具有威胁性，那么如何解释它在决定性的日俄战争（1904—1905）中被日本打败，从而导致日本人对朝鲜的殖民统治？最流行的解释似乎是日本人"无与伦比的勇敢"，以及日本在现代化方面取得的空前成功，而不是俄国方面隐藏的弱点。作为大众日报《皇城新闻》的社长（1901—1906），重要的儒教改革派（reformist Confucian）①知识分子张志渊（Chang Chiyŏn，1864—1921），在20世纪初朝鲜新生的新闻业发挥了核心作用，他在其关于军事问题的论文《军事评论》（Pyŏngnon，被认为写于20世纪第一个十年末）中写道，俄国军队是"世界上最可怕的"，在中国东北被日本人打败只是因为日本人特别勇敢。日本人能够"选择死亡，不顾个人的生命"，这对他们的战场命运具有决定性意义（Chang 1971，227）。事实上，在日本令人震惊地取得胜利之后，这种话语成为一种跨国界的现象：对日本武士道的兴趣席卷欧洲，使日本人成为"柔弱的亚洲人"这一普遍东方主义观点的一个突出例外（Holmes and Ion，1980）。另一位朝鲜辩论家以笔名白山居士（Paeksan kŏsa）在儒教改革派月刊《大东学会月报》（Taedong hakhoe wŏlbo）上撰文，将俄国描述为一个"深谋远虑、不可战胜的国家"。他指出，日本之所以能够成功打败俄国，"拯救东亚于危难之中"，只是因为它完全调动了所有可用的资源（Paeksan kŏsa 1908，25）。有趣的是，即使俄国在日俄战争中战败，朝鲜评论家仍习惯性地强调俄国人"无可匹敌的军事力量"。例如，朝鲜知识分子月刊1908年的一篇社论文章比较了多个外国大国的实力，强调了俄国在和

---

① 儒教改革派指主张儒教（朝鲜称"儒学"为"儒教"）革新的开化派。——译者注

平时期常备军数量上的优势（"42 000 名军官和 110 多万名士兵"）（Kakkuk kungnyŏk pigyo 1908, 15）。即使战败，失去了对朝鲜事务的影响力，俄国仍然令人生畏。或许这就是一些希望俄国制衡日本并阻止其全面殖民朝鲜的朝鲜民族主义者所希望看到的。

　　俄国惨败的原因之一是 1905 年革命，这场革命也将沙皇专制制度转变为君主立宪制，即俞吉濬的理想政府形式（关于 1905 年的事件，参见 Pipes 1991, 3—53）。这些变化得到了及时的关注。革命者被视为某种意义上的"文明者"，为众所周知的"自由和人民权利"而战的斗士，并在很大程度上得到了同情，这遵循了上述同时代的日本模式。著名传记作家郑乔（Chŏng Kyo, 1856—1925）在 1908 年的一篇文章中将"俄国虚无主义者"描述为"致力于推翻皇室并使俄国成为共和国的人，他们的理想是深刻的，他们的根基是牢固的，他们不会轻易被打败"（Chŏng 1908, 65）。一年后，日本的一名朝鲜留学生吉胜益（Kil Sŭng'ik）写道："俄国虚无主义者的自我牺牲和悲惨的斗争，在全世界引起了共鸣"（Kil 1909, 16）。一夜之间，昔日落后、反动和扩张主义的"狼"形象被颠覆，俄国革命者的进步、西化主张以及大胆的激进主义方法对朝鲜民族主义知识分子颇具吸引力。这种吸引力在 1917 年俄国的两次革命——2 月的自由民主革命和 10 月的社会主义革命之后进一步增强。从那时起，昔日"掠夺性的狼"变成了帝国主义黑暗海洋中的希望灯塔。另一个希望的最初形态是威尔逊的自由国际主义，被剥夺国格的人们有"自决权"是其中的一项著名条款。然而,到了 1919 年末,有一点变得非常清楚,那就是无论是美国还是任何其他第一次世界大战的战胜国,都对他们的殖民地人民的困境毫无兴趣,不管是朝鲜人、印度人还是埃及人,俄国的转变成为朝鲜以独立为导向的激进民族主义事业唯一现实的希望(Manela 2007)。重要的是,这种变化不是单方面的。正如我上面提到的,在苏联时代初期,俄国关于朝鲜的言论也发生了巨大变化。在双方看来,新的关系模式是一种反帝国主义联盟,它的前提是俄国永远不会重蹈帝国主义的覆辙。

苏联代表未来?

当继承了俄国革命传统的布尔什维克于 1917 年 10 月掌权时,他们不仅得到了朝鲜坚定的激进分子的高度认可,也得到了相当一部分非共产主义知识分子的认可。很明显,被削弱和孤立的俄国不再是过去的世界强国,这也意味着它不再具有威胁性,可以与人们对更美好的未来、没有帝国主义权力游戏的世界的希冀联系在一起。一个典型的例子是,这场革命被拥有儒教改革派背景的流亡民族主义者领袖朴殷植(Pak Ŭnsik,1859—1925)视为"全球重建的信号枪,人类的新春天"(Pak 1973 [1920],128),俄国现在是"全世界关注的地方"(Tǒgwǒl Sanin 1926,46)。上海大韩民国临时政府的喉舌《独立新闻》发表了一篇长文,将 1917 年 2 月至 10 月的俄国"资产阶级"临时政府描述为无能、不得人心的存在，应为令人痛恨的世界大战的持续负责。与此同时，俄国立宪会议（1918 年 1 月 5 日至 6 日）被认为因社会主义政党和资本主义政党之间的斗争而陷入瘫痪，然后被布尔什维克合法解散（关于这些事件，参见 Pipes 1991，550—555）。列宁被视为引导俄国走向土地国有化、公平分配、工人控制工厂以及政治上实现无产阶级专政的领袖（Ch'ŏnjae 1920）。

在华朝鲜民族主义者可能目睹了俄国和俄国人国际地位的下降，因为贫困而绝望的俄国内战难民大量涌入中国，特别是主要由俄国人居住的"飞地"——东北哈尔滨。1917 年十月革命后，随着沙俄的域外特权被废除，哈尔滨的俄国侨民开始接受中国的统治。他们偶尔会遭到中国警察和士兵的虐待，并被视为与该市的中国人处于同等地位，这促使在华英语媒体歇斯底里地呼喊所谓"白人威望的丧失"（Carter 2001，91—109）。几批反革命的俄国难民（主要是"白人"士兵和军官、反革命军队及其家属）也于 1922 年 10 月至 11 月抵达朝鲜东海（日本海）沿岸的元山港（Wǒnsan）。总共约有 1 万名俄国白人穿过朝鲜，但到 20 世纪 20 年代末，只有约 100 到 200 人留在京城（今首尔）和朝鲜其他城市，大多数人定居在俄国移民中心——哈尔滨和上海（Volkov 2001）。20 世纪 20—30 年代朝鲜的俄国移民主要由贫穷的工匠和小商贩组成（Chirkin 2003），只有极少数例外，如前沙俄驻首尔领事谢尔盖·奇尔金（Sergei Chirkin，1875—1943）一家，或者在清津（Ch'ŏngjin）附近经营著名度假村 Noviny 的扬科夫斯基（Yankovsky）的贵族家族（Clark 1994）。事实上，对朝鲜人来说，他们见得最多的俄国人，也就是散居在朝鲜和中国东北的俄国人，更多的是令人同情的可怜人，而不是傲慢或具有威胁性的人。贫穷和普遍的无力感也意味着东亚的俄国难民社群中的女性群体会遭受公开色情化和性虐待。进入 20 世纪 30 年代，在哈尔滨的咖啡馆和餐馆里，穷困潦倒的俄国女人为来访的日本人和富有的朝鲜中产阶级游客提供色情服务（"舞蹈表演"等），甚至遭到他们的性剥削，这些在朝鲜日据时期的小说和散文中经常被提及，例如，李孝石（Yi Hyosǒk，1907—1942）的游记和小说（对此，我将在下一章进行分析）。总之，俄国人似乎永远离开了世界"白人霸主"的行列（Yi 2009d）。

　　虽然哈尔滨或殖民地朝鲜"京城"被剥夺国籍的俄国人境况悲惨，但由于五年计划的显著成功和斯大林的加速工业化，在 20 世纪 30 年代初，朝鲜人开始重新将共产主义者统治下的新俄国看作一个强大巨人（关于斯大林的工业革命，参见 Allen 2009；Kuromiya 1988）。这并不是说俄国社会（主要是农民）为斯大林时代的工业繁荣所付出的代价完全不为朝鲜的广大读者所知。例如，在 1938 年 7 月至 8 月哈桑湖（Lake Khasan）附近的苏日边境冲突期间，两名苏联士兵伊万·雅科夫列维奇·纳哈洛夫（Ivan Yakovlevich Nakhalov）和彼得·马卡罗维奇·伊万诺夫（Pyotr Makarovich Ivanov）叛逃到日本，在对他们进行深入采访时，他们描绘了一幅相当现实的画面：处于半饥饿状态的"集体化"村庄因国家干预压低农产品收购价格而陷入困境，并受到秘

密警察（OGPU①，以及 1934 年后其继任者 NKVD② 下属的
GUGB③）的恐吓（Kwŏn *et al.* 1938）。但是国家通过对集体农庄
农民的无情剥削获得的工业成功在朝鲜得到了更广泛的宣传。
早在 1930 年，第一个五年计划的第二年，一位匿名作者（他喜欢
用笔名"一记者"［Ilgija］隐藏自己的身份）在大众月刊《别乾坤》
（*Pyŏlgŏn'gon*）上发文称，"红色俄国的转型"是具有历史意义的，
因为这是俄国历史上第一次工业产出超过了农业产出。他预
言，虽然面临来自资本主义邻国的压力，但红色俄国人在斯大林
的领导下，将继续朝着建立工业共产主义社会的方向前进（Ilgija
1930）。1934 年，著名的资产阶级日报《东亚日报》（*Tonga ilbo*）
的一篇社论赞扬了苏联武器生产的成功，认为这使俄国再次成
为世界一流大国（Pisangsi segye ŭi kunsu kongŏp chŏnmang
ogaenyŏn kyehoek kwa kunsu kongŏp ŭi paltal Rosŏap'yŏn［非常时
期世界军事工业展望：俄国五年计划与军事工业发展］1934）。
20 世纪 20 年代俄国相关报道被共产主义实验的主题完全主导，
20 世纪 30 年代后期的朝鲜杂志和报刊也开始将俄国视为一个
重要的、能够抵御其对手的世界大国。

　　俄国作为世界大国的回归，并不直接意味着它会重蹈沙皇
时代的覆辙。20 世纪 20 年代朝鲜的主流和有些左倾（但不是彻

---

① OGPU—国家政治保卫总局（*Ob'edinennoe gosudarstvennoe politicheskoe
　 upravlenie*）。

② NKVD—内务人民委员部（*Narodnyi komissariat vnutrennykh del*）。

③ GUGB—国家安全总局（*Glavnoe upravlenie gosudarstvennoi bezopasnosti*）。

底的共产主义）的知识分子月刊都倾向于将红色俄国与"黑暗和压迫的沙皇王国"进行对比，并将其描述为具有巨大世界历史意义的社会政治实验。例如，上班族母亲八周产假和哺乳假相关法律、废除对非婚生子女的法律歧视、自由婚姻法和消除卖淫的努力被理解为新俄国正在迅速成为"妇女的天堂"，一个独特的两性平等的国家（新兴国的新女性：新俄国的女性［Sinhŭngguk ŭi Sinyŏsŏng，Sinhŭng Nosŏa ŭi Yŏsŏng］ 1930）。1930 年，一位非共产主义评论家将斯大林描述为一个"意志坚定的人，他简洁明了的措辞，完全没有花言巧语，打动了听众的心"，并赞许了他的加速工业化和集体化政策（Yi 1930）。另一篇长篇文章借鉴了萧伯纳（Bernard Shaw）对 20 世纪 30 年代早期苏联生活无比美好的印象，将苏联描述为一个拥有独特的社会主义教育体系的国家，那里的孩子不会挨打，另外还引用了斯大林对英国不人道的体罚的批评。那篇文章中也提到了苏联的秘密警察、OGPU 及其"摧毁宗教和打击反共分子"的任务，但没有表现出任何明显的反对意见（Rosŏa t'ŭkchip 1931）。如果说沙俄代表了最坏的过去，那么尽管"工农俄国"还没有完成向社会主义的过渡，却代表了最好的未来，体现了自 19 世纪 80 年代以来朝鲜近代知识分子所着迷的进步精神。当然，在别国大萧条和法西斯主义抬头的背景下，对斯大林现代化奇迹的迷恋，并不局限于受过教育的朝鲜人。西方（非共产主义）进步知识分子中的精英，从比阿特丽斯（Beatrice，1858—1943）和西德尼·韦伯（Sidney Webb，1859—1947），到利昂·福伊希特万格（Leon Feuchtwanger，1884—

1958），都在 20 世纪 30 年代前往莫斯科朝圣，并留下了深刻印象（关于他们的旅行和态度，参见 Kulikova 2003）。然而，在朝鲜，对斯大林主义社会经济奇迹的热情似乎深刻影响了大部分知识分子阶层，而不仅仅是其中的进步人士。毕竟，在朝鲜，"学习现代性"还是一项需要完成的任务。

　　当然，这并不意味着 20 世纪 20—30 年代苏联的悲惨现实——仍然是处于加速工业化所造成的严重混乱中的贫穷社会，对来自殖民地朝鲜的访问者来说并不明显。1930 年，汉城（首尔）一位著名医生吴宫善（O Kŭngsŏn，1877—1963）的游记向读者展示了一个相当混乱且不友好的社会：作者在拥挤的莫斯科旅馆中很难找到一个房间，令人震惊的是工作人员完全没有服务意识，在西伯利亚旅行时钱还被偷了。莫斯科随处可见排队购买面包和其他日常必需品的景象，成群结队的穷苦农民背井离乡，希望在工业化城市中过上更好的生活，这让这位朝鲜旅行者想起了前往中国东北或日本、为了生存而拼命挣扎的穷困潦倒的朝鲜人。但是吴医生似乎没有意识到 1929—1930 年苏联农民被迫集体化的巨大悲剧，以及随之而来的社会混乱的真实程度。对这位朝鲜医生来说，与欧洲和北美的"先进"社会相比，俄国显然还是一个"落后"的社会。此外，这是一个俄国东正教以及其他基督教教派受到压迫的社会。这对吴医生来说很难接受，因为他是一名狂热的长老会教徒，也是第一位成为新教的塞弗伦斯医学院（Severance Medical College）教授的朝鲜人。他只能同情俄罗斯帝国前中产阶级的困境，由于革命后社会经济资源的重新分配,他们的生活水平明显下降。然而,尽管目睹了所有的贫穷、混乱和落后,吴医生仍然钦佩新苏联社会的许多特征。例如,没有种族歧视,妇女权利得到前所未有的发展(但是,吴医生对允许堕胎不太赞同)。至于苏联体制的明显僵化(吴医生所说的"监视公民的政策"),对朝鲜客人来说是完全可以理解的,毕竟,"反革命努力"是"持续不断的",苏联政府别无选择,只能使用镇压手段掌握权力(O 1930)。事实上,一些在 20 世纪30 年代访问莫斯科的西方名人似乎也持同样的观点。罗曼·罗兰(Romain Rolland,1866—1944)曾有幸与斯大林本人进行了个人访谈,他显然接受了斯大林的说法,即将苏联对"反革命分子"的镇压(在 1934 年基洛夫[Kirov]遇刺后)定性为纯粹的防卫(转引自 Kulikova 2003)。西方知识分子倾向于将国家政权的压制性至高权力视为异国风情的俄国"传统"的一部分(Kulikova 2003)。朝鲜观察家则认为,这是一种权宜之计,是实现现代化奇迹后仁慈且必要的国家权力。

　　"伟大革命实验"压迫性的一面在多大程度上为朝鲜的广大知识分子所了解和理解,这是一个难题。日本政府机构和半政府机构中的俄国问题专家当然不会不知道。20 世纪 10—20 年代日本半官方的"俄国研究圣地"——满铁调查部(Mantetsu chōsabu)(Coox 1990,21)的哈尔滨分局,在 20 世纪 20 年代初接受委托对西伯利亚的情况进行研究。研究报告于 1923 年发表,并发送给所有对俄国事务感兴趣的政府机构,其中包括朝鲜总督府。这项研究主要聚焦西伯利亚,对于普通民众对新政权的忠诚度给

出了相当低的评估，将他们对苏共统治的明显被动接受归因于
内战后的疲惫不堪和对 OGPU 镇压的恐惧。据称，镇压特别针
对大学生和学者中的反政府团体，以及反布尔什维克政党的前
活动分子（Minami Manshū Tetsudō Harubin Jimushō Chōsaka 1923，
1—10、35—36）。在朝鲜的出版物中，最早在 1926 年提到苏联
禁止在公共图书馆放置"唯心主义哲学"、反布尔什维克、宗教类
的文学作品，以及"残酷、粗俗和淫秽"的侦探和色情小说。但是
这位朝鲜作者总结说，布尔什维克在这方面并不是个例，因为
"与国家政策相抵触的书籍在所有国家都被看作是危险的，往往
被禁止"，苏联也不例外（Ilgija 1926）。日本对朝鲜进行殖民压
迫的显著特点也是对所有书稿和期刊实施彻底的出版前审查制
度（Chang，2009），因此苏联的情况并没有显得特别不寻常或令
人不安。一般来说，全能型国家（all-powerful state）的铁腕手段
被视为现代化进程的必要组成部分。

　　20 世纪 30 年代，朝鲜出版物谈论苏联政治控制和镇压制度
的基调基本保持不变。1930 年，大众杂志《三千里》（*Samch'ŏlli*）
上刊登了一篇关于 OGPU 的简短的解释性文章，其中轻描淡写
地提到 OGPU 拥有自己的军事部队，并有权审判和处决反革命
嫌疑人。正如其匿名作者所说，"在世界上所有国家，政治犯或
那些使国家陷入危险的人都会受到最严厉的处罚"。因此，
OGPU 无孔不入的间谍网络是"克服过去的混乱，保卫革命的俄
国"（Anonymous 1930）的必要条件。该杂志在 1932 年发表的一
篇关于 OGPU 的长篇文章指出，"OGPU 的线人普遍存在于俄国

各阶层，以至于每三个人碰头，里面很可能就会有一个线人"。文章还指出，OGPU 的外国代理人对外国的主权表现出相当傲慢的态度，1930 年从巴黎绑架了俄国流亡者、主张君主政体的军事领导人库特波夫将军（Kutepov，1882—1930）。据说 OGPU 使用的最恶劣的酷刑是剥夺睡眠（Anonymous 1932），这与当时日本殖民警察在朝鲜使用的大量极其痛苦的身体酷刑（尽管从未得到官方的明确许可）截然不同（Kang 2001，xiii、45—46；Pak 2006，1—120）。事实上，当代的自由主义批评家也承认，尽管此前在内战期间（1918—1922）"非正式"用过酷刑，之后也偶尔使用，但直到 1937 年斯大林才批准在审讯过程中引入酷刑（Petrov 2012）。一位符拉迪沃斯托克（海参崴）的朝鲜流亡者曾被 OGPU 指控"反革命煽动"，于 1930 年被监禁，随后又被特赦并驱逐回朝鲜（作为日本公民），他在一本长篇回忆录中提到 OGPU 官员对他严格但有礼貌，而且 OGPU 调查员中有在俄朝鲜人（Muhak Sanin 1935）。总之，苏维埃政权镇压性的一面并非不为人所知，但同时也被视为一种必要的"罪恶"，按照当时的朝鲜主流作家所认为的国际标准，这并不过分。OGPU 的存在并没有妨碍苏联被朝鲜知识分子视为一个文明大国，相反地它被视为革命的教化使命中不可或缺的一部分，尽管不一定是积极的。在大多数朝鲜观察家看来，以革命名义行事的警察国家仍然不构成对革命的背叛。

　　比起殖民地朝鲜知识界主流的温和民族主义者，苏维埃国家的镇压性对朝鲜的无政府主义者来说要严重得多。世界范围内的无政府主义运动曾寄希望于俄国十月革命,但这一希望却变成了痛苦的幻灭,特别是在 1921 年 3 月喀琅施塔得事件(Kronstadt Rebellion)被坚决镇压之后,因为许多叛乱的参与者本身就受到无政府主义思想的影响(无政府主义者对镇压的批评参见 Berkman 1922)。甚至在喀琅施塔得事件之前,著名的民族主义者、流亡中国期间成为无政府主义者的申采浩(Sin Ch'aeho,1880—1936)就在他创办的杂志《天鼓》(*Ch'ǒn'go*)第 2 期(1921 年 2 月)上(用他的一个笔名南冥[Nammyǒng])发表了克鲁泡特金(Kropotkin,1921 年 2 月 8 日去世)的讣告,其中提到这位伟大的无政府主义者被沙皇专制政权逼迫流亡国外,他的思想从未被胜利的布尔什维克所接受,他们甚至谴责和禁止他的著作。但申采浩也提到了包括列宁在内的布尔什维克领导层对自由社会主义元老的尊重(Ch'oe 2004b,173—178)。然而,在喀琅施塔得事件之后,布尔什维克的态度变得更加强硬。自从苏维埃政权被视为 1917 年民众大起义的继承者以来,无政府主义者就一直认为其专制性质的残酷程度远远超过一个普通资本主义国家里最可能发生的压迫。另外,朝鲜和其他地方一样,无政府主义者经常卷入与共产主义者争夺工人、青年和其他群众组织控制权的激烈斗争中。不同颜色的“无产阶级革命者”之间的内讧有时相当血腥。例如,1923 年至 1927 年期间,“黑与红”(无政府主义者与共产主义者)争夺元山青年协会领导权的斗争造成一人死亡、数人重伤,之后该协会于 1927 年 10 月 14 日自行解散,然后在共产主义旗帜下重组(Pak 2005,332)。因此,朝鲜无政府主义者有充分的理由强烈谴责其对手的莫斯科支持者。

　　上海的朝鲜无政府主义流亡者的杂志《夺还》（*T'arhwan*）在创刊号（1928 年 6 月 1 日）上将苏联式的"马克思主义"共产主义描述为"招牌共产主义"（signboard Communism）、"所谓供政府使用的共产主义"和"强权共产主义"（转引自 Pak 2005，85）。它认为"被共产主义者劫持"的俄国革命是失败的，包括滨海边疆区的朝鲜农民在内的苏联农民是国家和市场剥削的受害者（Pak 2005，95）。北京的朝鲜无政府主义流亡者早期出版的周刊《高丽青年》（以中文出版，创刊号于 1926 年 3 月 27 日出版），在创刊号上同情朝鲜的独立斗士们。该刊称，他们被"俄国共产主义领导人"自私自利地"利用"来达到自己的目的，并在失去利用价值时被无情地抛弃（Pak 2005，39—40）。从无政府主义者的立场来看，布尔什维克并不比他们的沙皇前政权好多少。不过无政府主义者，特别是那些流亡中国的默默无闻者，在殖民地朝鲜知识界远未形成主导性的影响，朝鲜知识界通常倾向于认为苏联的国家组织或多或少符合当时的全球规范。沙俄的压迫被视为落后的象征，而苏联的强制机关则被视为进步的工具。

　　事实上，除无政府主义者以外，大多数批评苏联的朝鲜人都是右翼分子，到了 20 世纪 20 年代中期，他们已经不再是民族运动的主流。此外，他们中的许多人也因与殖民当局合作而名誉扫地。尹致昊就是一个典型的例子（上文提到他为日本 1905 年的胜利感到喜悦）。1917 年十月革命以后，尹致昊对俄国的苏维埃后继政权的看法可以归结为对布尔什维克主义明确否定的意识形态仇恨，这取代了此前的种族动机。尹致昊甚至欢迎墨索里尼（Mussolini）成功地"保护意大利不受布尔什维克主义的影响"，并祝愿他原本鄙视和憎恨的希特勒（Hitler）战胜苏联（Yun 1971—1989, Vol. 9, 197—198; Vol. 11, 396—397）。另一个例子是朝鲜最著名的近代作家之一李光洙（Yi Kwangsu, 1892—1950）。1914年，李光洙在滨海边疆区和西伯利亚花了几个月的时间编辑朝鲜流亡者杂志（Ch'oe 1996），他在革命前对俄国的看法比尹致昊更微妙且复杂。他最早的小说之一——1910年的《年轻的牺牲者》（Ŏrin Hŭisaeng）讲述了波兰的反沙皇抵抗运动，他对俄国殖民扩张主义的厌恶与对列夫·托尔斯泰（Leo Tolstoy, 1828—1910）的迷恋并存，其中既有文学上的原因，也有一定程度的哲学和意识形态上的原因（Yi 1935；关于托尔斯泰在日据时期朝鲜的声望，参见第二章）。十月革命以后，李光洙追随尹致昊成为一名坚定的反共分子（Kim 2001a, 104）。对李光洙来说，主要的敌人甚至不是苏联本身，而是朝鲜自己的共产主义者。他指责这些人将对苏联的忠诚置于对朝鲜的爱国忠诚之上，也就是众所周知的"事大主义"，这也被认为是朝鲜古代亲华儒生的典型特征。他所能想到的最好的反共"良药"就是让"以民族为导向"的知识分子更积极地与基层"群众"接触（Yi 1932）。

　　界定李光洙对政敌"盲目亲俄"倾向的指责是否合理是一个棘手的问题。显然，在20世纪20年代和30年代，朝鲜的共产主义者(和其他地方一样)强烈认同苏联是"世界无产阶级的祖国"。他们与俄国人结成了牢固的联盟,就像当时以李光洙为代表的朝鲜资产阶级知识分子与朝鲜半岛的日本主子结成联盟一样。他们肯定不是朝鲜第一个认可俄国是朝鲜潜在保护者或拯救者的政治力量。俄国作为掠夺成性的世界之狼,引起了朝鲜老一辈政治家的恐惧,但在现代达尔文丛林中,最强大的掠夺者也可能被视为最好的潜在保护者。高宗(1864年至1907年在位)在其动荡的统治期间(尤其是1885年至1866年、1896年至1897年、1904年至1907年)多次寄希望于俄国的帮助(Hyŏn 2002,40—77;Pak 2004,231—390),朝鲜的一些民族主义者,包括最终于1914年移居中国的申采浩,1910年朝鲜被日本吞并后在俄国找到了避难所(Pak 1993,201—250)。1917年后,他们中的一些人(特别是李东辉[Yi Tonghwi])改头换面成为共产主义者,并在苏联的帮助下为朝鲜解放展开了斗争(Pan 1998,211—384)。

对于朝鲜和其他地方的许多共产主义者来说(例如,关于美国共产主义者对苏联的态度,参见Klehr*et al.* 1998),苏联是一个正在实现的乌托邦。对它的批评可能算是一种亵渎,在这一点上,李光洙对共产主义者"盲目屈从于外国人"的谴责当然不会太牵强。但是殖民地共产主义运动的不同参与者对苏联的看法有着非常微妙的差别,李光洙对"共产主义者事大主义"的全方位谴责却忽略了这一点。对整个苏联的直接批评可能相当于"思想转向",只要特定个人仍然是共产主义运动的一分子,通常是不可能这样做的。其实，20 世纪 30 年代的许多"思想转向"
声明包含对苏联的严厉批评（Chŏn 2002，345），在某些情况下，
批评共产国际为了苏联的外交利益而不择手段地利用朝鲜革命
者听起来是完全或部分合理的（著名的马克思主义经济学家印
贞植［In Chŏngsik］的"思想转向"声明参见 In 1938，58—59）。
苏联生活的某些方面容易招来批评，其中也受到了一些"未转
向"的共产主义者或他们的同情者的批评。一个典型的例子是
20 世纪 20 年代女性和青年共产主义运动的活动家白信爱
（1908—1939）的著名小说《朝鲜人》（Kkorae，1934 年 1 月至 2 月
发表于《新女性》［Sinyŏsŏng］月刊）（我将在下一章中详细分
析）。该小说讲述了一个朝鲜农民家庭在非法越境时被苏朝边
防军扣留，最终被驱逐出符拉迪沃斯托克（海参崴）的故事，他们
原本希望在那里寻找一名死在那里的家庭成员的尸体。这个故
事据说是白信爱根据其本人在 1927 年试图非法越境到符拉迪
沃斯托克（海参崴）的痛苦经历而写的，戏剧性地表现了苏联宣
称的无产阶级国际主义与苏联作为一个严守边界的民族国家的
现实之间的矛盾。然而，即使经历过苏联的普世主义理想与复
杂得多的苏联现实生活之间的矛盾，白信爱与她的兄弟白基浩
（Paek Kiho）的激进信念似乎也没有改变——白基浩是著名共产
主义活动家，在 1945 年后选择了朝鲜（Yi 2009a，32—57、457—
493）。苏联不一定是完美的，但人们认为它为人类终极完美指
明了方向。

　　虽然对苏联着迷，但很明显，朝鲜的共产主义者就像日据时

期朝鲜民族运动中有着复杂外国关系网的其他许多派别一样，最终有意识地为维护朝鲜的最佳利益而行事，不仅仅是盲目地做外国势力的代理人。他们对苏联的热爱可以用我上面提到的列宁积极的反帝国主义政策来解释。自 20 世纪 20 年代初以来，朝鲜被视为世界反帝国主义斗争的重要战场，1920 年列宁政权成为第一个（也是唯一一个）承认上海大韩民国临时政府并向其提供 200 万卢布援助的外国政府（Pan 1998，243）。1925 年与日本重新建交后，苏联不可能再公开援助朝鲜独立运动，但通过共产国际的秘密渠道不断向朝鲜共产主义者提供帮助。朝鲜的地下共产党经常得到共产国际的资助（仅 1926 年，朝鲜地下共产党就请求资助了 363 800 日元），许多最优秀的干部都经过莫斯科的培训，1921 年至 1933 年间，189 名朝鲜人从东方劳动者共产主义大学（KUTV）毕业（Wada *et al.* 2007，21—30）。朝鲜共产主义者是在通过这种方式利用苏联，把苏联当作世界革命的总中心，而不是一个民族国家。毫无疑问，苏联也在以同样的方式利用他们。正如 1926 年 9 月上海的共产主义月刊《火焰》（*Pulkkot*）第 7 期上发表的朝鲜地下共产党纲领所示，他们认为对苏联的忠诚主要是他们投身世界革命的一部分。他们将世界革命视为实现朝鲜革命目标的必要条件，这样一来，对"第一个被帝国主义敌人包围的无产阶级国家"的拥护与渗透在共产主义纲领中的革命性的反帝民族主义是完全可以调和的（Yi 1992）。

总的来说，在 20 世纪 20 年代至 30 年代的朝鲜，表达对苏联友好的绝不仅限于共产主义者或社会主义者。一些民族主义者，不管是温和的还是激进的，都热衷于在对社会主义理想的尊重与对某些苏联政策的温和批评之间取得平衡。例如，一位传媒历史学家的研究表明，温和的民族主义日报《东亚日报》和激进的《朝鲜日报》的社论基本上都倾向于同情苏联的反殖民主义立场，直到 1937 年在日本的压力下开始将苏联和共产主义描述为敌人。相比之下，法西斯德国和意大利则被他们相当现实地视为一场新的灾难性世界大战的主要煽动者（Kim 2008a，61—62、93）。就"无产阶级国家"的国内政策而言，不一定被认为能够或愿意在其目前的发展阶段充分且完全实现其宣布的社会主义或共产主义目标。例如，殖民地朝鲜的温和派苏联观察家并没有忽视货币在苏联经济中的存在和重要作用，这表明，尽管国家控制着生产，合作社控制着分配，但苏联经济仍然建立在货币的市场交换的基础上（Kim 1931）。日本作家阿部俊雄（Abe Toshiō）是一位温和派，但他绝对是非共产主义者，反而在许多方面相当反共产主义，他 1928 年出版的《年轻的俄国》（*Wakaki Roshia*）一书可能也为受过教育的朝鲜公众所熟知，该书甚至强调了所谓"工农国家"的"国家资本主义"性质。"国家资本主义"意味着国家对大型工业的所有权，以及国家对包括数百万小农农场在内的大量小型私营企业的行政管理能力。阿部俊雄有理由怀疑"新俄国"国家资本主义经济的所谓"社会主义"性质，要不然"社会主义"国家为什么要试图禁止国有企业的罢工呢？但是，阿部俊雄也认为，考虑到俄国革命前的落后程度，革命和布尔什维克独裁都是不可避免的,而苏联共产主义者在革命后经过一段时间的试错期,最终实行了和平与合作的政策,这也可以让俄国的邻国(包括日本)从开发俄国的资源中获益(Abe 1928,3—7、67—85、97—110、183—199、293—313)。

"适度友好"并不意味着朝鲜民族主义者对苏联不加批判,举个例子,1929年秋中苏在中东铁路上的军事冲突被《东亚日报》的社论作者视为"西方侵略"中国的又一个例子,但这一立场遭到了朝鲜共产主义者的彻底批评(Kim 2008a,262—263)。但是,除了李光洙、尹致昊等某些与殖民政府关系密切的右翼分子,朝鲜殖民地的民族主义者对苏联也没有特别的偏见。他们肯定了"苏联实验"在文化和政治上对朝鲜的积极意义。

这种态度直到20世纪30年代末才开始改变。从20世纪30年代中期开始,日本帝国的宣传就将苏联视为当前的对手和潜在的敌人。1936年11月25日日本与法西斯德国签订的《反共产国际协定》(Anti-Comintern Pact)将苏联确定为两国联合斗争的主要目标,苏联对中国国民党的军事援助也使日本军方严重不安(Slavinsky 2004,16)。这种态度不可能不影响到殖民地朝鲜温和的民族主义媒体,这些媒体大多代表受过教育的中产阶级,他们渴望维护朝鲜的民族利益,但不能也不愿质疑整个殖民体制。例如,1936年12月,原本对苏联持适度积极态度的月刊《三千里》(Samch'ŏlli)发表了日本陆军省(Rikugunshō)印刷的一本小册子的长篇摘录,其中将苏联远东的经济发展描述为对日本帝国的潜在"威胁",并将苏联对蒙古军队的控制及其与中国共产党和国民党的关系描述为"为侵略日本做准备"
（Anonymous 1936）。1937 年 5 月该月刊发表了苏联作家彼得·
帕夫连科（Pyotr Pavlenko, 1899—1951）翻译的一部小说中的片
段，内容涉及未来可能发生的对日战争，在这场战争中朝鲜从
一开始就成为战场（Pavlenko 1937a），该片段同时由东京的改
造社（Kaizōsha Publishers）出版了日文译本（Pavlenko 1937b）。
1938 年 7 月至 8 月，日本和苏联军队在哈桑湖附近发生冲突
后，《三千里》预测"我军"和苏联未来会在"苏联控制的、共产
主义化的蒙古地区"（Anonymous 1938a）发生战争，还赞扬咸镜
北道居民在与苏联的短暂战争中"坚定不移地支持我军"（Yi
1938），毫不掩饰地表示了歉意。对于以前对朝鲜的北方邻国持
相对积极看法的温和民族主义者来说，苏联现在是"我们帝国的
敌人"，或者，至少他们在严格的战时审查制度下不得不正式承
认这一点。

　　但日本的审查制度并不一定是苏联在 20 世纪 30 年代末殖
民地朝鲜主流媒体上受到负面宣传的唯一原因。从殖民地知识
分子的角度来看，20 世纪 30 年代末苏联的许多政策是令人沮丧
的，其中最臭名昭著的是 1937 年将滨海边疆区的苏联朝鲜人强
行驱逐到中亚（关于驱逐苏联朝鲜人的问题，参见 Lee 2003）。
虽然斯大林对莫斯科的朝鲜革命流亡者的镇压（上文提到过）并
不为朝鲜本土的读者所知，但是那次驱逐的规模太大，而且发生
在一个距离朝鲜很近的地方，以至于无法隐藏。1937 年末和
1938 年，朝鲜媒体对此进行了广泛报道（Yi 2007, 399），《三千

里》等杂志也发表了一些关于该问题的深度报道。该月刊 1938
年 1 月的一篇报道强调了苏联将俄国远东地区有半个多世纪历
史的 20 万朝鲜人社群强行驱逐的暴行。这是一个在经济和社
会方面基本适应良好的人口群体,被视为滨海边疆区水稻农业
的先驱,并以其发达的文化和教育而闻名,而现在所有的朝鲜学
校、剧院、图书馆和俱乐部都被遗弃了。该报道的匿名作者(或
作者们)痛苦地谈到了苏联对滨海边疆区朝鲜"反日团体"(民
族主义流亡者组织)的背叛,这些团体在需要时被利用,但 1936
年起被当作"可能威胁边境地区安全并挑起与日本战争的危险
分子",遭到处决、监禁和强制流放。讽刺的是,鉴于苏联之前的
"反帝国主义"名声,现在只能由朝鲜总督府和日本外务省向苏
联政府提出抗议,反对驱逐远东地区的朝鲜人,正如《三千里》所
强调的,这些抗议被苏联方面断然驳回,因为几乎所有的苏联朝
鲜人都是苏联公民(Anonymous 1938b)。在 1940 年 3 月的另一
篇文章中,几乎一字不差地重复说了相同的内容,但有一些无关
紧要的删减和补充。例如,提到朝鲜人不适应中亚的沙漠般的
条件,那里既不可能捕鱼,也不可能种植水稻(Chonggakhagin
1940)。俄国作为朝鲜族压迫者的新形象正在重塑。人们对俄
国的看法似乎又回到了 1917 年前:一只掠夺成性的狼卷土
重来。

　　尽管如此,俄国这种负面形象的重现并不统一,正如斯大林
从未完全恢复沙皇前政府在日俄战争前对朝鲜的帝国主义企图
一样(见上文)。苏联对朝鲜族的驱逐和镇压,以及 20 世纪 30

年代末斯大林的其他暴行，对苏联在朝鲜的声誉造成的损害难以估量。对于共产主义忠诚支持者的"中坚分子"来说，他们的信仰正在经受严峻的考验，但最终他们的怀疑却被习惯性地抛到脑后。根据日本警方对被捕和被起诉的地下组织"京城共产主义小组"（Kyǒngsǒng K'omgǔrup，1935—1941，该组织是战时共产主义抵抗运动的核心）成员进行调查的协议，诸如驱逐苏联朝鲜人、苏德互不侵犯条约（1939 年 8 月）、苏德分割波兰（1939 年 9 月）、苏联占领波罗的海国家（1940 年夏）、对芬兰的冬季战争（1939 年 11 月 30 日至 1940 年 3 月 13 日）等问题，朝鲜共产主义领导人都进行了积极讨论。东欧和中欧较小的缓冲国，如波兰，经常被拿来与朝鲜比较，它们获得了朝鲜反殖民左翼分子的同情，但在大多数情况下，关于苏联政策的辩论都以为苏联的所有行动辩护而告终。与德国的盟约"需要打破反苏帝国主义国家的统一战线"，在波罗的海国家、波兰和芬兰，苏联不得不"惩罚当地的资产阶级，因为他们充当了英美帝国主义的代理人"（Yi 2002a，365—372）。在这个世界上，共产主义通常是反殖民斗争中最不妥协潮流的代名词，莫斯科则是共产主义的代名词，如果不完全改变意识形态取向，那么对苏联的忠诚也是不容置疑的。

　　不仅是坚定的共产主义者，即使是更温和的非社会主义民族主义者也很难批评苏联，部分原因在于他们缺乏关于 20 世纪 30 年代镇压规模的准确信息。例如，杰出的现实主义作家李泰俊（Yi T'aejun，1904—?），在日据时期没有已知的共产主义联系，他在 1946 年选择生活在苏联占领的朝鲜北部，部分原因是他长期以来对苏联所代表的"现代性和进步"的追求。1946 年 8 月，李泰俊被派往他梦寐以求的现代化国家，在那里努力寻找一位著名的共产主义作家赵明熙（Cho Myŏnghŭi, 1894—1938），赵明熙曾于 1928 年在苏联寻求政治庇护，但李泰俊不知道赵明熙在 1938 年已被判处死刑，这正是苏联对朝鲜知识分子清洗的一部分（Yi 2007, 399）。在他的苏联游记中（《苏联纪行》[Ssoryŏn kihaeng], 1947），李泰俊力图通过平等主义社会的严格要求（"所有人都必须同样贫穷，但没有人比其他人更穷"）以及为俄国人和非俄裔少数民族提供"高标准文化生活"所需的费用，来解释他所遇到的大多数苏联公民的明显贫困，以及消费品的劣质和绝对短缺（Yi 2001b, 393—411）。

　　不难推测，如果其他非共产主义知识分子也选择迁往苏联控制的朝鲜半岛北部地区，那么不仅是因为对苏联进步性的迷恋和对斯大林模式的阴暗面缺乏充分了解，也有可能是因为他们带着崇高的信念和对更光明未来的希望，愿意将苏联生活中明显的消极面合法化。他们中的大多数人都亲身经历过殖民主义和资本主义的罪恶，与斯大林主义国家的间接或严格控制的互动（如精心安排朝鲜和其他地方的官方代表团访问苏联，参见 Kulikova 2003）使他们有可能塑造出一种完全符合他们所珍视的现代化梦想的"进步"形象。苏联声称代表了一种本质上没有剥削和不平等的现代性。即使许多外国观察家已经掌握了一些相反的事实证据，但这种现代性梦想对他们来说仍然具有吸引力。朝鲜人也不例外，他们在压迫性殖民政权统治下的生活中深受创伤，真正渴望获得解放的现代性。

结论：理想化之闭环？　苏联在朝鲜日据时期及以后的形象

可以得出结论，在近代朝鲜，俄国和苏联的形象往往在两个极端之间摇摆不定。一方面有一种强烈的倾向，即把革命前的俄国视为对朝鲜的直接威胁，这在某种程度上有些夸大其词（尽管俄国对朝鲜的殖民主义企图最终会成为现实）。这种认知有时带有"黄色"种族主义的色彩，并以流行的泛亚主义论调加以表述，但它基本上植根于对俄国的看法：军事上强大，政治上反动。俄国是一个被认为非常强大的"外群体"（out-group），在国际社会中占据着很高的地位，同时也体现了国际达尔文丛林的冷酷无情。从群体间认知的心理学角度来看，它是"对他者构成威胁"的完美候选者。与其他西方帝国主义大国一样，俄国同时被视为"威胁"和"榜样"，在日据前的朝鲜，彼得大帝被视为主要的"文明和启蒙英雄"之一，他的改革是朝鲜自身转型的蓝图。然而，就俄国而言，在"威胁"和"榜样"之间的认知天平上，明显偏向前一种刻板印象，无疑与朝鲜看待美国或英国的方式形成对比，这显然是由于俄国领土接近以及积极参与朝鲜周围的帝国主义政治，尤其是在 1895 年到 1905 年期间。俄罗斯帝国官员认为，只有俄国的仁慈才能拯救朝鲜的"孩子们"，使这些"孩子们"免于苦难和日本的侵略，以及受美国教育的同胞的自由主义"诱惑"，但他们在朝鲜的行为很难改善俄罗斯帝国主义傲慢的名声。俄国在日俄战争中失败后才发生了某种程度的变化，战后朝鲜的（反日）民族主义开始在俄国公众中引起一些同情。在朝鲜，独立运动对沙皇专制没有什么兴趣或同情，俄国革命者却对它非常着迷。

　　由于复杂的政治环境，朝鲜对苏联的看法要好得多。第一，在1905年到1910年期间的朝鲜出版物中，对俄国革命运动的同情已经显而易见，布尔什维克被视为其革命前辈的直接继承者。第二，虽然苏联在20世纪30年代初明显地再次成为一个军事大国，但它并没有被视为沙俄那样的威胁。除了一些顽固的右翼分子（尹致昊、李光洙等）是例外，与苏联结盟的共产主义者，甚至大多数主流民族主义者，都非常重视苏联的反殖民立场。苏联对朝鲜（主要是共产主义者）反殖民运动的支持，加上其总体上的反帝国主义意识形态，使其看起来不仅仅是一个大国，更是一个强大的盟友。第三，布尔什维克的社会实验，特别是在扩大性别平等和促进大众教育方面，被认为对世界进步事业至关重要，自19世纪80年代起，力主推进现代化的朝鲜知识分子就透过这一主要棱镜看待世界。在许多朝鲜观察家眼中，1917年十月革命神奇地将俄国从一个落后且具侵略性的国家转变为反殖民和人类进步事业的捍卫者。"红色俄国"生活的消极面也没有被忽视，苏联秘密警察OGPU在殖民地朝鲜的出版物中得到了关注。在殖民晚期，斯大林对俄国远东地区朝鲜族人口的镇压严重损害了苏联在殖民地朝鲜主流民族主义知识分子中的声誉。但是，苏联经验的所有消极方面在很大程度上被放在普遍积极的整体认知框架中。虽然在 20 世纪 30 年代末和 40 年代初，俄国又部分倒退，实行大国帝国主义和反朝迫害，但在朝鲜看来，俄国从落后一跃进入社会主义"文明和进步"的未知领域，无疑对自身的未来具有重大意义。

在殖民地很大一部分非共产主义知识分子眼中，苏联的形象总体上是正面的，这种倾向带来的重要历史后果之一就是，1945 年后，对于许多"最优秀和最聪明的人"来说，很容易做出在苏联占领的朝鲜北部生活的选择。当然，苏联的威望只是推动模糊意义上的"进步"和"爱国"知识分子北上的众多因素之一，对美国在朝鲜南部的政策不满，尤其是对美国没有适当地惩罚过去的亲日派合作者，以及对恶劣的经济状况的不满，也许才是最重要的原因（Cho，2002），但在这个背景下，人们做出了重大而不可逆转的决定。就作家而言，最著名的非共产主义者北上的案例，除了上面提到的李泰俊，也包括公认的历史作家和中国古典学专家洪命熹（Hong Myǒnghǔi，1888—1968），以及在 20 世纪 30 年代用日语创作了备受赞誉的文学作品的金史良（Kim Saryang，1914—1950）。虽然洪命熹在 20 世纪 20 年代中期与新生的共产主义运动有一些联系（他是否曾经是一名正式党员仍然是一个有争议的话题），金史良在 1945 年从他被强征入伍的日本军队叛逃到中国共产党解放区，但是这两位文学名人在 20 世纪 30 年代或 40 年代都不是活跃的社会主义激进分子。不过两人都是俄国古典文学的终身爱好者，他们主要阅读日文译本

（此外，金史良还精通米哈伊尔·肖洛霍夫［Mikhail Sholokhov］的著作），尤其是洪命熹，他被朝鲜新生的计划经济的成功以及苏联计划经济模式的现代化潜力深深打动（Chǒng 2005，105—115、133—142；Kang 1999，224—260、520—556）。以 1945 年后成为朝鲜文学领袖之一的李箕永（Yi Kiyǒng，1896—1984）为代表的曾经参加过 20 世纪 20—30 年代共产主义者"无产阶级艺术运动"的人，通常会在私下交谈中回忆：从 20 世纪 20—30 年代殖民地朝鲜的角度来看，苏联是"梦想中的国家，那里没有贫富之分，一百多个民族和睦相处"（Chǒng 2005，118—124）。20世纪 40 年代末，一大批杰出的朝鲜知识分子选择了受苏联影响的朝鲜版现代性，结果导致了一些人的个人悲剧（例如，李泰俊被指控"反革命"后于 1957 年被驱逐出平壤，在江原道当矿工度过余生：Chǒng 2005，133），但同时也为金日成政权提供了一个体面的外表。像洪命熹这样的伟大民族作家赋予了它作为民族文化传统合法继承者的正统性。

　　即使在 20 世纪 50 年代中期金日成政权从其苏联赞助人那里获得了更高程度的独立之后，苏联对朝鲜的影响仍然很大，特别是在意识形态和文化领域（例如，关于金日成主体意识形态的斯大林主义基础，参见 David-West 2007），而由于冷战，一直到 20世纪 80 年代末，韩国与苏联几乎是隔绝的。从 20 世纪 70 年代中期开始，双方关系出现了一些松动，开始以偶尔和谨慎控制的互访的形式交往，主要与国际体育或文化活动以及相当不重要的间接贸易有关（Tkachenko 2000，57），但总体而言，在 20 世纪

80 年代末发生划时代的变化之前，苏联和韩国一直是两个不同的世界。这意味着，1937 年被驱逐出境从而使苏联失去了朝鲜知识阶层许多好感的苏联朝鲜人几乎完全被遗忘了，直到 20 世纪 80 年代苏联改革才为韩国研究人员所了解。即使到了 1985 年，韩国偶尔出版的关于苏联对朝政策和苏联朝鲜人的学术出版物，通常也只涉及人口数量和主要居住地区等一些非常基础的数据（Kim 1985）。这种物质上和信息上与苏联现实的隔离，使得 20 世纪 80 年代相当多的韩国本土社会主义者对苏联采取了一种非常理想化的看法。它通常被认为是一个真正的社会主义国家，是韩国自己未来逐步转型的可行模式，其官僚计划经济的不民主性质及其社会生活的许多压制性特征被忽视或掩盖了。结果，东欧的崩溃对韩国的进步运动造成了重大打击，在很大程度上摧毁了其正统理论论述的整体可信度。日据时期对苏联“社会主义”自我表述的过度信任使整整一代朝鲜知识分子对斯大林政策更具破坏性的一面视而不见，没有及时吸取教训，从而严重损害了韩国的进步运动（Kim 2000c，265—271）。

第二章 │ 乌托邦的欢乐，流亡者的哀愁：日据时期朝鲜文学中的俄国、俄国人和苏联

本章的主题是俄国、苏联和俄国人在 20 世纪 30 年代朝鲜文学,主要(但不完全)是散文中的文学表现。英语圈学术界对这个问题的研究肯定是不足的。目前的一些研究主要是关于西方(包括俄国)文学的翻译及其在近代早期朝鲜的作用(例如,Hyun 1992),以及俄国和苏联在朝鲜文学中的形象(Myers 1992),但是朝鲜日据时期小说对俄国人的描写迄今未能引起英语圈研究者的注意。在韩国学术界,可能是由于 20 世纪 80 年代末以后对日据时期共产主义运动史的兴趣大增(当时官方解除了对这一话题的禁忌),在过去 20 年里,他们对苏联、苏维埃共产主义、俄国和俄国人在殖民地作家和读者眼中的形象产生了相当大的兴趣。大多数韩国研究者似乎将 20 世纪 20—30 年代朝鲜民族主义报刊和文学中相对正面的苏联形象归因于苏联领导人公开宣称的国际主义和反殖民主义,以及苏联早期社会实验本质上的进步性质,这些也都是前一章中提到的形成苏联正面形象的主要因素。根据韩国最近的一项研究,在 20 世纪 20 年代,殖民地朝鲜的代表性民族主义日报《东亚日报》(在大多数情况下)的温和亲苏立场与日本总督府的当地喉舌《每日申报》(Maeil Sinbo)严厉的反苏语气形成对比(Hwang 2005a, 61—93;

另见 Yi 2009e,129—167)。一些较为保守的学者认为亲苏情绪
只是一种"苏联情结"的表现,一种对看似仁慈的外国势力的社
会心理依赖(Kwǒn 1999,258—271;另见 Ch'ǒn 2009)。笔者在研
究俄国和苏联在殖民地朝鲜的形象时使用的研究方法(前一章
和本章中)更接近于前一种倾向。本章是对前一章的补充,主要
关注俄国和俄国人(包括苏联人和流亡者)的文学形象,而不是
新闻或学术形象。此外,本章充分利用了 20 世纪 30 年代关注
哈尔滨俄国人的朝鲜人游记,这是现有文献中明显缺乏的另一
类原始资料。

导言: 俄国/苏联是好是坏? 还是文化同源?

　　尽管对于冷战后的韩国来说,俄国和苏联还没有那么重
要,但正如前一章所讨论的那样,它们曾是殖民地朝鲜知识分
子的重要参照物。特别是在 20 世纪 30 年代,斯大林无情的工
业化运动取得的成功逐渐使苏联再次成为朝鲜边境之外一个
重要的地缘政治因素(对"苏联工业奇迹"的新评价参见 Allen
2009;另一个证据充分、资料丰富的研究参见 Kuromiya 1988)。
俄国不仅是朝鲜半岛周边的一个强大国家,在朝鲜沦为殖民地
前还曾干预过朝鲜政治,而苏联则被视为包括朝鲜在内的整个
资本主义世界的某种文明替代者,无论这种替代是好是坏。苏
联的天然同盟——有组织的共产主义运动,由于日本的镇压而
被大大削弱。当他们连续第四次试图在全国重建地下共产党

时，有 175 名共产党员于 1928 年 10 月 5 日被逮捕（"第四次朝鲜共产党事件"［Fourth Korean Communist Party Incident］），此后虽然在地下圈子生存下来，但他们之间的沟通和协调受到严重限制（Suh 1970, 513—524）。直到 20 世纪 30 年代，大量受过教育的朝鲜人仍然保持着对社会主义的同情。毫不奇怪的是，一些殖民地出版物甚至从"美国 vs 苏联"的角度提出了朝鲜最终选择发展道路的困境，并从"亲美政党 vs 亲俄政党"的角度分析了殖民地社会的政治格局（Ch'angnang'gaek 1933）。在某种程度上，这种观点预言了 1945 年后朝鲜半岛分裂的悲剧性未来。

不出所料，苏联问题在政治上非常有分歧。对于共产主义者，甚至是对共产主义事业抱有隐约同情的社会主义知识分子来说，坚定的亲苏态度是必要的。可以说，对俄国革命某些方面的认可，充当了某种意识形态上的信条，这是对所有声称进步的人提出的要求。例如，新教作家柳根（Yu Kŭn）为基督教青年会（YMCA）的出版物撰文称，布尔什维克"诉诸极端暴力是不可避免的，因为已经没有理由相信社会改革的效力"（Yu 1922）。可以看出，即使是对俄国革命暴力持批评态度的非共产主义进步人士，也在努力寻找俄国发展中积极的一面。

对于真正的共产主义者来说，"忠于苏维埃"的要求要严格得多。对这个群体而言，任何对十月革命和苏联的批评本质上都是"反动的"。一位名叫李刚（Yi Kang）的朝鲜共产主义者在为共产国际的出版物撰文时，因朝鲜民族主义宗教领袖崔麟

（Ch'oe Rin，1878—1958）曾说"在苏联旅行时看到许多失业者和乞丐"（Yi 2006b［1933］），便确定崔麟的观点中有"反动倾向"。作为一个共产主义者，可以用怀疑的语气写"傲慢的军事政治家托洛茨基（Trotsky）"，写他的"贵族气质"和过分热情的言行（Im 1932），因为红军之父托洛茨基在20世纪20年代末就已经被开除党籍，但是对苏联代理领导人的态度则需要恭敬。即使是那些私下里对1937年强制驱逐苏联朝鲜人或1939年苏德条约表示怀疑的共产党知识分子，如才华横溢的文学家金泰俊（Kim T'aejun，1905—1949），也从未公开发表过怀疑言论。另一方面，对于那些在20世纪30年代末或40年代初决定加入日本帝国"主流"的左翼分子来说，谴责"共产国际和苏联红色帝国主义"是思想转向仪式的必要组成部分（Yi 2002a）。

在文学界，共产主义的代表是KAPF（Korea Artista Proletaria Federacio，朝鲜无产阶级艺术家联合会），该组织成立于1925年，主要由一群在日本受过教育的进步人士组成，其中一些人还与地下共产主义运动保持着密切联系。我们可以很容易地预料到，这样一个组织会密切关注苏联文学和意识形态的发展，有"向布尔什维克学习"的强烈意愿，只不过大部分学习过程是通过苏联文学的日译本完成的。很少有KAPF成员能够直接阅读俄文的第一手资料，但他们都精通日语。尤其是KAPF的创始人之一金基镇（Kim Kijin，1903—1985），他以喜爱俄国（尤其是苏联早期）文学而闻名（Son 2011）。具有讽刺意味的是，他在日据时期结束时经历了"思想转向"，在1950年被朝鲜军队试图处决时奇迹般地幸存下来,之后成为韩国反共文学的领军人物。在早期尝试阐明"无产阶级艺术"的含义时,他使用了描述"被统治阶级的文学和艺术"的外来词"Proletkult"(无产阶级文化),这一概念与占主导地位的资产阶级文化主流直接对立,旨在通过无产阶级美学唤起群众的正义感,从而激励他们与压迫做斗争(Kim 1924)。这里的"Proletkult"指的是苏联的同名组织(1917—1932),该组织致力于推动工人的自我意识、非精英和反叛的"阶级文化",但该组织实际上主要由中产阶级背景的激进知识分子领导,这与殖民地朝鲜的所有左翼团体并无不同。无产阶级领袖普拉东·克尔任采夫(Platon Kerzhentsev, 1881—1940)是一位来自医生家庭的老布尔什维克,他在 1919 年提出要有选择地利用过去的文化遗产来建设新的社会主义文化(Rosenberg 1990, 80—81);朝鲜的无产阶级追随者也在为同样的问题而苦恼,金基镇个人更倾向于克尔任采夫的观点(这也反映了列宁的信念,即必须首先"学习资产阶级文化的基础知识")。在 20 世纪 20 年代末至 30 年代初关于阶级文学的内容和形式的讨论中,他提出无产阶级必须充分消化世界现存文化遗产的所有最重要组成部分,并引用了列宁对无产阶级"左翼极端主义"(levachestvo)的批评作为论据(Kim 1931);他的对手也是根据他们自己对列宁的解释来论证自己的观点(Son 2011)。总之,对于 KAPF 的作家和评论家来说,苏联经验是一个包罗万象的普遍范式,需要学习,然后应用于朝鲜的现实。

　　当然,这种学习过程在大多数情况下是间接的。虽然苏联经验是最终的灵感来源，但社会主义知识的传播大多是通过日语理论著作这一媒介进行的。其中一些著作被翻译成朝鲜语，以帮助那些无法接触日本图书市场或阅读日语有困难的人。例如，堺利彦（Sakai Toshihiko，1870—1933）1922 年出版的社会主义思想导论（Sakai 1922）广受欢迎，并在一家与共产主义者关系密切的朝鲜月刊《开辟》（Kaebyǒk）上连载（Sakai 1923、1924），也成为 KAPF 许多理论研究的起点（Song 2012）。堺利彦是日本社会主义运动的先驱之一，也是日本地下共产党成立时（1922 年）的创始成员，1924 年出狱后转向更加温和的社会民主立场。他的理论著作的一个具体特征是倾向于将阶级斗争理解为生存进化斗争的延伸，巧妙利用了达尔文主义在日本知识界的流行。当然，堺利彦的"进化"是指随着生产力发展而进行的、以阶级斗争为基础的上层建筑的革命性变化，而不是被堺利彦明确认定为资产阶级意识形态的斯宾塞式"适者生存"。另一位在日本受过教育的年轻激进分子朴英熙（Pak Yǒnghǔi，1901—1950）和金基镇一样，在整个 20 世纪 20 年代从意识形态上描绘了 KAPF 的路线，堺利彦的著作似乎是他对历史唯物主义和阶级文化发展的进化论解释的理论来源（Song 2012）。这是合乎逻辑的，因为就像日本一样，达尔文进化论以及关于如何将其应用于人类社会分析的辩论在 20 世纪初朝鲜现代意识形态的形成中发挥了关键作用（Pak 2003）。虽然有日本化的社会主义思想的影响，但苏联通常扮演着最终参照系的角色。例如，20 世纪 30 年代左翼文学的主要理论智囊林和（Im Hwa，1908—1953）在 1930 年发起了将 KAPF "布尔什维克化" 的运动,使其成为 "无产阶级先锋队" 进行阶级斗争的工具。这与 NAPF(Nippona Artista Proleta Federacio,日本无产阶级艺术家联合会,成立于 1928 年)内部的类似发展同时发生,但其中一个重要的灵感来源于 RAPP(Russian Association of Proletarian Writers, 俄国无产阶级作家协会)1929—1930 年的苏联文学 "布尔什维克化" 运动,这一运动也意味着对那些不太可靠的 "同路人" (fellow-travellers)的更强烈批评(针对鲍里斯·皮尼亚克[Boris Pil'nyak]和米哈伊尔·布尔加科夫[Mikhail Bulgakov]的运动就是典型的例子)(Ha 2010;Panov 1929;Varlamov 2008,57—64)。1932 年以来社会主义现实主义在苏联文学理论中的出现,也在 20 世纪 30 年代中期朝鲜左翼作家中引发了一场关于 "创作方法" 以及现实主义和浪漫主义之间关系的热烈讨论(Kief 2013)。如上所述,虽然对李光洙和其他右翼分子来说,赋予苏联作为最终参照系的特权带有 "事大主义" 的味道,就像旧时代朝鲜的亲华一样,但对于共产主义作家来说,这是自然而然的事情,因为在他们眼中,苏联是世界无产阶级普遍(想象)共同体的先锋,正在进行从根本上改变世界进程的革命斗争(Bowen-Struyk 2006)。

　　KAPF 的作家们经常把俄国/苏联文学称为 "阶级艺术" 发展的最重要模式,那他们精通俄国/苏联文学的程度如何?上面提到的 KAPF 三位主要理论家金基镇、朴英熙和林和都不懂俄语;但是他们精通日语和西欧语言(尤其是英语、法语和德语),这使他们对俄国和苏联的文学发展相当了解。文学翻译的专业

化、文学出版的发展以及全球化文学读者群的形成，促进了文学
知识的跨界流动（关于整个"漫长的 19 世纪"世界文学概念的演
变，参见 Pizer 2006），到了 20 世纪 20—30 年代，即使身处现代
资本主义世界里偏远的朝鲜角落，即使是不会说俄语的知识分
子也能接触到大量令人眼花缭乱的俄国文学作品。朴英熙和
金基镇是传教士开办的培材学校（Paejae School）的校友，他们
都讲英语，虽然不懂俄语，但据说在日本学习期间（分别是
1920—1921 年和 1920—1923 年），他们都如饥似渴地阅读了托
尔斯泰、屠格涅夫、陀思妥耶夫斯基和高尔基作品的日文译本
（Pak 2008b）。林和则经常在他的评论文章中吹嘘自己在俄国
和苏联文学方面的博学。例如，1926 年至 1927 年，他在广受欢
迎、广泛阅读的《朝鲜日报》上连载了一篇长篇文章，探讨了以无
产阶级为主题的世界（欧美）文学作品（1926 年 12 月 3 日至 24
日，1927 年 1 月 21 日至 2 月 7 日；这篇文章是基于李相和［Yi
Sanghwa］1925 年的一篇期刊文章写的，很可能是受到先前日本
出版物的启发），其中马克西姆·高尔基（Maxim Gorky，1868—
1936）和他以前的门生列昂尼德·安德烈耶夫（Leonid Andreev，
1871—1919）的作品是文章的一些亮点。可想而知，高尔基因其
对俄国底层流浪者（vagabonds，字面意思是"赤脚"）反抗精神的
精湛刻画而备受赞誉。在 1906 年的开创性小说《母亲》（*Mat'*；
到 1929 年有了完整的日译本：Gorky 1929）中，这些形象逐渐发
展成为工人革命者的形象。在安德烈耶夫的作品中，林和关注
的是《七个被绞死的人》（*Rasskaz o semi poveshennykh*，1908），这

本书描述了一个被判处死刑并等待处决的恐怖主义革命者的复杂内心世界。安德烈夫的导师高尔基最终在革命后的秩序中找到了属于自己的光荣位置，但与高尔基不同，安德烈夫从未接受十月革命，他在新独立的芬兰流亡期间穷困潦倒地死去，但这似乎并没有让林和气馁，在许多其他的俄国作品中，他还提到了著名的社会主义革命恐怖分子波里斯·萨文柯夫（Boris Savinkov，笔名 Ropshin，1879—1925）在革命前写的小说《白马》（*Kon' Bledny*，1909）和《未曾发生的事》（*To, chego ne bylo*，1912）。萨文柯夫是一名坚定的反苏战士，在林和连载他的文章的前一年死在苏联监狱（自杀）。对林和来说，正如安德烈耶夫一样，重要的是萨文柯夫在俄国革命传统历史上的地位及其在文学层面的反映（Kim 1989，46—47；Im 2009，Vol. 4，26—87）。虽然林和肯定不是俄国文学领域的专业人士，但他似乎对 20 世纪初俄国文学的主要作者和趋势非常熟悉，至少在对他有意义的领域（与革命有关的作品）是这样的。在某种程度上，这样的熟悉对 KAPF 活动家来说是理所当然的。

　　20 世纪 20 年代末，随着以 KAPF 为中心的社会主义作家团体的形成，朝鲜文学界被划分为无产阶级作家（以及在不同程度上同情他们思想的"同路人"）和探索各种非阶级美学（个人主义、现实主义、社会心理学等，参见 Kwŏn 2003）的现代文学之"其余的人"。前者顾名思义是亲苏的，对苏联的现实深感兴趣；然而，后者对朝鲜的这个强大的西北邻国的兴趣也丝毫不少。日据时期僵化的"亲苏、反苏二分法"政治，即共产主义意味着支

持、同情苏联，相反，对苏联缺乏兴趣或同情则意味着右翼倾向，
这一点在朝鲜小说中有某种程度的克服，一般来说，在整个 20
世纪 30 年代的朝鲜文学中都是如此。涉及俄国和俄国人的朝
鲜原著小说，以及很多翻译成朝文并在朝鲜出版的俄国小说也
是如此。在这两种情况下，无论作家的政治自我定位如何，俄国
人物往往既不以明确的亲苏方式，也不以反苏方式出现。他们
站在"西方"和朝鲜之间，前者是现代文明的中心，后者是现代世
界边缘一个遥远的地方，经常被殖民地作家自己描述为属于"自
然""地方"或"传统"的王国。

　　首先说翻译，在尼古拉·巴依科夫（Nikolai Baikov，1872—
1958）《在中国东北的灌木丛中》（V debryakh Mandzhurii，1934；
英译本：Baikov 1936；日译本：Baikov 1942）的片段中，可以找到
这样描写俄国人的典型例子，该作品由他的朝鲜密友白石（Paek
Sŏk，1912—1995）翻译成朝文并在月刊《朝光》（Chogwang，1942
年 12 月至 1943 年 2 月）上连载，标题为《密林有情》（Millim
Yujŏng），与原标题略有不同。作品的背景是中国东北的原始森
林，里面的俄国主人公——锯木厂经理格拉温斯基（Gravinskii）
和他的妻子叶夫根尼娅·斯捷潘诺夫娜（Evgeniya Stepanovn）都
是热情的林业爱好者和忠实的大自然爱好者。"野蛮"的当地黑
帮老大为报复叶夫根尼娅·斯捷潘诺夫娜拒绝他不羁的热情，
绑架了她可爱的孩子尤罗奇卡（Yurochka），在与黑帮的对抗中，
他们也代表了"文明和秩序"的力量（Kim 1988：168—202）。故
事中的俄国人是浪漫的森林居民，绝不是各种森林居民中最狂

野的。巴依科夫被介绍给日据时期的朝鲜读者,可以看出他在20世纪30年代末至40年代初的日本越来越受欢迎。他的《大王》(*Velikiy Wan*,1925)讲述了受到现代文明威胁的东北虎之间的感人故事,该作品在日本被多次翻译和出版(1941年首次出版)。中国东北成为日本在亚洲大陆的桥头堡,事实证明,中国东北的异国风情在战时很有吸引力。巴依科夫本人是一个坚定的反共产主义者,真诚地渴望不惜一切代价消灭布尔什维克政权(包括法西斯德国在对苏战争中取得胜利),在政治上他也被利用,1942年作为伪满洲国政权的代表被派往东京参加"大东亚作家大会"(Mochizuki 2012)。他的外显人格这一面,以及在哈尔滨某些俄国流亡者圈子中极右翼、法西斯主义和半法西斯主义潮流普遍突出这一点(我将在下文详述),似乎不太为他的朝鲜读者和崇拜者所知。

　　正如将俄国文学介绍到当代西方的情况一样(关于英译本的情况,参见May 1994,30—43),殖民地朝鲜翻译的大部分俄语作品也都是19世纪和20世纪初的经典作品,这些作品在美学上被认为是优越的,(在大多数情况下)在政治上是中立的。如果对非社会主义主流来说政治上过于挑衅,那么冒犯性的话题可以被安全地淡化。例如,托尔斯泰的作品是朝鲜近代知识分子最早注意到的俄国经典作品之一。尹致昊(上面提到过他基于种族的恐俄症)在1896年前往俄国时,阅读了托尔斯泰的《战争与和平》(*War and Peace*)(很有可能是克拉拉·贝尔[Clara Bell]根据早期法译本翻译的第一个英译本;Tolstoy 1886)。有趣的是,他的一个反应是与托尔斯泰的分歧,根据尹致昊的说法,托尔斯泰不必要地"贬低"了拿破仑的天才(Yun 1971—1989,Vol. 4,245、260、293)。拿破仑被托尔斯泰视为残酷的现代利己主义和虚荣心的化身,但对尹致昊来说,他是一位现代英雄,是现代国家的缔造者,而这样一个人正是朝鲜所需要的。就在尹致昊第一次接触托尔斯泰作品的一年后,日本明治后期最著名的作家之一德富芦花(Tokutomi Roka,1868—1927)出版了第一部托尔斯泰的长篇传记(包括其主要作品的内容摘要),从而为日本和整个东亚的托尔斯泰研究奠定了基础(Tokutomi 1929,9—150)。和尹致昊一样,德富芦花也是一位虔诚的基督教新教徒。但与尹致昊不同,他更感兴趣的是个人良知问题以及现代性力量所造成的个人与社会之间的不和谐,而尹致昊则赞同现代性的力量。虽然他的热情远不如尹致昊(见上文),也没有种族主义动机,但德富芦花在日俄战争中站在了日本一边。1906年,日俄战争结束后,德富芦花在亚斯纳亚波利亚纳(Yasnaya Polyana)拜访了托尔斯泰,正如他在朝圣日记中所写的那样,在那里他意识到支持战争的观点是错误的(Kominz 1986)。20世纪初,日本将反战立场以及对主流现代性范式的批判,特别是对现代国家和工业资本主义的批判视为"托尔斯泰主义"的核心。

到了日俄战争时期,托尔斯泰的和平主义或多或少地为日本读者所熟知。内田鲁庵(Uchida Roan,1868—1929)是一位对社会问题有浓厚兴趣的作家,也是托尔斯泰1886年《傻瓜伊万》(*Skazka ob Ivane-durake*)和1899年《复活》(*Voskresenye*)的译者

（《傻瓜伊万》于 1902 年 6 月至 11 月在月刊《学灯》[*Gakutō*]上连载，《复活》于 1905 年由丸善[*Maruzen*]出版），是明治时代社会主义者的朋友，他在 1904 年的一篇期刊文章中将托尔斯泰信念的本质定义为：对传统爱国主义的摒弃，以及基于对国家持怀疑态度的反军国主义（转引自 Ch'oe 2005b）。内田对托尔斯泰的推广也影响了 20 世纪初东京的朝鲜留学生。其中一位是洪命熹（1888—1968），他后来成为日据时期的著名作家，1945 年后移居朝鲜（见上文第一章），并在那里担任文学机构的院长。洪命熹通过阅读内田鲁庵翻译的托尔斯泰的《复活》，开始了他一生与俄国、苏联文学的罗曼史（Hong 1935）。年轻有抱负的小说家中里介山（Nakazato Kaizan，1885—1944）是早期社会主义报刊《平民新闻》（*Heimin Shinbun*）的撰稿人，1906 年他汇编出版了托尔斯泰关于社会、政治和道德的著作，这些作品充分表明了这位伟大的作家反对"虚假文明"、国家和"参与它强加给人民的谋杀"（征兵），以及私有财产和资本主义（Nakazato 1906）。三年后，朝鲜知识界一颗冉冉升起的新星崔南善（Ch'oe Namsŏn，1890—1957）很快成为殖民地朝鲜温和文化民族主义的主要支持者，在他创办的青少年杂志《少年》（*Sonyŏn*）上编辑了一期关于托尔斯泰的特刊（第 8 期，1909 年 7 月，5—21）。他对中里介山的汇编做了删节翻译，但有意省略了所有关于反军国主义、反资本主义和文明批判的内容，理由是朝鲜读者"不需要它"（转引自 Pak 2011）。托尔斯泰提倡热爱劳动、节俭和简朴的生活以及宗教热情，这对朝鲜早期力主推进现代化的民族主义者来说是完全可以接受的；而和平主义者、反国家和反资本主义的精神叛逆者托尔斯泰与尹致昊、崔南善等人所理解的"文明与进步"的本质相矛盾，因此不得不被搁置。

　　显然是出于对这位俄国作家的宗教真诚和文学成就的尊重，崔南善只是避免提及托尔斯泰那些对他来说似乎太过麻烦的观点，而他同时代的一些志同道合的人甚至试图在他不知情的情况下批驳他。一位很可能是在日朝鲜留学生的匿名作者于1909年写了一篇针对尼采（Nietzsche，1844—1900）和托尔斯泰的论战文章。可想而知，前者被指责为极端利己主义和反社会立场，而后者则因其"极端利他主义"而受到谴责。毕竟，战争是社会进步所必需的，它以少数不幸的人遭受痛苦为代价，战争别无选择，而且战争中的杀戮不是基于个人仇恨，因此托尔斯泰怎么敢无视国家的需要，建议拒绝履行应征入伍的义务，从而严重破坏爱国精神呢？托尔斯泰主义可能有助于对抗侵略性军国主义和虚假、夸张的爱国主义等极端情况，但它的彻底实施会导致人类丧失斗争能力，进而全面毁灭（Anonymous 1909）。较为保守的近代知识分子对托尔斯泰的和平主义立场进行了某种基于社会达尔文主义的批判，提醒朝鲜受众群体注意激进和平主义的存在，以及在此过程中出于良心拒绝征兵，而更为激进的流亡民族主义者则对托尔斯泰讨伐现代国家及帝国主义和军国主义暴行表现出更浓厚的兴趣。在崔南善首次将托尔斯泰介绍给朝鲜读者两年后，加利福尼亚一家朝鲜流亡者报刊刊登了一篇关于托尔斯泰原则的长篇文章，并适当提到了托尔斯泰对"虚假文明"的批判，建立一个以体力劳动为主导、以正义为基础的社会的梦想，对战争绝对的、毫不妥协的反对，以及中国人和印度人（正如有种族意识的报刊所称的"黄种人"）在道德和智力上都优于欧洲人的观点（Anonymous 1911）。由于 20 世纪 10 年代朝鲜无孔不入的殖民审查制度，这类观点是不能自由发表的（关于殖民审查机构的总体研究，参见 Kŏmnyŏl Yŏn'guhoe 2011）。

　　然而，托尔斯泰文学遗产的某些方面更容易被挪用和消费。《复活》讲述了一个令人心碎的故事，一个忏悔贵族选择追随一个他曾经引诱过的妓女，前往她在西伯利亚的劳役地。该书在殖民地朝鲜几乎与在当时欧美和日本图书市场上一样成功，这主要归功于其情节中的戏剧性元素。它首先由崔南善于 1914 年介绍到朝鲜（Ch'oe 1914），然后由温和的基督教民族主义者朴贤焕（Pak Hyŏnhwan，1892—?）以略有删节和高度改编的形式进行了翻译，还起一个浪漫的标题《海棠花》（*Sweetbrier*）。当时"爱情"和"浪漫"成为现代性的代名词（Kwŏn 2003），朴贤焕显然是对主人公聂赫留朵夫（Nekhlyudov）和卡秋莎（Katyusha）之间的浪漫爱情更感兴趣，而不是托尔斯泰对"虚假文明"、官方道德、教会、俄国官廷和监狱的批判（Pak 1918）。托尔斯泰另一部令人心碎的作品是题为《黑暗的势力》（*Vlast' t'my*，1886）的戏剧，讲述了一个奸夫和婴儿谋杀犯最终承认了自己的多项罪行并自首的故事，由李光洙翻译并于 1923 年以朝鲜语出版（Tolstoy 1923）。李光洙对共产主义和苏维埃俄国的负面看法（见上文第一章）并没有减少他对俄国文学的迷恋，而且，与朴贤焕不同，朴

贤焕翻译的《复活》主要是基于内田鲁庵的日文版，而李光洙在
1914年西伯利亚旅行期间学习了一些俄语（下文将讨论）。该
戏剧关注不受约束的性行为的危险一面，这与李光洙本人对爱
情和浪漫文学的痴迷相吻合，对20世纪20年代的朝鲜公众也
具有相当大的吸引力（Pak 2011）。托尔斯泰的另一部戏剧代表
作《活尸》（*Zhivoi trup*，1900），描述了一个虚弱但精神上有天赋
的男人模拟自杀，然后自杀，以将自己从乏味的资产阶级生活
中解放出来，而且让他的妻子与另一个追求者再婚，以便让她
更好地适应无聊的日常生活。该剧本在1924年由李光洙的政
治对手——革命作家赵明熙（1894—1938）翻译（Tolstoy 1924）
（第一章中已经提到赵明熙于1928年逃到苏联滨海边疆区）。
这个译本也很受欢迎，为20世纪20年代和30年代的一些舞台
表演提供了基础。它对婚姻制度和现代社会的平凡日常，以及
自我牺牲、非占有式爱情的感伤形象持批判态度，与当代朝鲜公
众的兴趣和要求产生了很好的共鸣（Pak 2011）。到了20世纪
20年代中期，俄国的这位伟大作家和叛逆者在殖民地朝鲜获得
了重生，成为一位大众文化明星、一位极具吸引力的情节剧作
家，讲述着浪漫故事以及资产阶级在爱情和性方面的不足之处。

　　众所周知，托尔斯泰既不是政治革命家，也不是马克思（"科
学"）社会主义者，这一点在20世纪初的俄国社会主义者中是一
个常识，这也令他们担忧，他们不得不以某种方式应对这位非暴
力和精神抵抗倡导者在国内外所享有的巨大声望和权威。一个
著名的例子是，列宁在1908年的一篇新闻文章中将他定义为

"俄国（农民）革命的镜子"，是被俄国日益增长的资本主义支配并不断受到独裁统治压迫的农民的代表；农民将被即将到来的革命的霸主——无产阶级视为（低级）盟友，列宁只能希望他们最终会远离托尔斯泰式的"基督教无政府主义"观点（Lenin 1974, Vol. 15, 202—209）。然而，在马克思社会主义以及其他激进潮流的影响力不像 20 世纪初的俄国那样强大的国家，托尔斯泰甚至可以受到"科学"社会主义拥护者的热烈欢迎，这就是他的抗议精神对整个激进运动的效用。在日本，托尔斯泰的反战杰作《你们改悔吧！》（Odumaites'!），于 1904 年 6 月 27 日由《The Times》刊登，也被早期社会主义者的喉舌《平民新闻》（第 39 期，1904 年 8 月 7 日）翻译并重印。在同一报刊下一期的后续评论中，日本社会主义思想的先驱宣传者、《共产党宣言》的日文共同译者幸德秋水（Kōtoku Shūsui，后来转向无政府主义，参见 Elison 1967），赞扬了托尔斯泰的睿智风格和无与伦比的勇气，同时指出发动帝国主义战争是出于经济原因，而不是"精神"原因（Itō 1970, 387—390）。幸德秋水对托尔斯泰理想主义（与之相反的是历史唯物主义［而不是宗教］对战争和暴力之外的驱力的理解）的批评与列宁并不是完全不同，但其态度显然要恭敬得多。在一个建立以群众为基础的社会主义政党希望渺茫（更不用说无产阶级革命）、被军国主义狂热所笼罩的国家，托尔斯泰作为世界上最著名的反战思想家，他的权威对《平民新闻》周围的激进派来说至关重要。

　　到了 20 世纪 20—30 年代，随着马克思主义政治团体和社会主义文学运动在日本和朝鲜形成了明确的制度形态,托尔斯泰对阶级秩序的宗教("精神")拒绝,与旨在彻底改造阶级秩序的社会主义计划之间的区别变得更加清晰。列宁关于托尔斯泰的文章被藏原惟人(Kurahara Korehito,1902—1999)等有影响力的马克思主义批评家奉为共产主义文艺理论的基石(参见Karlsson 2008)。不过,在两次世界大战中间这些年,包括朝鲜在内的东亚,还是可以找到对身为作家抑或是思想家的托尔斯泰情有独钟的共产主义者。张志乐(Chang Chirak,又名金山[Kim San],1905—1938)①是一位流亡海外的朝鲜共产主义者,于20世纪30年代末在延安(中国)接受了尼姆·威尔斯(Nym Wales,原名 Helen Snow,1907—1997)的采访。他说自己一生都在迷恋托尔斯泰,托尔斯泰是一位普世主义者、平等主义思想家,对阶级社会生活中的矛盾有着无与伦比的洞察力。对张志乐来说,虽然托尔斯泰无法为他自己精彩描述的矛盾提出正确的解决方案,但他能够发现并说出真相。张志乐坚信,如果托尔斯泰能活到十月革命爆发的那一天,他一定会接受它(Nym Wales and Kim 2005 [1941],195—201)。虽然最后一个假设是高度推测性的,但有一点很明确:赵明熙和张志乐都是忠诚的朝鲜裔流亡共产党员,他们需要托尔斯泰这样一位无与伦比的批评家,来批判这个高度压迫和贫困的社会生活中所有的不公正和荒谬。俄国农村的苦难与20世纪20年代和30年代殖民地朝鲜或中国的悲惨

_____

① 即刘汉平。——编者注

生活之间明显的相似之处，有助于使托尔斯泰变得容易理解且有意义；事实上，张志乐特别提到托尔斯泰对农民的关注，这也是农民占主导地位的中国和朝鲜如此需要托尔斯泰的原因（Wales and Kim 2005［1941］，199—201）。① 对于无产阶级革命家列宁来说，托尔斯泰作为"农民革命的镜子"，在以城市为主导的反对现有秩序的斗争中，既是反动的障碍，也是援助之手。然而，在东亚国家，农民革命是不可避免的，而且在议程上占有重要地位，虽然托尔斯泰的"基督教无政府主义"与马克思主义学说之间存在种种差异，但列宁主义革命者也不能轻易地无视一个反对权威及暴力的伟大人物。

托尔斯泰无疑是朝鲜日据时期最受欢迎的俄国作家。据朴振英（Pak Chin'yǒng）和金炳哲（Kim Pyǒngch'ǒl）统计，1920—1929 年期间，殖民地期刊上有 69 篇俄国散文的译文，正如人们所料，被翻译得最多的作者是托尔斯泰（20 篇书籍大小的译文和 53 篇托尔斯泰寓言故事的译文），其次是契诃夫（13 个译本）和屠格涅夫（13 个译本，包括著名小说家李泰俊翻译的《前夜》［*Nakanune*，1860］）（参见 Yi 1929；Kim 1980，707—708；Pak 2011）。托尔斯泰对简朴生活和淳朴乡下人的赞美具有吸引力，与另一个有趣的事实不无关系：20 世纪的俄国诗人之一、典型的农民诗人谢尔盖·叶赛宁（Sergei Esenin，1895—1925）在 20 世纪 20 年

---

① 我要特别感谢林敬华（首尔大学人文学院），他提醒我注意张志乐对托尔斯泰的正面看法，并为我提供了所需的引文。

代至 30 年代的朝鲜享有相当高的知名度。在这方面，朝鲜与当时的日本和中国并无不同，早稻田大学（Waseda University）著名的俄国问题专家片上伸（Katagami Noburu，1884—1928）等人研究了叶赛宁所属的"意象派"诗群（Katagami，1922），叶赛宁也受到伟大作家鲁迅（1881—1936）等人的喜爱（Lee 1976）。叶赛宁是一位广受欢迎且经常引起争议的、农民出身的抒情诗人，他对1917 年十月革命的支持足以表明这场剧变结合了无产阶级革命的特性以及农民对充满敌意与压迫剥削的城市的抗争（关于这一点，参见 Wada 1978）。咸大勋（Ham Taehun，1907—1949）是东京外国语大学俄语专业的毕业生、小说家、著名的俄国古典文学翻译家，他在叶赛宁死后将其介绍给了朝鲜读者。虽然咸大勋是 20 世纪 20 年代末至 30 年代初的左倾作家，但他将叶赛宁描述为一位抒情诗人，而不是革命诗人。在咸大勋看来，叶赛宁是一位热爱大自然的田园派诗人，他的作品充满了"对祖国田野和森林的热爱"，以及对农村贫困的爱国义愤，字里行间渗透着无尽的哀愁（Ham 1929）。叶赛宁在《乐土》（*Inoniya*，1918）一诗中提出的著名的乌托邦愿景——"庄稼汉天堂"构想，早在 1927年 11 月 11 日就被翻译并发表在《中外日报》（*Chung'oe ilbo*）上。叶赛宁的另一位殖民地诗人崇拜者是吴昌焕（O Changhwan，1918—1951），他后来成为朝鲜早期杰出的诗人。他在 1946 年翻译出版了叶赛宁的抒情诗集（O 1946；关于叶赛宁对吴昌焕的影响，参见 Mun 2008）。

　　在帝国主义和东方主义时代，"哀愁"通常并不是"有活力的、积极的、阳刚的"西方的品质，反而是东方主义凝视（Orientalist gaze）赋予"消极的、阴柔的"东方的特征。众所周知，或者可以说声名狼藉，"哀愁"恰恰是"朝鲜的本质"特征，日本伟大的民艺理论家柳宗悦（Yanagi Muneyoshi，1889—1961）在此基础上建立了精致的东方主义理论——"朝鲜悲哀之美"（Yanagi 1984；关于柳宗悦美学的更多内容参见 Kikuchi 2004；关于柳宗悦的朝鲜接触，可参见 Brandt 2000 和 2007，7—37）。将俄国当代代表诗人描述为忧伤的田园诗人，必然会缩小叶赛宁所热爱的乡村家园与殖民地朝鲜苦难之间的话语距离，在世界认知地图上，也把俄国置于典型的"文明"且富裕的西方和更"原始和自然"的"落后"东方之间。以农民为主的俄国——叶赛宁类型的农民诗人的故乡，与朝鲜更接近，正如 20 世纪 30 年代著名左翼理论家林和所看到的，朝鲜的"东方落后"是因为其主要由农民组成（Ha 2006）。与俄国这个身处西方的东方国家不同，朝鲜的殖民主子对朝鲜的描述由东方化的殖民主义凝视主导，而这种凝视可以重新协商，并在某种程度上进行微调。

　　在下文中，我将重点关注俄国和俄国人在朝鲜日据时期小说原著中的表现，而不是从俄语翻译过来的朝文译本。我将主要讨论有共产主义背景的女作家白信爱（1908—1939）的作品，据称她的自传体小说和游记是根据她非法进入苏联滨海边疆区未遂的经历而写的，既表现出她对"强硬但高贵"的俄国人的浪漫迷恋，也表现出她对苏维埃国家僵化的失望。另一个分析对象是李孝石（1907—1942），以及他在 20 世纪 30 年代末至 40 年代初关于哈尔滨俄国移民的纯文学作品。他们有教养但贫穷，本质上是"西方的"，同时在"东方"的日本帝国领土上沦为无助的流亡者，他们既象征着人类生活的固有悲剧，也象征着李孝石对亚洲即将到来的新的"世界秩序"的模糊认识。虽然日本官方对苏联持否定态度，但俄国人是日本非正式帝国边界内唯一一个规模相当大的"西方"族群，也是离殖民地朝鲜知识分子最近、最容易接触到的文明西方的一部分。李孝石写了很多与俄国和俄国人直接相关的散文，我将用相对较大的篇幅对此进行分析。李孝石和白信爱的著作本身都很重要，原因有很多，其中一个原因是两位作者在性别认知视角上的显著差异。正如下文所示，女性作家白信爱主要关注俄国男性，从而在本质上塑造了俄国"他者"的男性形象。与此相反，李孝石专注于俄国女性，描绘了一个女性化的俄国，与殖民想象中的朝鲜的女性化形象并无完全不同。

俄国/苏联既远又近，既陌生又诱人

　　西伯利亚和滨海边疆区是日据时期朝鲜文学和新闻中的一个重要主题，这是由许多相互关联的原因造成的。俄罗斯帝国的这些殖民空间是穷困的朝鲜农民和激进的民族主义者可以移民去追求梦想的地方，有的是为了家庭生计，有的是为了争取朝鲜独立的持续斗争。乌苏里地区是滨海边疆区（乌苏里江和日本海/朝鲜东海之间的区域）的主要组成部分，是俄国人通过《北京条约》（Peking Convention，1860）获得的土地（《北京条约》是中国在第二次鸦片战争中战败后签订的典型不平等条约，条约内容可参见 Institut Kitaevedeniya 1958，34—45）。到 1917 年十月革命时，俄国的朝鲜移民人数估计在 10 万左右，其中有81 825 人居住在滨海边疆区，约占该地区总人口的三分之一。约有 5 000 名朝鲜人居住在西伯利亚西部；约有 7 000 人甚至移居到俄国的欧洲部分（Pak 1995，10）。1937 年滨海边疆区的朝鲜人因斯大林将他们驱逐出境而背井离乡时，其人口已达171 781 人（参见第一章），人口增长的原因是自然增长和我们将在下文讨论的非法越境。虽然滨海边疆区和西伯利亚的绝大多数朝鲜人基本上是经济移民，但一些比较知名的民族主义知识分子也来到了这些俄国领土，因为在日本的保护国——朝鲜，合法参与激进民族主义运动的机会越来越少，1905 年后他们不可能再在朝鲜开展活动，需要将俄国作为基地。如此一来，俄国的远东既意味着"自由"，同时也意味着激进斗争的自由所带来的"危险"。韩龙云（Han Yong'un，1879—1944）是朝鲜日据时期激进民族主义的代表人物，自称是佛教社会主义者和宗教思想家，他曾在 20 世纪初冒险来到符拉迪沃斯托克（海参崴），结果被误认为是日本间谍（他剃的和尚头被误认为是亲日的朝鲜现代化倡导者所喜欢的西化发型），被当地民族主义活动家拘留，还差点被杀（他 1935 年关于这次旅行的回忆录，参见 An 1979，244—255；另见 Tikhonov and Miller 2008）。符拉迪沃斯托克（海参崴）的危险并非来自俄国人"他者"，而是朝鲜自身的民族主义激进性相关问题的一部分。总之，符拉迪沃斯托克（海参崴）展示了一个典型的边境地区的矛盾性：它无疑是外国，同时又充斥着动荡朝鲜的政治人物。

　　滨海边疆区的边境地区是一面镜子，其中反映出构成朝鲜社会的层层矛盾显然为外部强加的、暴力融入的现代资本主义世界所淹没。韩龙云的经历揭示了一个矛盾，即地域和政治矛盾。符拉迪沃斯托克（海参崴）强烈反日的朝鲜人，大多数是朝鲜北部地区的本地人，很容易在一个来自朝鲜南部的陌生人身上找到"亲日合作者"的影子（韩龙云是朝鲜南部忠清道人），特别当这个陌生人是个佛教徒时。考虑到人们对明治日本的情感，这并不奇怪，因为明治时代的日本被视为一个"佛教国家"，并在 20 世纪初被朝鲜佛教界视为潜在的保护者（Kim 2012，24—107）。李光洙（我将在下文详细介绍他在西伯利亚的冒险经历）也说过，他最初被怀疑为日本人做间谍，1914 年到达符拉迪沃斯托克（海参崴）时被活跃的朝鲜青年拘留。与大多数符拉迪沃斯托克（海参崴）的朝鲜人不同，他不会说咸镜方言，这足以引起他们的怀疑（Yi 1959，139—140）。另一个在许多方面更为重要的因素是阶级分化。李仁燮（Yi Insŏp，1888—1982）曾是一名义兵①游击队员，于 1913 年 2 月移居滨海边疆区，后来成为苏联共产党活动家和在苏朝鲜社群历史学家。他在回忆录中写道，在沙皇帝国生活过程中，他最痛恨的人是剥削人的朝鲜企业家，还有沙皇的警察和"大俄罗斯沙文主义者"。沙皇的警察在

――――――――――
① 朝鲜历史上将自发奋起抵抗外国侵略的军民称为义兵或义军。——译者注

他抵达时，因为其没有俄国护照（给朝鲜移民的工作许可证）而逮捕了他，还在抢劫了他后把他扔进了监狱，在那里朝鲜囚犯遭到了残酷虐待。"大俄罗斯沙文主义者"（排外的俄国人）贬称朝鲜人（和中国人）为"谷子"（chumiza）或"伙家"①（hodya），并禁止他们在餐馆或电影院与俄国人坐在一起；然而，以最恶劣的方式剥削他和他身无分文的朝鲜同志的是朝鲜掮客。例如，1914年春，朝鲜劳工承包商将他送到堪察加半岛的渔场工作，在那里他实际上只收到了33卢布微薄工资的一半，其余的被朝鲜中间人（"翻译"）和经营渔场的意大利资本家以各种借口（"劳工许可费""工服费"等）分走。不仅城市企业家利用无偿的朝鲜劳动力积累资本，拥有俄国公民身份的较富裕的朝鲜农民也是如此（即所谓的"原户"[wŏnho]），他们大多是在1888年《朝俄陆路通商条约》（Regulations on the Frontier Trade on the River Tumen，该文件参见 Kukhoe Tosŏgwan Ippŏp Chosaguk 1965，Vol. 3，56—81）颁布之前移居俄国的俄朝边境咸镜北道的本地人，靠着那些没有令人垂涎的俄国公民身份的朝鲜租户（所谓的"余户"[yŏho]）的劳动致富，其中一些租户来自北咸镜以外的北部省份，如平壤人李仁燮。为俄国政府工作、拥有俄国国籍的朝鲜人有时被轻蔑地称为"二毛子"（ŏlmauja，咸镜道方言，意为"半个俄国人"），正如我们将在下文所见，这个词使用于十月革

---

① "伙家"是俄国人过去对中国人的蔑称，是汉语"伙计"的歪曲用法。——译者注

命之后。毫不奇怪,李仁燮已经被他在 1915 年偶然遇到的第一个俄国社会主义鼓动者所吸引:社会主义者平等地对待朝鲜人,这与李仁燮遇到的其他俄国人的态度形成鲜明的对比,使他觉得只有彻底的社会革命才能解开所有矛盾的死结,其中包括他本人在俄朝边境生活期间所经历的地域歧视和经济剥削(Yi 2013a,123—242)。

　　并不是说朝鲜流亡者在西伯利亚和滨海边疆区遇到的所有俄国人都是"大俄罗斯沙文主义者"。在西伯利亚的朝鲜流亡者中,李仁燮希望能见到李光洙,但没有成功,上文已经提到,李光洙是俄国文学爱好者、托尔斯泰作品的译者,也是共产主义(尤其是朝鲜共产主义者)的谴责者。1914 年 1 月至 7 月李光洙住在赤塔(Chita),事实上,在这之前他辞去了平壤附近一所基督教学校——五山学校(Osan School)的工作,因为他倡导的是一种相当非正统的托尔斯泰式基督教。在他的回忆录(1936 年 12 月 22 日至 1937 年 5 月 1 日在《朝鲜日报》上连载的《他的自传》[*Kŭ ŭi chasŏjŏn*])中,西伯利亚的俄国人看起来绝不是傲慢的西方种族主义者。他们心地善良、健谈,看起来很天真,行动有些迟缓。李光洙还觉得俄国农民和养牛者很像他在赤塔附近遇到的"蒙古"(很可能是布里亚特)牧民,认为他们是生活在文明边界之外的"自然人",对规划明天不感兴趣,而这正是最好的"高贵的野蛮人"传统。俄国平民的一些习俗,例如在见面或离别时互相拥抱和亲吻,对于仍以儒家思想为主的朝鲜客人来说非常有异国情调,也很有趣。俄国人的热心肠被归因于他们"不那么

文明"。例如,李光洙为火车站卖热面包和牛奶的小贩所感动,
仿佛他们在关心他(Yi 1959,144—151,158—159)。对于欧洲人
来说,俄国人也很不寻常,他们有着不受控制的情绪化。例如,
在第一次世界大战开始时,前往前线的新兵的母亲和妻子会大
声哭泣,他们"就像我们朝鲜人一样"。在符拉迪沃斯托克(海参
崴)和赤塔生活了几个月后,李光洙学会了很多俄语,不识字、年
长的俄国邻居甚至让李光洙为他们读带有头条新闻的俄国报刊
(Yi 1959,159—164),这是一种极不寻常的角色互换。他这个朝
鲜的、"东方的"流亡者,要启发所谓的"西方"俄国人,让他们了
解当时整个"文明"世界的主要热点,即在欧洲东西两线刚刚开
始的大规模杀戮。李光洙的俄国朋友们不知道为什么要与德国
人作战。他们中的一些人试图通过贿赂军医来摆脱征兵制度。
李光洙似乎对他们不愿为一个专制国家的帝国目标而牺牲抱以
同情,对于这种目标,他们既不认同也不理解。他同样同情犹太
房东的困境,由于政府鼓励掀起的"爱国"浪潮,他们害怕可能到
来的"迫害"(pogrom,这个词是李光洙很快学会的俄语单词之
一)(Yi 1959,162—164)。无论是在 1914 年还是后来,李光洙都
不是社会革命者;但是,作为一个身无分文的西伯利亚流亡者,他
似乎与当地属下阶层真正地团结在了一起,这些人很快就成为这
场革命大戏的主角,这场大戏也将永远改变朝鲜的历史命运。

　　白信爱(1908—1939)的西伯利亚冒险经历发生在李光洙离
开俄国十多年后,她是一个公开的共产主义激进分子,属于李光
洙最终恐惧和厌恶的那一类人。与更知名的姜敬爱(1906—

1944)一样,她也被认为是殖民地朝鲜最重要的左翼女作家之
一。姜敬爱是一个贫穷佃户的女儿,她早年经历了经济贫困和
社会苦难(Kim 1995,33—38;Yi 1999,815),与姜敬爱不同,白信
爱是(庆尚北道)永川市人,是一位富商出身的纺织厂老板的女
儿,其父亲非常富有,甚至娶了一个日本小妾,这挑战了殖民地
社会的种族界线(关于这个问题,详见下文第六章)。此外,与高
中就辍学的姜敬爱不同(她参加了一次学校罢课并被开除;Kim
1995,37),白信爱在省立师范学院接受教育,1924年回到家乡成
为一名合格的高中教师,在日据时期的朝鲜农村这是一份令人
羡慕的工作。白信爱的哥哥白基浩(Paek Kiho)是一位新教青年
活动家,后来成为共产主义者,1926年6月因党员身份被捕
(Kang and Sŏng 1996,226),在他的影响下,白信爱成为左翼妇女
运动的积极分子。由于学校领导认为她积极参加的组织——朝
鲜妇女联盟(Chosŏn Yŏsŏng Tong'uhoe,1924年5月10日成立)
具有足够的"颠覆性",于1926年1月解雇了这位年轻的教师
(Yi 2009a)。

　　她毫不气馁,搬到了殖民地首都京城(今首尔),并在那里继
续她的"颠覆活动",直到1927年初突然从人们的视线中消失。
后来人们得知,她试图非法进入符拉迪沃斯托克(海参崴),根据
她自己的描述,她躲在了一艘停靠在朝鲜北部雄基港(Unggi)的
苏联客轮的卫生间里。如果她后来的回忆录《我的西伯利亚流
浪记》(Na ŭi Siberia Pangnanggi;《国民新报》(Kungmin Sinbo),
1939年4月23日至30日)是可信的,接下来她就被当地的

OGPU(苏联政治警察)逮捕,并被拘留了一个月进行背景调查和审讯。然后,她通过森林密布的苏朝边境被遣返回殖民地朝鲜,徒步穿越一片相当荒凉的地区是她整个冒险中最耗费体力的(Yi 2009a)。还有一种说法也得到了后来一些研究者谨慎的支持,那就是她的俄国之行可能与她或她哥哥的激进活动有某种联系,如果是这样的话,"拘留和驱逐"的故事似乎是文学幻想的结果,也可能是为了写给殖民地警察看。殖民地警察似乎正是怀疑这一点,因为她在返回边境的朝鲜一侧时,在审讯中受到了残酷的折磨。这种折磨严重损害了她的身体健康,使她永远无法生育。然而,她对俄国革命及其激进事业的热情丝毫未减,据报道,同年 11 月 7 日,她在由(共产主义者领导的)青年同盟(Ch'ŏngnyŏn Tongmaeng)分部于她的家乡永川组织的俄国革命十周年纪念大会上发表了公开讲话(Anonymous 1927a)。

虽然白信爱为她的俄国冒险付出了巨大的代价,但这最终也成为她文学生涯的跳板。据称以她在 1927 年符拉迪沃斯托克(海参崴)的亲身经历写成的小说《朝鲜人》(Kkŏraei;月刊《新女性》(Sinyŏsŏng),1934 年 1 月—2 月;Kkŏraei 被误读为俄语的 Koreitsy,意为"朝鲜人")是她文学上的突破,随后她又出版了一系列小说(平均每年出版三到四部),直到她于 1939 年英年早逝。到 1934 年,白信爱不再积极参与任何激进运动,但仍保留了所谓的"激进世界观"。她小说中的大部分主题都源自农村贫困、不公正和阶级冲突的现实,许多小说还以颠覆性的、反父权的方式处理性别问题。白信爱的作品经常被归类为"贫困文学"，这与同时代的无产阶级文学潮流截然不同，但在一系列主题和文体方面也可以与之相提并论（Pyŏn 1994）。至少在一定程度上，《朝鲜人》中描写俄国的方式，很难不受到对苏联实验钦佩的影响，在殖民地社会政治生活中，这种钦佩是整个"进步"圈子内部共有的。

　　不过，在《朝鲜人》这部小说的情节中，苏联扮演的角色与朝鲜受难群众的国际主义盟友角色相去甚远。这部小说主要讲述了朝鲜非法移民在苏联滨海边疆区的经历。事实上，这个问题在20世纪20年代至30年代的殖民地媒体中得到了一定程度的宣传。例如，有关于OGPU甚至会谋杀朝鲜非法移民的耸人听闻的报道（例如，参见Anonymous 1926a）。虽然在小说中并没有出现谋杀的场景，但里面的苏联人物，首先也是以民族国家为基础的国际秩序的执行者，这显然对那些徒劳地试图在他们认为的"世界上所有穷人的国家"获得一块土地和更自由生活的贫穷朝鲜农民不利。他们的希望——这个无产阶级国家，怀疑他们是日本间谍，把他们关在一个破旧、简陋、拥挤的地方，里面没有任何现代生活设施，随后又立即将他们全部驱逐。他们走向朝鲜边境是如此的消耗体力，以至于一位虚弱的长者，也就是女主人公"苏妮"的祖父，因疲惫、寒冷和绝望而死在那里。更糟糕的是，一些执行"非无产阶级"移民制度的边防军是从俄国朝鲜人中招募的，他们是在"无产阶级家园"寻求庇护的贫困移民的同胞。民族国家强制的边界管制制度，不仅将想在某个地方找到一个更幸福的（"无产阶级"）国家的希望撕成碎片，也将最自然的种族团结情感撕成碎片。小说的主人公们给这些担任苏联边防军、俄国化的朝鲜人起绰号为"二毛子"（ðlmauja，意为"半个俄国人"）。这是革命前已经使用的词语，那时候是指那些为沙皇政府服务的朝鲜人（见上文）。主人公们感觉与他们之间的隔阂甚至深于与异族的俄国同志之间的隔阂。具有可悲的讽刺意味的是，本章上文提到的朝鲜政治流亡者李仁燮在回忆录中对曾在沙皇政府任职的富有"原户"朝鲜人流露出类似的感情，而当时他本人也是"二毛子"，在格罗捷科沃（Grodekovo，位于符拉迪沃斯托克［海参崴］以南）边防军哨所的政治部门担任低级别的党员干部（Yi 2013a，12）。在回忆录中，他指责朝鲜族的"日本间谍"煽动了民众对20世纪20年代末和30年代初集体化政策的不满（Yi 2013a，242—243）；1936年，当对苏联的朝鲜共产主义者的镇压刚刚开始时，他本人被指控为"日本间谍"，并被流放到哈萨克斯坦（Yi 2013a，22）。如果是他作为边防军支队政治官员与《朝鲜人》的主人公们相遇，他会怜悯他们吗？正如我在上文试图表明的那样，他忠诚服务的苏维埃国家的朝鲜政策，以及与朝鲜有关的主流话语，都与沙皇时代的殖民主义东方主义相去甚远，到1934年，世界革命无疑不再是苏联的实际议程，尽管它的一部分论调保留了下来，作为这个党国寻求合法性以及与世界各地激进分子结成有用联盟的一部分。

　　小说《朝鲜人》中的"俄国"包含了更广泛的话语参照点，而不仅仅是一个会对试图进入其边界的贫穷外来者进行"正常"压制的、"正常"的民族国家。即使对于穷困潦倒的咸镜道农民来说,俄国的原始落后也显得很奇特——拘留所没有厕所,因为被拘留者习惯于在家里使用厕所,所以他们这样想也是可以理解的(Yi 2009b,32—56)。白信爱在《我的西伯利亚流浪记》中也注意到了同样的特征——没有厕所(Yi 2009b,464)。此外,俄国的所有落后和压迫之中,也表现出了一种“高贵的野性”,在19世纪的欧洲文学中,这种野性常常与“神秘的”东方联系在一起,“可怕”但“精神上崇高”。《朝鲜人》中的一名俄罗斯族苏联士兵,首先用他不受欢迎的性关注(“苏妮”坚决拒绝)来骚扰和恐吓“苏妮”,但随后又通过给“苏妮”一些急需的保暖衣物来显示他的高尚心灵(Yi 2009b,51—54)。虽然是那些士兵不得不服务的无情制度导致了“苏妮”的祖父过早死亡,但一名俄国士兵站在祖父的尸体旁默默祈祷的画面则让人看到了制服下的善良之心。有趣的是,白信爱的《我的西伯利亚流浪记》也塑造了俄国边防军带有浪漫色彩的形象(一开始,他长满虱子的头让作者非常害怕!):在返回朝鲜边境的曲折道路上,他让作者骑马,并竭尽全力确保她安全抵达边境另一边最近的朝鲜农舍(Yi 2009b,465—468)。因为白信爱的作品中普遍缺乏正面的男性角色,其中许多作品涉及男性对女性的暴力(Yi 2002b),所以她对俄国士兵相对正面的看法是值得注意的。总之,“俄国”和“俄国人”对白信爱来说是一个充满异国情调、具有挑战性,同时又有某种吸引力的“非欧洲”的欧洲,在世界认知地图上是一个值得商榷与讨论的主题,用白信爱自己的话说,可以与好莱坞西部片的狂野西部相媲美(Yi 2009b,465)。在白信爱出版小说两年后,李光洙连载的自传体小说中出现的西伯利亚居民,在很大程度上与白信爱作品中的俄国人形象类似,这些西伯利亚居民"天真、健谈、热心",又常常是文盲(参见上文)。李光洙作品中提到了与西伯利亚朝鲜人结婚的俄国妇女(Yi 1959,160—161),但白信爱的作品中,主要由普通士兵代表的俄国形象绝对是男性化的。她小说中的朝鲜主人公要么是无助的(难民等),要么是女性,抑或是两者兼有之,以一种所谓"自我东方化"的方式进行了描绘。

虽然存在问题和矛盾,但白信爱笔下的"俄国"是一个男性化的权力中心,这个地方有权接受或拒绝可怜的朝鲜难民,这些朝鲜难民被塑造成带有女性气质的或女性化但出类拔萃的形象。李光洙在赤塔目睹了应征士兵的母亲和妻子在送她们心爱的人去第一次世界大战战场时号啕大哭。但是,李光洙眼中的俄国,与德国和其他欧洲大国一样,也是一个一开始就应对战争负责的大国。李孝石(1907—1942)笔下的俄国非常不同。他描写的俄国人物大多是社会经济地位低下的女性(妓女、"艺人"、流浪女演员等),她们本身就是难民,经常与朝鲜男性互动,而朝鲜男性的男子气概也因此得到彰显。在这里,不同的表现角度不仅与作者的性别有关,也与他们的不同背景有关。李孝石毕业于最负盛名的京城帝国大学(英语系),然后在平壤的崇实大学(Sungsil,1934—1938)和大东工业学院(Taedong Industrial Colleges,1938—1940)担任教授,生活优渥(Yi 1983, Vol. 2,586—589),他从未觉得自己在符拉迪沃斯托克(海参崴)是一个不受欢迎的移民。他笔下的"俄国"是"白色"（反革命）俄国流亡者在哈尔滨的聚居区，他曾经经常前往那里舒适自由地游览。虽然李孝石的早期作品广泛同情无产阶级艺术运动事业，通常被视为"同路人"文学（fellow-traveller literature），但与白信爱相反，他从未与任何激进组织有过牵连，也从未遭受过这种牵连带来的诸如逮捕和酷刑等后果。白信爱最初对俄国革命很着迷，而李孝石则试图在哈尔滨或俄国滨海边疆区寻找欧洲的踪迹，对于日据时期的文人来说，这些地方是最容易接触到文明"西方"的地方。《花粉》（Hwabun，1939）是李孝石最著名的小说之一，也是最具争议的小说，部分原因是该小说对同性恋爱情进行了明确描述，在这部小说中，主人公钢琴家英勋（Yǒnghun）和他的情人米兰（Miran）经哈尔滨前往欧洲，寻找"美丽的家园"（Yi 1939，271—272）。"美""艺术创造"和"欧洲"在李孝石笔下的主人公和李孝石本人看来几乎是同义词，而哈尔滨是通往这个已知世界中的美学中心的捷径。

　　俄国作为"欧洲"，不仅拥有抽象的"文明"和美，对李孝石来说，还具有非常个人化的情欲吸引力。俄国妇女正在适应西方的美女标准。在 1936 年的一本杂志上，著名艺术家、美学家金永俊（Kim Yongjun，1904—1967，他在朝鲜战争期间去了朝鲜，在平壤过着著名艺术家的生活 [Cho 2002]）将这些新标准定义为"光滑的腿，狭窄的肩膀，纤细的腰线，较宽的臀部和粗壮的大腿，但大腿向下越来越瘦"（转引自 Kim 2004a，179—180）。哈尔滨的俄国女性显然比朝鲜女性更常拥有这种迷人的外表。此

外, 对于日据时期的朝鲜中产阶级知识分子来说, 俄国流亡女性
是可以接触到的, 不像欧美美女大多只能在电影屏幕上看到。
在李孝石的早期作品中已经可以看到他对俄国女性的迷恋。
《北国私信》(*Pukkuk Sasin*, 首次发表于 1930 年 9 月的《新小说》
月刊) 是李孝石最早发表的故事之一, 作品中有一个叫萨沙
(Sasha) 的人, 是符拉迪沃斯托克 (海参崴) 一家咖啡馆 (名为乌
苏里 [Ussuri]) 老板的女儿, 她有着 "美丽的皮肤, 独特的斯拉夫
风格, 清爽的外表, 干净得像北方天堂的眼睛, 柔和而优美的身
体线条"。不出所料, 故事的朝鲜主人公对这位斯拉夫美女一见
钟情, 他渴望像对待宗教物品一样对待她, 希望 "整天看着她, 享
受她清新的芳香和干净的外表, 不会用手指碰触她"。如果说俄
国在这里是被色情化的符号, 很显然, 这种色情的类型确实与欧
美各种东方主义话语中众所周知的、将 "神秘的东方" 色情化的
方式不同。萨沙出身于一个革命家庭, 是一名热情的共青团员
(共产主义青年联盟, 执政的共产党的青年团), 也是 OGPU 海事
局的一名秘书, 与典型的东方主义叙事中被色情化的 "阴柔、顺
从的东方女性" 的刻板印象截然相反 (关于 "顺从的" 非西方女
性被色情化的东方主义形象, 参见 Lewis 1996, 167—177)。俄国
的情色魅力在这里是西方美学的缩影, 是李孝石这类现代化派
知识分子梦想接近的东西 (Yi 1983, Vol. 1, 184—211; 转引自
Kim 2007)。与此同时, 新俄国正在进行一场前所未有的社会实
验, 这使其成为文明西方中极少数平等对待朝鲜人的地区之一。
主人公在给国内同志的信中强调, 他在乌苏里咖啡馆遇到的符

拉迪沃斯托克（海参崴）工作人员从未怀有任何种族偏见，美丽的萨莎甚至给了他渴望的吻（Yi 1983, Vol. 1, 194—196；转引自Cho 2004）。事实上，这一时期的朝鲜游记中包含了很多关于无种族歧视、善良的俄国女性的故事。20 世纪 20—30 年代期刊的著名作家、精通法语的李仲燮（Yi Chŏngsŏp），深情地回忆起一位"美丽而聪明"的俄国女士，当他在中国东北的一个城市迷路时，这位女士把他带到火车站，并用流利的法语与他交谈（Yi 1931）。作为西方的一部分，俄国代表了李仲燮和同时代的朝鲜人在西方国际大都市所能找到的最好的东西，即对非欧洲"他者"的开放性。

　　正如李仲燮的著名短篇小说《哈尔滨》（1940 年 10 月首次发表于《文章》[Munjang]）中所描述的那样，哈尔滨是一座公认的欧洲城市。每天给富人住宅送牛奶，早餐供应面包和咖啡的西式酒店，歌舞厅"Fantaziya"里面到处是讲俄语的"舞女"，榆树林立的宽阔小巷，俄国风格的两层或三层石头建筑，东正教教堂，提供豪华晚餐的游艇俱乐部餐厅，这些都是哈尔滨的自豪之处。从表面上看，它是西方的一部分，但这个西方已经被日本帝国驯化，变成了在帝国边境进行的具有欧洲异国情调的"袖珍展示"，适合较富有的日本或朝鲜客人消费。在回归"正常"的种族化帝国主义秩序的过程中，小说中的哈尔滨白人居民成为旅馆服务生、舞女或妓女，他们生活悲惨，热衷于为非白人（主要是日本人，其次是朝鲜人）客户提供服务，以维持生计。荒废、封闭的法国领事馆大楼矗立在那里，象征着昔日"宇宙霸主"新的无力感。巴黎在 1940 年战败后戏剧性地落入入侵的德国军队手中，部分领土被德国占领，曾经骄傲的法国外交官们沦落到需要卖掉珠宝来购买食品。在李仲燮看来，哈尔滨更像是大日本帝国的一个欧洲主题公园，让人想起俄罗斯帝国或法国的过去，它们也曾是在东亚作威作福的大国（Yi 2006a，Vol. 2，390—404）。在巴黎陷落（1940 年 6 月 14 日）和法国投降（1940 年 6 月 22 日）引起轰动后，京城著名的中东学校（Chungdong School）的教师司空桓（Sagong Hwan）向他的同胞讲述了法国首都如此轻易陷落的原因。这座鲜花和艺术之城过于国际化，其居民对国家的重要性只有一个模糊的认识，甚至连法国的乡村都逐渐被无国籍"世界公民"的"细菌"感染。朝鲜人作为日本帝国的忠实公民，必须吸取腐朽的欧洲的教训，并采取相应的行动（Sagong 1940）。

当俄帝国的力量在哈尔滨消失时，取而代之的是"哀愁"的情感代码，十年前，咸大勋（Ham Taehun）在叶赛宁（Esenin）的农民诗歌中也感受到了同样的情感。有一位名叫斯捷潘（Stepan）的酒店老仆人，他的工作是在喝醉的客人从酒店洗手间出来时给他们洗手，还带着可怜兮兮的谄媚微笑向他们索要小费，他的这种形象体现了这个衰弱、女性化、已逝帝国的悲哀。事实上，他只是哈尔滨众多俄国老仆人中的一员。斯捷潘至少可以梦想着筹集足够的钱回到苏联，而尤利娅，这个波兰血统的俄国舞者，似乎与小说中第一人称的朝鲜主人公有浪漫的关系，当她凝视着松花江的流水时，主要梦想着死亡，将死亡看作无意义生活的最后避难所（Yi 2006a，Vol. 2，401—404）。

　　李孝石对哈尔滨俄国人"穷困、哀愁"的描述在多大程度上忠实于历史真相，这是一个有争议的问题。首先，哈尔滨的俄国人口过于庞大和多样化，很难描绘出一个普通俄国难民的形象。到 1923 年，整个中国的俄国移民人口约为 40 万。到了 20 世纪20 年代末，这一数字缩减到了 30 万左右，因为苏联政府赦免了那些曾在内战（1917—1922）中加入反布尔什维克军队的普通士兵。他们大多数人被允许领取苏联护照并遣返回新俄国（Melikhov 1997，116—117）。大多数在华俄国流亡者居住在哈尔滨及其周边地区。到 1922 年，他们的人数约为 20 万，后来这个数字逐渐减少（Melikhov 1997，57—58）。相比之下，同年在哈尔滨定居的朝鲜人只有 691 人（Kim 2004b，286）。很大一部分俄国难民最终陷入了贫困，其中包括相当一部分来自沙俄中上层阶级的人。但是该社群整体上是相对富裕的，至少以革命后世界范围内俄国移民的标准来看是这样的，到了 1930 年，哈尔滨俄国人在俄国海外侨民中所占比例约为 20%（Struve 1996，300—301）。在 20 世纪 20 年代初，中国东北大约有 1.8 万名俄国人是中国东方铁路的雇员。加上他们的家属，几乎占哈尔滨俄国人口的四分之一，这些过得相对舒适的人在大多数情况下可以归类为中产阶级或中下阶层。西欧的俄国难民大多是因革命、饥饿和混乱而被迫越过边境的新移民，与此形成鲜明对比的是，在中国东北，俄国在革命前有了坚实的根基，拥有相当规模的企业家和管理阶层。到 1925 年，俄国人在哈尔滨拥有约 1200家企业，其中包括 5 家商业银行、4 家发电厂和 66 家大中型工厂。俄国经理也是中国东北的西欧企业一个典型的特征,特别是贸易公司或采矿特许权(Melikhov 2003,6—68、81—84、291—294)。相比之下,根据朝鲜总督府的情报,1926年大约90%的哈尔滨朝鲜人没有工作,靠非法鸦片贸易和其他"非法交易"勉强维持生活(转引自 Kim 2004b,287)。虽然这一估算似乎有些夸张,但很明显,与其他族群相比(不包括西欧人,他们主要是大型企业的雇员、企业家和外交官;参见 Kim 2004b,292—293),俄国人在哈尔滨的非正式种族等级制度中占据了相对突出的地位。把哈尔滨的所有俄国人,包括富人和穷人、相对受过良好教育的人和农民的孩子,那些革命就意味着向下社会流动的人和那些保住了自己社会地位的人,全部放在一起,并给予他们同情,这是作者刻意为之,而不是事实真相。很明显,在20世纪30年代末和40年代初,李孝石需要一个可怜的、哀愁的民族文化"他者",而俄国人以其欧亚中间文明的地位成为很好的人选。

"哀愁"主题并没有从一开始就主导李孝石对俄国流亡者的描述。他最早的小说之一,1929年发表的《北国风光》(*Pukkuk chŏmgyŏng*),对俄国度假胜地诺维尼(Noviny)进行了描述,该度假胜地由流亡者扬科夫斯基(Yankovskii)家族于1926年建立,该家族原本是符拉迪沃斯托克(海参崴)强大的企业家族之一(关于诺维尼的历史,请参阅其所有者之一瓦列里·尤尔耶维奇·扬科夫斯基[Valerii Yur'evich Yankovskii]的自传:Yankovskii 2000)。移居国外的俄国人精力充沛、充满活力、体格健壮,即使在"被赶出祖国"之后,也能令人羡慕地享受度假生活的奢华，他们在那里享受温泉浴，这完全不是一幅可怜的景象。他们表现出几乎像动物一样的活力，以至于被李孝石称为"白皮肤的动物"（Yi 1929）。同时代的其他人对诺维尼也有类似的描述：穿着泳衣或短裙的俄国妇女，肩上搭着大毛巾，以近乎"原始"的激情沉溺于沐浴或露天游戏，呈现出一种异国情调且令人振奋的景象（例如，参见 Anonymous 1934）。

然而，不到十年，李孝石的观察角度以及他对被"客体化"、被不断观察的俄国人的相对立场都发生了重大变化。比起诺维尼，李孝石对哈尔滨更感兴趣，因为哈尔滨集中了大量来自俄国的相对贫困的难民，而诺维尼大多是富裕的流亡者精英用来度假的地方。在太平洋战争动员期间，殖民地朝鲜（李孝石在那里担任教育家和作家，职位舒适，生活富裕）政府的干预程度比 20 世纪 30 年代末要多得多。政府试图按照动员路线重组社会，这种积极姿态被许多受过良好教育、较富裕的朝鲜中产阶级视为高速现代化，而李孝石本人就属于这个社会阶层。一个典型的例子是，另一位京城帝国大学英语系的校友、著名文学评论家崔载瑞（Ch'oe Chaesŏ，1908—1964）称赞即将到来的"秩序"是朝鲜的新开端，朝鲜将像大不列颠的苏格兰一样，成为忠诚和繁荣的大日本地区。国家总动员为朝鲜知识分子提供了一个新的开始，他们现在已经从对现代性的持续怀疑中"解放"了出来（Mihara 2010）。到了 20 世纪 30 年代末，哈尔滨被视为"大陆"扩张的一部分，"皇民化"（被日本帝国结构和意识形态同化）的朝鲜人，以其在日本帝国等级秩序中相对较高的地位而自豪，认为这是他们文明使命的延伸(关于一些受过教育的朝鲜人对"皇民化"政策的积极态度,参见 Ch'a 2010)。哈尔滨的俄国人相对远离"新东亚"的日本核心,他们完全有理由表现出哀愁的悲观情绪,这与享有更多特权的朝鲜知识分子不同。朝鲜的报刊经常报道中国北方亲日的俄国流亡者协会试图联合成一个包容各方的集团(Anonymous 1937)、流亡者"大型而庄严"的集会(Anonymous 1939),以及他们对日本防务的"自愿捐款"(Anonymous 1940),但显而易见的是,不到 30 万人的在华俄国社群很难对"大陆"上正在发生的划时代事件施加任何重大影响,在这个"大陆"上,日本正在发动一场全面战争,妄图重建区域乃至全球秩序。

中国东北的俄国人被允许参加这场划时代战争的程度甚至远低于朝鲜人,1938 年(军队开始接受他们)之后,朝鲜人自愿加入日本军队的正常年度配额,1941 年为 3 000 人,1942 年为 4500 人(Fujitani 2011,239—299;Kim 2010c;Palmer 2013),而日本关东军唯一的俄国部队"浅野支队"(Asano Brigade)只有 3 500 名士兵和军官。此外,"浅野支队"的存在远不如日本军队中的朝鲜志愿军公开,因为其主要职能之一是在苏联境内实施破坏活动(Yampolskii 1997)。可以说身处哈尔滨穷乡僻壤的俄国人被排除在当前历史的动态潮流之外,至少被排除在其主流之外。在以日本为中心的东亚新秩序中,他们完全处于边缘地位。这并不是说他们的"哀愁"没有引起李孝石的共鸣,因为朝鲜人尽管实现了"皇民化",他们仍然是日本帝国的殖民地臣民并饱受歧视，与"真正的"日本人相比，他们落后得可怜。毕竟，现实不同于政治辞令，"皇民化"政策并不意味着殖民者对被殖民者的不信任也会在现实中消失（Caprio 2009，161—170）。虽然日据时期的审查制度使朝鲜作家无法充分展示他们内心深处的想法和感受，但殖民地朝鲜的一些最优秀的小说家还是创作了一系列相当令人沮丧的作品，讲述了被疏远的知识分子受到创伤、无法应对现实的故事。李泰俊可以说是日本殖民统治后期朝鲜最优秀的小说家之一，第一章中提到过他在 1946 年的苏联朝圣之旅。在他 20 世纪 30 年代末至 40 年代初出版的小说中，如《雨季》（*Changma*，1937）、《浿江冷》（*P'aegangnaeng*，1941）和《兔子的故事》（*T'okki Iyagi*，1943），读者可以看到无助又可怜的知识分子的故事，他们被一个利益至上的世界疏远，在这个世界里，由于"皇民化"的影响，教授朝鲜语或用朝鲜语写作不再能给受过教育的朝鲜人带来体面的收入和地位（关于每个故事的详细评论，参见 Pak 1999，224—235）。那些从事教学工作，同时也能用日语写作的人，比如李孝石，明显比文学界的大多数同行过得更好。但是，他们几乎没有意识到朝鲜受教育社会普遍存在的压抑情态。

　　朝鲜的悲哀是被殖民的人民无法改变自己的生活环境；哈尔滨俄国人的悲哀是一个散居少数民族的悲痛，他们不再属于自己的出生地，也无法属于目前的、本质上不稳定的居住地。俄国流亡者在 20 世纪初的政治和社会动荡中失去命运，这种哀愁也影响了李孝石的另一部"俄国"小说《旅愁》（*Yŏsu*，1939 年 11

月29日至12月28日连载于《东亚日报》)。书中的情节围绕着哈尔滨"塞尔维亚秀"(Serbian show)的朝鲜之旅展开，就是在放映西方流行电影之前由一群流浪演员为观众提供娱乐。这一群体主要由俄国流亡者组成，但也包括其他贫穷、流离失所的东欧人(犹太人、匈牙利人、波兰人等)。小说中的"塞尔维亚秀"演员都是"廉价的西方人"，他们的白人面孔被朝鲜电影院老板以相对便宜的价格"租用"，以衬托银幕上法国或好莱坞著名演员的迷人形象。小说中的第一人称叙述者是电影院老板的一个朝鲜雇员，他因为会说一些俄语而被要求照顾客人，对于这些为要求不高的朝鲜公众表演的"沦为三流艺术家的美丽之人"，他从一开始就感到很遗憾，他们通过演奏肖邦的圆舞曲来安慰自己，"充满了东方的哀愁"。

　　玛利亚(Mariya)是一位前沙皇步兵将军的女儿，现在是哈尔滨一名穷困潦倒的难民，拼命地试图通过参加"塞尔维亚秀"并以异常可怜的声音用朝鲜语演唱《阿里郎》来维持生计(Yi 2006a,Vol. 2,286—300)。20世纪30年代末，《阿里郎》象征着朝鲜是大日本帝国内部的一个异域。因此唱这首歌不算是反叛行为。恰恰相反，这是一种表明自己熟悉殖民地主流文化政治的方式。但是对大多数朝鲜人来说，《阿里郎》也代表了一种悲哀，就是在新的秩序中被置于次要地位的朝鲜和朝鲜性(Koreanness)被迫去主体化的悲哀(关于《阿里郎》的象征意义和文化政治，参见 Atkins 2007;Ch'oe 2011)。来自哈尔滨的贫穷的蓝眼睛俄国女人唱着朝鲜的"民族悲歌"(恨[han])，这也许就是俄国在 20 世纪 30 年代末朝鲜知识分子认知地图上的地位的最好象征。这是一个对日本帝国的殖民地臣民所熟知的贫穷、痛苦和屈辱滋味完全了解的欧洲国家，这在西方国家中是很少见的。事实上，由于伪满洲国是日本事实上的殖民地，哈尔滨俄国侨民的地位在形式上不同于朝鲜殖民地臣民（根据官方的说法，俄国人要么是无国籍者，要么是伪满洲国公民），但在实质上并没有什么不同。

哈尔滨俄国人在面对日本殖民当局，甚至是朝鲜更富有的殖民地臣民时的无能为力，给小说的结尾染上了比开头更浓的哀愁色彩。随着"塞尔维亚秀"最终失去了吸引力，朝鲜电影院老板给演员的报酬变得非常低，其中一名前哥萨克军官被日本警方拘留，但没有任何明确的指控，只有模糊的嫌疑。此外，玛利亚和她的情人阿基姆（Akim）逃离了他们的同事，而一名未成年的舞蹈演员安娜则生病了。所有能想象到的麻烦一下子困扰着这些流浪的流亡者。虽然漂泊的东欧人不得不经历着所有可以想象的屈辱，但朝鲜主人公对他们"源于欧洲丰富文化遗产的宽容、自由的习俗"一直保持着钦佩，并同情他们对"现代文明的摇篮"——欧洲家乡的深切怀念。俄国或东欧的"欧洲性"如此容易获得同情，原因之一可能是哈尔滨的欧洲侨民对非欧洲的"他者"表现出的开放态度。流浪演员乐队队长维克多（Viktor）会说日语，乐队成员似乎对朝鲜的服装和食物有着不同寻常的好感。就像让李仁燮如此着迷的俄国社会主义革命者一样，他们对非西方的事物并没有表现出西方的傲慢。事实上，他们在任何情况下都很难傲慢起来（Yi 2006a, Vol. 2, 301—365）。哈尔滨不仅仅是殖民地朝鲜知识分子在领土上或是政治地理上最容易接触到的一小块欧洲。哈尔滨穷困潦倒的俄国人，有着"东方的"悲情、法律上的无助、无国籍和死亡愿望，也最接近朝鲜自身的殖民苦难，被认为最有能力和意愿跨越他们与非西方对话者之间的界线。

李孝石的最后几部小说之一——《碧空无限》（*Pyŏkkong muhan*，1940 年 1 月 25 日至 7 月 28 日在《每日申报》上连载，1941 年出版成书），再次使用既是西方又是近邻的哈尔滨作为故事背景。这部长篇小说的主题之一是主人公千日玛（Ch'ŏn Ilma）和纳迪亚（Nadya）之间的跨国婚姻，千日玛是一位文化企业家，他从殖民地首都京城来到哈尔滨，为哈尔滨交响乐团安排朝鲜巡演，而纳迪亚则是一名俄国流亡孤儿，她不得不在"莫斯科"舞厅跳舞，以赚取微薄收入维持生计。有学者已经指出，哈尔滨的魅力无疑是现代的、欧洲的。李孝石把它描绘成一个拥有百货商店、舞厅、卡巴莱音乐、彩票、赛马场和迷人欧洲建筑的城市，一个狂热消费、商业与金钱之城（Kim 2007）。从朝鲜知识分子的角度来看，它也是一个区域性的西方古典音乐中心。小说中由千日玛安排的哈尔滨交响乐团客座演出，确实于 1939 年 3 月 26 日在殖民地首都京城最大的场地——府民馆（Citizen's Hall）举行，并取得了巨大成功，这是朝鲜有史以来第一次真正的交响乐团演出。事实上，这支乐团由中国东方铁路管理，是通过关东军和殖民政府间的合作被派往朝鲜的，而不是在朝鲜演出安排者的努力下促成的。日本当局想要通过派遣主要由俄国人组成的乐团到朝鲜演出，加强并提升他们的现代化"文明"形象，同时强调俄国流亡者与日本"帝国臣民"（包括朝鲜人）的反共团结（Yun 2008）。当然，"现代的"和"欧洲的"并不一定意味着是"积极的"。李孝石笔下的哈尔滨也是一个鸦片贸易活跃的城市，许多朝鲜人密切参与其中，并且它还被描绘为一个充斥着帮派、绑架和勒索的城市。千日玛的朋友在哈尔滨被绑架，实际上构成了小说中的一条主线（Yi 2006a, Vol. 1, 78、247—255）。正如下文所见，在当时的许多朝鲜游记中都将哈尔滨塑造为殖民地朝鲜的"狂野西部"的形象，这些游记通常关注中国东北的帮派暴力和毒品交易，从而间接强调了日本统治下朝鲜的相对平静和有序。

《碧空无限》还将哈尔滨的俄国人描绘成非典型的西方人，他们的举止、行为和态度表现出与朝鲜人高度的相似。小说的主人公之一纳迪亚从一开始就被描述为一个"与众不同"的女人，她不一定适合哈尔滨这个国际大都市的氛围。千日玛的一个朋友认为她"与其他女人不同，虽然她在歌舞表演中跳舞，但不应被认为与其他人相似"（Yi 2006a, Vol. 1, 52）。她还"拥有比普通女人麻烦少得多的性格""有些安静，就像一个东方人"（Yi 2006a, Vol. 1, 53）。通过描绘这个俄国女人对父母的孝顺，进一步体现了她的东方化。纳迪亚在和千日玛一起永远离开哈尔滨之前，去了她母亲的坟墓，并在那里祈祷（Yi 2006a, Vol. 1, 132—135），这是朝鲜人的一种孝道行为，他们有着祭祀那些只能崇拜的祖先神灵的悠久传统。她的脸"几乎是东方人"，"眼睛、眉毛和鼻子就像温顺的朝鲜人一样"，白皮肤和发色是她与东方人仅有的面部差异（Yi 2006a, Vol. 1, 184）。嫁给朝鲜人后，她渴望学习朝鲜语，并打扮成朝鲜人（Yi 2006a, Vol. 1, 194）。纳迪亚还是无助的吸毒者艾米利亚（Emiliya）的善良无私的朋友，她为这个舞蹈演员提供了必要的支持，勉强让这个因疾病和毒品而变得虚弱的可怜女孩活下去（Yi 2006a, Vol. 1, 77—79）。纳迪亚和艾米利亚都是值得同情的孤儿，"孤儿身份"是可怜的俄国流亡者的标志性属性，他们是如此迷人的欧洲人，又是如此亲切的东方人。

将日本当局控制下的哈尔滨塑造为一个苦难、堕落、毁灭和死亡之地的象征意义，不一定仅限于那里的俄国民众。李孝石提到了中国东北的朝鲜人参与有利可图的鸦片贸易，而 1930 年另一位重要的散文作家、当时对欧洲"颓废"文学非常感兴趣的心理现实主义大师崔明翊（Ch'oe Myŏngik, 1903—?），在 1939 年的小说《心纹》（Simmun）中描绘了哈尔滨吸食鸦片成瘾的朝鲜人。小说的主人公因妻子的死深受打击，想要通过拜访他在东京上学时的老朋友和情人优可（Yŏk）来恢复自己的活力，她当时就住在哈尔滨。但是过去那个有抱负的文学女孩已经一去不复返了。主人公看到的是一个专业的茶馆经理，一个对生活深感厌倦、冷漠而愤世嫉俗的女人，她唯一的慰藉——鸦片正在逐渐摧毁她的健康。优可的情人炫革（Hyŏnhyŏk）曾是一位左翼理论家，但他的马克思主义思想已经消失，就像优可失去的文学激情一样。他是一个无助的鸦片成瘾者，同时有受虐倾向，优可在他们的关系中扮演施虐方。当主人公还在哈尔滨的时候，优可完全失去了活下去的内在动力，最终结束了自己的生命。主人公宿命般地目睹了她的死亡，她可怜的无助最终反映了他自己的无助（Ch'oe 1939；Yi 2001；Yi 2002c）。虽然哈尔滨俄国人在小说叙事线的发展中没有扮演重要角色，但"穿和服的白种女人"（可能是俄国流亡者）、街上"穿红戴蓝的西方女人"以及被色情化的底层东欧女性营造的淫靡堕落的氛围，成为优可和炫革悲伤故事的重要背景主题。故事似乎呈现了日据时期知识分子的困境，他们不愿完全屈服于殖民者的同化要求，却又无法抗拒。在哈尔滨，悲惨、自我毁灭的、来自殖民地朝鲜的外来者可以在无国籍、堕落的俄国人当中度过他们最后的可怜日子，那些俄国人的悲惨命运与他们自己的命运同频共振（Kim 2008b）。

　　20 世纪 30 年代末至 40 年代初一些涉及哈尔滨和中国东北的非纯文学作品中，尤其是发表在朝鲜期刊上的游记中，对无国籍的俄国流亡者充满怜悯之情。在 1941 年 5 月对整个朝鲜和中国东北的休闲旅游实施战时限制之前（Cho 2011, 188），对富裕的殖民地公民来说，到中国东北旅游是一种流行的休闲方式。去那里还可以了解日本帝国的"新边疆"，那里也有大量的朝鲜人。日本殖民统治后期（20 世纪 30 年代至 40 年代初）许多著名朝鲜文人给我们留下了他们对哈尔滨及其周边地区的印象，这些印象往往强调俄国流亡者及其困境。一个典型的例子是时任《朝鲜日报》编辑部主任洪钟仁（Hong Chongin，1903—1998）的哈尔滨游记。洪钟仁后来于 1959 年成为《朝鲜日报》的社长。

他的游记最初于 1937 年 8 月发表在《朝鲜日报》的姊妹刊物——月刊《朝光》上，标题生动地起为《哀愁的哈尔滨》(*Aesuǔi Harǔbin*)。正如人们所料，"哀愁"指的是俄国流亡者在迁移到中国东北，即沙俄"未完成的(殖民)城市"所在地后发现自己所处的困境。作为俄国经典的忠实崇拜者，洪钟仁将哈尔滨这个巨大的"种族展览会"视为"拉斯柯尔尼科夫(Raskol'nikovs)之城"，在这里，虽然在人数上较少，但俄国人是最引人关注的。拉斯柯尔尼科夫是陀思妥耶夫斯基《罪与罚》(*Crime and Punishment*, 1866)中的悲剧英雄，他是一个善良的年轻人，因贫穷和对"强者权利"的狂热信仰被迫犯罪。洪钟仁很可能读了这部著名小说的日文译本，因为 20 世纪 30 年代末还没有完整的朝文译本，而最早的(但未完成的)日文译本于 1892 年出版，完整的译本在 1917 年之前就已出现(参见 Mochizuki 1995；这部小说的一些片段被翻译并于 1929 年在《东亚日报》和《朝鲜日报》上连载，参见 Kim 1980, 707)。

在洪钟仁看来，哈尔滨的俄国人同样是悲剧人物。他们是"昔日的贵族、高官和富人"，却沦落成为街头小贩这种"不光彩的职业"，不得不忍受被迫迎合"红俄"(为中国东方铁路服务的苏联公民)的屈辱。1934 年，当铁路被卖给伪满洲国时，他们中的大多数人不得不离开哈尔滨，回到苏联(在那里，约有 1.9 万人被当作"间谍"枪毙：Grebenyukova 2011)。洪钟仁提到，"他们消费能力的丧失"对哈尔滨贫困的俄国商人产生了极其消极的影响。洪钟仁在哈尔滨俄国人中观察到的最可怜的人是一家咖啡馆的少女服务员，她们在听失散已久、遥不可及的祖国的民歌时陶醉其中，但最多也就能听一首，因为残酷的经理会立即叫她们回去工作。在洪钟仁看来，落难的俄国少女象征着流亡中的俄国，尤其是夜总会的俄国女舞者，她们"一旦有机会就不得不卖淫"。在夜总会里，洪钟仁花了一晚上的时间与一个中俄混血的专业舞者调情，这再次表明了俄国与亚洲"本质上的亲密"（Ch'oe and Hŏ 2010，227—235）。

在哈尔滨这个流亡者之都，不一定只有朝鲜游客闻到了孤独和悲伤的气息。日本伟大的女诗人与谢野晶子（Yosano Akiko，1878—1942），她的和平主义和对劳动再生性的信念受到了托尔斯泰的影响（Ota 2012），1912 年她游历了整个俄国，1928 年访问了哈尔滨，也注意到了俄国中产阶级殖民者革命前的富裕与她目睹的贫穷俄国女孩在廉价和严重色情化的舞蹈表演中的形象之间的反差（Yosano 2001，79—102）。显然，一个曾经与日本争夺朝鲜的前帝国主义大国消亡的后果，以及曾经的中产阶级、受过教育的白人沦为东亚人的色情服务提供者，这些被日本和朝鲜的知识分子同时注意到了。在 20 世纪 30 年代末至 40 年代初的朝鲜游记中，哈尔滨不仅仅是一个"哀愁"的地方。总而言之，这座城市充满了世界上最广泛的异国情调，诱人的同时也是不道德且危险的。正如一个叫千武吉（Chŏn Mugil）的人在 1936 年的中国东北游记中所说（据推测是一名记者；这篇游记于 1936 年 1 月 24 日至 31 日在《东亚日报》上连载），这是一个"国际大都市"，"道德和约束的缺失"被视为"世界主义的条件"

（Ch'oe and Hŏ 2010，199）。无论称俄国流亡者为"世界主义者"，还是像洪钟仁那样称呼他们为"无国籍者"，他们与"颓废的"西方现代性之间不可否认的联系，以及他们可怜地缺乏民族国家归属感，在 20 世纪 30 年代末殖民地朝鲜日益保守的氛围中，这些必定被认为容易导致道德沦丧。因为朝鲜正在为日本侵华战争进行全面动员，因此它强调"东方道德"和以国家为中心的爱国主义（关于日本殖民统治后期朝鲜的法西斯主义"公共领域"，参见 Cho 2010）。事实上，许多与哈尔滨有关的游记都会重点提及毒品、犯罪和卖淫等问题。所有这一切都被认为是哈尔滨特有的，事实上，这是"颓废"现代的、无国籍的西方人集中的地方所固有的特点。

　　俄国歌舞女郎被描绘成怜悯对象，同时也被视为具有商业动机的"职业勾引者"，这正是 20 世纪 30 年代末至 40 年代初殖民地朝鲜官方话语中最强烈反对的女性类型，因为他们倡导的是爱国母亲和妻子的模范形象，即所谓的"铳后妇人"（ch'onghu puin，"在后方［协助战争］的妻子"）（关于这些形象，参见 Kwŏn 2005，157—205）。例如，千武吉生动地描述了夜总会里的俄国裸体舞者，她们无情地要求他为她们的服务支付相当高的价格，他还评论说，她们不符合托尔斯泰的祖国的形象（Ch'oe and Hŏ 2010，199—200）。毫无疑问，千武吉对哈尔滨无处不在的伤风败俗行为进行强调，确实符合那个时代朝鲜期刊中普遍存在的刻板印象。事实上，有些哈尔滨游记倾向于专门描写哈尔滨生活的肮脏一面。例如，一位笔名为"北国游者"

(Pukkuk yuja)的记者,在 1937 年的哈尔滨游记《哈尔滨夜话》
(*Haŏlbin yahwa*,月刊《白光》[*Paekkwang*]第一期)中几乎用全
部篇幅描写帮派和性问题,他称"只有傻瓜才会试图在哈尔滨这
个居住着 40 多个不同种族,甚至同一种族的同胞有时也会互相
残杀的城市寻求正义或人道"。在这篇游记中,俄国人被描绘得
异常淫荡。毕竟,俄国异性敢于在公共场合相互亲吻,手牵手漫
步街头,这是"我们东方人永远无法模仿的"。然而,这并不是说
游记中那些被严重色情化的形象(穿着泳装的俄国妇女胸部半
裸,或者女孩在街上向外国游客眨眼并邀请他们"一起散步")一
定只是从负面的角度呈现(Ch'oe and Hŏ 2010,458—463)。哈尔
滨的异国情调是来自"文明"日本或朝鲜的(有适当窥探欲的男
性)游客也可以享受的东西。事实上,有些游记会让人联想到令
人兴奋的画面,这绝对是为了刺激男性读者。

> 女人们自由地推销自己,轮流向几个男人抛媚眼。哈
> 尔滨公园里的不眠之夜上演了各种色情剧,把男人们带进
> 了一个令人汗流浃背的感官世界。……女人几乎像穿着泳
> 衣一样轻装上阵,她们坐在男人的腿上,抚摸男人的肩膀和
> 胸部。
>
> (Ch'oe and Hŏ 2010,467—470)

俄国人的颓废虽然在道德上应受谴责,但又甜蜜诱人,毕
竟,哈尔滨的快乐"在朝鲜是不可想象的"(Ch'oe and Hŏ 2010,
470)。俄国人的"野性和亲近自然"是东欧人"不那么文明"的

特征,这使他们在朝鲜人眼中显得更有"文化亲近感",这些特征
很好地契合了颓废而危险的哈尔滨的色情画面,给它涂上了一
层浪漫而诱人的色彩。

结论

　　20世纪30年代,当世界正处于"黑暗山谷"阴霾不定时,
"俄国"对不同的人也意味着不同的东西,在其他地方如此,在朝
鲜也是如此。对于共产主义者和其他许多自诩为进步人士的人
来说,苏联要么是希望的灯塔,要么至少是一个进行重要的现代
实验的地方,是现代人类的先锋。如果有质疑的话,要么被压
制,要么被边缘化。由于殖民地朝鲜知识界少有人精通俄语,苏
俄的朝鲜同情者通常主要通过日本和西方的资料来关注这个
"工农国家"的发展。即便如此,许多人也成功地在俄国和苏联
文学以及意识形态方面获得了广泛的专业知识,这证明了在20
世纪20—30年代的世界上俄国、苏联事物的跨文化程度(关于
这一现象的更多内容,参见 Djagolov 2011)。俄国革命产生的信
息流就像其最初的主张和目标一样,是全球性的。在光谱的另
一端,法西斯主义(通常是极端右翼)的宣传使苏联成为"人类的
主要敌人"。在1937—1938年后的全面战争动员时期,反共和
反苏成为殖民地朝鲜和日本本土官方意识形态的基本要素。
　　在那些政治参与度较低的知识分子眼中,俄国的形象往往
是由他们观念中的世界版图的总体结构所决定的,通常处于上

述两个极端之间。在朝鲜，俄国似乎是"不同的西方"的一部分，在地理、经济和文化方面都处于欧洲"文明家园"和朝鲜这种殖民地外围（colonial periphery）之间。在朝鲜日据时期，除列宁以外，最著名的俄国人就是托尔斯泰。与日本不同的是，在朝鲜，他被看作是一位批判（西方）现代性"虚伪"的、虔诚的宗教批评家，而不是一位和平主义者和反资本主义思想家。共产主义者和其他激进分子对托尔斯泰作品的后一种特质很感兴趣。在日据时期廉价书和戏剧作品大宗购买的背景下，托尔斯泰是一名风俗剧作家，他突出强调了被现代版父权制压迫的女性的哀愁（如《复活》中的女主人公）。"哀愁"并不总是与胜利的西方联系在一起；从这一层面来说，在朝鲜公众眼中，俄国不那么西方，而是更像"东方"。

　　俄国人当然是"西方人"。革命前的俄国人也被认为是傲慢的西方人，他们的"大俄罗斯沙文主义"困扰着俄国滨海边疆区和西伯利亚的朝鲜流亡者，这与美国的反"东方"种族主义几乎是一样的，而且是同步的（例如，朱耀燮［Chu Yosŏp］1930 年关于美国朝鲜移民的小说《想抓云彩》［*Kurŭm chabŭryŏgo*］中有相关描述；参见 Chu 2000,6—440）。朝鲜作家还注意到，这种偏见在 20 世纪 20 年代的苏联公共生活中几乎消失了。哈尔滨的俄国难民，无论如何也不可能表现出白人的傲慢。在日据时期的朝鲜语境中，"西方的"可能意味着更宽松的性道德。在 20 世纪30 年代末至 40 年代初侵华战争全面动员的清教徒式道德氛围中，俄国的哈尔滨被视为与"西方"城市一样"颓废且不道德"，甚至更糟。毕竟,那些无国籍的俄国流亡者不对任何民族国家承担爱国义务,因此在道德上是可疑的。但同时,俄国人又是"非典型的西方人",他们"更狂野""更接近自然",比刻板印象中的"欧洲人"更怀旧、悲观和悲伤,因此也更接近日本帝国殖民地受歧视的朝鲜臣民,这些殖民地臣民有着无尽的痛苦、沮丧和悲剧。在某种程度上,他们所谓的"亲近自然"符合颓废的俄国哈尔滨的色情形象,这一形象明显缺乏道德,但同时意味着"难以想象的"快乐和一种几乎"原始的"、无拘无束的感官享受。

虽然哈尔滨街头无名的舞女和妓女被消极看待,但作为个体的俄国女性却被相对积极地看待。李孝石是 20 世纪 30 年代最受欢迎的小说家之一,在他早期创作的一些故事中,她们展示了"欧洲"那种充满活力、亢奋的情色,在这一点上作者似乎将其进行了理想化塑造。但是,在李孝石后来的作品中,特别是 1940年的《碧空无限》中,他却强调了她们即将到来的"东方性",这种"东方性"在她们的高道德标准方面体现得尤其明显。在日据后期朝鲜日益保守的文化环境中,由于对"东方道德"的强烈肯定,这种评价听起来是赞美的。我们还必须记住,俄国人"与东方(人)的亲近"并不一定只存在于想象空间。例如,上海音乐学院(成立于 1927 年 11 月)是 20 世纪 20 年代至 30 年代中国代表性的音乐机构,和上文提到的哈尔滨交响乐团一样,其工作人员主要是俄国流亡者,那里的中国毕业生清晰地记得他们与俄国老师的友好关系,在大多数情况下,这些老师从未表现出大多数西方人尤其是英国人在上海租界典型的那种粗暴的排华种族主义。或者，准确地说，他们没有资格表现得像"傲慢的西方人"，因为他们大多是穷人，没有国籍，自己也受到英国人和其他西欧人的歧视（Yang 2012）。他们在东亚流亡的艰难困苦似乎成了"大俄罗斯沙文主义"这剂毒药的某种解药，朝鲜流亡者李仁燮回忆自己在革命前的俄国滨海边疆区和西伯利亚的日子时，曾对这种毒药充满了怨恨。

　　白信爱和李孝石小说中的独特形象是否适合描述 20 世纪 30 年代的苏联，或者是否准确描述了 20 世纪 30 年代末的俄国哈尔滨，是非常值得怀疑的，因为苏联社会处于前所未有的动荡之中，社会流动性也非常高（关于斯大林时期苏联的社会流动性，参见 Fitzpatrick 1979），而哈尔滨仍然有数量相当庞大的企业家和管理阶层，跨国贸易占主导地位，反苏和反犹的极右翼政治影响日益增长。哈尔滨除了是一个歌舞厅林立、舞蹈火热的世纪末颓废之城，还是在俄国流亡者中蓬勃发展的法西斯运动的中心之一。显然，并不是所有在华俄国人都因为流亡经历而纠正了他们的偏见，有些人则向相反的方向发展。到 1932 年，哈尔滨的俄国侨民中约有 2 000 人是"俄国法西斯党"（Russian Fascist Party，1925—1932 年称为"俄国法西斯组织"［Russian Fascist Organization］）的成员，而被动地同情激进右翼思想的人要多得多，就像我上面提到的作品最畅销、被广泛翻译的作家尼古拉·巴依科夫。与日本军队秘密合作的法西斯团伙对哈尔滨的俄国犹太侨民进行了一系列残忍的绑架和谋杀（Nazarov

1993）。但是，刻板印象毕竟不是对现实的准确描述。重要的是，这些俄国人的形象远比日本帝国官方宣传所暗示的形象要积极得多，这是许多殖民地文化人士对 1945 年后苏联在朝鲜建立的政权持积极态度的重要文化前提。

第二部分

中国：从中心到边缘，再到未来的希望

第三章 | 一个值得借鉴的"远方的他者"：
1910年前朝鲜近代报刊中的中国

导言：19世纪末20世纪初的中国与朝鲜

对于19世纪末朝鲜的知识分子和政界人士来说,在19世纪80年代现代化开始之前,对华关系是朝鲜的外交和战略核心。在话语层面上,中国或多或少仍是"文明世界"的中心,但是由于清朝的起源,朝鲜当权者中较为保守的派别更看重明朝(1368—1644)而非清朝(1644—1912)的文化遗产。在18世纪和19世纪初,朝鲜知识界至少有一部分人在认识论上发生了重要转变。像洪大容(1731—1783)这样的主流老论派(Noron)中的反传统人士,以及其他派别中思想更加开放的代表,如南人(Namin)李瀷(Yi Ik,1681—1763)(关于李氏朝鲜后期的派系,参见Palais 1975,122—124),显然以相对视角看待中国作为已知世界中心的观念。洪大容在《医山问答》(Ŭisanmundap,1766)中提出了一个著名的假设,即中国人视中国为中心,西方为边缘,而西方人、俄国人甚至柬埔寨人则有权将自己的国家视为中心,将其他国家视为边缘(Tamhŏnsŏ, Fasc. 4, 21a—21b);李瀷将中国重新定义为"不过是世界上的一块土地"(Sŏngho Sasŏl,

Fasc. 2)，并表示期望将来新的圣人诞生在中国边界之外（Sŏngho
Sasŏl, Fasc. 27)（转引自 Kim 2005a)。1880 年至 1895 年的动荡
事件，在政治上进一步挑战了历史悠久的中国中心主义世界观，
这些事件包括：(1) 启动对日外交努力；(2) 开始与西方列强谈
判并缔结第一批条约；(3) 清政府在 1882 年和 1884 年出兵朝
鲜，并于 1884 年至 1894 年在朝鲜建立了某种非正式的半保护
国。甲午中日战争（1894—1895）结束了中朝间的宗藩关系，随
后日本不断试图加强其在朝鲜半岛的地位，最终导致日俄战争
（1904—1905）爆发，1905 年日本成为朝鲜的"保护国"（Larsen
2008)。

　　本章主要讨论在 1896 年至 1910 年这一至关重要的时期朝
鲜人对中国的看法，当时朝鲜不再依附于危机四伏的清朝，但与
中国的统治者和知识分子面临着基本相同的任务，即如何效仿
西方或日本实现现代化，抵御西方或日本帝国主义的侵略图谋。
这一话题在英语圈学术界至今尚未探讨，但韩国的一些中国问
题专家已经开始关注。延世大学（Yonsei University）的白永瑞
（Paek Yŏngsŏ）教授可以说是当今韩国最具影响力的中国问题专
家之一，20 世纪 90 年代末他在一个权威历史期刊上发表了一篇
关于这一主题的文章（Paek 1997)。白永瑞教授认为，20 世纪初
朝鲜媒体对中国的看法是现代化进程对"反动清廷"的抗拒与区
域主义观念的复杂结合，而这种区域主义观念则是将朝鲜的国
运与西边的强邻联系在一起。本章基于白永瑞教授最初提出的
这一论点，进一步将这一时期朝鲜媒体对中国的看法与该地区

当时的政治外交问题联系起来,并与朝鲜现代民族主义身份的构建过程联系起来——在这一过程中,朝鲜被定义为"非中国"和"反中国"。朝鲜民族主义思想朝着这一方向发展,促使 20 世纪 20—30 年代崔南善(1890—1957)等主要知识分子构想了将朝鲜而非中国作为东北亚历史、文化和宗教中心的宏伟愿景(Allen 1990)。下文我将指出,在 20 世纪的第一个十年,当新生的朝鲜民族主义将其昔日的正式"宗主国"——中国视为一个"顽固反动"的邻国时,这种愿景的基础就已经奠定了。

中日战争后朝鲜与其强大邻国之间悠久的正式朝贡关系宣告结束。新的中朝关系将建立在国际法基础之上,它规定了两国在法律上的平等。事实上,早在 1896 年 11 月,朝鲜王室就提议修改战前关于在朝中国人和在华朝鲜人的规定,以便将这两类侨民置于其居住国的管辖之下,从而结束在朝华侨的治外法权(Academia Sinica 1972,4979—4990)。1899 年 9 月 11 日新签署的《中朝条约》并没有终止治外法权(《中朝条约》的内容参见 Kukhoe Tosŏgwan Ippŏp Chosaguk 1965,Vol. 3,369—386),而是将治外法权正式扩大到居住在中国的朝鲜人,因此该条约基本上可以看作平等伙伴之间的协议(但实际上,中国地方行政当局往往不接受朝鲜领事馆对在华朝鲜人的管辖)。由台湾"中央研究院"保存、最近在韩国出版的总理衙门(1861—1901)和外务部(1901—1910)与朝鲜有关的档案文件《清季中日韩关系史料》很好地呈现了领事司法如何处理在朝中国人相关事务。中国公使徐寿朋(1899—1901)、许台身(1901—1905)和曾广铨(1905)将在朝鲜犯了罪的中国人送回中国,有时还会在朝鲜人对中国人提起的诉讼中与朝鲜外交当局发生冲突(Pak 2008a,317—345、395—422、441—449)。现代外交惯例引入朝鲜后,这一时期的朝鲜人也基于现代范式看待中国,因此他们的中国观是统一的。重要的例外是保守的儒家义兵领袖和新儒家。他们继续将中国视为文明的中心,但出于纸面和时间的考虑,他们不在本文的分析范围之内。就现代民族主义者而言,评价中国的唯一标准是它有多(不)现代,它是否、如何实现现代化,以及它在现代世界权力平衡的构建中应该扮演什么角色。不过他们对于中国现代化的看法各有不同,因为政治与思想观念立场有所区别的观察家们对于中国推进现代化的潜能以及其未来的意义持有不同观点。

虽然 19 世纪末 20 世纪初的朝鲜改革者在处理与大多数国家的关系时采用了现代范式,但中国不同,因为它在许多方面是最接近朝鲜的外国"他者"。虽然将朝鲜与中国拉开距离是推进朝鲜现代民族认同的一个重要方面(Schmid 2002,11),但 19 世纪末 20 世纪初朝鲜新知识分子地缘政治愿景的另一个重要潮流是,他们相信中日朝联盟的有效性,认为它既可以威慑西方大国(主要是俄国,参见第一章),又可以通过更紧密的贸易关系使朝鲜在经济上富裕起来。金玉均(Kim Okkyun,1851—1894)就是"三国和谐"(samhwa)思想的倡导者,"三国"指的是中国、日本和朝鲜。他是一位激进开化派,也是 1884 年失败的甲申政变(Kapsin coup)的幕后策划者,其政变的目的之一实际上是确保朝鲜脱离清帝国、实现完全独立，但这一企图最终被清帝国镇压，他也流亡日本。据他一位最亲密的日本朋友井上角五郎（Inoue Kakugorō，1859—1938）说，金玉均甚至写下了《亚洲崛起观》（Kōa no iken），但这本书从未出版，现也不存于世（Kondō 1943，117）。众所周知，金玉均曾应李鸿章（或其儿子）之邀前往上海，妄想与李鸿章就中日朝联盟的可能性进行会谈，但最终他在上海被朝鲜王室派去的杀手暗杀（Yun 1971—1989，Vol. 3，298—299）。虽然金玉均坚决反对朝鲜依赖中国，但他似乎对中国现代技术、思想和资本的流入可以促进朝鲜发展的观点持开放态度（Kwŏn 2007，185—259）。这种亲密关系有明显的经济层面的原因。例如，从中国进口的纺织品在朝鲜沦为殖民地前的最后 10 年里不断增长，到 1912 年达到每年 200 万日元的水平，是日本进口纺织品的 3 倍多（Yi 2012b，66）。这种亲密关系也有一个非常明显的文化层面的原因，即中国是朝鲜自有史以来就一直密切交往的主要外国"他者"。这种亲密关系既有积极的一面，也有消极的一面。例如，批评中国文化是"前/非现代"，同时也意味着对朝鲜自己保守的儒家思想的批评，因为儒家思想根植于两国共同的中国传统。在朝鲜自我标榜的现代化派进步人士看来，他们保守的同胞只是依靠中国旧的、已经过时的文化"糟粕"生存，而中国人自己已经准备彻底埋葬这些文化，并试图融入新时代［《皇城新闻》社论，《我们利用别人丢弃的渣滓》（We utilize the dregs thrown away by the others），1902 年 4 月 5 日］（Hwangsŏng sinmun 1971［1898—1910］，Vol. 6，278）。这样的批评并不排除与中国进行现代贸易和外交互动的可能性，甚至是与中国结盟的可能性，却有助于强调朝鲜明显独立的现代主体性。

在地理和人口方面，两国之间的关系也非常密切。朝鲜陆地边界的最大部分与中国接壤，但这一边界并非没有争议。朝鲜人倾向于声称对所谓"间岛"①地区的领土主张。中国人则认为，图们江是现在的图们江，并自然而然地视"间岛"为本国领土。1883 年和 1885 年的早期边界谈判未能达成任何协议，争端一直悬而未决（Taehan Min'guk Kukhoe Tosŏgwan 1975，271—279）。随着中国因 1900 年义和团运动和随后的外国干涉而急剧衰弱，朝鲜政府的胆子也大了起来，甚至在 1902 年派遣一个叫李范益（Yi Pŏmyun，1856—1940）的人担任"间岛督察"。1903年，他的头衔被改为"间岛总督"，职责是征税以及保护该地区的朝鲜人。李范益被派往"间岛"后在当地组建了一支一千人的私炮队（sap'odae），这给朝鲜与中国清朝的关系带来了巨大压力，并发生了一些小规模的武装冲突等一系列冲突，此后李范益被召回（Ŭn 2007）。这一领土问题对于朝鲜早期民族主义者心中正在形成的朝鲜"地缘机体"（geo-body）形象具有头等重要意义，进一步加剧了朝鲜人对"顽固不化的中国"的失望与沮丧，朝

---

① "间岛"是韩国人对图们江以北、海兰江以南的中国延边领土的单方面擅自称呼，包括延吉、汪清、和龙、珲春四县市，在中国从未使用过"间岛"一词。——译者注

鲜大多数亲西方或同时亲日本的现代化派在某种程度上也都有这种感觉。中国的汉文化遗产被认为是朝鲜实现现代化的障碍，中国作为一个政治实体也被视为朝鲜实现"领土完整"的阻碍。

在朝鲜沦为殖民地前的 10 年里，申采浩（已在第一章中提到，他后来成为抗日的标志）等许多激进民族主义者认为，只有"收复间岛①失地"，甚至整个中国东北，朝鲜人才能恢复部分位于那里的古代朝鲜（如高句丽）的荣耀（Schmid 1997）。认为朝鲜与中国东北邻近地区之间存在深层联系的观点，在整个政治领域普遍存在，在整个日据时期也持续存在（Schmid，1997）。例如，在第二章中已经提到的、日据前和日据初期朝鲜最早的托尔斯泰普及者之一——崔南善，在 20 世纪 20 年代中期进行了一种与上述观点相当一致的宏大叙事，即长白山及其周边地区是包括中国东北、朝鲜和日本在内的整个东北亚文化的发源地（不咸文化论②，"*purham culture*"）。这一叙事非常有利于崔南善接受任命成为伪满洲国臭名昭著的建国大学（唯一的朝鲜人）教授这一决定的正当化，这所大学是在当时的日本关东军参谋长东条英机（Tōjō Hideki，1884—1948）的赞助下建立的，目的是规范和宣传日本扶持的傀儡政权的意识形态。通过参与日本对中国东北的侵略，崔南善要把这片古代朝鲜的荣耀之地"收复"给日

---

① "间岛"即十九世纪后半期朝鲜人在中国东北非法垦殖的"垦岛"，自古系中国领土。——编者注

② 崔南善提出的"不咸文化论"是指以长白山为中心、以朝鲜民族为基础形成的古代文化，认为汉族、满族、日本族（和族）都属于这一文化圈。——译者注

本帝国的忠诚臣民——朝鲜人（Allen 1990；Pak 2009）。正如我们所看到的，在 19 世纪末 20 世纪初发展起来的将"间岛"/中国东北作为朝鲜延续的叙事服务于许多不同的政治目的。

　　两国人口的相互渗透同时加剧又缓和了朝鲜现代改革者的排华民族主义。朝鲜人向中国东北地区移民（首先是"间岛"）始于 19 世纪 70 年代初，最初得到了咸镜北道地方当局的积极协助，因为他们认为剩余的农业人口流向中国是改善当地状况的唯一途径，特别是在农作物歉收和饥饿的状况下。从 1885 年起，朝鲜移民由清朝通商局管理，该局是专门为监督朝鲜人跨境活动而设立的。到 1904 年，约有 7.8 万朝鲜移民居住在"间岛"地区（Yun 2006b，14—17）。到 1912 年，据一些资料估算，整个中国东北地区的朝鲜人数量约为 23.8 万（转引自 Schmid 1997），是当时最大的朝鲜人散居社群。当时在中国其他地方登记为长期居住的朝鲜人的数量仍然比较低，只有 22 人。不过也有可能是一些过去在中国逗留较长时间的朝鲜商人根本没有进行准确的登记（Son 2010，29）。另一方面，在 1910 年日本全面殖民朝鲜时，约有 1.2 万中国人居住在朝鲜，主要是来自山东省的商人和工人，他们在 1882 年至 1894 年期间来到朝鲜，当时受益于清朝那些年在朝鲜建立的非正式半保护国（Larsen 2008，197—231）。正如我将在下文说明的，华侨的存在为朝鲜近代早期媒体频繁抨击中国提供了所需的素材。同时，朝鲜的现代化派痛苦地意识到，只有在清政府的合作下，朝鲜才有可能逐步"殖民"中国边境地区，因为清政府对这些地区仍然拥有无可争议的行政控制权(Pak 1907)。因此,朝鲜虽然不情愿,但必须将清朝视为一个严肃的外交伙伴,而不是简单地作为嘲笑和批评的对象。

总之,对于 19 世纪 90 年代至 20 世纪初朝鲜的现代化派知识分子来说,中国是非常特殊的外国"他者"。它当然是外国的,将中国看作"外国",而不是与朝鲜密切相关的区域文明中心,这是 19 世纪 90 年代中期以后朝鲜现代认识论转变的核心部分(Schmid 2002,55—92)。中国的东北地区是朝鲜领土收复主义者渴望的目标,这一点在政治阶层的许多著名知识分子身上都有体现。然而,中国仍然是在许多方面与朝鲜最接近的外国,首先是地理上的接近、密切的经济交流和人口的相互渗透,还包括几个世纪以来共同的中国传统。这种接近以及与之相关的所有持续冲突,如领土争端和领土收复主义者的希望,可能会强化那种拒绝和诋毁"前现代"、彻底"无能"的中国的现代主义倾向。但这也可能使朝鲜的与中国有关的希望膨胀。即使在清朝统治的最后几年,朝鲜相当一部分知识分子和政治家仍然希望中日朝三个东亚独立国家结盟(Yi 1989,138—155),其中包括公开反对朝鲜对清朝政治依赖的金玉均。在中国建立一个比"无能"的清朝更有能力抵御外国欺凌的革命新政府,似乎给朝鲜带来了希望,让他们觉得中国可以将朝鲜从日本的侵略和殖民中拯救出来,因为传统观念认为朝鲜是中国在东亚影响范围的一部分。正是基于这种认识,一大批有影响力的在华朝鲜民族主义流亡者对 1911—1912 年辛亥革命表示热烈欢迎(下文讨论这个话

题）。不管是被拒绝还是被视为更美好未来的希望灯塔，中国作
为朝鲜沦为殖民地前最亲密、最熟悉的外国"他者"，都是通过朝
鲜自身国内关切的棱镜来被看待的，从而扮演了外部话语空间
的角色，在这个空间里，朝鲜国内的焦虑可以间接地表达出来，
国内的意识形态斗争也可以间接地进行。

中国是"消极的他者"、往日的象征？

《独立新闻》(1896—1899)是一份由新教信徒经营的报刊，
他们将欧洲和美国视为现代化的理想，将日本视为现实可行的
现代化模式（关于《独立新闻》整体的社会政治取向，参见
Chandra 1988），对"野蛮和不可改革的"中国持怀疑和敌视态度，
1896 年甚至提出，如果中国被列强瓜分，朝鲜有望占领辽东和东
北。鉴于 19 世纪 90 年代中期朝鲜明显的弱小，这一建议听起
来令人震惊，但从朝鲜力主推进现代化的"进步人士"的角度来
看，它是非常合乎逻辑的。他们认为，中国被英国人、法国人和
日本人打败并丧失领土是清廷统治者"顽固"态度的自然结果，
这些人继续"以几千年的习俗统治国家"，并"憎恶出国旅行"。
中国仍然处于"现代"的时空连续体及其信息领域之外（"他们
鄙视那些学习现代知识的人"）。中国自己选择"不接触"境外
"文明"动态，其结果是，中国人被彻底边缘化，成为"世界的笑
柄"。在达尔文"生存竞争"的精神下，朝鲜将中国的现代边缘化
视为一个机会，认为自己能以牺牲"不合适的"邻国为代价获得

某种程度的中心地位,因此提出了"收复"东北地区的建议,但是鉴于 1896 年朝鲜自身相当不稳定的地位,其大胆程度几乎令人难以置信(1896 年 8 月 4 日社论,朝文版)(*Tongnip sinmun* 1991,Vol.1,205)。

　　事实上,朝鲜这种对巨大邻国的诋毁,标志着人们的认知发生了巨大转变。19 世纪 80—90 年代的改革家们曾经的老师和赞助人,如开明务实的政治家、大臣朴珪寿(Pak Kyusu,1807—1876),对东亚以外世界的了解大多来自晚清编纂的地理杰作,如魏源(1794—1856)的《海国图志》(1844 年),该书于 19 世纪 50 年代初传入朝鲜,并被用作世界地理问题的主要参考(Yi 1998,2—20)。主要的参考资料还有徐继畬(1795—1873)的《瀛寰志略》(1848 年)(Mun 1998,54—57)、富裕的上海买办郑观应(1842—1923)的《易言》(1871 年)。《易言》是一部关于现代体制的内容丰富的著作,涵盖了从国际法到议会制等许多主题,于 1880 年引入朝鲜并得到重视,1883 年在汉城(今首尔)重印(包括原文和朝文译文),甚至有非精英读者阅读该书(Yi 1998,20—34)。朝鲜最早的现代报刊——政府的《汉城旬报》(*Hansŏng sunbo*,创办于 1883 年 10 月 30 日,持续了约一年)主要依靠上海和香港的当代中国报刊获取外部世界的信息(外事板块约 70% 的文章),如上海的《申报》(1872—1949)(Mun 1998,59);1886 年,它通过一家活跃在中朝两国的德国公司——爱德华·迈耶公司(Edward Meyer&Co.)的代理,购买了大量关于科学、国际法和政治的中国书籍(主要是西文书的中文译本)

（Yi 1998,113—119）。到 19 世纪 90 年代初,中国已经是资本主义世界经济的一个(边缘)部分,成为朝鲜人通往现代世界的门户。然而,中国在甲午战争中令人震惊的失败,以及 1894 年以来中朝朝贡关系的正式解体,促使聚集在《独立新闻》周围的一批朝鲜开化派知识分子试图彻底改变过去的看法,他们认为中国和中国人不再与现代性有任何关系。

在《独立新闻》的作者看来,中国不仅仅是一个被边缘化、不适合进化的牺牲品,即使是朝鲜,其本身也谈不上是世界上"最适合"的国家,也并不能轻易地掠夺它。中国作为一个国家被认为是劣等的,中国人也被认为是劣等的,当然,这是以欧美文明标准来衡量的。欧美人"身体和精神都很强壮",受过良好教育(拥有知识的力量)、爱国(愿意"为国家事业献身")。相比之下,根据 1896 年的另一篇社论,中国人作为个体是"软弱、卑鄙、愚蠢、肮脏的"。他们"没有爱国心",在被"他人"(正当地)鄙视时也"不感到羞耻",因此完全属于常说的"奴隶"一类。这种东方主义的描述呼应了中日战争时期流行的木刻版画中日本人刻画的"愚蠢""落后""没有男子气概"的中国人形象(Okamoto 1983),按照今天的标准,这种描述可能会被判定为种族主义,但在当时,这并不代表狭义的排华种族主义。问题在于"文明",而不是特定民族群体的任何遗传性"缺陷"。这篇社论特别指出,日本"30 年前就像今天的中国",它在中日战争中成功地将自己改造成了一个能够"像割草一样粉碎中国军队"的大国。因此,"文明"可以而且应该很容易通过学习获得,关键是现代"知识的力量",日本通过复制西方教育体系成功地获得了这种力量,而中国却"失败"了,这也是当时日本和西方的共同判断(Elman,2013)。现代知识以及爱国主义和民族主义自我牺牲的现代悲情是通向现代性时空连续体的渠道。如果不加以利用,可能会导致国家的毁灭,也会导致个人的毁灭,即"奴役"(enslavement)(1896 年 4 月 25 日社论,朝文版:*Tongnip sinmun* 1991,Vol. 1,33)。这里需要注意的是,"奴隶"(slavery)这一比喻意为未能将自己确立为世界范围内社会进化进程的主体,也被 19 世纪末 20 世纪初的一些中国改革派以部分自我东方化的方式挪用,这显然是为了防止他们的国家被推到世界历史进程的边缘(Karl 2002)。因此,《独立新闻》的现代修辞并不一定与这个被朝鲜定位为"敌对他者"的国家里主张现代化的人格格不入。

　　《独立新闻》发表的许多关于在朝中国人的内容可能应该归类为排华宣传,让人联想到同时代的美国,特别是加州对中国人的抨击(Love 2004,10—12、75—76)。该报社论称,居住在朝鲜的中国人是"水蛭"(leeches),是"我们不想要的吸血鬼",因为中国人"夺走了我们的工作和贸易,使肮脏的道路变得更加肮脏,并在朝鲜人面前吸食鸦片",还"把他们在朝鲜赚的钱全部寄回家"。正如人们所料,该报有增无减地抨击中国人的先例引用的是美国针对中国人的排斥性政策。这些政策之所以被合法化,是因为"中国人的存在使街区变得更加肮脏"。此外,领取低工资("仅领取美国平均工资的十分之一")的中国劳工"正在造成美国工人失业","中国人即使到了文明国家,也无法改变其野蛮的习俗"（1896 年 5 月 21 日社论,朝文版：*Tongnip sinmun* 1991,Vol. 1,77）。《独立新闻》刊登的有关在朝中国人的新闻往往与这一论调一致。在朝鲜的中国商人和工人,与日本人或欧洲人截然不同,他们被贬称为"无赖"（Ch'ŏng'in nom,1896 年 12 月 8 日新闻,朝文版,p. 2：*Tongnip sinmun* 1991,Vol. 1,422）,并被描述为邪恶的鸦片走私犯（1897 年 4 月 15 日新闻,朝文版, p. 4;1897 年 7 月 1 日新闻,朝文版,p. 4：*Tongnip sinmun* 1991, Vol. 2,176,314）、流氓、麻烦制造者（1897 年 11 月 30 日新闻,朝文版,p. 3：*Tongnip sinmun* 1991,Vol. 2,573）或不诚实、不道德的商人（1897 年 12 月 23 日新闻,朝文版,p. 4：*Tongnip sinmun* 1991,Vol. 2,616）。虽然有抨击中国的倾向,但《独立新闻》也进行了自我反省,承认中国东北南部的朝鲜移民即便受到了地方当局的种种虐待,他们仍愿意留在那里,是因为朝鲜北部省份（大多数移民来自那里）的官员虐待和管理不当的程度甚至更严重（1898 年 7 月 29 日社论,朝文版：*Tongnip sinmun* 1991,Vol. 3, 397）。此外,《独立新闻》作者的新生民族主义需要中国作为典型的"敌视和劣等的他者",他们称,"我们"作为要在某个时候成为"文明国家"的有志之士,应该与中国区分开来。这当然也不意味着把朝鲜变成一个文明中心。这一角色被分配给了欧洲、美国,在某种程度上还有日本。

　　不可否认,《独立新闻》对中国人的抨击是朝鲜沦为殖民地前早期民族主义形成过程中的一部分。中国人是如今已被降级的昔日"中央王国"（Middle Kingdom）的臣民,是"文明世界"中

第三章|一个值得借鉴的"远方的他者": 139
1910年前朝鲜近代报刊中的中国

被嘲笑和敌视的对象,一群受过日本或美国教育的激进民族主义者将其当作一个"统一的共同敌人",以图在朝鲜构建西化的民族主义。具有讽刺意味的是,当朝鲜民族主义的概念形成在很大程度上仍不断变化的时候,出现了对华侨的"我们和他们"(us versus them)式民族主义排斥。在19世纪90年代,朝鲜并不存在普遍认可的"民族"一词。《独立新闻》习惯于使用"人民""臣民"或"同胞"等听起来像儒家的词汇,其中"同胞"在不同的语境中也表示"四海同胞"(sahae tongp'o)或整个人类。日本创造的minjok(日语是minjoku)一词意为"民族",最早由《皇城新闻》于1900年1月12日引入朝鲜(关于《皇城新闻》的详细内容,参见本章下文),在那篇文章中,它指的是"种族"(race,黄种人和白种人),而不是"民族"(nation);它现在的含义([ethnic] nation)在1905年至1907年间才固定下来(Paek 2001)。在19世纪90年代中期,对在朝华侨的排斥更多的是对他们的国籍所属国——"卑劣的"大清帝国的一种政治和文化反应,它受到了将中国和中国人"东方化"的外来话语的强烈影响,很难将其说成是基于民族原因的迫害。不可否认的是,除了受到西方和日本恐华症(Sinophobia)的影响,《独立新闻》社论作者抨击中国的态度也反映了朝鲜中小型商人对商战中更胜一筹的中国商人的真正敌意。在1893年以前,汉城的124家中国商行和1254名中国商人每年经手价值3.5万两的贸易。全国大约45%的朝鲜对外贸易经过中国人之手(Academia Sinica 1972,2221—2225、3276—3277)。中国在贸易中的突出地位,在很大程度上是由

1884 年至 1894 年朝鲜和清朝之间类似半保护国的关系促成的，这引起了当地民众对中国商人的极大不满。一个显著的表现就是朝鲜人经常针对华商实施犯罪行为。资料显示，早在 1884 年至 1885 年就发生了 16 起针对中国商行的大规模抢劫案（Koryŏ taehakkyo asea munje yŏn'guso 1970, Vol. 1, 240—242）。当地人敌意更突出的一个表现是，从 19 世纪 80 年代开始，一些较大的中国商行（和兴、裕发、增顺等）在朝鲜遭到纵火袭击，火灾经常造成人员伤亡（Koryŏ taehakkyo asea munje yŏn'guso 1970, Vol. 1, 406—453）。许多敌意显然是源于中国商人的借贷行为以及他们与朝鲜债务人之间的频繁纠纷（Koryŏ taehakkyo asea munje yŏn'guso 1970, Vol. 1, 1 19—121）。

　　"中国人犯罪"这种想法不仅仅是朝鲜人的夸大其词和偏见。朝鲜著名的爱国者、伊藤博文的宿敌安重根的自传中就有一个很好的例子（第一章讨论了俄国媒体对他的报道）。1905 年 4 月，他的父亲安泰勋（1862—1905）在接受了一个名叫徐元勋的中国医生的治疗后，遭到了这个医生的攻击和殴打。在试图获得徐元勋的道歉无果后，安重根代表他病危的父亲向汉城的中国领事法庭起诉了这名医生，并得以获得徐元勋的道歉，双方最终和解。但是，最初徐元勋还试图在离安重根住所最近的镇南浦（平安道）中国领事法庭起诉安重根，中国领事警察也曾试图逮捕安重根进行审前程序，结果警察和安重根的朋友们之间发生了小规模枪战（An 1999, 90—93）。一个华侨医生之所以能够攻击像安泰勋这样一个有地位、有影响、与天主教有着广泛联

系的当地地主(关于安泰勋的身份,参见 Hwang 2011,31—83)
(很可能是因为个人小纠纷),是因为即使中国在 1894—1895 年
中日战争中战败,中国人在朝鲜的合法治外法权仍在延续。如
上所述,1899 年新签订的《中朝条约》并没有废除中国人在朝鲜
的治外法权,这导致华侨认为他们相对轻微地违反刑法是可以
逃脱惩罚的。安泰勋的案件远非个例。例如,中央研究院
(Academia Sinica)① 1906 年涉朝外交文书档案(外务部档案,马
廷亮总领事文书:02 - 35 - 062 - 1)中,至少有 7 起中国人袭击朝
鲜人的案件记录(一起袭击事件导致受害者死亡),有些是因为
金钱或土地纠纷,但有些是因为陌生人之间的小争吵。有趣的
是,在一个案例中,约 45 名朝鲜和日本工人在汉城(今首尔)附
近龙山一家小瓷砖厂联合起来,与中国工人展开了一场大规模
斗殴(Pak 2008a,461—466)。朝鲜当时已经是日本的半殖民地
("保护国"),已不是中国的藩属国,但中国经管朝鲜期间
(1884—1894)华侨身上养成的习惯似乎很难一下子消失。

　　自 19 世纪 80 年代中期以来朝鲜人对在朝华商的敌意就已
凸显,华侨的行为可能也加剧了这种敌意。对华商乃至华侨不
断升温的敌意可以解释《独立新闻》对中国人的抨击为什么会受
到汉城企业家和商人读者的欢迎。中国在 1894 年至 1895 年中
日战争中战败后,中国商人在朝鲜的影响力急剧下降(Sun
2010,160)。从纯粹的数字层面上看,在战争开始前,中国人已

---

① 中央研究院是中华民国时期学术研究最高机关。——译者注

不再是朝鲜最大的外国侨民群体。到 1893 年,他们的数量为 2182 人,而日侨的数量则达到 8882 人(Yang and Sun 1991, 131)。和华侨一样,在保证"文明人"不受"当地"司法惩罚的不平等条约的庇护下,日侨的殖民主义行为同样明显,既对"原住民"暴力蔑视,也有粗暴的商业行为(Duus 1998,324—354)。但是《独立新闻》对日本人的劣迹却不怎么报道。相反,它更关注朝鲜人对日本定居者犯下的罪行。例如,1896 年 11 月 7 日,该报报道了"歹徒金昌洙(Kim Ch'angsu)"因杀害日本商人土田寿辅(Tsuchida Jūsuke)并抢劫其财物而被仁川法院判处绞刑的案例(*Tongnip sinmun* 1991,Vol. 1,370)。《独立新闻》的读者和出版商都不知道"歹徒金昌洙"是谁,此人的化名金九(Kim Ku, 1876—1949)更为人熟知,他后来成为朝鲜激进民族主义的象征。他杀害不幸的日本人是为了报复日本人杀害闵皇后(明成皇后,1851—1895:参见金昌洙的自传:Kim 2002a〔1947〕,90), 但《独立新闻》的编辑们似乎对金昌洙的动机不感兴趣。因此可以说,《独立新闻》抨击中国、对日本却相当友好的社论路线,可能源于他们对中国所代表的一切事物的意识形态敌意,这一敌意毫不亚于华侨与其朝鲜竞争对手、客户、合作伙伴或债务人之间的现实冲突。

　　同样值得注意的是,到 1899 年,《独立新闻》涉华文章的基调已经发生了变化。但可以肯定的是,该报仍然是排华民族主义的喉舌。当华侨回到他们以前在仁川的租界(济物浦〔Chemulp'o〕),并要求占领他们土地和房屋的朝鲜人离开或支付租金时,该报遵循"朝鲜人优先"的原则,主张朝鲜占有者对"我们朝鲜土地上"原本属于中国人的财产拥有"权利"(1899 年 3 月 7 日社论,《中国租界》[Chinese Concession],朝文版：*Tongnip sinmun* 1991, Vol. 5, 189—190)。它还指责中国人的"不文明行为",如给朝鲜人造成伤害的暴力闹事(1899 年 3 月 1 日新闻,朝文版：*Tongnip sinmun* 1991, Vol. 5, 170)以及与朝鲜同行进行商业交易时的粗暴行为(1899 年 2 月 15 日新闻,朝文版：*Tongnip sinmun* 1991, Vol. 5, 124)。与此同时,在《独立新闻》与中国有关的话题中增加了一个新的主题。

　　例如,一篇社论称,中国和朝鲜首先是邻居,"同种同文"("同样的种族背景和[共同的书面]文字")。这是自 19 世纪 90 年代以来在明治日本和朝鲜的亚洲主义(Asianist)文本中惯用的标准表达,以强调东亚统一的前景(Sato 1997)。朝鲜几乎没有比中国更强大或统治得更好,因此,中国可能被欧洲列强瓜分意味着朝鲜自身的独立也面临潜在威胁。"唇齿相依"这一关于中朝关系的古老比喻被重新用于新的语境中(1899 年 3 月 24 日社论,《朝中问题》[Korean-Chinese Question],朝文版：*Tongnip sinmun* 1991, Vol. 5, 249)。《独立新闻》认为,英国、法国、德国和俄国对中国的渗透以及在那里建立专属利益圈是对包括朝鲜在内的整个"东方"的威胁(1899 年 3 月 25 日社论,《东方风暴》[Storms in the East],朝文版；1899 年 6 月 17 日社论,《大麻烦出现了》[A Big Trouble Arises],朝文版：*Tongnip sinmun* 1991, Vol. 5, 253—254, 541—542)。"中国和朝鲜是西方帝国主义实际或潜在的共同受害者，注定要为整个'东方民族'的生存而共同斗争"，这一说法在 20 世纪初的朝鲜媒体中进一步强化，为对抗共同的"白人威胁"、带有种族色彩的"亚洲团结"话语奠定了基础。

《独立新闻》虽然对中国持公开贬低的态度，但对晚清的维新运动也并非完全不感兴趣。毕竟，鉴于《独立新闻》坦率承认的"同种同文"，中国的改革尝试直接关系到朝鲜自身的"文明之路"。在朝鲜力主推进现代化的知识阶层看来，当中国改革派倡导"文明世界"愿意接受的普遍价值观时尤其如此。其中一种价值观是现代爱国主义，它被认为是"文明人类"的普世价值，同时也意味着一定程度的独特性。爱国者虽然受到普遍尊重，但毕竟都是为自己的国家服务。正如 19 世纪末东亚知识分子所熟知的那样，这些国家之间经常进行殊死搏斗。中国不是朝鲜开化派知识阶层的朋友，但中国的爱国者仍被认为非常值得尊敬。如此一来，爱国主义就成了儒家"忠"价值观的现代延伸，虽然它有明显的独特性，但即使体现在敌人身上也应受到尊重。鉴于爱国主义在中国和朝鲜具有共同的儒家根源，近代中国的相关话语不可能不引起《独立新闻》社论作者的注意。1899 年 7 月 27 日至 28 日，他们刊登了清朝著名改革家梁启超(1873—1927)一篇极具影响力的文章——《爱国论》(原载于 1899 年 1 月 11 日和 21 日的《清议报》第 6—7 期，该报由梁启超主编并在日本出版：*Tongnip sinmun* 1991, Vol. 6, 89—94；Liang 1947, Vol. 3, 47)的大幅删节的朝文译本。

中国是未来的希望?

《独立新闻》并不是朝鲜唯一一家对梁启超充满激情的著作感兴趣的媒体(当时梁启超在保守派发动宫廷政变反对 1898 年戊戌变法后流亡日本 [Zarrow 2002])。在《独立新闻》关注梁启超关于"为什么中国人'自私'、不如西方人爱国"的深刻反思之前,另一家重要报刊《皇城新闻》(1898—1910)也节选刊登了他的《爱国论》(但与完全使用朝文的《独立新闻》不同,它使用了汉朝混用文字)。《皇城新闻》社论称,它对梁启超的文章感兴趣是因为它的"精气神和恰到好处"。梁启超关于爱国主义对自强至关重要的思考是"为今天的形势提供良药的伟大著作,能够打开和振奋我们同胞停滞的精神"(社论,1899 年 3 月 17 日至 18 日:*Hwangsŏng sinmun* 1971 [1898—1910], Vol. 1, 625—630)。这是一个合理的解释,说明了为什么晚清的改革引起了当时朝鲜人的兴趣。由于这两个国家患有类似的疾病,它们可以从类似的补救措施中受益。事实上,梁启超提出的补救措施是在君主制国家的框架内,由开明和品德高尚的精英实施自上而下的西化改革,这一措施从《皇城新闻》出版商的角度来看是非常合适的。20 世纪头十年,《皇城新闻》上出现了许多梁启超作品的译文(大多有删节),以及引用梁启超观点的社论或写给编辑的信(详细列表参见 Niu 2002, 26—100)。另外,该报几乎对梁启超的每一个重大举动都进行了及时报道,无论是他前往美国的

失败尝试（1900 年 1 月 6 日报道：*Hwangsŏng sinmun* 1971
［1898—1910］, Vol. 3, 7），还是他以保皇会（由他和他的导师康
有为［1858—1927］组织）负责人的正式身份访问香港（1903 年
11 月 20 日报道：*Hwangsŏng sinmun* 1971［1898—1910］, Vol. 8,
685）。在《皇城新闻》的不懈努力下，和康有为一样，梁启超也成
为朝鲜知识分子受众最关注的外国人物之一。

　　与新教皈依者领导的《独立新闻》不同，《皇城新闻》是一家
代表性的儒教改革派报刊，其编辑人员的文化资本和世界观几
乎不允许他们与古典汉学传统或朝鲜自身的儒家历史完全决裂
（参见唯一一部关于《皇城新闻》的专著：Ch'oe 2010）。总体而
言，与《独立新闻》和其他主张现代化的开化派媒体相比，儒教改
革派的新闻媒体和学术出版物对中国的前景看法更为乐观，对
于中国对"东方和平"的重要性往往给予更高的评价，这正是因
为这些媒体继续将中国视为重要的合作伙伴。《皇城新闻》也不
例外。一个典型的例子是，它的社论作者引用著名的卫理公会
传教士、教育家、记者林乐知（又名艾伦，Young J. Allen, 1836—
1907）的观点（他于 1882 年在上海创办了中西书院，关于他的生
平和作品，参见 Bennett 1993），认为中国只要实施明治日本已经
成功实践的同样的改革措施，就能在 30 年左右达到与日本或主
要西方国家相当的"财富和势力"（1898 年 9 月 17 日社论，《论
清朝和日本》［On Qing and Japan］：*Hwangsŏng sinmun* 1971
［1898—1910］, Vol. 1, 41—42）。不过《皇城新闻》看待中国现代
化改革的成功也不过度乐观。它在 1899 年的一篇社论中引用

了梁启超《清议报》的一篇社论,该社论提醒称,各个西方大国在各自的"势力范围"内,通过获取具有重要战略意义的特许权(铁路、矿山、轮船公司等)暗中"瓜分中国"。尤其具有威胁性的是俄国在东北的行动和德国在山东的帝国主义扩张。在《皇城新闻》的社论作者看来,如果中国彻底灭亡,随之而来的很可能是朝鲜被征服和瓜分,防止中国彻底灭亡的唯一办法是三个东亚国家结盟,其中最"开明"的日本将在与中国和朝鲜的"友好关系"基础上发挥主导作用(1899 年 4 月 12 日社论：*Hwangsŏng sinmun* 1971［1898—1910］,Vol. 1,713;另见 Ch'oe 2010,66—67)。

　　在《皇城新闻》的作者看来,大东亚联盟计划中两个"不那么开明"的成员确实有很多共同点,而且其中很多是负面的。对于梁启超哀叹中国面临的威胁,《皇城新闻》评论称,满汉官员之间的敌对是削弱清朝臣民民族凝聚力的决定性因素,但朝鲜自己的官场中长期存在的派系斗争也是如此。总的来说,朝鲜的情况并不比中国好,而中国的困境也是灾难降临朝鲜的预兆,除非：

　　　　统治者与被统治者、官员与民众都进行深刻的反省与自我批评,国民相亲相爱如同一家人,关心国家大事如同个人私事,不谋私利,以公共利益为重。

　　只有这样,朝鲜才有望"实现文明和自强"(1899 年 3 月 1 日社论：*Hwangsŏng sinmun* 1971［1898—1910］,Vol. 1,569—570)。"中国"在这里作为一种比喻来说明朝鲜自身的问题,而不是作为任何形式的现代解决方案的典范；它被描述为国际弱肉强食丛林的受害者，而不是朝鲜的敌对"他者"。这种在文化、地理、"种族"或政治层面上的共同归属感是《皇城新闻》涉华话语中的一个关键点。

中国和朝鲜之所以成为世界文明空间边缘的一种消极社群，共同的问题在于他们"普遍缺乏爱国主义和公共精神"，《皇城新闻》的社论作者也往往将这种缺乏与官员腐败以及伴随而来的国家和社会凝聚力的缺乏联系在一起。在一个建立在"文明和野蛮"二分法基础上的世界里，"文明"的人在广义上往往无私、有凝聚力、热心公益、廉洁、爱国。然而，在世界的"野蛮"边缘，"公共空间"被自私自利、争夺个人或团体私利的支配权所破坏。20世纪初，朝鲜人认为，与"英勇的公共精神和爱国主义"相对立的"私欲"导致了朝鲜在新的世界历史空间中被边缘化，个人作为道德主体死亡，集体在生存竞争中失败（No. 2005，79—80）。这种二分法源于新引进的现代公共利益概念，也源于儒家的"圣人美德"（sage virtues）逻辑。事实上，《皇城新闻》所喜欢的中国近代思想家梁启超完全赞同这种二分法，他的著作（包括《皇城新闻》所载的著作）在前殖民地时期朝鲜建立爱国无私的典范方面发挥了重要作用（Tikhonov and Lee 2014）。

从这个角度看，与朝鲜不同，中国无疑处于危险之中。根据《皇城新闻》的社论，中国无论是统治者还是被统治者都"没有爱国主义情感"。这导致派系林立、完全缺乏社会凝聚力、国内动乱、耻辱性地被外国人打败，但"没人为数亿两赔款感到屈辱"。

中国的溃败实际上让《皇城新闻》的社论作者感到困惑。在他们看来,如果没有爱国主义情怀,清朝显然无法保住它从二百多年的历史中继承下来的"领土、人口、祖先祠堂、土地庙和谷神庙"。中国的爱国主义是否因为王朝的衰落而消失了？无论如何,清朝的灭亡将给"东方三国"(中国、朝鲜、日本)带来灾难,只能希望中国人"亡羊补牢",恢复爱国意识(1899 年 12 月 4 日社论: *Hwangsŏng sinmun* 1971[1898—1910], Vol. 2, 738)。中国的"爱国复兴"在这里被视为整个"东方"的幸事,其中包括朝鲜这个"靠近中国的友好国家"。

　　在义和团运动后,西方和日本军队占领北京,朝鲜知识分子和外交官也未能提前预见中国社会秩序的崩溃及其引发的外国干预的规模,这些都被《皇城新闻》的评论家们认为是极其悲惨和可悲的(1900 年 8 月 24 日社论: *Hwangsŏng sinmun* 1971[1898—1910], Vol. 4, 78),但清朝的改革尝试却非常受他们欢迎。起初,《皇城新闻》声称不相信慈禧太后的"腐败官场"有能力按照慈禧政府正式宣布的方向进行改革(科举制度、警察、邮政和教育制度改革,鼓励出国留学,军事改革等),并对 1898 年因慈禧发动宫廷政变阻止早期的改革尝试而浪费了机会感到痛惜(1901 年 4 月 29 日社论: *Hwangsŏng sinmun* 1971[1898—1910], Vol. 4, 772)。然而,不到一年,报刊的态度就发生了变化。袁世凯(1859—1916)在直隶地区(北京地区、山东①和河北)的改革

────────────

① 山东不属于直隶地区,原书如此。——*编者注*

受到了高度赞扬,他们认为这是袁世凯对国家和王朝"爱国忠诚"的最终体现(1902 年 5 月 28 日社论: *Hwangsŏng sinmun* 1971 [1898—1910],Vol.6,450)。

　　晚清改革中的立宪主义倾向得到了最热烈的评论。虽然朝鲜观察家们并不清楚宪法改革是否会很快产生预期的效果,或者它们在多大程度上有助于"维护东方和平和黄种人的幸福",但慈禧政府至少在一定程度上试图遵循国际现代惯例,这被视为中国混乱时代即将结束、现代秩序开始制度化的重要标志。在当时的历史背景下,清末改革的立宪主义特征被理解为专制和压迫的划时代逆转,这种专制和压迫可能是在乾隆时期(1735—1796)建立的,最终导致了汉人与其统治者疏远(1906 年 9 月 8 日社论: *Hwangsŏng sinmun* 1971[1898—1910],Vol.13,442)。另外,孙中山(1866—1925)和他的革命计划在 20 世纪初也被朝鲜媒体报道,但没有得到太多的认可。《皇城新闻》的社论作者担心革命只会助长西方对中国的瓜分,他们不明白为什么在清政府已经接受改革的时候还要革命。在一篇文章中,他们甚至报道了一个没有多少事实依据的事情,即孙中山放弃了他原来的叛乱计划,准备把哥老会(一个以与当地革命者合作而闻名的反清秘密组织)的年轻成员送往国外学习,以使他们更好地参与宪政改革(*Hwangsŏng sinmun* 1971[1898—1910],Vol.6,153)。他们可能认为这是宪法改革时期中国流亡激进分子最理性的行为方式。

　　"宪政"也是同时代朝鲜开化派议程的有机组成部分,它被儒教改革派视为一种工具，通过赋予被统治者一定的代表权和责任来遏制专制君主统治的肆意妄为，保证被统治者的忠诚，也被视为"恢复"了传说中的中国"圣人"皇帝时代的理想化"模范"政体。到 19 世纪 90 年代末，基督教（新教）皈依者和一些儒教改革派知识分子，如张志渊（Chang Chiyŏn, 1864—1921）和李沂（Yi Ki, 1848—1909），都将宪政视为一种理想的解决方案，《独立新闻》的官方赞助商独立协会（Tongnip Hyŏphoe, 1896—1898）试图大致按照当代日本模式推动代议制议会，但以失败告终，俱乐部也被政府解散（Wang 2003）。随着实行宪政的日本在 1904 年日俄战争中战胜仍然专制的俄国，以及 1904 年 2 月日本实际占领朝鲜后政府开始容忍朝鲜新生的公民社会组织（非政府组织当时被朝鲜王室视为潜在的盟友，可以为维护朝鲜岌岌可危的独立而斗争），宪法辩论卷土重来。绝大多数开化派认为，宪法秩序是加强爱国主义和社会凝聚力的必要条件。

《皇城新闻》的社论作者也不例外。他们认为宪政是他们原则上已经接受的人民主权和公民平等思想的逻辑延伸，但是在主权受到威胁、大多数人仍然"无知"（尽管他们支持地方官员选举）的情况下，他们并没有主张立即在朝鲜建立代议制议会（Ch'oe 2010, 121—142）。清政府于 1906 年 9 月 1 日颁布大诏书，宣布其打算在不久的将来转向宪政治理，以及实行慈禧太后为满足中国资产阶级和受教育阶层的政治野心并扭转王朝命运而采取的所有其他措施（向国外派遣研究使团、任命委员会来审查宪法提案等）（Yen 2005, 124）。对此，朝鲜知识分子必然会做出反应,上面提到的《皇城新闻》社论就是一个例子。当然,中国虽然表面上推行君主立宪政体,但也不是现代改革的典范。很明显,慈禧政府正在拼命追赶那些朝鲜和中国改革者都倾向于认为政治上更先进的国家(尤其是日本)。鉴于朝鲜更接近中国,而不是世界上的"先进"国家,中国雄心勃勃地接受宪法形式尽管实际上仍然相当肤浅,也使朝鲜对自己更光明的宪法未来燃起了希望。相比之下,亲日的一进会(在第一章中已经提到)在其成立宣言(1904年8月20日)中提到,建立议会是控制政府、限制君主专制政策的一种方式,而不是加强君主制的方法。他们显然更多地受到日本"自由和民权运动"经验的启发,即自下而上争取议会制,而不是自上而下引入宪政(Kim 2010a,66—101)。

　　《皇城新闻》并不是唯一对中国新宪政持积极乐观态度的媒体。《大韩每日申报》(*Taehan maeil sinbo*)是一家更激进的民族主义报刊,有着更明确的反日议题设置,它也看到了清末宪政尝试中的新的中国。该报认为,无论是宪政实验,还是教育体制和地方政府的改革,都标志着中国终于摆脱了过去的"低效和腐败",开始"思考进步"。这种从"新世界"时空连续体的边缘向中心的移动,是在对来自"中心"的挑战作出回应,即对中国在英国、法国以及后来的日本手中遭受失败做出回应。即使是对"外国人造成的屈辱"做出的回应,中国的宪法改革也是非常受欢迎的。毕竟,朝鲜在历史上"总是与中国的混乱和秩序保持一致的节奏",预计也会受到中国宪政新偏好的积极影响(1907年10

月 6 日社论,《清廷改革的良好前景》[Good Perspectives of Reforms by the Qing Court]: *Taehanmaeilsinbo* 1997 [1904—1910], Vol. 4, 3543)。

中国发生的事件向朝鲜观察家提出了一个有趣的问题:是什么促使极端保守的慈禧和以袁世凯为代表的忠臣们改变了想法。婉转地说,慈禧和她的朝臣们之前并没有对宪政表现出任何支持的态度,还阻挠了旨在发展宪政的戊戌变法。其实,《皇城新闻》曾详细报道过戊戌政变(《皇城新闻》的编辑们显然对康有为逃脱逮捕和死刑感到非常欣慰:参见中国记者的《康有为先生的大好运》第 4 页,1898 年 10 月 15 日: *Hwangsŏng sinmun* 1971 [1898—1910], Vol. 1, 140)。《大韩每日申报》为读者提供的一个答案是,清政府似乎受到"革命党"暴动的压力,不得不至少在表面上进行改革。与中国"未开化的过去"的"野蛮暴力"不同,新的"革命暴力"被认为是"获得文明"的唯一方式。它是积极的,因为它代表了爱国热情的高涨,爱国主义正是新世界、现代民族国家世界的精髓(1908 年 4 月 11 日社论,《对中国宪政问题的印象》[Impressions on the Issue of Chinese Constitutionalism]: *Taehan maeil sinbo* 1997 [1904—1910], Vol. 4, 4131)。

虽然这一解释似乎有点高估了同盟会(孙中山于 1905 年 8 月 20 日在东京成立的中国革命联盟)对当代中国政治的影响,但它表明了 20 世纪头十年末期朝鲜知识分子观点的一个显著特点,即朝鲜许多较激进的现代民族主义者对中国革命运动的发展深感兴趣,甚至着迷。《大韩每日申报》倾向于详细报道中国的革命活动,将袁世凯和其他王朝寡头政治执政者的宪政热情视为阴谋(《革命党进入北京》[Revolutionary Party Enters Beijing],国际新闻,1907 年 10 月 18 日: *Taehan maeil sinbo* 1997 [1904—1910], Vol. 4, 3583)。早在 1911—1912 年辛亥革命之前,孙中山就为朝鲜报刊的读者所熟知,因为他的许多活动都被朝鲜媒体大肆报道。朝鲜报道了很多他的主要演讲。例如,《皇城新闻》虽然对孙中山的革命计划并不太支持,但仍然认为有责任在 1904 年 1 月 12 日报道孙中山对夏威夷华人的演讲,他在演讲中将清朝描述为"中国的敌人",认为全世界只有沙俄才有类似的恶政(*Hwangsŏng sinmun* 1971 [1898—1910], Vol. 9, 25)。《皇城新闻》之所以在日俄战争前俄国和日本之间的紧张局势达到顶峰之际报道孙中山的革命演讲,还有一个原因可能是孙中山对俄国的谴责,这正好符合《皇城新闻》的议题设置,即在即将到来的冲突中支持日本而不是俄国一方(关于《皇城新闻》对日俄冲突的态度,参见第一章)。

　　朝鲜的报道不一定太准确。例如,对于中国革命青年徐锡麟(1873—1907)刺杀安徽巡抚恩铭,《皇城新闻》认为是孙中山的"革命党"所为,因为恩铭曾"试图阻止"他们进口武器(《皇城新闻》,国际新闻,1907 年 7 月 13 日: *Hwangsŏng sinmun* 1971 [1898—1910], Vol. 15, 253)。而事实是,徐锡麟拒绝加入同盟会,并试图在安徽省独立组织起义(结果很悲惨)(Woo 2001, 88)。虽然该报道不够准确,并对孙中山的追随者"暗杀清朝高官的伟大计划"进行了极为夸张、耸人听闻的报道(*Hwangsŏng*

sinmun，国际新闻，1907 年 8 月 21 日；*Hwangsŏng sinmun* 1971
［1898—1910］，Vol. 15，389），但真正重要的是，受过教育的朝鲜
人越来越熟悉中国的共和革命，他们将其视为原本"停滞的"、被
边缘化的东亚大陆上出现的一支武装、热情、自我牺牲的现代运
动先锋。对中国革命者的熟悉感以及他们正面积极的进步和爱国
形象，为申圭植（Sin Kyusik，1880—1922）和曹成焕（Cho Sŏnghwan，
1875—1948）等流亡中国的著名民族主义者对 1911—1912 年中
国革命事件的热情欢迎奠定了基础。曹成焕曾是朝鲜军队的军
官，是新民会（Sinminhoe，1907 年成立，是一个独立运动秘密团
体，对遥远的未来有着模糊的共和理想）的成员。他早在 1909
年就到了北京，在那里建立了独立运动基地。辛亥革命令他燃
起了希望，即"新中国"将有助于把朝鲜从日本的枷锁下解放出
来，这一希望非常强烈，以至于 1912 年他在申圭植的陪同下访
问革命首都南京寻求与共和革命联盟（Kim 2013a，22—47）。这
个最初的灵感也为申圭植、朴殷植等在华朝鲜流亡者社群的代
表在 20 世纪 10 年代努力与中国共和革命者建立未来联盟铺平
了道路（Pae 2007，40—105、155—192）。

结语：从"他者化"到希望

　　《万世报》（*Mansebo*）是一家由 20 世纪初朝鲜最受欢迎的新
宗教天道教（Ch'ŏndogyo）创办的日报（参见 Young 2004），1906
年 7 月 22 日开始连载小说《血之泪》（*Hyŏl ŭi nu*），该小说被公

认为是朝鲜文学史上第一部现代"新小说"。与传统小说不同，"新小说"的特点是男女主人公更加有个性（而不是不同人性的模式化体现），有着复杂的内心世界。另外，就像之前的文学作品一样，它们主要是为了提供道德教训（关于《血之泪》等"新小说"，参见 Yang 2009）。《血之泪》的作者李人植（Yi Injik，1862—1916）被誉为"新小说"的先驱，他是一位受过日本教育、政治上坚定亲日的知识分子（关于他的背景和活动，详见第六章），对中国的看法与《独立新闻》的模式几乎没有区别。在他看来，中国是一个对朝鲜和朝鲜人构成威胁的前现代或反现代"恶棍"。《血之泪》的第一部分以历史上的平壤之战（1894 年 9 月 15 日中日战争）为背景，将"清朝士兵"描绘成最坏的那种恶棍，他们肆意掠夺、强奸贫穷且手无寸铁的朝鲜人。相比之下，是一名日本军医救了主人公——出生于平壤的玉莲（Ongnyŏn）。当玉莲和她的未婚夫具完书（Ku Wansŏ）去美国留学时，他们意外地遇到了康有为，康有为好心地安排他们去华盛顿一所中国学生常去的学校学习（Sŏ 2010, 61—62、109—110）。总之，朝鲜开创性的"新小说"让我们领略到了 20 世纪初朝鲜开化派知识分子所接受的两种相互冲突的中国形象：一个具有威胁性的前现代庞然大物，同时又是一个拥有共同文化传统的邻国，在康有为这样的知识分子的领导下进行现代化改革。值得注意的是，康有为和具完书两人在小说中用文言文交谈，说明两国精英仍使用共同的书面语！

　　对于 20 世纪初的朝鲜人来说，中国作为 1894 年以前朝鲜

"朝贡"关系网中的正式宗主国和东亚传统国际秩序的中心,是一个非常重要的国家,它不能被一个单一的、统一的形象所囊括。就朝鲜的现代化派民族主义知识分子而言,几个"中国"肯定是存在的,这既是以所谓(西方)现代性的普遍标准来衡量的,也是以朝鲜特定的国家利益和主张来衡量的。"中国"的一个缩影就是受排斥、守旧反动的形象,是朝鲜现代化派竭力想保持距离的"东亚病夫"。经过《独立新闻》中一些厌华文章的典型化塑造,这种形象使中国成为朝鲜民族主义者最不想成为的样子。《独立新闻》的西化者也清楚地认识到,中国的边缘化也是朝鲜所共有的,西方帝国主义对中国的迫害对朝鲜来说不是个好兆头。因此,较为温和的儒教改革派的《皇城新闻》尤其倾向于同情中国的困境,并对中国试图找到一条宪政出路表现出浓厚的兴趣。此外,《皇城新闻》,特别是更激进的民族主义报刊《大韩每日申报》,尽管对梁启超等主张现代化和改良的思想家非常着迷,也定期发布有关中国革命活动的新闻。因此,在 1911 年至 1912 年辛亥革命之前,孙中山在朝鲜就已经相当出名了。这些报刊认为中国革命者的自我牺牲是以更快的方式给中国带来现代性,这种积极关注为申圭植等朝鲜民族主义流亡者未来与中国革命力量结盟奠定了基础。从更长远的角度来看,这种联盟是 20 世纪 20 年代末至 30 年代朝鲜流亡民族主义者与国民党之间,以及在华朝鲜共产主义者与中国共产党之间密切合作的预兆。

第四章 | 我们中间的外侨与未来的希望：20 世纪 10—30 年代朝鲜人眼中的中国和中国人

导言：中国是希望，也是现实

对日据时期的朝鲜来说，除日本这个殖民国以外，也许没有一个国家比中国更为重要。朝鲜的华侨是第二大非朝鲜裔居民群体，仅次于日本人，他们的经济地位远远超过他们的人数优势。1930 年，在日本开始入侵中国东北之前，有 67 794 名中国公民居住在朝鲜，几乎是在朝日侨人数的八分之一（Yang and Wang 2006,206—207）。在一些职业中，华侨几乎和日侨一样表现突出。例如，据日本总督府 1930 年的统计，在朝鲜从事批发和零售贸易的日本人有 37 601 人，中国人有 18 264 人，几乎是在朝日本商人和售货员总人数的一半。在餐馆、理发店等服务行业，共有 18 188 名日本人，而中国人有 6 550 名，后者几乎占前者的三分之一（Chōsen Sōtokufu 1934,258—263，转引自 Yi 2012a,32）。事实上，除日本人之外，中国推销员、餐馆老板或工人可能是日据时期普通朝鲜人一生中可能遇到的唯一的外国人。

正如中国人移民朝鲜,朝鲜人也大量移民中国。据日本殖民当局统计,到 1932 年,有 64 万朝鲜人居住在中国东北三省(吉林、奉天和黑龙江),其中 62.2% 居住在吉林省东南部,即所谓的"间岛"。实际上,该地区的人口几乎以朝鲜人为主,1930年该地区 76.4% 的人口是朝鲜人(Chōsen Sōtokufu 1936,290)。到 1945 年,有近 100 万朝鲜人居住在中国,其中包括东北各省。20 世纪 20 年代和 30 年代,东北各省进行武装反殖民运动的朝鲜人,在以外国为基地的朝鲜人中,也许是继俄国朝鲜人之后最激进的。据日本警方估计,1924 年在与朝鲜接壤的中国省份有3 438 名朝鲜武装激进分子,日本警方对中国东北朝鲜侨民的激进化感到非常震惊(Yi 2009c,207—208)。就中国东北地区而言,朝鲜激进主义对他们的中国同志来说是一个重要变量,因为在那里的一系列革命组织中,朝鲜人的人数占据主导地位。"间岛"的中共东满特别委员会就是一个例子,根据共产国际倡导的"一国一党"原则,朝鲜共产主义者自 1930 年开始加入该组织,该组织在 1931 年 3 月有 636 名成员,其中 96.5% 是朝鲜人(Jin 2013,121)。

上海是东亚最具活力的国际城市之一,吸引了许多朝鲜知名人士——知识分子、商人和激进分子。据日本领事警察统计,到 1932 年,那里有 1 352 名朝鲜人;到 1938 年,这个数字已经达到 3 138。上海市警方的报告则称,1937 年有 7 855 名朝鲜人;不过,其中许多人可能是短期旅居者(Yang 1987,14—15)。中国这个最国际化的大都市聚集了数百名朝鲜流亡激进分子,既有民族主义者,也有更激进的派别(无政府主义者或共产主义者)(Sun 2000,57,99—105)。中国正在进行的革命(实际上有许多在华朝鲜流亡者参与其中)成为殖民地媒体的热门话题,朝鲜媒体大多以非常支持的语气对此进行描述。事实上,中国革命被视为朝鲜最终获得解放的最现实的希望。在很大程度上,这种兴趣得到了回报。民国时期的期刊广泛报道了朝鲜的独立运动,小说中也经常以同情的口吻对其进行描绘。例如,中国媒体对朝鲜 1919 年的三一运动进行了可能是世界上最详细的报道。1919 年 3 月 12 日至 5 月 5 日,仅《民国日报》就发表了 20 篇关于朝鲜独立运动的文章。这种报道听起来像是谴责那些"不能像朝鲜人那样奋起反抗"的中国人,也常常被看作是中国 1919 年五四运动的灵感来源之一(Yang and Wang 2006,211)。

另一方面,在朝鲜日据时期的散文文学以及在朝鲜和日本经营的报纸和杂志等主流媒体中,对华侨的态度大多是不友好的。他们将华侨看作朝鲜工人和企业家的竞争对手、实际和潜在的罪犯,甚至是社会"污染"的来源。这种观点推动了 1931 年朝鲜的大规模排华暴动,这场暴动造成了巨大的生命和财产损失。本章重点讨论日据时期关于华侨的话语中引发排华情绪的因素。此外,本章还将对比朝鲜期刊对在朝中国散居者的敌对态度与对中国革命的同情态度,最终试图解释"中国"和"中国人"对于 20 世纪 20 年代至 30 年代初朝鲜知识分子的意义。首先探讨殖民地朝鲜散文文学中的中国人形象,并以崔曙海(Ch'oe Sǒhae)(原名崔鹤松[Ch'oe Haksong],1901—1932)为例说明朝鲜文学对中国人的敌视态度。然后研究日据时期厌华情绪的历史根源，并将其与对中国革命更为积极的态度进行对比，后者往往与朝鲜自身的解放问题直接相关。

崔曙海和"边界体验"

由于中朝地缘相近、文缘相通，"中国"在殖民地初期（20 世纪 10 年代）的朝鲜文学和文学批评中并不是一个陌生的话题。对于这些在接触"新知识"之前接受了旧式古典教育的近代知识分子来说，中国古典传统的遗产仍然非常重要。这一群体的代表人物是杨建植（Yang Kǒnsik, 1889—1944），他毕业于汉城（今首尔）官立中文学校，也以其对佛教的虔诚而闻名，他与朝鲜近代佛教研究之父李能和（Yi Nǔnghwa, 1869—1943）一起学习佛经（中文译本），自 1915 年起编辑佛教月刊《佛教振兴会月报》（*Pulgyo Chinhǔnghoe Wǒlbo*）。杨建植是《红楼梦》（节译，1918）、《水浒传》（节译，1926）、《三国演义》（全文翻译，1929—1931）等中国古典名著的译者，他相信，在朝鲜广受欢迎的中国古典形象将激发朝鲜公众对崇高事物和英雄的兴趣，教育他们了解人类情感的多样性，所有这些对于将国家建设成一个现代"情感共同体"非常重要。同样地，在杨建植的理解中，佛教也是一剂良药，可以减轻"强权即公理"的现代社会达尔文主义丛林的痛苦（Chǒng 2013a）。虽然古典小说中的中国仍然可以提供万能隐喻和道德训诫，但当代经验中的中国却有着糟糕的名声。

在崔瓒植（1881—1951）的著名小说《秋月色》（*Ch'uwŏlsaek*）中，中国东北以某种"狂野西部"的形象出现。几个主人公在中国东北被土匪绑架，其中一个人最后成了土匪头子。虽然有个圆满的结局，但中国东北被描绘成了一个无法无天的地方，与小说中出现的其他空间（作为"文明"中心的英国，以及日本）形成对比（Ch'oe and Yi 1984, 72—81）。杨建植倾向于将古代中国理想化，崔瓒植则对中国的现代状况评价甚低。然而，两人都没有在中国的亲身经历。日据时期第一个基于个人丰富的亲身体验描绘中国的作家是崔曙海，正如我们将在下文看到的那样，他的描述远远谈不上积极和友好。

崔曙海是第一个利用自己的生活经验以中国为舞台进行写作的作家，他是日据时期对"中国"和"中国人"有着最丰富经验的散文作家之一。崔曙海的迅速崛起是 20 世纪 20 年代殖民地朝鲜文坛的标志性事件之一，对他最好的定义是"边际人格"（boundary personality）。首先，他成功地跨越了殖民地社会不同阶层之间的界限。他出生于一个贫穷的佃户家庭，是偏远的咸镜北道城津（Sŏngjin）人，却进入了主要由朝鲜国内外名校毕业的富裕中产阶级组成的文学界。相比之下，崔曙海所受的教育仅限于古代汉语的基础知识和几年的小学教育，他只能在没有正式毕业的情况下辍学。他没有出国留学，而是跟随家人于 1917 年在中国东北定居，作为一名体力劳动者在那里过着极度贫困的生活。他痛苦地意识到自己地位低下，不断将自己与社会地位更高的人进行比较，这种冲动在他的意识中几乎根深蒂固。在一篇自传体散文（Ch'oe 1927）中，他生动地描述了社会地位低下的经历所留下的创伤，他的小学老朋友们成功地继续接受教育并成为地方官员，然后摆出傲慢的姿态，公开鄙视崔曙海是一个不幸的失败者。

　　崔曙海强烈希望提高自己的地位，但从一开始就缺乏物质或文化资本，对他来说，朝鲜社会不同阶级和阶层之间的差距是他所感知到的社会现实的关键点。作为一个来自偏远省份贫困家庭、受教育程度不高的孩子，在主要由受过良好教育、中产阶级家庭后代组成的京城文学圈中社交，是一种类似于移民国外的"边界体验"。这不仅仅是一种因出身和学历而产生的偏执的自卑感。事实上，在京城的文学环境中，一些幸运的同行通常也是这样看待他的。例如，金东仁（Kim Tong'in，1900—1951）为他写的讣告：

　　　　他的成长经历与老一辈作家不同。他是一个从童年时代就经历了无数困难和痛苦，在恶劣的环境中成长的人。他经历了种种磨难。作为一个面对饥饿的可怜虫，他经历了僧侣、流浪汉、鸦片成瘾者和非技术工人的生活。因此，他所描述的社会不同于朝鲜作家在此之前惯常描绘的社会。他描述的社会是一个黑暗的社会。这是一个饥饿、疾病、痛苦、罪恶、残暴和恐惧混杂在一起的社会。到目前为止，朝鲜读者在小说中只看到过富人的生活，他们对曙海感到惊讶，他们为他喝彩的原因是迷恋于他小说中所描述的

社会新奇事物。这就是无产阶级(作家)协会接受曙海为领
袖的原因。

　　　　　　　　　　　　　　　　　　　　　　　　　(Kim 1932a)

金东仁是一个富家子弟,曾在东京留学(1914—1917 年在东京学
院[Tokyo Gakuin]和明治学院[Meiji Gakuin],1918—1919 年在
川端艺术学校[Kawabata Art School];参见 Paek 1989;Hatano
2011,385—516)。他的这篇讣告表明,主流的京城作家和文学
鉴赏家显然认为崔曙海的小说是异国情调、离奇的故事,殖民地
的绅士们对此几乎没有任何经验。作为一个被富有的鉴赏家们
观察和凝视的奇异对象,崔曙海没有理由分享关于纯文学"特殊
作用"的崇高想法。对他而言,写作首先是资本主义制度框架内
的一种经济活动。与其说他是一位"作者",不如说他是一位手
稿生产工人。他可能会认为这是一种怀才不遇,但现实仍然是
现实:

　　　　我写了一份手稿。完成后,我把它寄给报刊或杂志的
　　编辑部。我怎样才能详细描述我寄出后发生的所有羞辱性
　　场景呢? 当初要求寄送时,他们竭力讨好我。但在完成并
　　寄出后,他们变得傲慢无礼,甚至拖延支付他们欠我的微薄
　　酬金。由于我不能在这些事情上与他们争吵,我只能在孤
　　独中被忧虑和愤怒折磨。……因为我只为利益而写作,甚
　　至不能考虑任何艺术冲动,每当我想到我的手稿,我就会想
　　到钱。因此,我写作时几乎不得不违背自己的意愿,几乎不

　　能为了写作而调动足够的情感。这很痛苦。

（Ch'oe 1927）

被认为是"作家"的崔曙海实际上只是京城各出版社的一名非长
期雇员，换句话说，他是一名生产和销售小说的三流文学企业
家。他被誉为文学界的一颗新星，一位用贫穷和痛苦的故事吸
引中产阶级读者的时髦作家，但实际上他处于工人和作家的
边界。

"可怜"的朝鲜人

　　在崔曙海的边界体验中，另一个至关重要的决定性时期是
他在"间岛"的生活。开创性地将"间岛"经验"叙事化"，实际上
是崔曙海小说的主要价值之一。"间岛"居住着人数最多的朝鲜
人，还有中国人和日本人，他们冲突不断，是一个多民族、多文化
的空间，崔曙海本人很难忽视这种复杂性。然而，他对"间岛"中
国人的看法却出奇地负面。这一事实值得思考，尤其是考虑到
崔曙海与社会主义"新倾向派"（Sinkyǒnghyangp'a）的联系（尽管
是暂时的）。社会主义作家注意到了殖民地朝鲜的民族矛盾，也
热衷于强调他们的国际主义承诺，以及跨国阶级团结对于实现
社会政治变革最终目标的重要性。因此，他们倾向于严格区分
（压迫和剥削的）日本帝国和全体日本人，后者也包括被剥削阶
级，他们是朝鲜激进分子的潜在盟友（Kim 1990）。

　　公平地说,虽然"中国"作为一个主题往往与混乱和前现代性联系在一起,但在社会主义文学出现之前,朝鲜文学中对中国人的描写也并非一律是负面的。例如,李海朝(Yi Haejo,1869—1927)的通俗小说《月下佳人》(Wǒrha kain,1911)中,有一位心地善良的中国人王大春,把主人公从墨西哥"野蛮"的种植园中救了出来,他这是以德报德,因为朝鲜主人公的岳父担任朝鲜驻华公使时,曾在北京解救过被判处死刑的王大春父亲(Yi 1911,448)。毕竟,中国人的文化与朝鲜人密切相关,并在西方主导的新世界中与朝鲜人共同经历了许多历史不幸(参见第三章)。中国混乱不堪、治理不善,但朝鲜就好一些吗?

　　在崔曙海的作品中,尤其是小说《红焰》(Hongyǒm,1927)中,批评的焦点并不只是中国的前现代特征。被描述得最为负面的是"中国人"本身,而不是具体的"阶级敌人"和"剥削者"。小说中的大反派是一个姓殷的中国地主,但其他中国人物也几乎没有更好的表现。"邪恶、不道德、剥削"的中国人和他们的朝鲜受害者之间的冲突构成了小说的主要故事情节(Ch'oe 2001)。

　　崔曙海文学作品中的厌华并非个例。将朝鲜人与"邪恶、剥削的中国人"之间的冲突作为文学情节的重要元素,并不仅仅是崔曙海作品的特点。贫穷的朝鲜房客/仆人被邪恶、狡猾、沉迷于性的中国"剥削者"压迫,是整个殖民地朝鲜小说的一个流行题材。崔曙海的文学赞助人李光洙(Yi Kwangsu,1892—1950)是一位具有丰富国际经验的作家,曾在日本留学,后来旅居中国和俄国(参见第二章他对俄国的印象),他的小说《三峰的家》

（*Sambong'ine chip*；1930 年 11 月 29 日至 1931 年 4 月 24 日在
《东亚日报》上连载）中有一个著名的例子（Yi 1966，Vol. 2）。中
国地主胡老爷似乎有意勾引自己的诚实仆人——主人公三峰的
妹妹乙顺（Ŭlsuni），胡老爷的小老婆察觉后醋意大发，于是诬告
三峰是土匪，并将他交给了中国警方。三峰作为猪倌忠诚地服
务，结果却不公地以整个家庭的悲剧性毁灭而告终。

　　与此类似，在姜敬爱（Kang Kyŏngae）的小说《盐》（*Sogŭm*；
1934 年 5 月至 10 月在《新家庭》[Sinkajŏng]上连载）中，邪恶的
中国地主方登趁自己妻子不在强奸了朝鲜女主人公、凤艳
（Pongyŏmi）的母亲，然后非常不人道地将怀孕的朝鲜妇女赶出
他的土地。姜敬爱以同情左翼分子而闻名，这部小说也并非完
全没有跨国阶级斗争的主题。凤艳母亲的儿子加入了（中朝联
合）共产主义游击队，最终因参加解放运动而付出了生命的代
价。凤艳的母亲为了生存，试图从朝鲜走私盐到"间岛"，却被日
本警方逮捕。正是邪恶的中国地主在摧毁这个可怜的朝鲜妇女
的生活方面起了关键作用（Yi 1999，491—549）。

　　"沉迷于性、不道德的中国剥削者"似乎是殖民地朝鲜小说
中的一个原型。除性之外，"中国剥削者"很自然地被认为是贪
婪成性的，以至于成为不知悔改的连环杀人犯。在金东仁的小
说《红山》（*Pulgŭn san*，1932）中，一个"东北地主"先是指责他的
朝鲜房客宋添志（Song ch'ŏmji）没有支付足够的房租并打死了
他，然后又打死了另一个朝鲜主人公——一个绰号为"狼"的乡
村流氓，虽然他有习惯性的反社会行为，但作为一名朝鲜同胞，

他试图让邪恶的地主为宋添志的死负责（Kim 1932b）。"贪婪野蛮到杀人不眨眼"在这里是"中国地主"形象的本质特征。

现代文学史学家有说服力地表明，在金东仁对世界的认知地图上，"中国东北"意味着"野蛮"，只有"文明的"日本来统治才能变得更好。事实上，这部小说是在1931年9月19日日本入侵中国东北之后出现的。小说的叙述者是一位朝鲜医生，他可能在日本人开办的或是传教的机构接受教育，并在日本殖民当局的授权下穿越中国东北"调查那些尚未接受文明洗礼的人们普遍存在的疾病"，他的形象体现了朝鲜殖民现代性的秩序与中国前现代"野蛮"之间的对比（例如，参见 Yu 2011）。当金东仁出版《红山》时，他还没有亲自访问过"间岛"地区，他的写作很可能是依靠报刊上关于"间岛"的报道。1926年至1931年，《东亚日报》至少发表了17篇文章提到中国地主的"野蛮"和"贪婪"，他们殴打、动用私刑、非法驱逐朝鲜房客，强奸他们的妻子和女儿（转引自 Yu 2011，270）。所有这些文章从来没有尝试进行背景分析，换句话说，记者甚至没有尝试将中国地主的恶行与朝鲜的日本或朝鲜地主的典型行为模式进行比较。"中国地主"被定义为十恶不赦的恶棍。在经济、性或社会方面被邪恶的中国地主迫害，是殖民地朝鲜新闻和小说的一个定型主题。

《红焰》中的冲突确实不能被简单地归为阶级冲突，即一个贫穷的朝鲜佃户家庭被有钱有势的中国地主迫害。书中的朝鲜主人公以及作者本人对所有中国人进行了批评，有时甚至是贬低，而不仅仅是那些与他们有直接社会经济冲突的中国人。中国佬(Toenom，最初是对女真族的贬称，他们也被认为是清朝统治者的祖先)作为"中国人"的贬称，经常出现在对话中。"连自己的父母都不知道是谁的中国佬""野蛮的中国佬""中国佬有没有道德?"，这些都是朝鲜主人公们在提到中国人时经常说的话。作者也会插入说话者的原话，似乎表示赞同他们的言论：

> 在"间岛"，当中国人强行带走或自愿购买朝鲜妇女时，他们通常不允许她们离开自己的房子。即使父母要求与他们的女儿见面，也往往遭到拒绝。人们说，中国人之所以如此行事，是因为他们充满了猜忌。

作者本人的直接评论、小说中殷地主所说的粗俗蹩脚的朝鲜语，以及对其住所的描述，都是为了强调中国人的野蛮无礼，以及他周围令人恐惧的奇怪气氛。殷家的房子被描写得很旧，墙壁被烟熏得黑得可怕，天花板上布满蜘蛛网，古董壁画上历史人物的眼睛在烟草的烟雾中闪闪发光，仿佛是饥饿的恶魔。主要的朝鲜主人公文姑爷(Mun sŏbang)在拜访中国地主的住所时吓得浑身发抖。殷老爷显然与"饥饿的恶魔"有关，文姑爷则披上了恶魔斗士的光环，在大结局中用斧头杀死了殷老爷，并释放了被没有人性的"中国敌人"强行带走的女儿。

　　虽然也可以将文姑爷以及作者对"中国剥削者"的敌意定性为阶级仇恨，但也应该注意到，在小说中，没有一个非特权中国人(殷氏的仆人等)得到哪怕是表面上的正面描述。归根结底，小说描写了"我们朝鲜人的善良"与"他们中国人的邪恶"之间的冲突,最后以"我们的"英雄对"他们的"恶棍的复仇告终。当然,在崔曙海的小说中,《红焰》有些独特,因为它将朝鲜人和中国人之间的"民族对立"作为故事情节的关键元素。崔曙海的其他小说也强调了中国人的"另类",但是没有在故事的发展中赋予它关键作用。例如,在崔曙海著名的《出走记》(*T'alch'ulgi*,1925)中,主人公以如下方式描述了"间岛"的状况:

> 我在寻找可以耕种的土地,但那里没有空地。在付款之前,我甚至无法得到一坪①土地。我只能租用中国人的土地,要么支付一半的收成作为租金,要么进行个人收益分成。如果在签订租约的同时还向中国人借粮,那么年底的收成份额甚至不足以支付所欠的粮食。尽管如此,也没有人愿意接受我这样一个没有经验的家伙做佃户。不同的秉性,不同的民族,我应该往哪里去呢?
>
> (Ch'oe 2001)

这种描述无疑是现实的。在 20 世纪 20 年代初,中国公民无可争议地在"间岛"土地所有者中占大多数。到 20 世纪 20 年代末 30 年代初,朝鲜人在"间岛"人口中明显占多数(1930 年为 76.4%),但只有 7% 的朝鲜人是地主,而该地区 44% 的中国人是地主。原则上,朝鲜人也可以拥有土地,条件是他们归化为中国公民。但是由于中国方面的官僚程序,以及日本人坚持认为朝

---

① 1 坪约 3.3 平方米。

鲜人是"帝国臣民"，无权选择其他国籍，这一进程受到阻碍。中国为加快朝鲜人入籍所做的努力以及对未入籍的朝鲜人采取的措施，被朝鲜本土的大众视为"反朝迫害"。据报道，一些朝鲜活动家还敦促在朝华人协会加入反对这种迫害的请愿运动，以此暗示在朝华人也对在华朝鲜人的命运负有共同责任（Anonymous 1927b）。其实，根据日本的报告，在 20 世纪 20 年代初，大多数移民的朝鲜人穷得甚至买不起用于耕种的树苗，更不用说土地了（Park 2005，78—123）。不管对中国地主和朝鲜佃农之间冲突的描述是否属实，崔曙海修辞的显著特点是有意将"间岛"农业社会中的民族阶级冲突进一步民族化。在崔曙海的作品中，虽然大多数中国人是穷人和被剥削者，但他们完全被视为"剥削者"，沦为直接与"我们朝鲜人"发生冲突的负面"他者"。

　　资本主义世界体系的殖民地和半殖民地边缘的民族主义，倾向于用"欧美殖民者"和"非西方受害者"这种二分法来描述世界。被日本人而非欧洲人所害的朝鲜在这一大趋势中显得与众不同。西方和日本帝国主义者对中国人的迫害确实为朝鲜读者所熟知和哀叹（见下文），但朝鲜的文学民族主义者也对中国人进行了相当负面的描述。刻板印象中的中国人懒惰、沉迷于性、不择手段地剥削、肮脏。在 20 世纪 20—30 年代的朝鲜散文中，金东仁 1925 年出版的代表作《土豆》（Kamja）是对中国人进行极端负面描写的一个很好的例子（这部作品与《出走记》同年出版）。在朝鲜殖民地这部自然主义典范作品中，一个放荡无耻的华侨王老爷性侵了女主人公福女（Pongnyŏ），后来致其死亡。

在这部小说中，王老爷并不是唯一的中国恶棍，陆老爷和平壤华侨社群的其他男性也习惯性地虐待朝鲜女性。作者在小说中直言不讳地强调了中国人的"他者性"："成群的中国人在演奏一些奇怪的乐器，唱着奇怪的旋律，发出很多噪声"（Kim 1925）。

1925 年，距离中国人在朝鲜半岛开始现代定居已经过去了半个多世纪，对于殖民地朝鲜的代表性散文作家来说，他们仍然是异域的"他者"。到了 20 世纪 30 年代，殖民地散文文学对于中国男性仍在塑造性欲过度旺盛、好色的刻板印象。李孝石的著名小说《粉女》（*Punnyǒ*，1936）就讲述了朝鲜女主人公被另一个王老爷勾引的故事，这个王老爷是一个既有钱又有诱惑力的中国色鬼（Yi 1990［1936］）。将华侨描述为色情化的、并最终敌对的"他者"，用萨义德的话来说，完全可以称为"东方化"，不同之处在于，被中国男性引诱和虐待的女性所代表的朝鲜，正扮演着被动的女性受害者的象征性角色。

仇恨的历史根源

有的朝鲜现代文学如此明显地敌视华侨，其历史根源是什么？从历史的角度来看，这种敌视的起源可以追溯到朝鲜华侨社群出现与帝国主义对朝鲜攻击之间的历史重叠。1882 年 6 月至 7 月，第一批中国商人（大约 40 人）与被派去镇压壬午兵变的中国清朝军队一起来到朝鲜。在中国协助镇压这场叛乱之后，朝鲜成为中国事实上的半保护国，华侨被允许在仁川（济物浦

[Chemulp'o]）建立聚居区,在汉城（今首尔）和其他一些城市定居,并很快受到中国在朝鲜朝廷的最高代表袁世凯（1859—1916）的特别保护。中国在甲午中日战争（1894—1895）中战败并从朝鲜撤军后,这种特别保护也随之结束,但是,虽然现在有权势的日本人试图阻止中国侨民的规模和商业影响力,但华侨的数量仍在继续增长,到 1907 年,仅在汉城就有大约 2 300 名华商。通过家族网络筹集资本的丰富机会以及中国企业的排他性（他们往往只雇用中国人,通常是亲戚或同乡）,使他们成为朝鲜新生资产阶级的强大竞争对手,而且是相当不受欢迎的竞争对手。在沦为殖民地前,朝鲜的排华情绪就已经很明显（Chŏn 2003）。

日据时期朝鲜华侨的数量迅速增长,这首先是因为中国体力劳动者大规模涌入。与日本本土不同,在 1934 年之前,殖民地朝鲜对中国体力劳动者的入境没有任何限制。中国人被认为既可靠又廉价,到 1931 年,中国工人的平均日薪为 1.63 日元,低于"朝鲜人工资"（1.76 日元）,仅接近"日本人工资"（近 3 日元）的一半（转引自 Pak 1986,297）。中国劳动力廉价的一个原因是供应充足。在 1911—1912 年辛亥革命未能建立一个稳定且强大的共和政府后,地方军阀暴力割据,到处都是战争、流行病和赤贫,越来越多的"苦力"从中国各地来到朝鲜。到 1920 年,日本总督府共登记了大约 1.6 万名在朝鲜永久或长期居住的华工,其中大约一半是低技能或无技能的。1925 年底,也就是崔曙海《出走记》出版的那年,这一数字已达到约

2.1万（Anonymous 1926b）。而且在朝鲜逗留不到一年的季节性工人往往不登记，也不纳税（这使他们更加便宜）；如果将他们计算在内，在朝鲜的中国工人数量将会高出许多倍。日本政府的统计数据显示，1925年日本官方机构在朝鲜雇用的中国工人达到276 510人，1929年猛增至907 425人。由于同一个工人可能被多个政府机构或承包商雇用，这些数字不能反映在朝鲜的季节性工人和其他中国工人的确切数量，但确实显示了廉价中国劳动力被剥削的规模（转引自Kim 2013b）。

　　许多中国移民在建筑工地工作，其他人则受雇于朝鲜的先驱工厂、朝鲜北部地区的矿山，甚至是商业性农业。朝鲜工人普遍认为中国人与他们争夺工作，而中国工人被用作罢工"破坏者"的案例则加剧了这种敌意，特别是1919年釜山邮船罢工事件。事实上，当时被带到釜山的大约30名中国工人是这个港口城市的第一批华工（Cho 2013，89）。最臭名昭著的案例是1929年500名中国工人被用来驱散元山（Wŏnsan）大罢工。而这次罢工也得到了一些中国劳工组织的支持，并成为朝鲜工人和日本工人团结一致的典范（日本工人也参与了罢工）（Chŏn 1989；Kim 1989）。为了争取更高的工资和更好的工作条件，中国工人有时也会罢工（关于日资钢铁厂罢工的描述，参见 Anonymous 1929），但20世纪20年代末他们作为易于利用的"罢工破坏者"的形象已经固化了。

　　雇主和日本政府的"分而治之"策略有时导致朝鲜工人组织公开抗议使用华工（Jin 1983，37—54）。朝鲜报刊经常提到朝鲜工人和农民在当地举行排华抗议活动。例如，据报道，1929年3月，在靠近中国边境的新义州（Sinǔiju）附近一个村庄，朝鲜工人（显然包括需要额外收入的农民）向当地的日本警察局长抗议吉野组（Yoshinogumi）大量雇用华工。吉野组是一家由当地水利合作社签约的公司，负责建造所需的水坝和堤坝（Anonymous 1929c）。日本报纸和杂志率先表示支持抗议，他们有时将大批中国"苦力"的进入描述为对殖民地就业市场的"威胁"（Anonymous 1931a）。也有人认为，廉价中国工人的"入侵"正在取代日本自己的殖民地的日本工人。某个名为星出正雄（Hoshide Masaō）的人于1926年在著名杂志《朝鲜与中国东北》（Chōsen oyobi Manshū，No. 220）上发表的一篇文章提到，日本石匠现在正从朝鲜返回，因为中国竞争者的涌入大大降低了那里的工资，而以前日本人工资的殖民溢价几乎消失了（转引自Kim 2013b）。1931年，随着进攻中国东北的准备工作全面展开，日本殖民统治者充分利用这种排华情绪，伪装成维护日本人和朝鲜人利益的殖民地劳动力市场的保护者，经常下令大规模解雇中国工人，并由朝鲜人代替（Anonymous 1931b）。两个属下阶层群体之间的就业竞争最终被利用，以使帝国主义政策在殖民地属下阶层多数族裔中合法化。

　　经济冲突不仅被殖民势力利用，也因日常生活中的紧张关系而变得更加复杂。由于许多华侨最终将返回中国，所以他们通常不会将女性家庭成员带到朝鲜。特别是对于体力劳动者来说，在大多数情况下，将配偶带到朝鲜在经济上是不允许的。因此,殖民地朝鲜的华侨社群主要是男性,1922年殖民地总督府登记的华侨总共有30 826人。其中只有3 203人是女性,约占总人数的10%。到了20世纪20年代末,随着越来越多的中国人想要在朝鲜永久定居,女性的比例出现了缓慢增加的趋势。尽管如此,华侨的绝大多数仍是男性(Jin 1983,25)。无配偶的中国男人经常想要与当地女性交往,而且经常被当地媒体描述成好色、性欲过剩的人或施虐者。现在很难证实华侨的性行为不当是否比当地男性更突出。但不可否认的是,"我们中间的外国人虐待我们的妇女"比当地人的类似不当行为更吸引民族主义媒体的关注。对于一个典型的殖民地社会来说,其他民族以当地社会认为不合适的方式寻求与当地女性建立亲密关系的问题在朝鲜是极其敏感的。毕竟,日本统治下朝鲜最著名的大规模反殖民主义示威之一——1929年秋季光州的学生运动,是由朝鲜和日本学童之间的争斗引发的,而争斗的起因是一个日本男孩在公共场合拉扯朝鲜女孩的头发(Solomon 2009)。但是在殖民地的审查制度下,日本男性的不当行为不容易被报道,而中国的"好色之徒"和"施虐者"则是一个无比容易的目标。

20世纪20年代,报刊上关于"中国人欺辱我们的女孩"的故事层出不穷。例如,一家赛马俱乐部的两名中国雇员被他们的朝鲜同事殴打致伤,据说他们奸污了朝鲜同事的妻子(Anonymous 1929b);一名中国丝绸商人据称购买并糟蹋了一名13岁的朝鲜女孩(Anonymous 1927c);还有一个故事说的是公州(Kongju)一家面包店的中国老板"因欺负朝鲜女孩而臭名昭

著”,在他的房子里,另一个中国蔬菜商试图绑架并强奸一个 15
岁的朝鲜女佣未遂(Anonymous 1927d)。这类耸人听闻的故事
为崔曙海、金东仁和李孝石等富有创造力的作家提供了丰富的
素材。除了单纯的虐待,中国的跨国关系网还经常被指控贩卖
人口,也就是把买来或绑架的朝鲜女孩卖到国外(主要是中国)。
报刊上充斥着令人震惊的故事。例如,一个长期居住在朝鲜的
华侨被描述为冷血的职业人贩子(Anonymous 1924a),一名居住
在首尔的中国妇女被描述为“女巫”,据称她购买并抚养朝鲜未
成年女孩是为了将她们卖到国外(Anonymous 1925a)。就像同
时代日本最贫穷的家庭经常会将女孩卖给妓院当契约奴隶一样
(Hane 2003,3—4),朝鲜最贫穷的农民和城市贫民窟居民也是
如此,殖民当局对此也予以纵容(Yamashita 1997)。一些被贩卖
的朝鲜女孩确实可能最终来到中国大陆或者台湾地区,那些只
有朝鲜妓女的妓院(其中大多数似乎处于事实上的契约奴役状
态)在当地的日本人中很受欢迎。同样地,被贩卖的日本女孩也
可以在朝鲜的日本妓院落脚(Jin 2014)。但是,从民族主义的角
度来看,跨国、跨境行为者的人口买卖很容易被理解为“外国对
我们妇女的威胁”,而不是一个区域性的社会和性别问题。自相
矛盾的是,20 世纪 20 年代的民族主义报刊通常将日本警察视为
压迫性的殖民行政机器,并(公正地)批评他们的各种侵权行为
(Yi 2010),但这些报刊强调中国关系网在国际人口交易中的邪
恶角色时,又将日本警察描述为“朝鲜女孩的救世主”。

　　除了对朝鲜妇女构成潜在威胁,中国人(中国男人)还经常

被指控走私鸦片、从事毒品贸易。吸毒是造成国家衰败的中国民族灾难。1925 年,《东亚日报》一篇社论(公正地)将中国毒品交易的盛行归咎于当地军国主义者和犯罪分子的勾结(Anonymous 1925b)。同时,民族主义报刊也强调华侨在朝鲜毒品交易中的作用(Chŏn 2003)。此外,日本领事和警方的报告中也经常提及朝鲜人参与中国境内的鸦片贸易(转引自 Pak 2008c,195—199),日据时期的朝鲜作家也注意到了这一点。金史良(1914—1950)的日语小说《乡愁》(Kyōshū,1941 年 7 月)生动地描述了北京的朝鲜流亡者,他们避开民族斗争,转而与当地中国人进行鸦片贸易,与日本军事占领当局秘密合作(Kim and Kwak 2009,Vol. 1,147—193)。与同时代中国的情况类似,20 世纪 20 年代朝鲜吸毒人数的快速增长是不争的事实。据一些记者估计,1926 年吸毒人数为 7 万人,大多数观察家都认为这一数字在迅速增加。造成这种结果的真正原因很可能是日本警方对非法毒品交易的禁令执行不力,还有殖民地社会受教育阶层普遍感到沮丧无助,殖民地工人、工匠和小商贩极度贫困又缺乏思考维度(Pak 2008c,106—119)。但是对于民族主义媒体来说,指责"外来"中国人散布邪恶,比分析殖民地社会文化危机背后的复杂原因要容易得多。

　　朝鲜民族主义媒体不放过任何机会抹黑华侨形象,原因之一在于朝鲜资产阶级的立场,他们控制着朝鲜主流媒体,并对编辑政策产生决定性影响。从殖民地朝鲜本土企业家的角度来看,中国人主要是竞争对手。而且,与日本资本家不同,他们相对容易成为敌对运动的目标，因为他们不受殖民政府的保护。据日据时期的统计，1922 年华商占在朝华侨人口的 51.8%（其余为工人或主要种植蔬菜的农民）。其实绝大多数中国个体“商人”所拥有的只不过是一家中餐馆（从 20 世纪 10 年代末开始，中国菜在朝鲜城市地区流行起来）、理发店、纺织作坊或销售进口纺织品的小型零售公司。在京城，1923 年有 203 户中国家庭登记为面包店业主，120 户登记为餐馆业主（转引自 Yasui 2013，182）。也有一些华侨资本家出了名的富有，最典型的例子是谭杰生（1853—1929），他是一个广东人，1885 年到朝鲜，在日本殖民统治之前就已经通过进口英国和中国商品发了财。到 1922年，他仍是京城头号纳税人，他的纳税额比京城最富有的日本纳税人多 213%（Ishigawa and Kim 2007；Pak 2002b）。据报道，翌年，谭杰生仅在财产税和所得税方面就缴纳了 5392 日元，这一金额相当于一个日本熟练工人（预计每月收入约 60 日元）7 年的预期收入（转引自 Yasui 2013，181）。

　　虽然谭杰生的情况有些例外，但朝鲜华商社群富裕上层人士的经济地位一般强大到足以让当地的竞争对手嫉妒。据一位居住在朝鲜的中国商人透露，在 20 世纪 20 年代中期，朝鲜最大的城市市场上，五个摊位中大约有三个是华侨的，除了辣椒和大蒜的价格，他们还控制着纺织品（主要是进口纺织品）的价格（Lu 1956，53—54）。《东亚日报》对京城 120 家中餐馆的竞争力表示惊叹，其中三分之二的顾客是日本人或朝鲜人（Anonymous 1922），中国理发师的压倒性实力也令该报赞叹，日本当局只能

通过引入基于考试的许可制度来限制中国理发师（Anonymous
1923）。在殖民地朝鲜,华侨除了在快速增长的城市服务业中拥
有突出地位,他们对中朝贸易的控制也是其经济地位的一个重
要基础。到 1927 年,这一贸易额比 1913 年增长了 7 倍（Yang
and Sun 1991,191—192）。其中大部分贸易是纺织品,在朝鲜的
日本贸易界看来,这损害了他们的地位。

　　为了保护日本商人的地位,殖民当局制定了一系列保护主
义措施。例如,1924 年对从中国进口的棉花（主要是英国生产
的）和丝绸（主要是中国生产的）征收 100% 的高额关税（Kim
2005c）。这些措施也有利于当地的朝鲜人和日本人纺织品生产
商,包括金性洙（Kim Sŏngsu,1891—1955）和金秊洙（Kim Yŏnsu,
1896—1979）兄弟,他们作为大股东管理着朝鲜最大的纺织
厂——京城纺织（Kyŏngsŏng Pangjik）和当地最有影响力的报刊
《东亚日报》（关于他们的商业帝国历史,参见 Eckert 1991）。虽
然朝鲜人和日本人商界精英在许多问题上存在利益冲突,但在
与中国企业家的竞争中,他们又有一定的利益重合。这也是为
什么《东亚日报》经常刊登排华报道,由殖民当局经营的《每日新
闻》率先指责华侨走私、毒品交易、暴力行为和吸毒,并强调中国
特别是中国东北地区对朝鲜人的"迫害"（Son 2009）。当地的抑
或是殖民者的现代"印刷资本主义"（print capitalism）,在表达排
华偏见并将这些偏见渗透到城市大众读者中的过程中发挥了重
要作用。

　　1931 年朝鲜灾难性的排华暴乱暴发。其实在跌宕起伏的朝

鲜华侨史上，1931 年的暴乱并不是第一次。第一次大规模的排华暴乱事件发生在 1927 年 12 月，当时朝鲜报刊上关于中国东北的朝鲜人遭到中国当局虐待的报道煽动了暴民的情绪。据《东亚日报》报道，最恶劣的虐待行为是关闭朝鲜人学校，强制解散朝鲜宗教团体，驱逐未能入中国籍的朝鲜人，以及禁止向未入籍的朝鲜人出租土地和住所（Anonymous 1927e）。中国东北地区的许多反朝措施都是起因于日本以"保护日本公民（朝鲜人）"为借口进行渗透所带来的威胁，当然，或许由于日本的审查制度，殖民地朝鲜的媒体对此却轻描淡写。1927 年的暴乱始于裡里（Iri，位于全罗北道），最终导致对中国商店抢劫，这证明了朝鲜人所认为的中国商人的市场支配地位在引发集体迫害中起到了一定作用。在随后的两个星期里，骚乱蔓延到朝鲜西部大部分地区，12 月 13 日至 15 日仁川唐人街发生对峙，京城华人的财产遭到大肆抢夺。2 名中国人死亡，4 名失踪者下落不明，据推测已死亡（Yasui 2013，201—202）。然而，1927 年的悲剧只是一个前奏，4 年后发生的更血腥事件在很大程度上重现了类似的场景。

　　1931 年暴乱的借口仍然是中国东北的"反朝迫害"，但是在该事件中，这些所谓的"迫害"很大程度上都是想象出来的。事实上，暴乱的直接动因来自殖民地朝鲜媒体的夸张报道，这些报道一如既往地带有排华偏见。引发暴乱的导火索是万宝山地区（今吉林省长春市东北部附近）朝鲜佃农和中国农民之间的冲突。1931 年 6 月至 7 月，一群朝鲜人在大约 40 名日本领事警察的保护下,不顾当地中国农民的反对试图修建一条灌溉水渠,而当地农民的田地却因此遭受洪水威胁。这些朝鲜人都是没有土地的佃户,他们是被郝永德(1875—1947)带到万宝山的。郝永德是日本人的长期合作者,曾为中东铁路工作,后来在日本人的保护下通过投资妓院等方式致富(日本战败后,他被国民党当局逮捕,以叛国罪被审判,最后死于狱中)。中国研究人员以郝永德与日本的长期合作关系为依据,倾向于认为,郝永德在中国农民的田地附近从 10 个中国大地主那里租赁土地发展朝鲜式水稻农业,从一开始可能就是为了在当地中国人中挑起事端,给日本军队全面入侵中国东北再提供一个借口(确实在不到三个月内就发生了)。郝永德带到万宝山的 188 名朝鲜农民中,约有140 人是正式的中国公民(Wang and Gao 1991,22—31)。一些朝鲜民族主义者,包括《朝鲜日报》的主编、著名民族主义思想家安在鸿(An Chae-hong,1891—1965),确实建议在中国东北的朝鲜人入籍并明确放弃他们以前的日本国籍,以消除中国当局的疑虑(An 1928)。

那次冲突没有造成人员伤亡,最终结果也有利于朝鲜方面,或者更确切地说,有利于日本方面,但安在鸿的《朝鲜日报》在 7 月 2 日至 4 日期间刊登的一系列"报道"中声称,在日本和中国警察之间的大规模冲突中,"我们的 200 名同胞"受伤。当 7 月 3 日仁川的排华暴动已经开始时,《朝鲜日报》于 7 月 4 日发表了一篇新的社论,以"对我们血脉相连的同胞的爱"之名呼吁"正义行动"。该报本质上是在为集体迫害推波助澜,而且他们这样做

显然是得到了日本殖民政府的允许甚至鼓励，因为张学良
（1901—2001）管理地区的民族主义日益增长，在与其关系日益
紧张的情况下，日本殖民政府有意让朝鲜的排华仇恨进一步升
温。虽然《东亚日报》7月2日至4日的文章还在提"中国农民
的暴力"（事实上不存在），但7月5日起又试图为排华情绪降温
（Min 2002,185—192）。相比之下，以有影响力的上海日报《申
报》为代表的中国媒体则认为，整个事件是日本试图在中国人和
朝鲜人中挑拨离间，让他们相互对立（Anonymous 1931c；韩语译
文转引自 Shi et al. 2004,324—331）。

　　媒体对排华情绪的煽动引发了严重的流血事件。1931年7
月初，朝鲜多个城市发生的排华暴动造成142人死亡（其中91
名华侨失踪，据推测已死亡）。作为排华暴力事件的肇事者被逮
捕的朝鲜人中，约有44%的人是工人。他们通常认为中国人是
劳动力市场上的竞争对手，又为有关中国反朝暴行的误导性报
道所激怒。最近的学术研究详细讨论了一起（日本人经营的）京
城赛马场雇用的中国人被朝鲜工人攻击的案件。研究称，赛马
场所在地区新设里（Sinsŏlli）的中国人和朝鲜人之间的紧张关系
已经持续了数年，并且由于日本管理层喜欢雇用"廉价和可靠"
的中国人而加剧，这一说法令人信服（Chŏng 2013b,139—177）。
《朝鲜日报》的报道引发了流血事件，即使在集体迫害之后，其基
本编辑方针似乎也没有改变。它继续将朝鲜内外的中国人视为
"他者"，要么是潜在的敌人，要么卷入与朝鲜人的达尔文式生存
竞争中。1931年7月5日，《朝鲜日报》主编安在鸿终于发表了

一篇文章,以中国东北朝鲜人的安全为名呼吁人们保持冷静,因为他担心朝鲜人会遭到报复(Kim 2009b)。在民族主义知识分子的心中,似乎只有在"我们在中国的同胞"的安全问题也处于危险关头时,华侨的生命才显得要紧。整个 20 世纪 30 年代关于华侨社群的负面报道持续不断(1937 年日本全面侵华后,华侨社群的经济占比急剧下降),并逐渐与日本准备发动对华全面战争时捏造的诋毁中国人"前现代、无能、柔弱、懒惰"的主流官方话语相融合(Chŏn 2003)。

中国革命与团结的可能性

　　不可否认的是,在殖民地文学和知识分子的话语中也存在着大量对中国的同情和积极兴趣。这种情感在同时代的日本也不是没有,比如鲁迅(1881—1936)的朋友内山完造(Uchiyama Kanzo,1885—1959)从 1917 年到二战结束在上海经营一家日本书店,还有著名的左翼记者尾崎秀实(Ozaki Hotsumi, 1901—1941)出于对日本侵华的抗议参与了理查德·佐尔格(Richard Sorge,1895—1944)的苏联间谍活动(Fogel 1998)。在殖民地朝鲜,这种情感无比普遍,因为中朝团结毕竟是弱者和被压迫者之间的自然联盟。例如,在朱耀燮(Chu Yosŏp)1925 年的小说《人力车夫》(Illyŏkkŏkkun,Chu 1925,重印于 Chu 2000,457—475)中,角色被颠倒过来,富有的朝鲜人被描绘成贫穷的中国人力车夫的剥削者。在文学界以外的知识界,一位以怪诞悖论著称的

殖民地思想家卞荣晚（Pyŏn Yŏngman, 1889—1954）曾把他流亡
数年的中国称为"第二祖国"，并认为中国近代伟大的哲学家章
炳麟（1868—1936）是他的老师（参见 Pyŏn 1931，再版于 Pyŏn
2006，Vol. 3，187—188；卞荣晚写给章炳麟的信参见 Pyŏn 2006，
Vol. 1，319—320）。值得一提的是，《东亚日报》驻华记者、独立
运动家、殖民地朝鲜当之无愧的"中国通"申彦俊（Sin Ŏnjun，
1904—1938），在 1931 年万宝山事件和随后朝鲜发生的排华迫
害之后，积极努力推动朝鲜人和中国人之间的和解（Min 2002，
193—205）。

　　在殖民地朝鲜的散文文学中，一个有趣的例子是著名佛教
改革家、诗人韩龙云（笔名万海［Manhae］；1879—1944）的小说
《黑风》（Hŭkp'ung，1935 年 4 月 9 日—1936 年 2 月 4 日在《朝鲜
日报》上连载），该小说对中国的描写虽然是浪漫化和粗略的，但
相当积极正面。小说的主人公是晚清时期一个浪漫的亡命之
徒，是杭州一个贫苦农民的儿子，他一开始向富有的地主复仇
（地主曾勒索他的佃户父亲，让他父亲把女儿送给自己做妾），
最后成为反清革命者，并前往美国寻找"新知识"（Han 1974，
Vol. 5，17—309；另见 Ch'ae 2004）。"中国革命者"显然影射的是
朝鲜自己的激进民族主义者，这些朝鲜民族主义者的勇气令韩
龙云非常钦佩。小说中还穿插着对晚清历史事件和中国城市
（杭州、上海等）的描述，但其实韩龙云一生从未去过这些城市。
很明显，对韩龙云来说，中国与朝鲜是同一文明和历史空间的一
部分，中国的历史与朝鲜同步，两个国家都孕育着暴力和激进的

民族革命。

　　中国革命的确是 20 世纪 20—30 年代朝鲜知识分子的热门话题,对他们中的许多人来说,中国革命意味着可能发生大规模剧变,从而结束东亚的殖民主义和资本主义。当然,中国革命并不是唯一的希望之火,殖民地媒体也极为同情且细致地详细报道了圣雄甘地(Mahatma Gandhi,1869—1948)和他有广大群众基础的反殖民活动(Yi 2006c)。只不过中国在地理空间和文化上都无比接近朝鲜,因此也更加重要。在华朝鲜流亡者的出版物和朝鲜本土的报纸、杂志等朝鲜媒体广泛报道了孙中山的活动,他们认为孙中山的活动是中国民主革命成功的关键。1920 年,孙中山在一家日本日报上发表了一篇文章,暗示日本对朝鲜的占领是对中国利益的威胁(Sun 1920),这篇文章很快就被朝鲜主要的自由派日报《东亚日报》(Anonymous 1920c)和上海大韩民国临时政府的喉舌《独立新闻》(Anonymous 1920a)翻译并转载。孙中山在与中国军阀的对抗中需要争取日本的支持,所以即便他想积极支持朝鲜独立,也很难这样做。然而,朝鲜知识分子却热衷于寻找哪怕是一点点迹象,希望这位中国革命的杰出领袖可以支持朝鲜事业。

　　孙中山在神户做了著名的泛亚主义演讲(1924 年 11 月 28 日),他强调了中国和日本作为亚洲"天然领袖"在反对"西方霸权主义"斗争中的作用,但完全没有提及朝鲜在日本控制下的困境(其译文参见 Saaler and Szpilman 2011,75—87),这不能不令朝鲜受教育阶层产生巨大的幻灭感。一个具有代表性的例子

是,《东亚日报》在演讲发表两天后就迅速简短报道了这次演讲
(Anonymous 1924b),然后发表了一篇长篇英文社论(也面向外
国读者)批评了孙中山的立场(Anonymous 1924c)。孙中山与朝
鲜的帝国主义主子"调情",让殖民地朝鲜知识分子看到了东亚
强权政治的复杂性。虽然中国革命似乎带来了所有可能性,但
这并不意味着朝鲜这个强大的西边邻国会立即为朝鲜的事业提
供援助。

　　朝鲜人对中国革命提供的各种观察视角一直抱有兴趣,并
不局限于孙中山的高尚人格。"基督教军阀"冯玉祥(1882—
1948,他后来加入国民党并最终与共产主义者建立了友好关系)
在 1924—1925 年占领北京,改变政府体制,邀请段祺瑞(1865—
1936)担任总统,并在北京接待了孙中山。朝鲜具有代表性的知
识分子月刊《开辟》对此发表了一篇长篇社论,毫不掩饰地对中
国"共产主义化"(chǒkhwa)的可能性持乐观态度。该杂志的作
者将传说中的圣帝(黄帝、尧、舜、禹等)统治下的中国古代政府
体系看作一种原始的共产主义,仍然将国民党视为苏联的盟友,
既详述了冯玉祥的亲苏立场,也详述了中国激进工会和国民党
内部激进分子的潜力。《开辟》的作者最担心的是帝国主义可能
干涉即将到来的中国革命,在他们看来,中国与朝鲜一样,是东
亚地区帝国主义的最大受害者(Anonymous 1926c)。

　　值得注意的是,在更广泛的意义上,"受难者的团结"也是一
种视角,在这一视角下,中国不同立场的革命者表现出对朝鲜殖
民地困境不同的思考。同理心显然是相互的。朝鲜大多数现代

化派知识分子本着良好的民族主义精神将中国视为一个潜在有益、友好的"外国"，而一些较为保守的中国共和主义者仍然通过以中国为中心的传统视角看待朝鲜，如此一来，将朝鲜看作"忠实藩属国"的古老观念与现代种族主义言论掺杂在了一起。1920年3月，国民党决定支持在华朝鲜流亡者的民族主义运动时，其官方理由是朝鲜"作为中国藩属国的悠久历史地位""朝鲜人可能是殷周后裔"等历史原因（转引自Kim 1999b，923）。1922年10月，孙中山在会见上海大韩民国临时政府外交部长、中国共和主义者的老朋友申圭植（1879—1922）时指出，"中国和朝鲜这两个兄弟国家在文字[即文化]和种族方面的共同性，以及他们长期以来唇齿相依的关系"是国民党在道义上必须接受朝鲜独立运动者一些要求的原因（Min 1942，26；转引自Xu 1999，299—300）。事实上，在10年前的1912年初，申圭植在上海革命地与孙中山第一次会面时就用更加华丽的语言指出了中国革命的区域/国际影响，并向他的对话者献上了一首文言诗：

> 共和新日月，
> 重辟旧乾坤。
> 四海群生乐，
> 中山万世尊！

（转引自 Pae 2007，53）

对该地区来说，共和国无疑是一个非常新的现象。然而，相信中国政治事件对包括朝鲜在内的整个地区（传统上认为或多或少等同于世界［"四海"］）的向心力，以及渴望表达朝鲜对中国新领导人的钦佩，这在朝鲜有着更悠久的历史渊源。

　　国民党的左翼人物在评价朝鲜的斗争时却没有那么受传统束缚。陈独秀（1879—1942）是中国共产党创始人之一，后来成为中国托洛茨基主义者（Trotskyists）的领袖（他的英文传记参见Feigon 1983），他评价朝鲜 1919 年三一独立运动是一个重大的世界历史事件。他还表示，希望独立后的朝鲜能够保持 1919 年3 月大规模反日示威中的非暴力、非武装抵抗精神，并为建立一个解除武装的后军国主义世界开辟道路。虽然辛亥革命（1911—1912）后中国的民主制度彻底失败，统治者和被统治者之间完全疏离，但他还是为自己的同胞无法像朝鲜人那样做而感到羞愧。与"学生和基督徒"奋起示威的朝鲜不同，中国的"学生和基督徒""精神上似乎已经死了"（Chen 1919；重印于 Chen 1987，404—405）。就在陈独秀对中国学生的悲观言论曝光一个多月后，中国爆发了 1919 年五四运动，很显然，陈独秀对当代中国年轻人批评过度。对我们来说很重要的一点是，到 1919 年，中国和朝鲜对邻国革命能力的钦佩是相互的。中国革命知识分子也有理由钦佩他们较小的东边邻国，以及其民众举行群众示威等现代民主公民仪式的能力（这些仪式往往冒着极大的生命危险）。

　　朝鲜报刊密切关注并报道了国民党 1925—1928 年的东征和北伐，他们对中国重新统一的历史和世界政治意义及中国的革命潜力很感兴趣。许多朝鲜人也参加了这些关键的军事行动,但是殖民地朝鲜对此没有进行广泛报道。国民党黄埔军校在 1928 年之前招收了 34 名朝鲜学生,甚至还聘请了一些朝鲜教师(朝鲜人吴松云[O Song'yun]在那里教俄语;Xu 1999,306)。该校的朝鲜毕业生因其在 1925—1928 年的军事功绩而闻名,其中包括杨林(Yang Rim,1898—1936),他是中国东北抗日武装斗争的年轻活动家,在两次战役中作为营长表现突出。1925 年他就加入了中国共产党,20 世纪 30 年代初,他站在共产党一边与国民党作战,并在长征中英勇牺牲(Han 2004,200—204)。和杨林一样,大多数黄埔军校的朝鲜人都是不同类型的左翼分子。至少有 24 名朝鲜学生是朝鲜义烈团(Ŭiyŏldan,成立于 1919 年)传奇领袖金云凤(Kim Wŏnbong,1898—1958)的追随者。朝鲜义烈团是一个无政府主义倾向的武装抵抗组织,在 20 世纪 20 年代中后期积极寻求与共产主义者合作(Piao 2001,90—96)。

　　辛亥革命本身并不意味着直接、必然推动朝鲜的反殖民主义解放运动。孙中山的广州军政府与上海大韩民国临时政府保持着友好联系,承认其事实上的存在,并在原则上表示支持朝鲜独立,但从未给予上海临时政府官方的完全承认,这让流亡在中国的朝鲜民族主义者感到非常沮丧(Pae 2013)。孙中山对朝鲜事业不冷不热的态度表明,中国作为一个传统的民族国家有其自身的利益,而这些利益并不一定与朝鲜的利益一致。相比之下,共产主义或无政府主义则是更为明确的国际主义,中国共产主义革命被许多朝鲜流亡激进分子视为朝鲜解放的一个可能很关键的因素。

　　殖民地朝鲜许多评论家的立场也是中间偏左，国民党军队
对中国的政治统一并不是他们唯一关注的对象。中国发生的事
情被认为是一场自下而上的革命，因此中国"群众"的状况和态
度是人们最感兴趣的。例如，1927—1929 年，申彦俊在《东亚日
报》上连载了许多关于中国工人阶级及其社会经济状况和革命
的高质量文章，主要关注中国和朝鲜的共同点。和朝鲜一样，中
国工人的激进主义在很大程度上可以用民族主义者的愤怒来解
释，这种愤怒主要针对公开持有种族主义态度的外国企业家。
根据申彦俊的统计，1927 年上海所有罢工中有 75% 与外国人对
中国工人的虐待有关。更为普遍的现象是，中国正面临着外国
资本主导工业发展，以及随之而来的传统手工艺衰落和农业人
口过剩的问题，而不发达的城市工业根本无法改善这一状况。
虽然在这些文章中没有明确提到朝鲜，但受过教育、有社会意识
的朝鲜读者可以很容易看出，中国的问题实际上也是朝鲜的问
题（Sin 1927、1929；另见 Min 2000,201—232）。华侨对发生在他
们祖国的划时代历史事件并非毫无兴趣，他们的存在也激发了
朝鲜人对中国民众运动的兴趣。例如，1925 年中国发生了声势
浩大的五卅运动，其中包括在上海和香港等沿海主要城市举行
的大规模排外罢工、抵制和示威。在这之后，朝鲜京城的中国人
开始募集捐款，然后转交给运动的参与者。这一举动被朝鲜媒
体及时报道（Anonymous 1925c），中国前所未有的罢工浪潮也引
起了媒体的积极关注（关于上海罢工者生活的详细描述可参见
Anonymous 1925d）。

　　在朝鲜对当代中国的兴趣普遍高涨的浪潮中，鲁迅的开创性作品《狂人日记》（1918 年）的朝文译本于 1927 年出版（参见 Lu 1927；后来于 1935 年再版，参见 Lu 1935）。该译本有些删节，而且是用相当不自然、带有浓重异国口音的朝鲜语翻译的。事实上，其译者、流亡中国的激进分子柳基石（Yu Kisŏk，1905—1980）在 10 岁时就被他的民族主义者父母带到中国，在日常生活中说中文而非朝鲜语。他非常尊重鲁迅，以至于把鲁迅的原名"树人"用朝鲜语改成了自己的笔名"Suin"。他最初是一个基督教民族主义者，和其他许多年轻的朝鲜流亡者一样，在 20 世纪 20 年代中期变得激进，成为一个无政府主义激进分子（参见他的自传，最初是用中文写的，最近被翻译成韩文：Yu 2010）。鲁迅在他最后几年里也向共产主义者靠拢，朝鲜媒体及时报道了他"向左转"的消息（Anonymous 1935），这进一步加强了"中国"与"革命"之间的联系。鲁迅在殖民地朝鲜颇受欢迎的另一个原因是，对于其翻译作品的朝鲜读者来说，他所讨论的话题具有现实意义。例如，他著名的短篇小说《在酒楼上》（1924 年）于 1933 年被翻译成朝文出版（Lu 1933），其中涉及过时的儒家经典仍在继续行使意识形态霸权的问题，朝鲜现代化派和激进分子很容易将这个问题视为自己的问题。

　　在 1928 年国民党转向反革命后，朝鲜左翼作家最关心的是中国共产主义运动的地位和前景。他们认为，国民党不仅反革命，还太软弱，无法修改与西方列强的不平等条约并使中国真正独立。孙中山被视为某种乌托邦式的社会主义者，但 1928 年后的国民党被认为背叛了孙中山的遗产。相比之下，共产主义者同时进行着阶级和民族斗争，是唯一真正的反帝国主义力量（Sǒk 1931）。中国的苏维埃运动也吸引着殖民地激进分子。1932 年，据一位有共产主义背景的著名记者洪阳明（Hong Yangmyǒng，1906—?，他在 20 世纪 30 年代末改变了立场，开始积极与日本政府合作）估计，中国 18 个省中有 8 个省存在苏区，控制的领土面积是朝鲜的两倍。他们的未来取决于苏联是否有能力帮助他们推翻国民党政府，从更广泛的意义上说，取决于"世界阶级战争的总体形势"（Hong 1932）。

　　殖民地朝鲜的中国观察家中有一类人非常特殊，他们是到中国流亡或学习的朝鲜知识分子。他们中的大多数人通常与民族主义或社会激进主义（无政府主义或共产主义）运动有关。最著名的例子之一是朴殷植（Pak Ŭnsik，1859—1925），他在 1911 年 6 月流亡中国后为中国和朝鲜的期刊撰稿，其中包括关于当时中国的地位和前景的评论文章和分析文章。最初，在 1912 年至 1916 年，他似乎基本上支持辛亥革命。在批评袁世凯独裁统治的同时支持共和革命者（Pae 2007, 157—188）。他在上海保守派日报《新民报》上发表的文章和社论（1921 年 10 月—1922 年 8 月）都聚焦他所认为的中国最严重的问题，即后袁世凯时代的军阀统治。例如，在一篇文章中，他将第一次世界大战后世界的所谓和平主义倾向与中国军阀之间无休止的冲突进行了对比，朴殷植称这些军阀是和平的"公敌"，并呼吁在公民民主参与的基础上开展全国性的反军阀运动（Pak 1922a，转载于 Pak

2002a，Vol. 5，511）。1919 年北京爆发著名的"五四"学生示威运动，他称之为"人民觉醒的开始"，此后公开寄希望于民众运动。除非人民民主运动能够控制军阀寡头，否则中国的国际地位注定要"低于欧洲小国"（Pak 1922b，转载于 Pak 2002a，Vol. 5，529）。

　　简言之，朴殷植在日据前的大韩帝国时期曾是"国治以自强"和"自上而下改革"的拥护者（关于 20 世纪初朴殷植的意识形态和政治，参见 Sin 1986），在五四运动后中国高度紧张的氛围中则变成了一个民主主义者。鉴于他的儒家背景和与康有为（1856—1927）等保守维新派的密切关系，这一转变的最好解释可能是他希望以群众为基础的民众运动（比如 1919 年朝鲜的三一运动）将在朝鲜未来的去殖民化进程中发挥作用。朴殷植的另一个希望是在朝鲜和中国的民族主义与苏联的反帝国主义之间建立反日联盟。本着这种精神，他提出朝鲜人可以与中国人一起选择购买当地商品、抵制日货，从而破坏日本的大陆贸易。这将有助于使日本慢慢走向贫困，并有望引发农民和工人革命，从而解放朝鲜（Pak 1923a；转载于 Pak 2002a，Vol. 5，546—548）。

　　朴殷植于 1923 年在日据时期朝鲜月刊《开辟》上发表了一篇最具代表性的文章，探讨辛亥革命后的中国，但他的论调却不那么乐观。他认为中国是东亚天然的中心，前现代时期在意识形态和经济上是自给自足的，同时他也赞同现代化派对"旧中国"的批评。他对当代中国人公共精神的缺乏和"腐败的习俗"表示遗憾，在他看来，当代中国人"过于自私"。他详细描述了

1912 年到 1922 年中国的内部冲突和军阀混战,并得出了一些相
当悲观的结论。朴殷植对"联邦主义"计划持批评态度(该计划
将中国设想为自治省联盟),他希望中国统一,但预估中国和平
统一的机会极其渺茫。虽然有一些军阀试图"教化"他们的省
份,特别是山西的阎锡山(1883—1960),但大多数军阀都是残酷
的剥削者,他们无休止的战争正在摧毁人民的生活。统一中国
的唯一途径是用武力消灭他们,但最强大的潜在统一者孙中山
的政党尽管具有泛民族性质,却饱受内部矛盾的困扰,而且缺乏
资金和武器(Pak 1923b;转载于 Pak 2002a, Vol. 5,552—554)。
在这篇文章中也可以看出朴殷植最终的亲华态度。他呼吁读者
不要轻视中国暂时的软弱,并强调中国"天然的"伟大。但是,作
为一个流亡政治家,朴殷植也含蓄地呼吁他的朝鲜读者要现实
一点。一个统一的中国是朝鲜独立运动的潜在支持者,但在短
期内不会轻易出现。

    总之,在 20 世纪 20 年代和 30 年代初的朝鲜民族主义和左
翼报道中,"革命""群众"和"反封建"是"中国"的主要代号。虽
然在朝华侨被视为"竞争者"或"威胁",或者两者兼而有之,但
更抽象、更独立的"中国"很容易与朝鲜对社会和民族解放的各
种希望联系在一起,这两种看法之间似乎存在巨大分歧。华侨
被强烈地视为外来的,并最终威胁或"污染"他们所渗透的朝鲜
"民族主体",而中国在政治和空间上基本上被视为一个与朝鲜
分离的外国,它代表了一种积极的世界历史发展,这种发展从长
远来看也有利于朝鲜。受到 1917 年后俄国事件以及 20 世纪 20

年代和 30 年代初全球左倾的影响，"革命"成为第一次世界大战后亚洲激进知识分子的共同准则。

　　虽然朝鲜的反殖民群众运动也得到了中国方面的高度评价，但由于一些可以理解的原因，朝鲜人对中国发展的兴趣是无比强烈和深刻的。随着主流共和革命者的民族主义局限性越来越凸显，特别是在 1927 年第一次国共合作破裂之后，朝鲜大量激进知识分子的兴趣和同情很自然地转向了共产党的运动，特别是中国共产党建立苏维埃的运动（1931—1934 年在江西和其他地方）。朴殷植 20 世纪 20 年代初以来的著作甚至相当批判性地分析了国民党的优势和劣势。这表明，即使在 1927 年之前也较少有人对国民党的"进步"或"革命"性质抱有幻想。简而言之，中国是朝鲜的放大版。它也是国家和社会不公的受害者，中国革命的必要性表明，朝鲜也需要类似的发展。虽然较保守的国民党人士经常强调两国之间所谓的传统或"种族"共同性，但它对朝鲜激进分子来说几乎没有意义。相反，他们清楚地认识到，在他们自己和伟大的西边邻国之间，有一种非常重要的新的共同历史观。

结语

　　朝鲜知识分子对中国革命斗争的兴趣和同情是显而易见的，尤其是他们认为中国对于朝鲜自身的去殖民化前景十分重要。对朝鲜左翼知识分子来说，中国的激进运动（首先是作为苏联盟友的国民党,之后是中国共产主义者)是除苏联之外最重要的希望来源。正如著名共产主义活动家安光泉(An Kwangch'ŏn,1898—?)在1929年5月的著名文章《朝鲜的政治形势和朝鲜共产主义者面临的任务》(以笔名司空杓[Sagong P'yo]发表在北京的流亡者共产主义期刊《列宁主义》第一卷上)中所说:

> 中国和朝鲜密切相关,都受到日本帝国主义的剥削。(中略)即使只考虑1925年以前的重要投资案例,日本的对华投资也达到1 443 610 700日元。没有从中国进口的重工业原材料,日本就无法维持下去。中国的巨大市场对日本企业来说生死攸关。这就是为什么日本必须干涉中国革命的原因。正如我所指出的,中国对于日本帝国主义的生存具有至关重要的意义。因此,中国和朝鲜在反对日本帝国主义的斗争中是密切相关的。中国的整个解放过程动摇了世界资本主义的稳定,加速了世界革命的进程。

安光泉还指出,中国的革命斗争也加速了朝鲜自身的革命运动,提高了朝鲜人对世界革命必要性的认识,给他们提供了具体的革命教训,使流亡中国的激进分子能够参与到实时的革命斗争中来(转载于Pae 1987,68—69)。对于日据时期的朝鲜共产主义者来说,苏联代表了未来,中国革命代表了在这些特定的、相当艰巨的条件下通往这一未来的道路。

可悲的是,左翼知识分子对中朝团结的追求,似乎并没有在很大程度上影响殖民地朝鲜主流文学对待中国人的态度。虽然中国革命被认为最终有利于朝鲜的国家命运，但朝鲜华侨的存在却被视为一个民族问题。一些受过良好教育的华侨确实是国民党员，到 1930 年，国民党朝鲜支部有 527 名党员，891 名预备党员（Yasui 2013,185），朝鲜媒体甚至报道了国民党在朝鲜的活动，但这些似乎并没有使朝鲜知识分子对在朝中国人更加友好（P'alp'antong'in 1927）。在日据时期知识分子的民族主义意识中，将中华民国看作朝鲜潜在的外国盟友是完全可以接受的，但是"我们中间的中国人"却难以容忍。崔曙海、李孝石、金东仁等殖民地散文文学巨星们，在他们颇受欢迎的文学作品中不断地对中国人进行刻板对立的描写，从而再现并强化了日本人和朝鲜人控制的殖民地媒体所兜售的负面中国人形象。对中国人的这种抨击成为 1931 年 7 月集体迫害的背景，民族主义日报《朝鲜日报》的错误报道就是导火索。韩国最近的学术研究表明，这些报道当时经常由民族主义知识分子——《朝鲜日报》的地区经销商（仁川的崔晋夏［Ch'oe Chinha］、平安南道汉川［Hanch'ŏn］的全昌燮［Chŏn Ch'angsŏp］等）和学生牵头，他们还经常试图攻击警察，指责警察"站在中国人一边"。集体迫害的一些头目有无政府主义背景。社会主义者或共产主义者没有直接参与，他们确实在迫害事件发生后非法散发传单，批评排华暴力，但也从未试图阻止暴乱或帮助受害者（Pak 2014a）。在朝鲜左翼分子眼中华侨都完全是外国人，更别提那些主流民族主义者了。事实上，在朝华工比朝鲜人和日本人更经常参加罢工，参加的频率与他们的人数成正比（Yasui 2013,200—201），但这并不重要。

朝鲜左翼分子对中国革命的前景感兴趣，但对朝鲜境内的"外侨"中国人却并不关注。

　　虽然大多数现代民族主义者通常制造并传播负面的"他者"形象，但在殖民地朝鲜，恰恰是朝鲜最亲密的邻国和最古老的文化交流伙伴被其负面定型和"他者化"了。造成这种情况的原因之一是朝鲜和中国企业家之间激烈的商业竞争，而且媒体经常对此进行错误的报道，称这种竞争是贸易战，整个朝鲜人社群的经济生存因此受到威胁。还有一个原因是中国东北的朝鲜人暴露于极端危险的境地，他们与中国地方当局的冲突被日本人利用，成为日本侵略中国东北的借口，因此他们很容易成为中国反日民族主义的目标，特别是在 20 世纪 20 年代末、1931 年日本入侵中国东北之前。中国当局和中国东北的朝鲜移民之间发生冲突的报道（往往被夸大），激怒了殖民地的一些知识分子，他们认为中国人是一个低等、敌对的群体，应该为东北同胞的苦难负责（Pak 2014b）。日本殖民主义强加在朝鲜人身上的所有自卑感，都可以安全地发泄到朝鲜的中国人身上，作为对殖民生活的侮辱和羞辱的一种替代性补偿。知识分子的厌华话语由"印刷资本"和朝鲜现代散文作品创造、传播，并与相当一部分城市工人中已经存在的对华工的竞争意识交叉在一起。这种不幸结合的一个悲剧性结果就是 1931 年朝鲜半岛的排华暴乱。对华侨的普遍敌视情绪一直持续到日据时期结束，并在非殖民化后对他们在朝鲜和韩国的地位产生了负面影响。

第三部分

日本：榜样、征服者、永远的外侨？

第五章｜向日本学习以战胜它：20 世纪00—20 年代日本是朝鲜知识分子生活中的重要他者

导言

在 20 世纪初的朝鲜,日本扮演了许多相互矛盾的角色。一方面,在建立保护国(1905 年)和开始殖民进程后,它是朝鲜有独立意识的民族主义者的主要政治敌人。其中一些人,如朴殷植(1859—1925;在第四章中提到的中国问题专家),接受了东西方两分法,这意味着朝鲜和日本被归为东方国家,但他们也强调两个民族之间存在固有的、不可调和的差异,特别是在日本全面殖民朝鲜之后(1910 年)。虽然朝鲜必须从日本的现代化经验中学习很多东西,但朝鲜人和日本人完全不同。例如,日本被视为佛教国家(在很大程度上可能是由于日本佛教僧人在近代朝鲜的突出地位,参见 Kim 2012),同时也是固有的军国主义国家,而朝鲜是儒教国家,更热爱和平(Yi 1980,296—301)。朝鲜和日本的这种对比,或许可以解读为朝鲜民族主义者试图扭转日本殖民主义知识分子给朝鲜和朝鲜人塑造的负面东方形象,比如殖民地最重要的朝鲜问题学者高桥亨(Takahashi Tōru,1877—1967)对朝鲜人的描述——柔弱、顺从、缺乏战斗精神、有党派倾向、公私不分，但能忍且有点尊严（Takahashi 1921；韩语译文参见 Ku 2010,9—107）。朴殷植和很多流亡中国的志同道合者更愿意将朝鲜事物和日本事物做出鲜明区分，同时以一种明显更积极的方式认可朝鲜。

另一方面，泛亚主义将东方或亚洲视为一个本质上相同的文化和种族空间，其中包括日本，这种观点甚至影响了很大一部分政治上反日的民族主义者。暗杀朝鲜殖民地化策划者伊藤博文（1841—1909）的刺客安重根（1879—1910）在被日本人处决的前夕甚至还构想着包括日本在内的、未来的"泛亚共同体"。这是最著名的例子，但绝不是唯一的。柳麟锡（Yu Insŏk,1842—1915）是与日本殖民者作战的儒家义兵最杰出的领导人，他也认为朝鲜未来会是"大东亚联盟"的一部分，其中包括日本，但是在它"悔过自新"之后。不过在 1910 年日本全面吞并朝鲜后，朝鲜民族主义者对泛亚主义的热情明显下降，因为很显然，维护朝鲜的独立国家地位并不是日本计划的一部分（Kim 2000b）。但独立的国家地位而非种族才是朝鲜构建现代民族主义话语的核心要素。

一些温和的民族主义者选择暂时接受朝鲜作为日本帝国的一部分，他们大多希望朝鲜在日本统治下实现一定程度的现代化进步后再重新获得独立。对他们来说，日本是一个"杰出的东方国家"，奇迹般地成功加入了"进步的西方"，在这方面，日本是朝鲜的"导师"（Kim 2005b,85—113）。这一立场其实并不仅限于那些选择与殖民势力合作的温和现代化派人士。那些最终仍继续坚持朝鲜完全独立的人士也将日本视为成功的自强典范。朝鲜最重要的温和派（基督教）民族主义者之一安昌浩（1878—1938），1907 年拒绝了日本方面的合作提议，他主张，日本之所以成功地成为一个相对强大的现代国家，正是因为它在明治时期保持了独立，朝鲜也必须效仿（Chu 1975, 53—57）。朴殷植、安重根和安昌浩等民族主义者接受日本作为现代化的指导者，但拒绝其霸权和殖民主义野心，而政治上亲日的现代化倡导者，特别是广受诟病的一进会（1904 年 8 月 20 日成立）的思想家，则将日本视为种族兄弟，并设想日本对东亚的霸权是必要且仁慈的。虽然被许多当代人（以及后来的绝大多数朝鲜半岛历史学家）视为民族叛徒，但他们却认为自己是朝鲜的爱国者，理由是日本的统治有利于朝鲜未来的文明化（Moon 2013）。

　　在评估日本对朝鲜的重要性时，以上方式是相互矛盾的，但它们的共同点是接受日本作为朝鲜的重要"他者"，朝鲜必须用它来定义自己，也必须以它为"基准"。在当今韩国，日本作为朝鲜重要"他者"的观念一直持续到 20 世纪 90 年代后期，日本经济的停滞和韩国的"全球化"运动才彻底改变了韩国人对世界和自身的认知。另一个重要特征与第一个特征密切相关，即倾向于在各种现代性观念的背景下评估日本。对于落后的朝鲜来说，日本作为一个早期成功的现代化国家，可能代表着一种威胁，同时也代表着一种可以效仿的现代模式。日本作为一个更强大、更现代化的邻国，无论是从一般意义上还是作为一个"黄种人"或东方国家，都可以被视为一个潜在的盟友。虽然日本有很多不同，但后一种特质使它比朝鲜在 19 世纪 70 年代至 80 年代强行"开放"后接触到的所有重要的现代"白人他者"（例如美国）与朝鲜更接近。

日本是现代性的"东方"代表

从 19 世纪 70 年代和 80 年代日本和西方开始冲击朝鲜半岛起，朝鲜人就意识到了自己在"文明开化"给朝鲜海岸带来的新世界秩序中所处的地位。朝鲜被置于"亚洲"中，既有积极的一面，也有消极的一面。朝鲜最早的近代报刊之一《汉城旬报》（1883 年 10 月 31 日—1884 年 12 月 6 日）在一篇关于亚洲的社论中提到了光明的一面。编辑们在文章末尾提到，这篇社论大致基于日本著名汉学家、泛亚主义者金子弥平（Kaneko Yahei，1854—1924）的著作。该社论强调，亚洲国家的历史长达 4 000 多年，而最古老的欧洲文明——希腊文明的历史"仅仅"只有 2 700 年。亚洲人是文明的先驱、欧洲人的"老师"（Editorial 1884）。然而，同一期的另一篇文章却持悲观态度，它在比较了不同欧洲国家的军费开支后指出，许多亚洲国家或地区要么已经被欧洲人征服（香港、澳门、爪哇、越南），要么目前面临被征服的威胁（如新疆的伊犁地区或据称被俄国人觊觎的蒙古）。亚洲的辉煌终结于"近代"（中世纪），欧洲掠夺者崛起为现代世界的霸主（Anonymous 1884）。但是有一个例外，那就是日本。

俞吉濬（1856—1914；关于他对俄国的态度，参见第一章）是
《汉城旬报》的编辑之一，是最早在现代日本学习正规课程的朝
鲜人之一（1881 年至 1882 年在福泽谕吉的庆应义塾［Keio
Gijuku］）。不出所料，日本对他来说是一个以最快速度"文明
化"的、非西方国家的典范（Yu 1987,50—77）。在他作为公共知
识分子开展的活动中，日本占据重要地位，甚至是主导地位。他
的代表作品《西游见闻》（1895 年 4 月）实际上是由东京的交询
社（Kōjunsha）首次出版的，其中对医院、孤儿院、精神病院、图书
馆和其他"西方文明奇迹"的描述主要参考了福泽谕吉 1866 年
的《西洋事情》（Seiyō jijō）（Hŏ 2005,109—143）。俞吉濬在这本
名著的前言中解释道，他在日本学习期间观察到日本的"勤奋习
俗"和"繁荣"后开始构思自己的作品。他认为，日本在与西方列
强最初缔结条约后的 30 年里，掌握了世界形势的变化，引进了
西方人的"优势技能"和"规则"（Yu 1971,Vol.1,3）。

日本的"成功"与朝鲜未能及时效仿它形成了鲜明对比，因
此，朝鲜人在与现代化的日本人交往时不得不承受的所有"不
便"是他们自己造成的。如果一些狡猾的日本商人欺骗来自朝
鲜北部省份的无知商人，以实际价格的一半购买朝鲜大麻，那么
他们只能怪自己或者朝鲜政府。因为与文明的西方政府不同，
朝鲜政府没有通过建立商业学校并教育商人文明的商业方式来
保护商人（Hŏ 2005,391—392;Yu 1971,Vol.1,391）。朝鲜不应
指责日本，而应将它看作朝鲜的高级伙伴，以其为榜样。

追随日本最便捷的方式就是与它结盟。这一观点最初是由

清朝外交官、改革家、著名诗人黄遵宪（1848—1905）在其影响深远的《朝鲜策略》（1880 年）中提出的，它影响了包括俞吉濬在内的许多朝鲜改革家（Kim 1980，256—300）。俞吉濬在东京学习时就很青睐这一观点。当时，他为福泽的《时事新报》（*Jiji shinpō*）撰写了一篇公开的泛亚主义文章，论述了亚洲国家结盟对抗欧洲掠夺者的紧迫性，并提出其民意基础应由报刊来建立（《报刊的力量》［Shinbun no kiryoku o ronsuru］，《时事新报》，1882 年 4 月 21 日；日文原文和韩语译文参见 Hŏ 2005，144—147）。在日俄战争前夕，当时在日本八丈岛（Hachijōjima）流亡的俞吉濬起草了《保国之策》（*Poguk chi ch'aek*），设想在发生战争的情况下与日本结成军事同盟，对抗野蛮和种族异己的俄国（关于俞吉濬对俄国相当敌视的态度，参见第一章），甚至利用俄国境内的朝鲜移民来达到战争目的（Yu 1971，Vol. 4，260）。俞吉濬另一篇值得注意的政治论文（《克服和平条约之策》［*P'yŏnghwa kŭkpokch'aek*］）；原文为文言文，另见汉朝混用文翻译《俞吉濬的光复策略》［Yu ssi ǔi kwangbokch'aek］，《皇城新闻》，1907 年 10 月 29—30 日：*Hwangsŏng sinmun* 1971，Vol. 15，605）将日本在对华和对俄战争中"10 万人阵亡"的责任完全归于朝鲜的政治家（他们使朝鲜成为邻国之间争夺的对象）。俞吉濬认为，日本希望朝鲜变得强大而富有，并在某个时候恢复独立，他呼吁朝鲜同胞致力于朝鲜的文明化，而不是与 1905 年起将朝鲜变成日本保护国的日本军队做斗争（Yu 1971，Vol. 4，267—283）。

　　日本于 1905 年和 1907 年强迫朝鲜签订的条约中规定了朝

鲜事实上的半殖民地地位（前一个条约使朝鲜成为日本的保护国；后一个条约剥夺了朝鲜的独立外交并解散了其军队），尽管俞吉濬接受了朝鲜的这一地位，他仍然是垂死的朝鲜王朝的忠臣，曾在1910年反对朝鲜全面殖民地化，这才得以在未来民族主义历史学家的评价中挽救了自己的声誉（Kim 2006a，522—523）。不过，可以肯定地说，他设想的朝鲜现代化是忠实地追随明治日本，让朝鲜成为日本在国际强权政治舞台上的忠实低级盟友，他对朝鲜在某个时候能够提高国际地位抱有某种模糊的希望。

　　作为一位学者和公共知识分子，俞吉濬也积极参与政府工作，最著名的例子是在1894年至1895年日本支持的激进甲午更张期间担任内务大臣（关于改革及其后果，参见 Duus 1998，78—113；Yu 1990）。相比之下，朝鲜20世纪初启蒙运动的另一位著名思想家朴殷植（1859—1925）一生大部分时间都在担任社会活动家和记者，未参与政府工作，当然他在1925年去世前不久担任朝鲜（未被承认的、以流亡者为中心的）上海临时政府第二任总统的短期工作除外。朴殷植被召去重组因派系内斗而完全陷入混乱的临时政府，这证明了他在独立活动家中的地位。与俞吉濬不同，朴殷植从未去过日本，也从未在那里学习，但人们早就认识到，20世纪初他颇具社会达尔文主义色彩的社会和政治改革愿景，大部分受到日本当代经验的启发。朴殷植认识到日本是朝鲜独立的潜在威胁，呼吁同胞在竞争中胜出，以便在掠夺者横行的现代世界中生存下来，并将明治维新作为自强的成功典范。他尤其受到日本初等义务教育的启发，坚持认为这种教育对朝鲜的生存也至关重要（U 1997）。

更有趣的是，明治日本对王阳明（1472—1529）哲学（自德川时代起称为"阳明学"［Yōmeigaku］）的迷恋与朴殷植在 1909—1910 年从朝鲜传统的朱熹新儒学（他在成长过程中已将其内化：Pae 2002，23—28）到阳明学的戏剧性转变之间存在联系。朴殷植本人在 1909 年关于这个问题的社论中提到，阳明学对明治维新"英雄"的影响给了他很大启发（Pak 1909）。他在其影响深远的王阳明传记《王阳明先生实记》（*Wang Yangmyŏng sŏnsaeng silgi*）（连载于《少年》，4/2，1911）中提到，他在编纂该书时主要参考了高濑武次郎（Takase Takejirō，1868—1950）的《王阳明传》（*Ō Yōmei shōden*，东京：文明堂［Bunmeidō］，1904），关于阳明学对吉田松阴（Yoshida Shōin，1830—1859）、西乡隆盛（Saigō Takamori，1828—1877）以及德川晚期明治早期动荡中的其他主要人物的影响，他起初也饶有兴趣。此外，他还了解到，阳明学说的"知行合一"被广泛用于日本军队的"精神训练"。既然"现在世界上所有人都承认日本军人的价值"，那么朝鲜人还应该在哪里找到"精神教育"的来源呢（Pak 2002a，Vol. 3，615—616；另见 Ch'oe 2005a）？

在 1909 年和 1910 年，朴殷植甚至给日本阳明学会会长东敬二（Higashi Keiji，1860—1935）写了两封公开信，信中充满悲伤地反思了朝鲜传统新儒学的保守主义，并希望在"文明向物质方面倾斜"的时候，阳明学伦理可以成为朝鲜"文明的"新大众教育

的指路明灯（Pak 2002a, Vol. 5, 123—126）。阳明学在一定程度
上为新的东亚现代性提供了基础，这种现代性在某种程度上是
日本和朝鲜所共有的，它充满活力，具有强烈的个人道德判断和
行动意识，同时与朴殷植所认为的儒家传统的良性方面有着深
刻的联系。后来，在生命最后的日子里，朴殷植也转向了儒家的
老对手墨家，他认为墨家的和平主义和不侵犯原则非常接近"共
产主义社会主义"（Communist Socialism），可以为饱受战争蹂躏
的现代世界提供一个解决方案。不过他对阳明学的自我认同似
乎一直持续到最后（Pak 1925）。

　　在向日本学习方面，朴殷植和俞吉濬有很多共同之处，不过
俞吉濬主要对明治思想的现代方面而非儒家方面感兴趣。此
外，朝鲜这两位日据前杰出的现代化思想家之间存在着显著的
政治差异。俞吉濬反对全面殖民地化，但仍留在朝鲜；朴殷植则
自我流放到中国，并深入参与了那里的朝鲜独立运动。在 1910
年朝鲜殖民地化之后，朴殷植坚定地将日本归为"敌对他者"的
政治范畴。相比之下，中国被他视为潜在的盟友，或者更广泛地
说，是"东方文化"的中心。在他的重要著作《韩国独立运动之血
史》（*Han'guk tongnip undong chi hyŏlsa*, 1919）中，他认为日本人
的"民族性格"与朝鲜人完全相反，日本人"放荡、狡诈、军国主
义"，不值得任何尊重，长期以来一直在迫害朝鲜半岛居民。即
使将日本人描述为典型的"敌对他者"——残暴、压迫、不值得
"与朝鲜人共同生活在一个国家"，朴殷植仍然承认"日本 50 年
来对西方文化的成功借鉴"。敌人归敌人，但日本仍然代表着东

亚的现代成功。朴殷植认为，如果朝鲜获得解放，朝鲜人可以在不到 20 年的时间内模仿这一成功（Yi 1980, 296—301）。山县有朋（Yamagata Aritomo, 1838—1922）可能是日本军国主义的化身，但在他去世时，朴殷植写了一篇充满同情的讣告（*Siminbao*, 1922 年 2 月 4 日），描述了他从一个反西方狂热者到现代爱国者的转变（Pak 2002a, Vol. 5, 503）。即使是实际存在的敌人，日本也确实为朝鲜民族主义者提供了宝贵的经验。

日本是敌人

在日据前的朝鲜期刊中，现代化派知识分子对日本和日本人充满敌意的描述相对罕见。虽然一些著名的现代化派记者和思想家，尤其是申采浩（1880—1936），对日本的意图深感忧虑，并拒绝泛亚主义关于"日朝是种族兄弟"的说法，但他们仍将日本视为现代性的重要导师。然而，在朝鲜殖民地化之后，流亡海外的独立活动家倾向于将日本视为压迫者，而不是现代化的实现者，并严厉指责日本殖民者的行为是不文明、不现代的。在他们眼中，殖民压迫在某种程度上将"日本"和"现代性"在概念上分割开来。朝鲜真正的现代化发展正是要在与日本的斗争中实现。由于殖民当局对书籍和期刊都实行事前审查，所以虽然 20 世纪 20 年代和 30 年代初的朝鲜报刊对这种"过时的制度"提出了种种批评（Chang 2009），但在殖民地朝鲜合法发表对日本或日本人的负面描述是不可能的。由受过日本教育的文化民族主义者崔南善(1890—1957)起草的《三一独立宣言》(March First Independence Declaration，1919)巧妙地概括了 20 世纪 10 年代朝鲜现代化派知识分子对日本统治的不满，如日本的压迫性、持续的民族歧视以及将朝鲜人视为"野蛮人"的倾向(Kǔm 2008，140—141)。不过它是用高度圆滑的语言写成的，因为除了对殖民主义政策的批评，它的目的之一是说服日本当局给予朝鲜独立(Kim 2005b，21—26)。当然，在流亡者的出版物中，大部分描述是具有明确敌对性质的。

上海大韩民国临时政府机关报——公开反日的《独立新闻》上发表的一篇关于日本国民性的短篇文章就是一个典型的例子。这篇文章假借某位中国国会议员之口称日本是"强盗国家"，主张"强盗性"是日本"嗜血好战的国民性"的本质。此外，日本人"狡猾、敏捷、灵活"，但最终只不过是"善变、轻浮"的人，暗示了日本人与更有道德的中国人和朝鲜人相反。最后，文章称，这位匿名的中国国会议员建议朝鲜人自己成为强盗，以惩罚"日本强盗"。"向日本学习"的话题曾在俞吉濬等日据前的朝鲜改革家中非常流行，现在却出现了讽刺性的转折(Anonymous 1920b)。在这里提到"中国国会议员"的权威并非偶然，因为流亡中国的朝鲜活动家普遍将抗日斗争想象成中朝联合行动。

强调日本人天生的"不道德和嗜血成性"，在某种程度上延续了朝鲜新儒家反西方主义的爱国传统。事实上，李恒老(Yi Hangno，1792—1868)等 19 世纪朝鲜伟大的新儒家爱国者曾将西方人和西化的日本人视为好斗、不道德的野兽,将他们与所谓文明的中国人和朝鲜人明显区分开来(Chung 1995,140)。新儒家也承认日本人和其他"野蛮人"往往拥有高超的技能,但他们认为,即使是动物也可以拥有技能,在缺乏(儒家)道德的情况下,这些技能并不重要(Chung 1995,197)。20 世纪 20 年代初,流亡的朝鲜爱国者之所以在批评日本和日本人时不那么本质主义(essentialist),是因为他们认为日本的侵略性不仅仅是一种天生的特质。在《独立新闻》的作者看来,日本是一个帝国主义国家,也不能幸免于帝国主义的普遍危机。对社会科学和左翼反帝国主义话语的新认识似乎在某种程度上将反日范式的本质主义特征相对化了。

　　对于那些具有浓厚儒家背景的非共产主义左翼激进分子而言,再现将日本看作"野蛮和未开化"国家的传统观点并非不可能,这种观点现在又染上了现代民族主义色彩。一个典型的例子是上面提到的申采浩,他是著名民族主义者,后来成为儒家出身的无政府主义者(他于 1905 年毕业于朝鲜中央儒家学院——成均馆),在 1910 年朝鲜被吞并后离开朝鲜,先去了俄国滨海边疆区,然后于 1913 年移居中国。1921 年,申采浩开始在北京创办《天鼓》杂志(用文言文,针对对朝鲜事务感兴趣的中国进步知识分子),在创刊号上,他写了一篇关于日本罪行的翔实文章(用笔名铁槌[Ch'ŏlt'oe]:Kim 2012a,266—268)。在文章中,他将日本定义为一个野蛮而非文明的国家,无论是在古代还是在现代。日本的"野蛮"是指"没有创造力"。古代日本,从汉字到佛教教

义,只是从朝鲜文化传播者(Kultur-träger)那里学习,而现代日本
只是"复制西方技术和思想",甚至盲目追随最新的欧洲潮流,比
如对尼采或托尔斯泰的迷恋。由于没有创造力,日本更有能力
和意愿进行破坏,其掠夺大陆的历史可以追溯到公元一世纪对新
罗王国的袭击。申采浩将日本与中国的丝绸之路小国龟兹
(Kucha)、蒙古和女真等古老的"野蛮外围"(barbarian peripheries)
相提并论,他对日本的这种认知显露出其儒家根源,即日本是中
国外围儒家化程度较低的国家,在这方面明显不如朝鲜(Ch'oe
2004b,74—80;关于李氏朝鲜时期朝鲜儒家对日本的认知,参见
Kŭm 2008,44—55)。他强调古代和中世纪朝鲜人是日本的"老
师",这是现代民族主义者对朝鲜古代辉煌的挪用。这种挪用在
朝鲜日据时期国内外的朝鲜民族主义者中普遍存在。

　　对于流亡国外的爱国者,特别是那些具有儒家背景且主要
流亡中国的人来说,古典的中国传统无疑是定位日本与朝鲜的
主要框架之一。例如,《天鼓》第 3 期刊登了朝鲜爱国者"英雄梁
槿焕(Yang Kǔnhwa,1894—1950)"的简短传记,他于 1921 年暗
杀闵元植(Min Wǒnsik,1886—1921),闵元植是一位亲日政治
家,以在大日本范围内寻求朝鲜自治权和政治参与权而闻名(关
于闵元植的活动和态度,参见 Kim 2005b,122—131)。梁槿焕曾
就读于早稻田大学(Waseda University),能说一口流利的日语,
妻子和两个女儿是日本人,朝鲜报刊陈述了这一事实,并详细报
道了暗杀事件及其后果(例如,参见 Anonymous 1921)。《天鼓》
的英雄传记对这一事实表示遗憾,但通过"在性问题上没有英

雄"来解释,并提到了中国古代的英雄,他们一旦被"野蛮人"俘虏,往往在当地妻子的陪伴下,在未开化的世界边缘地区度过几十年的监禁,甚至继续"保持忠诚"(Kim 2012b)。虽然日本人在模仿西方方面取得了成功,但他们仍然是中国外围旧的、野蛮的麻烦制造者的新化身,至少在朝鲜儒家爱国者出身的流亡民族主义者眼中是如此。

认为日本野蛮的这种儒家看法,在流亡中国的朝鲜老一代爱国者中更为典型,但并不一定会妨碍朝鲜年轻激进分子对日本同志的友好态度。例如,在华朝鲜无政府主义者柳基石(1905—1980),也因其开拓性地翻译鲁迅[1881—1936]作品而闻名,他的回忆录中,大篇幅描述了20世纪20年代末在中国活动的日本无政府主义者赤川启来(Akagawa Gerai)和城山秀夫(Shiroyama Hideō)。两人都因勇敢和对革命事业的忠诚而受到朝鲜和中国朋友的喜爱。城山秀夫因其"灵活机敏"的行事风格而被视为"典型的日本人"。很显然,与更具民族主义色彩的年长同事不同,在华的年轻左翼激进分子完全能够区分作为敌人的日本帝国主义国家和在某些情况下可以加入区域或世界革命事业的个别日本人(Yu 2010,151—158)。柳基石的文学导师鲁迅也做了同样的区分,他在其著名故事《藤野先生》(载于1932年的散文集《朝花夕拾》)中,神化了他自己与一位具有最高儒家道德修养的日本教授之间的友谊,并试图通过个人接触和交流,在个人层面寻找克服民族边界的可能性(Cheng,2014)。虽然对待作为民族集体的、顽固不化的日本帝国有着既定态度,但可以

区别对待一些日本人个体,这表明中国和朝鲜的现代性话语中
存在着个体化(individuation)的可能性。

日本是民族"他者"

　　在殖民地朝鲜,因为所有激进的反日言论都无法通过审查,
所以日本在某种程度上仍然是殖民地民族主义者的榜样,甚至
包括那些强调朝鲜的独特性、中心地位和优越性并梦想着国家
最终独立的人。例如,著名民族主义语言学家、历史学家权惠奎
(Kwǒn Tǒkkyu, 1890—1950)喜欢批评传统儒家对中国的"屈
从",他列举了德川时代著名新儒学家浅见䌹斋(Asami Keisai,
1652—1712)的例子,浅见䌹斋提出,如果孔子思想入侵日本,即
使自己是一个儒生,也将会以爱国忠诚的名义第一个自裁
(Maruyama 1980,631)。在权惠奎看来,这正是朝鲜新儒家所缺
乏的,他们倾向于"无条件地屈从于中国和中国的一切"(Kwǒn
1920)。权惠奎似乎在很大程度上遵循了申采浩对朝鲜历史的
解释(Ch'oe 2004a,107—149),但与申采浩不同,他也对朝鲜在
古代向日本输出大陆文化深感自豪(Kwǒn 1921)。天道教认为
自己是东学(Tonghak)反帝农民运动(1894—1895)的继承者,也
是朝鲜典型的民族宗教,其主要知识分子之一李敦化(Yi
Tonhwa,1884—1950)关于天道教"人乃天"(innaech'ǒn)思想的
哲学解释形成于 20 世纪 10 年代,主要受到井上哲次郎(Inoue
Tetsujirō,1855—1944)"现象即实在论",以及他对宇宙进化过程

的目的论理解的影响（Hŏ 2011,63—70）。即使是民族主义思想家,也无法拒绝按照看似成功的既有日本蓝图构建朝鲜现代性的诱惑。

然而,制度化的种族歧视和广泛的殖民种族主义致使朝鲜日据时期的民族主义知识分子将日本定位为与朝鲜有着本质区别的国家,是其主要的、根本的、不可逆转的"他者"。日本的差异性不一定用负面或敌对的措辞来描述,毕竟这种描述无法出现在审查过的出版物中,但它是明确而不可改变的。朝鲜许多著名的民族主义知识分子都是在日本留学时开始他们的事业的,但在他们的自传体作品中,日本往往只是一个背景。这些作品主要聚焦自己学了什么、读了哪些书,以及在其他朝鲜学生中结交了谁。著名民族主义历史学家、记者文一平（Mun Ilp'yŏng,1888—1939）在去世前不久写了一篇自传体文章,讲述他在日本学习的日子（1905—1910）,但没有提到一个日本人的名字。这篇文章主要谈论了文一平学生时代的朝鲜校友和朋友的命运,以及朝鲜学生的抱负、兴趣和出版物（Mun 1938）。

日本的朝鲜留学生形成了一种强烈的集体精神,他们倾向于将来自同一省份的同胞视为准家族（quasi-family）,而几乎从不在学校之外与日本同学来往,这与20世纪头十年日本的中国留学生并无不同（Yan 2005,303—312）。日据时期的著名诗人朴载清（Pak Chaech'ŏng,号春坡［Ch'unp'a］,? —1953）曾在东京学习,他写了一篇关于东京朝鲜留学生的文章,其中提到,虽然朝鲜学生与日本社会有多方面的互动（靠打零工来养活自己,对

社会主义或无政府主义思想感兴趣等），但他们倾向于将朝鲜同
胞视为一个有血缘关系的大家庭，而与日本人保持距离（Pak
1921）。鉴于朝鲜人甚至比中国人更受歧视，朝鲜学生有上述行
为是理所当然的。归国的留学生对日本人"国民性"的印象相当
好。例如，曾就读于早稻田大学（Waseda University）的著名诗人
黄锡禹（Hwang Sǒgu，1895—1960）将许多受过教育的日本青年
对社会主义或无政府主义的迷恋归因于他们"人道和务实"的性
格，这种性格使他们不能简单地容忍被剥削的痛苦（Hwang
1923）。尽管如此，很明显，日本人在外界看来与朝鲜人有着本
质区别。

　　曾在日本留学的朝鲜人在殖民地朝鲜出版的作品给人一种
个人与日本社会完全疏离的印象。那些由于审查制度限制而无
法在殖民地境内出版的作品往往对日本及其对待朝鲜人的方式
做出更加犀利的评价。著名作家李光洙（1892—1950）是一个很
好的例子，他因与日本当局进行战争合作而臭名昭著，而在早稻
田大学读书时，他在茅原华山（Kayahara Kazan，1870—1952）的
短命期刊《洪水以后》（Kōzui igo，Vol. 8，21 March 1916）上发表
了一篇文章，讲述他对日本人对待朝鲜人的态度的印象，并用了
一个具有挑衅性的标题《通过朝鲜人的眼睛看日本人的缺点》
（Chōsenjin no me ni utsuri taru Nihonjin no kekkan）。在殖民地朝
鲜，以这样的标题发表文章几乎是不可能的。即使在日本，李光
洙也不得不以匿名的方式发表。虽然是匿名，但是对在日朝鲜
学生进行密切监视的日本警方还是能够比较容易地确定了这篇

有问题的文章是由李光洙写的。李光洙显然是想表达他对自己
所经历的殖民种族主义的真实感受,指责日本人"总是诉诸野蛮
武力,因为他们没有足够的资格在精神上对朝鲜人施压","对朝
鲜人和中国人很傲慢,而对英国人和其他白人却采取可笑的卑
躬屈膝的态度",并得出结论称,作为纯粹的岛民,日本人没有机
会发展成为真正的大国。他甚至将"用宗教、文明和金钱拯救朝
鲜人"的西方人(大概是传教士)与"除冷漠对待朝鲜人之外,还
夺走他们的工作和财产,迫使他们饿死"的日本人进行了对比。
在这一相当坦率的评判中可以看到极端的个人痛苦,但在他以
惯用的笔名"孤舟"(Kojusaeng)发表在《洪水以后》(Kōzuiigo,
Vol. 7, 1916)上的另一篇文章中却看不到这种痛苦。这篇题为
《对朝鲜人教育的要求》(Chōsenjin kyoiku ni taisuru yōkyū)的文
章,假设朝鲜人将被同化,而实现这一目标的最佳途径是用日语
教育他们,但停止歧视他们,为日本侨民和朝鲜人建立一个统一
的、单轨的教育体系,并最终考虑给予朝鲜人选举权(Ch'oe
2008;Hatano 2011, 88—89、171—178;Naimushō 1975〔1916〕,
57)。这两篇文章对朝鲜人遭受广泛的歧视表现出强烈不满。
但是,只有在日本自由主义者在日本发行的杂志上刊登的匿名
文章中,这种不满才变得清晰可见。

日本的缩影：玄相允（Hyŏn Sang'yun）眼中的东京，1914

歧视确实引起了在日朝鲜留学生的强烈不满。尽管如此,

特别是在日据时期的前 10 年,他们普遍觉得日本的现代性非常
值得学习,哪怕只是为了更好地理解日本人是如何玩"游戏"的。
下文提及的人物是当时东京的一名朝鲜留学生,后来成为日据
时期最著名的教育家和民族主义思想家之一,他从一个年轻而
又渴求知识的朝鲜知识分子的视角描绘了东京的面貌。

　　玄相允(1893—?)是殖民地朝鲜著名教育家之一,以其成功
的事业而闻名。自 1918 年从日本回国后,他一直在著名学府中
央高等师范学校(Central High Normal School)任教,1921 年,年
仅 28 岁的他已经成为该校校长。他一直担任校长到 1945 年,
日本殖民统治结束后,大学大规模扩张,他的事业也随之取得进
一步发展,于 1946 年成为高丽大学的第一任校长。他一直担任
该职务,直到 1950 年朝鲜战争爆发。战争开始后几天内占领首
尔的朝鲜军队逮捕了他(还有其他几十位文化界、知识界和政治
界的杰出人物),并强行将他转移到朝鲜,以期利用他进行宣传
(Hyŏn 2002,3—27)。

　　玄相允的生活和事业在一定程度上代表了整整一代日据时
期温和的民族主义知识分子。他出生于今天朝鲜境内平安南道
的一个小官宦家庭,接受了全面的儒家经典教育,后来被送往平
壤和汉城的新式西化学校,最后又前往日本,于 1914 年至 1918
年就读于东京的早稻田大学。1909 年至 1912 年,他在平壤就读
于著名的民族主义学校——大成学校(Taesŏng School),该校由
渐进主义(gradualist)、自强民族主义的两位最主要代表尹致昊
(1865—1945)和安昌浩(1878—1938)领导。玄相允在那里经历

了政治社会化（political socialization），这似乎对他余生做一个公共知识分子和教育家产生了影响（Song 2009）。1911 年至 1913 年，该校卷入臭名昭著的"阴谋案"，这起案件的主谋企图先发制人地消灭那些反对日本殖民政策的中产阶级基督徒，案件发生后学校被关闭（Wells 1990，75—78）。随后，玄相允不得不转到另一所位于殖民地首都京城（今首尔）的普成学校（Posŏng school），该校也是民族主义学校，但不那么激进。在日本殖民统治结束后，他又与该学校的接替单位普成大学（Posŏng College）和后来的高丽大学再次建立了联系。1914 年，玄相允最后决定去东京接受在殖民地朝鲜无法获得的自由教育。同年，他到达东京，之后在日本的四年对他以后的公共生活至关重要。在日本，他进一步加强了自己的信念，认为朝鲜传统与现代世界盛行的达尔文"适者生存"不相容。作为颇具影响力的朝鲜学生杂志《学之光》（Hakchigwang）的编辑，他有机会与在东京学习"文明"之道的朝鲜年轻人中最优秀、最聪明的人来往（Ch'oe 2009）。

　　玄相允对东京的第一印象于 1914 年 12 月发表在首尔的月刊《青春》（Ch'ŏngch'un，第 2 期）上，标题是《东京留学生生活》（Tonggyŏng yuhaksaeng saenghwal），该文高度美化了玄相允对日本更深程度发展的痴迷。这一发展的一个基本特征是城市基础设施方面令人瞩目。玄相允提到了街道上的沥青路面、上面的"照明"（照明标志牌）、公园里的长椅和用于建造公共浴室的水泥。他把英语的"沥青""照明"和"水泥"音译成朝文，甚至没有尝试意译这些词（Hyŏn 2002，56—60）。他这样做，不管是有意还是无意,显然是想强调日本引以为傲的所有这些物质文明都起源于西方。只要日本的进步有一个共同的,或者说普遍的西方起源,朝鲜就有可能成功追上日本的步伐。这种发展就是玄相允对自己祖国最大的期望。事实上,1914 年 12 月他在《学之光》杂志上发表了一篇雄心勃勃的文章,题为《我们要找的年轻人是谁?》(*Kuha nǔn pa ch'ǒngnyǒn i kǔ nugunya?*),他呼吁在日本的朝鲜学生首先关注朝鲜生活的实际改善,学习渔业或气象学等实用的东西(Hyǒn 2002,79—83)。现代性要从看得见、摸得着的东西开始,而不是抽象的概念。

正如玄相允关于日本经历的描写中所表达的那样,物质进步只不过是"模仿文明"(mobang munmyǒng)。在他后来为《学之光》(1915 年 2 月号)撰写的一篇题为《[我]对半岛青年说》(*Mal ǔl pando ch'ǒngnyǒn ege puch'im*)的文章中,玄相允要求他的同学们不要仅仅模仿外国人的打扮("昂贵的西装、金色眼镜、手握手杖"),而要将外国文明的积极价值观(社会责任等)内化(Hyǒn 2002,94—99)。儒家认为人是完美的,精英"君子"对社会政治事务负有个人伦理责任,而现代化派主张个人"道德复兴"是"国家复兴"的基础,这两方面似乎都对玄相允产生了影响(关于日据时期朝鲜的现代化呼吁,参见 Wells 1990,82—98)。这恰恰体现了"文明"价值观在日本的内化程度,在玄相允看来,这种文明价值观是外国的,也是最理想的。

日本人从西方汲取的"新"价值观之一似乎是"礼貌",一个典型的例子是隅田川(Sumida River)附近玄相允所住的寄宿家庭中"礼貌而谦虚"的女仆（Hyŏn 2002，56）。玄相允更想强调的一点是，他所见到的日本人在日常生活中精力充沛、热爱生活、欢乐洒脱的特点。在隅田川寄宿的日本学生每天早上都要洗冷水澡；柔道越来越流行；学生们在公园里打棒球、踢足球（玄相允用朝文音译了"棒球"和"足球"这两个词，甚至没有尝试翻译这些大概是很普遍的文化符号），玩传统相扑（Hyŏn 2002，56—61）。梁启超（1873—1929）在其影响深远的著作《新民说》（1903 年）中赞扬了欧洲人的"好战、进取和冒险精神"（Levenson 1959，117—119），受其影响，20 世纪 00—10 年代的朝鲜现代化派也努力说服他们的同胞，让同胞们理解个人充满活力的生活可以转化为整个国家和民族梦寐以求的财富和权力（Ch'ŏn 2005，82—115）。对于那些希望在个人健康和民族健康之间建立因果关系的朝鲜人来说，现代体育日益普及的日本就是一个很好的例子。日本人（以及喜欢入乡随俗的朝鲜学生）还习惯赤脚，经常穿着非常轻薄的衣服，这意味着他们必须每天洗脚、每周至少洗两次澡以保持个人卫生，他们的这种习惯也是包括玄相允在内的朝鲜现代化派知识分子在日本时所欣赏的另一项现代发明（Hyŏn 2002，59—60）。彬彬有礼、热情奔放、讲究卫生的日本人是文明梦的化身，这种梦想是殖民地朝鲜的现代化派知识分子与他们的殖民者共有的。

  对于一个有儒家背景的人来说（玄相允无疑是这样的人），对哲学推理的兴趣是一个人属于绅士阶层的明确标志。玄相允编写了《朝鲜儒学史》（*Chosŏn Yuhaksa*，1949）并因此而得名，该书是近代朝鲜学者系统梳理朝鲜儒学史的先驱性尝试（Hyŏn 2008，Vol. 1）。他年轻时就经常沉迷于哲学思考。例如，在一份未出版的手稿《为什么害怕死亡》(*Chugŭm i wae musŏunya?*，标注的日期是 1914 年 1 月 1 日）中，他认为对死亡的恐惧与对生命的依恋成正比。相反，重视精神生活，可能会促使一个人对待肉体生活更加坚定。当为了精神的胜利，需要做出牺牲时，就可以通过任性的决定轻易地结束肉体生活。他还得出结论认为，个人主义可能是有益的，"就像在欧洲一样"，它主要意味着对个体个性的尊重，而不是对公共利益的拒绝。不过他反对"目前朝鲜的个人主义"，这里的个人主义仅仅是指对公共职责的利己主义失职（Hyŏn 2002，51—55）。虽然这篇文章没有发表，但玄相允对个人主义的接受，可以说是 20 世纪 00 年代和 10 年代初朝鲜现代主义话语中一种意识形态上的新现象，当时的现代主义话语大多强调个人对国家的责任和作用，拒绝任何显著的个人独特性（Pak 2007，315—324）。这种新现象预示着 20 世纪 10 年代末朝鲜现代主义环境对个性和个人主义的态度会更加宽松（例如，关于李光洙 20 世纪 10 年代后期作品中的"个性"，参见 Chŏng 2002）。另一份未出版的手稿题为《不要欺骗自己》(*Sŭsŭro sokiji malla*，标注的日期是 1914 年 5 月 2 日、3 日），从标题中可以看出，它讨论了对自己不够忠诚的危险，以及在自己的能力范围内欺骗自己和他人的危险（Hyŏn 2002，43—45）。

　　这种哲学思考作为现代自我创造的一部分，无疑是很重要的，这也是日本大学生活中令玄相允非常认可的一部分。在关于日本生活的文章中,玄相允提到了愉快的晚自习时光,他沉浸在"华兹华斯(Words-worth)的诗歌,爱默生(Emerson)的散文,屠格涅夫的小说,欧肯(Eucken)和柏格森(Bergson)的哲学"中(所有这些大概都是日语翻译和改编的),文章还提到了他的一些思考,如"自我创造和对生命的彻底觉醒"对于创造真正艺术的必要性,以及生命对达到完全和永恒乌托邦状态的内在需求(Hyŏn 2002,58)。日本,或者至少是日本的大学,被视为进行抽象思考的地方,这种抽象思考与朝鲜儒家传统中士大夫的崇高使命相关。

更重要的是,日本是一个喜欢阅读和思考的国家。这正是玄相允在东京时最羡慕的地方,"地球上第四大城市,繁华的街道、繁忙的道路,在东方是无与伦比的"。但比起豪华建筑的魅力,玄相允更欣赏东京有大量的书店和期刊阅览室,在那里"适合工人的书籍和期刊提供给工人,适合小学生的读物提供给小学生,关于女性的书籍提供给女性"。哈贝马斯(Habermas)所说的"现代公共领域"(Habermas 1989)的其他标志也显而易见——公共演讲无处不在,每个人都能听到"新思想和新(思想)方向"。有关于"女性解放"的演讲和书籍("女性解放"[emancipation of woman]这个表达在朝鲜语中仍不常见,玄相允用英语将其写下来,然后用汉朝混用文解释为"yŏsŏng haebang"[女性解放])。经常光顾玄相允寄宿公寓的一个十四五岁的女孩已经在"讨论单利和复利",由此看来,妇女似乎已经准备好获得解放了。另外,人力车夫和穿着日本短裤的低贱工人手里拿

着报纸,一边坐着休息,一边讨论袁世凯政变和国内工厂罢工的
新闻,这一景象在当时的朝鲜也难以想象。报纸的内容几乎是
玄相允遇到的每个人都在热烈讨论的主题,甚至包括那位常常
到玄相允的寄宿公寓房东那里聊邻里八卦、相当无知的邻居老
太太(Hyǒn 2002,57—62)。玄相允后来在一篇题为《社会批判及其
标准》(*Sahoe ǔi pip'an kwa mit p'yojun*,《学之光》[*Hakchigwang*],
1915 年 5 月)的文章中称,朝鲜"停滞、平静、冷漠"(Hyǒn 2002,
106—109),但与朝鲜不同,日本拥有一个充满活力、熙熙攘攘的
公共领域,这个公共领域似乎吸引了大多数居民。这一特征是
玄相允所观察到的日本"文明"的核心。玄相允对日本妇女、青
少年和工人阅读讨论时事的景象非常赞赏,与 20 世纪头十年来
访的中国政要对东京"读报的人力车夫"的钦佩之情是一样的
(转引自 Yan 2005,76)。撇开政治分歧和不同的民族主义愿望
不谈,近代日本的公共领域似乎成为整个东亚实现现代化的灵
感来源。

日本是一个文明社会,拥有高度发达的西化物质文化,有见
多识广、积极参与的公民,这种描述暗示了朝鲜的停滞不前。正
如玄相允在文章《从老人到新人》(*Yet saram ǔro sae saram e*;
1914 年 8 月 28 日起草,1915 年发表于《青春》3 月号)中所说,朝
鲜迫切需要勤奋工作、充满活力、有竞争力的"新人",就像那些在
南极和北极探险中相互竞争的极地探险家,或者那些热衷于为无
痛分娩或复杂移植手术铺平道路的科学家一样(Hyǒn 2002,103—
106)。1917 年玄相允发表了一篇关于"东西方文明差异"的文

章,文章认为,朝鲜属于"被动、幼稚、顺从、惰性的东方世界"
(Hyŏn 1917),迫切需要既有西方思想又有西方人般"有活力、有
进取心的人"来振兴。要做到这一点,第一步就是学习日本,因
为日本被认为以"东方化"的形式表现出了实质上的"西方"
特征。

　　虽然上述所有疏离感(alienation)都是由自封的统治民族
(Herrenvolk)的态度造成的,但东京是一个令人兴奋的地方,朝
鲜学生可以在那里学习并追随迷人的时代新潮流。正如玄相允
的文章所说,潮流之一是以群众为基础的大众政治。事实上,除
玄相允以外,也有其他一些朝鲜学生认为群众参与意识形态和
政治生活是日本文明最令人羡慕的特征。玄相允的学长、明治
大学(Meiji University)法律系学生赵素昂(Cho Soang,1887—
1958)曾于1904—1912年在东京生活和学习,他在日本留学时
的日记《东游略抄》(*Tongyu yakch'o*)中留下了许多记录,其中包
括他热衷于聆听公开的政治演讲和讲座,甚至参加了反对增税
或城市拥有有轨电车线路的群众示威活动。赵素昂后来成为杰
出的朝鲜独立运动家,他在20世纪20—40年代的观点可能被
定义为社会民主主义,但他在东京逗留期间并不激进。他于
1911年10月22日接受了著名卫理公会牧师、民族主义活动家
全得基(Chŏn Tŏkki,1875—1914)的洗礼。同时他还尝试将儒教、
佛教、基督教、希腊哲学甚至伊斯兰教合为一体,创建一元化的世
界宗教。他似乎也对著名保守派哲学家井上哲次郎(1855—1944)
的演讲和著作感兴趣,井上哲次郎严厉批评了"不爱国"的基督

教,试图将儒家和西方(主要是黑格尔)哲学结合起来。另外,东京充满活力的群众政治似乎也深深吸引了他(Kim 2000)。

结论

在前殖民地时期和殖民地时期的朝鲜,对日本所谓现代成功的积极评价往往与政治上的亲日立场相一致,比如俞吉濬就是如此。但是这并不妨碍朴殷植等公开反日的民族主义知识分子对明治维新及其思想背景产生浓厚兴趣,比如阳明学派对日本知识分子生活的影响。在像玄相允一样想要适应殖民统治现实的年轻知识分子眼中,日本看起来很有吸引力,这不仅因为其物质进步具有吸引力,还因为它是一个大众可以参与公共政治等新兴公共领域运作的地方。但是玄相允几乎从未打算通过公共政治行动颠覆殖民统治。即使是公开反殖民主义的流亡者,也并非对朝鲜和日本的共同之处,以及对那些可能对朝鲜和朝鲜人有用的日本文化、传统或知识分子生活的特点完全不感兴趣。与 19 世纪和 20 世纪初的反西方新儒家一样,申采浩等著名反日民族主义者否认日本属于文明范畴。他们也往往为朝鲜对日本早期文化发展的贡献感到自豪。此外,殖民地朝鲜的文化民族主义者既关注如何在殖民背景下保护他们所认为的真正的朝鲜文化,也关注如何利用日本的现代知识框架实现目标。虽然日本是剥夺朝鲜现代民族国家地位的殖民者,但它仍然是现代性的象征,甚至在其政治对手的眼中也是如此。

　　虽然日本拥有现代性的种种魅力，但它本质上仍然是无法改变的"他者"。对于那些有日本留学经历、讲日语的知识分子来说也是如此。考虑到他们在种族歧视的氛围中体会到疏离感，他们这样想可能也是很自然的事情。最后，正如我们将在第六章中所见，即使日本殖民者在20世纪30年代末采取强制性的同化政策，也无法改变这一基本认知。大量受过教育的朝鲜人不得不配合同化政策，其中相当一部分人至少在一定程度上接受了部分学说，但这从未改变朝鲜民族认同的基本框架。殖民统治一结束，朝鲜大多数当地人，甚至包括日本培养的大多数知识精英，都认为美国和苏联军事当局强行让所有在朝日侨（除少数例外）迁回日本是理所当然的（尽管一些日本定居者确实希望留下来：Watt 2015）。朝鲜人认为日本人不属于朝鲜，自然也希望他们离开。在这种情况下，殖民种族主义和歧视的遗产反噬了以前的受益者。

第六章｜同化从未发生：殖民地朝鲜的朝日通婚

众所周知，对殖民者和被殖民者之间的两性结合（sexual mixing）进行行政管制，一直是欧洲在亚洲的殖民政策之重要组成部分。因为这种结合往往会产生欧亚群体，而这一群体很难被利落地置于殖民统治所依据的严格的种族等级制度中。19世纪末20世纪初，在英属印度、荷属印度尼西亚和法属越南，欧洲人和"当地人"的结合被视为一个问题。其中一些形式，如纳妾，往往会因道德和社会原因而受到谴责（Stoler 2010）。

在日据时期的朝鲜，情况有些不同。与欧洲在亚洲的殖民地不同，殖民地朝鲜的管理是基于"本地人"和日本定居者（naichijin，字面意思是"来自内陆的人"）之间的种族等级关系。日本期望朝鲜人未来被同化到成熟的"帝国臣民"行列中。因此，殖民统治者将通婚视为一种强有力的"皇民化"工具，并以积极的态度看待。这种婚姻的后代并不构成分类问题，而是有望忠于帝国、讲流利的日语，而这正是大多数朝鲜人所缺乏的。

从20世纪30年代末开始，日本意图在战时总动员中充分利用朝鲜资源，因此朝日通婚再次受到重视。1939年11月10日，这类婚姻的登记程序被明确简化，鼓励朝日通婚被列入总督府的政策优先事项。朝日通婚的人数很快飙升。从1920年到1937年，只有1 206例朝日通婚，但1939年有1 005例，1941年有1 416例。到1941年底，仅在朝鲜就有5 747对朝日通婚夫妇；在日本本土也有大量的此类婚姻，只不过未反映在殖民地的统计数据中（Hosaka 2002，125）。

　　日本方面期望两个族群之间的血缘关系会给他们带来情感融合，从而消除被殖民者的反殖民民族主义情绪，遏制日本定居者的反朝殖民种族主义。大多数朝日通婚是朝鲜男性和日本女性结婚，他们通常来自贫穷、地位低下的家庭（参见下文小说《南忠绪》[*Nam Ch'ungsŏ*]中描述的案例）。通过与日本女性结婚，朝鲜男性有望提高他们在帝国等级秩序中的地位，通过成为某种名义上的日本人来避免歧视和骚扰。属下阶层的这种欲望并没有违反帝国同化主义思想的主要原则——理想状况是帝国臣民之间不存在民族歧视。本章将分析朝鲜作家关于朝日通婚和混血儿问题的文学作品，这些作品让我们看到，现实截然不同。民族歧视往往与基于阶级的排斥模式同步，并与父权制习俗和法律惯例纠缠在一起。而且有时反体制、"颠覆性"的意识形态和实践而非血缘关系可以让日本人和朝鲜人走到一起，以殖民统治者肯定不会赞同的方式体验团结。

　　由于20世纪30年代产生朝日爱情和婚姻叙事的意识形态环境发生了重大变化，所以本章按时间顺序分成两部分。第一部分集中讨论19世纪末至20世纪初（殖民地朝鲜的日据前期、"武断统治"时期、"文化政治"时期，即20世纪10年代、20年代至30年代初）朝鲜作家和日本作家在描写朝日恋情时赋予它的不同意义。由于朝日爱情和婚姻相关描述与朝日文学对两国女性的性别描写密切相关，我也将尝试探讨殖民者和被殖民者的文学文本对朝鲜和日本女性的定义方式。正如人们所料，在大多数情况下，这些描述显然是政治化的。在日本作家的许多作品中，日本男性和朝鲜女性之间的爱情是一种明确的隐喻：日本人"引导"落后的朝鲜走向文明。但相对罕见地将朝日通婚描述为一种现实，而不是一种比喻，这暗示了一种本质上不同的图景，即这种婚姻大多未能弥合被殖民者和殖民者之间的鸿沟，相反，往往使民族隔阂更加明显。

　　本章第二部分探讨20世纪30年代和40年代初朝日爱情和婚姻的文学描写，主要是朝鲜人的作品，其中一些是用日语写的。尽管一些作家，特别是李光洙（在第一章和第四章中分别提到他对苏联和中国、中国人的怀疑态度，这种怀疑态度构成了他配合日本战争的重要背景），刻意宣传朝日通婚是使朝鲜人成为（更好的）帝国公民的权宜之计，但这里讨论的大多数作品都写得非常现实，承认了一个显而易见的事实：在充斥着歧视和殖民偏见的氛围中，朝日婚姻想要成功面临着许多障碍，而且很容易产生不正常的虐待家庭，同时又被殖民地社会的其他人视为典型的种族背叛。"同化"是殖民者的一种意识形态，但具有讽刺意味的是，在战争期间（1937—1945），强行暴力地推行"同化"只会加深民族分歧。另外，朝日通婚也可以被视为个人主义精神对日本和朝鲜民族集体主义意识形态的胜利，这一点是出于完全不同的原因热衷于推进朝日通婚的日本统治者所完全没有预料到的。

由于本章主要探讨文学作品中所反映的社会规范和实践，因此需要对文学创作的特殊性进行说明。与其他叙事一样，文学叙事不应该被视为对现实的简单"反映"。即使在那些按体裁可归为现实主义的作品中，"现实"也没有被"反映"，反而在文学市场和国家干预之间的互动所形成的文学生产体系中被用作产生美学和意识形态意义的材料（Eagleton 2008，1—15；Williams 1977，145—173）。国家干预在日据时期的朝鲜尤为突出，书籍和期刊的事先审查制度（Lee 2008）对经过审查的合法出版物（包括小说）公开批评日本政策进行了明确限制。所以日据时期读者最终看到的散文复杂地掺杂了作者（基于意识形态）对朝日族际融合现实的反应，以及对这些潜在现实的描写，在形式上则精心设计以通过审查。因此，对定居者与"当地人"通婚现实的美学化和意识形态化，以及作品中体现的作者的观点，都是本章分析的对象。

19 世纪 80 年代—20 世纪 30 年代初朝日文学中的女性与朝日通婚

记者出身的作家、日本明治后期的"朝鲜通"半井桃水（Nakarai Tōsui，1860—1926）的大众小说《风吹黄沙》（*Kōsafuku kaze*，1891—1892 年在《朝日新闻》[*Asahi*]上连载）是一个讲述男性化的日本对女性化的朝鲜进行仁慈指导的典型例子。今天人们主要记得他是近代日本先锋女作家之一樋口一叶（Higuchi

Ichiyō, 1872—1896)的导师,也很可能是她曾经的情人(Steffens 1969)。然而,在那个时代,他是一位小有名气的低俗作家,留下了300多部文学作品。虽然他的作品无疑受到了当时对中国和朝鲜普遍存在的东方主义刻板印象的影响(Tanaka 1993),但也表明他对朝鲜素材高度熟悉。事实上,半井桃水既经历了日朝在相对平等基础上以贸易为中心进行接触的前现代传统,也经历了现代帝国主义对朝鲜的冲击。半井桃水出生于对马(Tsushima)一个医生家庭,19世纪70年代初他随父亲一起在釜山(倭馆[Waegwan])对马经营的日本商行工作了几年,想要寻找贸易机会但基本上没有成功(Asahi Shimbunsha 1959, 198—203)。

虽然与朝鲜的这种接触可能很容易被归类为传统的延续,但很快就有了更多的现代接触。在接受了英语教育之后,半井桃水成为一名记者(基本上是自学成才),并于1881年被大阪的《朝日新闻》派往釜山,最初是类似自由撰稿人的记者,后来成为该报驻朝鲜的官方记者。半井桃水住在釜山迅速扩张的日本人聚居区,他在朝鲜生活期间经历了中国和日本的影响力在朝鲜发生冲突的动荡年代,在1882年壬午兵变后,他还在朝鲜首都(汉城,今首尔)担任日本军队的翻译(Asahi Shimbunsha 1959, 230;关于壬午兵变,参见Kang 2006, 462—463)。他也是近代最早尝试翻译朝鲜语文学作品的日本人之一。1882年,《朝日新闻》连载了他翻译的朝鲜经典浪漫小说《春香传》(Ch'unhyangjǒn),半井桃水希望该书可以帮助日本读者熟悉这个与日本有贸易往来的国家。该译本大量引用了朝鲜的风俗、地理和历史，旨在充当一部教科书（Kamigaito 1996,141—168），作者基本上扮演了跨文化传播者的角色。《风吹黄沙》是 1888 年半井桃水返回日本后不久写的，它主要基于作者对朝鲜的印象，其中包括对 19 世纪80 年代朝鲜开化派政治家（通常相当亲日）的深入了解。这些开化派政治家试图将朝鲜改造成一个现代国家，而半井桃水倾向于从泛亚主义立场支持他们。下文我们将看到，这一立场也反映在小说中，小说结尾建立了中朝日东亚联盟，旨在挫败俄国对整个东亚区域的邪恶图谋。

　　在小说中，明治忠臣和朝鲜女子的儿子林正元（Lim Chŏngwŏn，Hayashi Masamoto）与他心爱的朝鲜女子结婚，杀死了对他母亲（朝鲜人）的死亡和爱人（朝鲜人）的绑架负有责任的邪恶朝鲜官员，同时领导了一场"朝鲜革命"，并在冒险过程中建立了伟大的"东亚联盟"，以图对抗俄国的渗透。这部小说结合了 19 世纪 80 年代日本流行政治小说（Feldman 1950）及爱情故事的特点。在爱情方面，日本男主人公被塑造成朝鲜女性的高尚拯救者。林正元的父亲救出了后来成为林正元母亲的朝鲜女人。然后，林正元解救了他未来的妻子，事实上，他首先从强盗手中解救了她的父亲（一个富有的商人），然后杀死了谋杀他母亲、绑架他未来妻子的邪恶官员。这个爱情故事的政治含义非常明显，即充满男子气概和侠义精神的日本是无助的女性化朝鲜的救世主，对此不需要进一步说明。

　　还有一点需要注意，那就是被营救的女性受益者并没有完全丧失能力。例如,林正元的妻子金香南(Kim Hyangnan)被描述为一个无畏且有正义感的美女。她非常勇敢,不顾风险、无所畏惧地帮助她的爱人对抗俄国在朝鲜的第五纵队,即闵皇后(1851—1895)的亲戚——闵氏家族。此外,在政治层面上,雄性帝国的傲慢和不那么以自我为中心的区域团结观念复杂地结合在一起,令人费解。林正元并不是亚洲大陆的征服者,他与朝鲜改革者合作,劝说他们放弃危险、不忠诚的政变计划,让他们与国王和解,最终他成为国王的忠实顾问,并与中国外交官合作,最后又与中国军队合作。该书在 1894—1895 年中日战争前写成并出版,得到了流亡日本的朝鲜开化派代表人物之一朴泳孝(Pak Yǒnghyo,1861—1939)的支持。小说的主人公之一就是以朴泳孝为原型,他的汉字书法也装饰了这部小说的第一版(Nakarai 1893)。该小说仍然带有更为平等、乌托邦式区域团结概念的印记,这种区域团结概念至少在 19 世纪 90 年代中期之前的泛亚主义环境中非常典型(Kamigaito 1997)。在性别表征(gender representation)方面,虽然朝鲜女性一直被客体化,受益于日本人的解救,但作者在文本的整体构建中愿意赋予她们一定的能力、尊严和突出地位。

值得注意的是,并不是只有日本作品中的朝鲜人在朝日恋情描写中处于劣势地位。第一部描写朝日婚姻的朝鲜文学作品应该是由李人植(1862—1916)创作的,这位朝鲜作家可以说是日据前和日据初期朝鲜殖民地化和朝鲜人同化的最坚定支持者之一。李人植出生于一个相对贫穷的两班(贵族)家庭,1900 年至 1906 年受到朝鲜王室的资助在日本学习，他未曾担任过任何正式职务，在日本的学习成为他人生和事业的真正转折点。在日本，他不仅从东京政治学院（Tokyo Seiji Gakkō）毕业（1903 年7 月 16 日），还娶了一个日本女人（她在城里开了一家朝鲜餐馆），在《都新闻》（*Miyako Shinbun*）当实习生（1901 年 11 月至1903 年 5 月），写了关于朝鲜的新闻报道，而且第一次尝试用日语进行文学创作，甚至在日本军队担任朝鲜语翻译（1904 年 2 月22 日至 9 月 6 日）。担任翻译工作的并非他一人，几十名朝鲜人因在战争期间为日本军队提供服务而被授予奖项，其中大多数是从事朝日翻译（Kim 2009c）。

在日俄战争中自愿并热情地参与到日本一方，清楚地表明了李人植的政治立场。事实上，在他最早写的一些新闻报道中，如《闲谈朝鲜人》（"*Hanin hanhwa*"，《都新闻》，1902 年 5 月 25日、29 日，6 月 24 日，7 月 3—4 日），李人植就已经为他的祖国描绘了一幅相当灰暗的画面：朝鲜政府由大权在握、投机取巧的官员掌控，他们毫不尊重被统治者的私人财产，国王没有贤明的大臣，法律改革起不到作用，而且由于合格助产士的短缺，大量母亲死于分娩。作为著名的"新小说"作家（关于"新小说"体裁，参见 Kim 1986）、《大韩新闻》（*Taehan sinmun*，1907 年 7 月 18 日至 1910 年 9 月 1 日）主编、日本吞并朝鲜前最重要的亲日人士，李人植系统宣传的信念是，只有仁慈的日本予以保护以及殖民才能帮助朝鲜摆脱其看似难以忍受的困境。日本的吞并似乎并没有改变他的想法。相反，这使他更加坚信朝鲜全面日本化是有益的。1916 年,李人植以殖民当局资助的经学院(Kyǒnghagwǒn)院长的身份发表演讲,他断言,只有完全同化,朝鲜人的大脑在日本精神(Yamato Tamashii)的影响下发生变化,家庭教育按照日本风格进行改进,朝鲜人才能变得和日本人差不多(Yi 1916)。如此一来,完全同化以及被同化的朝鲜人对日本的无私忠诚,就可以解决殖民歧视问题。此外,李人植显然也被明治现代性的普遍特征所吸引。他是天理教(Tenrikyo)信徒,将天理教的父母神(Oyakami)视为不受国家或民族边界限制的宇宙之神(Tajiri 2006,27—75、201—204、221—224、350—373)。

在李人植《嫁给贫穷朝鲜男人的日本美人》(*Pinsǒnnang ǔi ilmiin*,1912 年 3 月 1 日刊登在《每日申报》上)中,一个朝鲜男人在日本还是一个有前途的年轻学生时,一个日本女人嫁给了他,希望在朝鲜过上舒适的生活,但最终却悲惨地生活在贫困中,并时常抱怨这个朝鲜男人。除了贫穷,这个朝鲜男人还懒惰、喜欢吹牛,周围都是相信迷信的无用之人。有趣的是,他痛苦的妻子在家里只说日语。朝鲜在 1910 年成为日本殖民地,殖民者并没有感到有必要学习被殖民者的语言。一些评论家认为,李人植对"自卑的殖民地属下阶层"的叙述在一定程度上是自传性质的,因为如上所述,他本人也与一个日本女人结了婚。李人植有着文学声誉和相对较高的社会地位(1911 年,他是殖民地朝鲜首都经学院校长,年薪 900 日元:Taijiri 2006,38—39),但作品中日本女人的朝鲜丈夫却夸张地"自卑",这可能主要受到殖民地知识分子根深蒂固的自卑心理的启发。

　　事实上，在 20 世纪的头几十年里，朝鲜人与日本人的婚姻相对罕见。如果有这样的事情发生，那通常是那些在日本待了很长一段时间的朝鲜学生或政治活动家与当地女孩之间的婚姻。朝鲜男性往往拥有精英或次精英背景，社会地位超过他们的日本配偶。一个著名的例子是禹范善（U Pŏmsŏn，1857—1903），他是一名职业军人，曾于 1894—1895 年在汉城指挥亲日的训练队（hullyŏndae）分队，与 1895 年日本人策划的朝鲜闵皇后（谥号为明成皇后）谋杀案有很深的牵连。1896 年朝鲜亲日内阁因高宗逃往俄国公使馆（1896 年 2 月 11 日）而垮台，禹范善便逃到日本东京，每月从日本政府那里领取 20 日元津贴，这在 19 世纪 90 年代相当于日本教师的工资。同年，他娶了一个与他居住在同一街区的相当贫穷的女仆酒井中（Sakai Naka）。这对新生朝日夫妻的生活并不和谐，但主要是因为禹范善不间断的政治活动，而不是因为他的"自卑"。这种不愉快也很短暂。不到 7 年，禹范善就被两个朝鲜亡命者暗杀了，这两个亡命者希望杀死一个闵皇后的刺客，这样的话，一旦他们回到高宗统治的朝鲜，就能得到特赦（Yi 2013b，53—130）。

　　值得注意的是，在出版《嫁给贫穷朝鲜男人的日本美人》之前，李人植就已经在他的名著《血之泪》（1906 年 7 月至 10 月在《万世报》上连载）中描述了一个失败的朝日结合家庭，只不过是另一种类型的失败。这部小说通常被认为是近代朝鲜"新小说"体裁的先驱之作。在小说中，平壤女孩玉莲（Ongnyŏn）在甲午战争（1894 年）的平壤战役中被流弹击伤，随后被日本军医井上

（Inoue）中尉治愈并照顾。井上把她带到了他的家乡大阪，在那里她上了一所日本学校。但在井上战死沙场后，他的遗孀虐待这个养女，于是她离家出走。之后，她奇迹般地遇到了朝鲜青年具完书（Ku Wansŏ）。具完书打算去美国留学，然后成为"东方的俾斯麦（Bismarck）"，积极参与建立一个由朝鲜、日本和"满洲"组成的"文明强国"。为了继续深造，她和他共赴美国（Sŏ 2010,107）。

虽然小说中的朝鲜主人公在理论上对朝日"统一"的前景持乐观态度，但他们的亲身经历却不一定能证明这种乐观态度是正确的。同样有趣的是作者自己在小说中的叙述，他将具完书和玉莲这两个年轻人的乐观主义定义为天真，认为他们对朝鲜人"野蛮和平庸"的程度以及朝鲜糟糕至极的境况缺乏充分了解（Sŏ 2010,121）。对于朝鲜人被完全同化之前的朝鲜"文明"，以及朝日结合家庭的可能性，小说家李人植比记者李人植或政治家李人植更加悲观，或者至少是谨慎。文学似乎为他提供了一个渠道，告诉读者那些不适合在报刊或期刊文章上提及的微妙且令人不安的真相。

这种东方主义或自我东方化的建构受到了 20 世纪 20 年代朝鲜作家的挑战。他们中的许多人在日本受过教育。严酷的殖民现实使他们对日本宣称的文明使命和日本作为殖民统治民族（Herrenvolk）的自我定位采取了更具批判性的态度。金东仁（1900—1951）对日本女性的描写就是享有特权的文化买办（cultural comprador）进行微妙反抗的一个很好的例子。金东仁出生于平壤一个富裕的基督教家庭，是日据时期第一代在东京接受教育的作家，在 20 世纪 20 年代朝鲜相对宽松的氛围中崭露头角。他于 1914 年到日本，1915 年至 1917 年在明治学院附属中学学习，1918 年至 1919 年住在东京，据说曾在东京的川端艺术学校（Kawabata Art School）短期就读。他坚称自己师从日本近代著名画家藤岛武二（Fujishima Takeji, 1867—1943），但学者们对这一说法的可靠性表示怀疑（Hatano 1998）。无论如何，金东仁作为一个公认的唯美主义者，在日本学习期间似乎对艺术产生了浓厚的兴趣。

他的主要兴趣是文学，既有欧洲文学（主要是日文译本），也有日本文学，尤其是那些自然主义流派作家的作品。德田秋声（Tokuda Shūsei, 1871—1943）的短篇小说描述了近代女性的不幸生活，她们不得不面对贫穷的现实和挥之不去的父权传统，这些小说对金东仁的文学作品产生了十分强烈的影响。此外，白桦派（Shirakabaha，成立于 1910 年）略微贵族化的个人主义以及芥川龙之介（Akutagawa Ryunosuke, 1892—1927）的艺术和艺术美至上主义也对他产生了影响。由于金东仁的大部分文学知识基于外国作品的日文翻译或当代的日本作品，所以正如他自己承认的那样，他经常先用日语写出小说的草稿，然后再用朝鲜语进一步阐述（Chŏng 2003, 24—239）。总之，金东仁实际上是一位双语作家。他的朝鲜语文学实践也是同时代日本文学发展的一部分。

这并不妨碍他努力颠覆殖民者给被殖民者塑造的性别刻板

印象。1929 年,在与第一任妻子离婚后(1927 年秋),他开始着手描写他迄今为止所有主要的浪漫邂逅。他连载了一些题为《女人》(Yŏin)的短篇故事,先是发表在月刊《别乾坤》(1929 年12 月—1930 年 12 月)上,然后发表在月刊《彗星》(Hyesŏng)上(1931 年 3 月—1931 年 11 月)。他在发表这一系列作品期间再婚(1930 年 9 月)。这些作品也描写了金东仁的一些日本情人,讲述了金东仁对日本女性的色情癖好,采用的是同时代日本流行的私小说(watakushi shōsetsu)体裁(Kim 1987a,256—258),无疑受到了日本文学传统中非常突出的对花街柳巷平实描述,以及自然主义作家岩野泡鸣(Iwano Homei,1873—1920)对性明确描述、对人类性欲至上的强调之影响(Iida 1984,6—8)。

金东仁在描述 1918—1919 年迷恋东京丰满的日本女孩时(Kim 1929),将自己置于偷窥者(voyeur)的特权地位。虽然他迷恋的日本女孩以种族为由拒绝了他(因为他是“劣等朝鲜人”),但他主要迷恋的是她诱人的丰满身体(“一头可以做火腿的好猪”),而不是她的文明资格(civilizational credentials),女性丰满是他的个人癖好。有趣的是,金东仁对日本女孩身体的痴迷与他对玛丽纯粹柏拉图式的爱形成了鲜明对比。玛丽是一个日西混血女孩,他 15 岁时在东京学习的第一年遇到了她。虽然他以一种相当诋毁的方式描述了日本人的“性”,但玛丽的红头发和西方人长相却激发了唯美主义者金东仁的浪漫期待。金东仁坦白,唯一能在他心中激起高度唯美的浪漫情感的日本女孩是平壤一家餐厅的日本艺人蝉丸(Semimaru,木村阳子[Kimura

Yōko]）。她长得有些孩子气，像个女学生，这让金东仁想起了失散多年的初恋玛丽。蝉丸被金东仁奉为偶像（Kim 1930），但只是高度西方化的纯美天使玛丽的化身。当时的日本和朝鲜知识分子对（想象的，而不是真实的）西方普遍存在自卑情结，这种情结在反对日本优越论的话语斗争中成为一种武器。

　　另一个试图颠覆殖民者和被殖民者之间性别等级的作品是李光洙一篇相当短小平实的小说《血书》（Hyŏlsŏ，1924）。这部小说具有部分自传性质（Kim 2011，327），讲述了一名日本女学生松田信子（Matsuda Nobuko）的故事，她极不寻常地渴望嫁给朝鲜主人公，甚至准备做一些日本定居者在朝鲜很少尝试的事情，比如学习朝鲜语。然而，主人公却对是否接受信子的爱犹豫不决。虽然一些段落被日本审查人员删减，但读者仍有足够的理由认为，男主人公要放弃婚姻的庄严誓言与他的民族主义和解放愿望有关，因为这些可能与朝日通婚产生冲突。最后，信子死了，把她对一个朝鲜男人的单相思带进了坟墓。因此，比起殖民主义话语中的殖民地属下阶层男性，该小说中的朝鲜男人被赋予了较高的叙事地位。男主人公也从信子的感情中吸取了教训，让他觉得只有爱才能在民族和全球层面创造一个真正的集体（Yi 1924）。李光洙在 20 世纪 20 年代中期仍是一个民族主义者。同时他也倾向于强调情感对于建构民族共同体的重要性。其中一种情感是爱，这种爱可能会在跨国恋情中表现出来（Kim 2011，304—333）。

　　总之，"浪漫"成为殖民和反殖民民族主义情绪及野心的竞技场。日本作家遵循一般的东方主义刻板印象,倾向于将朝鲜女性化,同时将其描绘成全球格局中的次要部分,其本体价值首先体现在与日本的关系中,或与日本和日本人或多或少有关的更广义的观念中。虽然日本左翼分子倾向于自觉地以团结亲善的语气描绘朝鲜人的激进,并将其作为自己内部斗争的主要启发之一,但上述倾向在日本左翼作家的著作中也显而易见(Perry 2014,124—170)。青年反战活动家槙村浩(Makimura Hiroshi, 1912—1938)的《"间岛"游击队之歌》(*Kando paruchizan no uta*, 1932)就是一个例证。他于1932年3月1日伪满洲国宣布成立后不久出版了这部史诗般的杰作。没过多久他就加入了日本地下共产党(Makimura 1980［1932］)。这首诗对朝鲜武装分子进行了高度浪漫化的感人描述。在日本对1919年3月1日独立运动进行野蛮镇压后,他们受到俄国革命的鼓舞,拿起了武器。很明显,这些形象代表了令日本同志钦佩的革命战斗精神的原型。在朝鲜,"妇女被［日本压迫者］强奸,她们的内脏被挖空,她们的肠子被拖过泥土",朝鲜人在离开这样的祖国之后,为了"保卫苏维埃"而进行了自我牺牲的"殊死斗争"。他们还以为世界革命事业牺牲为荣(转引自Perry 2014,134—136),而不是朝鲜解放事业。不可否认的是,槙村浩本人希望他的杰作成为日朝革命团结的赞歌。但是一个来自殖民国家大都市的作家,即使他是左翼作家,又能在多大程度上克服所有内在化的等级秩序,并构想与被殖民者平等地团结呢?

佐多稻子(Sata Ineko,1904—1998)的著名诗歌《朝鲜少女》

("*Chōsen no shōjo*",《驴马》[*Roba*]，1928 年 5 月）是最早专门书写朝鲜人的无产阶级诗歌作品之一，很好地展示了朝日关系中彼此区分的深层逻辑和勉强掩饰的等级观念。佐多稻子出生在长崎，父母虽受过良好教育，但家境贫寒，她在童年时经常与外国混血儿童玩耍，她最好的朋友之一是一个日本艺人和黑人水手的女儿（Sata 1979，Vol. 17，364）。后来佐多稻子全家搬到东京，贫穷迫使她在一家名为"丸善"（Maruzen）的大型书店工作，而没有继续接受正规学校教育。她不得不通过阅读自学，她最喜欢的作家之一、后来的导师是诗人生田长江（Ikuda Shungetsu，1892—1930）。生田长江在 15 岁时独自踏上了朝鲜冒险之旅，在那里打零工并开始写诗（Kobayashi 1997，24）。

　　在生田长江的启发和帮助下，佐多稻子开始写诗，1926 年开始受到同年创办的文学杂志《驴马》周围一群激进作家的巨大影响。两年后，她出版了第一部小说《奶糖厂的女童工》（*Kyarameru Kōjō Kara*），讲述了受到严重剥削的未成年女工的生活（Pak 2007，205—241）。这部小说受到了另一位日本无产阶级作家中野重治（Nakano Shigeharu，1902—1979）的影响。事实上，中野重治在《雨中的品川车站》（*Ame no furu Shinagawa eki*，1929 年 2 月）中对他与朝鲜同志分别的场景进行了诗意渲染，这首诗经常被引用，既用来声援朝鲜人的斗争，也用来说明殖民国家成员的声援具有典型的局限性。在这首诗中，朝鲜人首先作为回归"故土"的人登场（而不是日本本土无产阶级运动的参与者），他们也是日本（而非朝鲜）无产阶级的"后卫和先锋"，在后来重新编辑的版本中称为"后盾和前盾"（Silverberg 1990，161—162）。两位旅日的朝鲜研究人员、作家尹学准（Yun Hakchun）和金达寿（Kim Talsu）在中野重治去世前不久采访了他，根据他们的说法，中野重治对这首诗中所表达的"民族利己主义"（national egoism）感到遗憾（Kim 2001c，156—157）。

　　有趣的是，1929 年到 1931 年居住在东京的一位年轻的朝鲜无产阶级诗人林和（1908—1953）写了一首诗《撑起伞的横滨港》（*Usan padǔn hoengbin pudu*）回应了《雨中的品川车站》，表达了跨越朝日边界的无产阶级团结和浪漫。这首诗是以一个朝鲜工人的口吻讲述的，他被强行驱逐出日本，离开了心爱的日本女人——一名工人、活动家。这个女人被要求为那些将要入狱的"勇敢小伙子们清洗汗湿的衣服"，这种方式可以称之为父权制（patriarchy）左翼版本。然而，在良好的国际主义模式下，并没有说明该女子在激进运动的框架内应该服务的勇敢男性是日本人还是朝鲜人。其中提到，没有人觉得会在朝鲜见到主人公的日本情人，因为"异国"（日本）和"殖民地"之间的差异被认为是不可逾越的。（原文于 1929 年 9 月发表在月刊《朝鲜之光》上；再版于 Im 2000，66—70；转引自 Kim 2001c，170—173）。正如下文所见，这基本上也是佐多稻子的观点。总而言之，佐多稻子身边的日本知识分子虽然有种种局限性，但对朝鲜有着丰富的经验和浓厚的兴趣。

　　佐多稻子诗中的"朝鲜女孩"首先被明确定义为"外侨"，她们穿着红色的朝鲜小褂，戴着典型的朝鲜加髢（pig-tail ribbons），用作者"听不懂"的语言互相交谈。另一个关键词是"苦难"。在东京寒冷的夜晚，未成年女孩们冻得瑟瑟发抖，当她们试图向那些成年日本人兜售麦芽糖（yǒt）时被他们追赶。按照东方主义的风格，她们也不可能对自己的出生地有多少了解。正如作者所说，"你肯定出生在你的祖国，但你很可能不太了解你的祖国"。另外，这首诗的第二部分较为乐观，与第一部分中明确表达的殖民地女性贫穷、苦难、无知的刻板印象形成了鲜明对比。其中一个女孩在成功卖出商品后高兴地在有轨电车里玩橡皮球。她"天真"的脸、孩子般的微笑和孩子般天真的玩耍动作，为忙碌到深夜回家、很疲惫的日本工人提供了安慰和娱乐（《朝鲜少女》[*Chosen no shōjo*]，Sata 1979，Vol. 1，13—14）。

　　后一种描述可以解释为朝日无产阶级团结的理想画面。不过在这个团结框架内，朝鲜人被描绘成顽皮天真的少女，与日本的成年男性形成对比，这一点很重要。这位无产阶级作家本人几乎完全没有意识到她使用的是朝鲜"常识性"形象的谱系（genealogy），实际上她确实继承了半井桃水关于日朝接触的范式。在这一范式中，日本被视为"成熟的男性"，而朝鲜则是"未成年女性"，对她们来说，与日本（不可避免的不平等）联盟是将她们从永久苦难的生活中拯救出来。

　　总之，这首诗可以有多种解读，但部分解读相互矛盾。从表面上看，朝鲜被描绘成一个可怜的女人，看起来更像是一个被（居高临下地）同情的对象，而不是在共同斗争中处于平等地位的同志。同时，诗中对朝鲜少女的描写也可以被解读为一种认可,即认可朝鲜人在共同对抗帝国主义国家的斗争中带给日本无产阶级启发。带有殖民色彩的东方主义与基于阶级和性别的团结情感掺杂在一起,这是整个 20 世纪 30 年代佐多稻子涉朝作品的特点。随着日本政权变得强硬,与佐多稻子关系密切的日本共产党陷入越来越深的危机(1935—1936 年,由于逮捕和迫害,大部分活动已经停止,参见 Beckmann and Okubo 1969,239—279),佐多稻子发现自己更像是一个帝国窥视者,以一种同情但相当家长式的方式与朝鲜被殖民者打交道。

　　1940 年 6 月至 7 月,佐多稻子应总督府铁道局的邀请访问朝鲜,随后写了几篇游记。在其中一篇题为《朝鲜印象》(*Chōsen inshōki*,1940)的游记中,她描写了因殖民经历而被西化的朝鲜妇女(其中一些人穿着新式的裙子和古老的朝鲜式小裥),她们告诉她,比起朝鲜餐馆,她们更喜欢日本餐馆的朝式冷面,并希望日本妇女能进一步帮助她们,大概是帮助她们实现社会现代化。开城博物馆的朝鲜馆长用日语和他可爱的学龄前女儿们说话;在新兴工业化的平壤,弥漫着工厂烟囱的标志性气味,日本人和朝鲜人甚至混住在日本人聚居区;日本考古学家熟练地指挥着朝鲜古物的发掘工作。对朝鲜人的描写充满同情和人情味,但也清楚地表明,朝鲜人正在"内鲜一体"①(naesŏn ilch'e)框架内被"拯救"和"培育",而不是被统治和剥

---

① "内鲜一体"是要"把朝鲜人改造成忠良的皇国臣民",实现"形、血、心、肉的一体",这是由第八任朝鲜总督南次郎在位时正式鼓吹提倡的。——译者注

削,而且妇女也是从殖民现代主义中受益的人(现代韩语译文参见 Yi and Mizuno 2009,341—351;原载于 Sata 1979,Vol. 16)。

尽管佐多稻子有着左翼背景,她在日据时期结束时所描绘的朝日相遇的愿景的确是朝鲜人(尤其是朝鲜女性)被充满活力、阳刚、现代化的东边邻居"拯救"。两者之间可能有更紧密、更亲密的结合吗?佐多稻子后来遗憾地回忆说,1937 年,她的朝鲜文学朋友、作家马海松(Ma Haesong,1905—1956)与一位朝鲜舞蹈演员结婚(当时两人都居住在日本),她祝贺他"与同胞结婚",结果他很生气(《时间、人、我的事情[3]:逃走与隐秘关系》[Toki to hito to watashi no koto 3:kugurinuke to nareai to]:Sata 1979,Vol. 3,400)。虽然他们被日本"拯救和培育",但对于统治民族的成员来说,即便是左翼分子,朝鲜人也不会容易或平等地成为婚姻伴侣。

相比之下,在朝鲜的作品中,日本女性有时被描绘成性感迷人但文化水平较低的人,或者被描绘成勾引者或精于算计的"运气猎手"(luck-hunters)。她们威胁到了朝鲜现有的父权秩序。同时,这样的描写也有助于颠覆殖民主义者的优越性主张。无论如何,在殖民地朝鲜的小说中,与这样一个不贤惠的女人建立和谐婚姻几乎是不可能的。事实上,这些小说描述了一个父权制的性别刻板印象与更现代的阶级歧视及种族隔离逻辑掺杂在一起的世界。一个很好的例子是廉想涉(Yŏm Sangsŏp,1897—1963)的小说《南忠绪》(1927 年)(Yŏm 1927)。小说中,主人公的日本母亲美佐绪(Misao)无法在主人公富有的朝鲜父亲的家庭中获得稳定的地位，只能做一个小妾。她甚至不能在户籍上正式登记为主人公的母亲。如果她这样做，她的儿子就会被蔑称为私生子，是小妾的孩子。她因为曾经是一名出身贫寒的艺人而受到歧视，所以以同样的方式进行报复，利用自己殖民地定居者的身份咒骂（劣等的）“朝鲜人的种”，也咒骂自己“在朝鲜人手下腐烂了 30 年”。然而，种族等级逻辑最终为更有分量的金钱和社会政治地位所压倒。毕竟，美佐绪的丈夫南相哲（Nam Sangch'ŏl）不仅极其富有（“大概是首都第三富有的人”），而且在政治上也很显赫，他曾是亲日“开化党”（Kaehwadang）的成员，现在是殖民者在当地的合作者。这种权力关系也体现在语言使用上。南相哲很可能会说一口流利的日语（因为他在朝鲜殖民地化前曾在日本流亡过一段时间），美佐绪也不同于绝大多数的朝鲜日侨，她“朝鲜语说得非常流利，往往令朝鲜人目瞪口呆”。最后，她不得不拿着 10 万日元的离婚赔偿金离开南相哲的家。这个富有朝鲜人的钱是为了让一个日本属下阶层重新融入日本社会。

与此同时，在父亲的安排下，南忠绪（Minami Tadao）娶了一位门当户对的朝鲜新娘李贞熙（Yi Chŏnghǔi），而不是美佐绪所期望的日本女孩八重子［Yaeko］。传统父权制家庭的铁律，加上基于金钱和地位的等级制度，压倒了官方关于朝日通婚的同化主义论调。不管是作为日本人，还是作为属下阶层，美佐绪对南相哲的家庭来说都是外国人。然而，她并不是一个“高贵的受害者”，更像是亲密关系市场上一个精于算计的玩家。首先，她试图控制南相哲的家庭,并在失败后从她的朝鲜"对手"那里榨取了最大补偿。金东仁笔下丰满的日本女孩被描绘成性感之人,而廉想涉笔下的美佐绪更像是一个婚姻市场上失败的赚钱之人。同时她还被赋予歇斯底里和自制力差的特征。不过金东仁和廉想涉都用一种极为平淡无奇、粗野的描绘方式来刻画日本女性。

金钱和地位支配着南相哲和美佐绪的世界。正如颇具影响力的韩国文学史家金允植(Kim Yunsik)所言,廉想涉算不上左翼分子,但肯定是反资本主义事业的支持者,在这部小说中,他将(日本)帝国和(被征服的朝鲜)民族视为资本时代出生、成长的"双胞胎"(Kim 1987b,423—435)。殖民地两个分裂的种族都是由资本逻辑奠定基调。然而,"血缘"也不是无足轻重。南相哲不希望他的儿子南忠绪娶日本女孩,因为南忠绪已经有一个日本母亲,如果再娶一个日本妻子,这不仅"违反祖先祭祀的礼仪"(作为家族的长子,他必须顾及这一点),也"永远搅浑南家的血脉"。这并不是说美佐绪的民族情感比较弱。恰恰相反,她梦想着把她的女儿(南忠绪的妹妹)孝子(Tako,Kor. Hyoja)培养成"真正的"日本人,并让女儿继承她的祖姓矢野(Yano),不过她那重男轻女的丈夫不允许任何一个孩子脱离自己的控制。美佐绪将她丈夫的朝鲜家庭成员视为潜在的敌人,而且主要靠她的儿子从"敌方阵营"获取信息。

"沉重的传统包袱"在南忠绪的心中根深蒂固。毕竟,他所属的、或许用他父亲的钱资助的激进地下组织"P. P"("无产阶级政党"）中的同志（大概是马克思主义者）都是自豪的朝鲜国民。他们把来自朝日结合家庭的成员和赞助人视为"弃儿"（ŏptongi），而不是与生俱来就完全合格的"家庭成员"，有时还对南忠绪的双重身份和缺乏明确的种族归属表示质疑。主人公还试图在激进思想的普遍逻辑中确立自己的身份。他梦想着未来（大概是革命后）种族和国家不再对个人施加限制。虽然有普世性的激进热情，但他最终不得不承认，他母亲热切希望在她的祖国日本度过最后的日子并最终埋葬在那里，这在当今这个民族和传统的世界是完全合理的。朝日通婚非但不能打破民族和传统的束缚，反而有助于强化其持久顽强之力（Kim 2006b）。

　　1937 年，日本诗坛新星丸山薰（Maruyama Kaoru, 1899—1974）发表了散文诗《朝鲜》（Chōsen）。这首诗刊登在相对进步的杂志《改造》（Kaizō，该杂志在 8 年前刊登过中野重治的《雨中的品川车站》）上，描绘了一个朝鲜女孩被魔鬼追赶的近乎神话般的场景。为了救自己，她把梳子扔了出去，梳子变成了耸立在首尔的三角山（Samgaksan）。然后，她把钱包扔了出去，钱包变成了一个荷塘。由于这一切都不能阻止魔鬼，女孩最终不得不扔掉她的朝鲜小褂。小褂变成了一条河，此时已赤身裸体的女孩在河里救了自己的命，但随后洪水淹没了肥沃的田地，引发了一场大风暴（原文参见 Chūō Kōronsha 1968；韩语译文参见 Yun 2004）。该诗的最后部分是"生命之流"所蕴含的可能性，在这里象征着朝鲜的民族活力。丸山薰在汉城度过了一段童年时光，在那里目睹了朝鲜人多么受压迫，他显然很同情殖民地属下阶层。但是这首诗的总体象征意义却令人震惊。这里的"朝鲜"是一个无助、赤身裸体的女孩，除魔法以外，无法用其他手段保护自己。与半井桃水范式的唯一不同之处在于，日本被描绘成一个魔鬼，而不是无助的西边邻居的拯救者。洪水摧毁了种植在（朝鲜）田地里的种子，这是在隐喻（男性化的）日本无情的殖民主义冲击。洪水无疑是一种自然现象。那么，这是否在暗示，殖民主义应该被视为一种类似于自然灾害的东西，是带给毫无准备、无助、女性化朝鲜人的痛苦但不可避免的事情？

这种形象化的描述似乎常见于日本作家的涉朝作品，甚至包括一些无产阶级艺术拥护者的作品。不过后者至少试图平衡他们对女性化的殖民对象的看法，呼吁阶级团结，生动地描述朝鲜人在共同斗争中的表现对日本同志的激励作用。当然，一些无产阶级诗歌作品，如中野重治的《朝鲜女孩》（*Chōsen no musume tachi*, 1931 年出版），似乎更加强调朝鲜女性的好战潜力。在中野的诗中，通敌校长解雇了朝鲜女学生们喜爱的老师，她们为此与校长展开激烈斗争，甚至将校长打倒在地，踩他的脸，随后她们被日本宪兵的军刀打倒。这里主要强调的是日本宪兵袭击下的朝鲜女孩血淋淋的身体（Nakano 1976, Vol. 1, 98—101；关于这首诗的讨论，参见 O 2004），当然，还有日本警察政权在朝鲜的暴行（Perry 2014, 138—139）。

朝鲜人对殖民凝视（colonial gaze）的反应各不相同，有的接受了殖民者的假设：被殖民者自我东方化的自我否定；有的则通过将日本女性描绘成她们本国意识形态的傀儡，试图颠覆强加

在朝鲜人身上的殖民凝视。以李人植为代表的政治上亲日的近
代改革家会将朝鲜男性描述得比日本女性低一等。然而，金东
仁等后世作家却有所不同，虽然接受过日本教育，与日本文学界
有着紧密联系，但他们对殖民凝视的回应是，把日本女性描绘成
没有灵魂、纯肉体的生物，或者充其量只是浪漫西方女性的"仿
制品"。毕业于庆应义塾大学（Keio University）的廉想涉采用同
样的套路刻画了一个精于算计、诡计多端的日本女人。另外，他
还努力证明亲密关系和婚姻市场本质上的资本主义性质，即使
是傲慢的日本人定居者，也会在一定程度上遭受殖民地社会普
遍存在的阶级歧视和性别歧视。廉想涉和像佐多稻子一样的日
本无产阶级作家都将一般意义上的阶级团结视为一个桥梁，可
以跨越看似不可逾越的血缘鸿沟，即殖民统治的种族歧视。然
而，佐多稻子对她笔下的朝鲜人物表现出相当居高临下的同情，
这表明日本左翼在一定程度上也将殖民性东方主义的基本假设
内化了。朝鲜左翼文人代表林和可以将日本女工和活动家视为
朝鲜激进分子的情人和同志，让他们处于或多或少平等的地位
（在左翼分子也认同某些父权制假设的世界上，性别平等在一定
程度上是可能的），但是他似乎并不相信跨越民族界限的长期个
人结合的现实可能性。

　　日本人似乎也和林和一样持有类似的怀疑态度。汤浅克卫
（Yuasa Katsue，1910—1982）的父亲是一名殖民地定居者，他在
京畿道水原（Suwǒn）长大，所著小说《佳楠》（*Kannani*，1935 年 4
月）是描写殖民地（青少年）爱情的最著名日本小说之一。在这

部小说中，日本警察的儿子龙治（Ryuji）与贫穷的朝鲜仆人的女儿佳楠之间的亲密关系从一开始就存在问题。龙治因为"和朝鲜人走得太近"，在日本定居者学校里被小混混排挤。但是朝鲜人也不愿意接受他。佳楠的父亲不喜欢他的女儿和日本警察的儿子一起玩。龙治的母亲也对她的孩子与一个朝鲜女孩交朋友感到震惊，并一直监视她的儿子。在与佳楠交往的过程中，龙治越来越多地感受到殖民地族际关系中的暴力和歧视。一群日本小混混袭击并折磨一个朝鲜女孩，虽然龙治见义勇为地向学校报告了此事，但他们并未受到惩罚。佳楠似乎从一开始就更了解朝日之间的权力差距。毕竟，她必须对龙治说日语，而不是反过来的龙治说朝鲜语。在小说的第 2 部分（在日本帝国结束后，1946 年才出版），这对少年情侣尽管面对重重困难，仍然亲密无间，第二天，佳楠在参加了 1919 年三一运动后失踪了，可能是在游行示威遭到镇压时被杀害的，很可能是为龙治父亲的警察同事所杀（Yuasa 1995；英文翻译参见 Yuasa 2005，37—99）。殖民暴力的整体框架否定了族际浪漫中宝贵的个体经验。那么，汤浅选择用殖民者超男性暴力摧毁的少女身体来表现被殖民主体，这是否只是偶然呢？

　　总而言之，朝鲜和日本女性的身体在复杂的话语斗争中扮演了重要角色，在这一斗争中，殖民主义者对"女性化""无助"朝鲜人的态度受到了朝鲜作家的挑战。朝鲜作家指责日本女性既缺乏传统的女性美德，也缺乏现代的浪漫修养。尽管官方鼓励日朝通婚（Kim 2009a），廉想涉的《南忠绪》等小说则指出这种结合在充满种族、经济和性别歧视的殖民氛围中存在实际局限性。"血液"是至高无上的。对于那些类似佐多稻子这样饱经风霜的日本左翼分子来说,可怜的朝鲜人充其量只是低级盟友。而以廉想涉的主人公南忠绪为代表的朝鲜左翼分子也不得不承认,在现实世界中占主导地位的是民族和传统,而不是他们的普世价值观。殖民非但没有带来杂合(hybridity)(Bhabha 1994,94—132),反而加深了种族隔离;朝鲜和日本作家对朝鲜和日本女性的描写作为一种修辞策略,强化了殖民世界双方的民族主义意识。

20 世纪 30 年代末 40 年代初朝鲜散文中的朝日婚姻

20 世纪 30 年代末,随着总督府为实现朝鲜全面"皇民化"而开展的同化运动带来冲击,族际间的恋爱、亲密关系和婚姻成为高度热门的话题。总督府积极鼓励朝鲜人和日本人的融合,因为他们认为与殖民者的亲密关系将有助于使朝鲜人成为温顺的劳动者,并最终成为日本帝国的忠诚士兵,从而消除"反日思想"(hainichishisō)的痕迹。为了构建这样一个"情感共同体",1939 年 11 月 10 日总督府果断简化了朝日通婚的登记程序。在日本受过教育的记者朴南圭(Pak Namgyu,1905—?)在日本的鼓励下出版了一个新杂志,它有一个生动的名称——《内鲜一体》(*Naisen ittai*,1940—1944),其主要目标是普及朝日通婚。1941 年 3 月,朝鲜总督南次郎亲自为选出的"模范"朝日夫妇颁发奖品和奖金(Takasaki 2006,168)。但与官方宣传不同的是,在现实生活中,朝日夫妇遭到了朝日双方的敌视。田内千鹤子(Tauchi Chizuko,1912—1968)是一名定居在木浦的基督徒,她在1945年后回到韩国(South Korea)致力于帮助韩国孤儿,并因此而成名。1939年,她嫁给了一名朝鲜基督徒,却在定居者社群内引来反感、遭到歧视(Takasaki 2006,169)。现实中的殖民地种族等级制度使官方的"皇民化"宣言听起来很空洞。朝鲜作家是如何看待这种情况的? 虽然必须出版符合国家政策的小说,但在这种压力下,他们仍然不能也不愿意完全忽视他们和读者在生活中所经历的现实。

在20世纪30年代和40年代的朝鲜作家中,金史良(本名金时昌[Kim Sich'ang],1914—1950)所写的关于朝日通婚问题的作品是最多的,部分作品是基于他在日本长达8年的亲身观察。他为我们提供了一个反抗"皇民化"的有趣例子,虽然作者深植于朝鲜民族文化环境,并且从这个意义上来说"皇民化"无疑是关乎民族的,但又不仅仅是意识形态上的民族主义。金史良在佐贺高中(Saga High School,1933—1935)和东京帝国大学(Tokyo Imperial University,1935—1939,在研究生院直到1941年)接受教育,精通朝鲜语和日语,能够在日本本土的主要文学期刊上发表日语作品,但他仍然强烈反对在纯文学(belles-lettres)中完全放弃朝鲜语,他认为,朝鲜族群需要用大多数人能够准确理解的唯一语言来充分表达生活中的情感。如果用日语写朝鲜,则很容易变成按照殖民者的口味把日本殖民地异国化

（Kim 1940；Kim 1973—1974，Vol. 4，24—27；韩语译文参见 Kim and Kwak 2009，Vol. 2，329—344）。

　　然而，金史良许多反对放弃朝鲜语的言论及最好的小说都是用日语写成并出版的。他声明，这样做的理由是因为他希望让"日本、东方和整个世界"了解朝鲜社群的生活和情感，也希望朝鲜文学得到外界的赞赏和批评，这种说辞在广义上可以称为国际主义（Kim 1973—1974，Vol. 4，10—11；转引自 Kim 2004，247—249）。虽然金史良喜欢用日语写作和出版，但从国际主义立场抵制同化显然不同于对日合作。事实上，金史良的小说《天马》（*Tenma*，1940 年 6 月出版）（韩语译文参见 Kim and Kwak 2009，Vol. 1，13—67）塑造了一个否定自我的主人公——朝鲜知识分子玄龙（Hyŏn Ryong，其原型是金文辑［Kim Munjip］，又名大江龙之助［Ōe Ryūnosuke］，作家、文学评论家，因积极支持同化而臭名昭著），他最终被更爱国的朝鲜同事排斥和侮辱，又遭到日本文坛大佬们的明显蔑视。金史良通过嘲讽玄龙释放了一个明确信号，即他自己在文化和语言上的政治选择是某种"语言的国际主义"（linguistic internationalism），但不是殖民当局所要求的那种彻底的合作。

　　金史良在日本生活了 8 年，在他的一些作品中自然会涉及日本的朝鲜侨民。《无穷一家》（*Mukyū ikka*，1940 年 9 月）讲述了一个关于朝日婚姻的故事，并对又一个像玄龙一样的主人公进行了非常负面的描述。《无穷一家》细致入微地讲述了 20 世纪 30 年代末日本朝鲜人社群的生活，在这个社群里，民族团结不再能够掩盖资本主义社会基于金钱的人际关系所产生的冲突，通过学术成就获得社会成功的传统动力面临着最终以民族背叛和个人道德沦丧告终的风险（Kim 1973—1974，Vol. 1，173—205；韩语译文参见 Kim 2001b，225—285）。

　　主人公（崔东成［Ch'oe Tongsǒng］的父亲）无视市场逻辑，以慈善而非商业的方式为贫困的朝鲜工人开了一家民宿，结果却与有一些收入但不想交住宿费，而是想将钱用到其他地方的房客（姜明善［Kang Myǒngsǒn］）发生了矛盾。最后，慈善民宿的老板开始酗酒，而梦想着拍电影，却无法靠电影公司的微薄收入养家糊口的无耻房客离开了怀孕的妻子，最终在北海道当了一名矿工。帮助贫困同胞或从事艺术活动的梦想以失败告终。相比之下，一个不择手段的玄龙类型的主人公（姜明善的堂兄）却成功地爬上了成功的阶梯。他是一名大学毕业生，这在当时的朝鲜人中极其罕见，他通过战略性地与一个日本高官的女儿结婚，进一步提升了自己在日本社会中的地位。房客妻子的分娩日已经迫在眉睫，他却毫无顾忌地用这个贫穷房客的退休金来支付婚礼费用。近亲在贫穷和痛苦中分娩似乎并没有转移这个"攀登者"哪怕是一丝一毫的注意力，他致力于成为一个完全"皇民化"的日本人，对他以前的朝鲜同胞毫无兴趣（Yun 2006a）。金史良不是一个狭隘的民族主义者，他并不回避描写在日朝鲜人社群内部的矛盾，但对他而言，与日本人通婚的尝试通常是一种自私自利机会主义的标志，标志着朝鲜人大家庭内部团结的终结。

　　金史良的著名小说《走向光明》(*Hikari no naka ni*, 1939)
(Kim 1973—1974, Vol. 1, 9—34; Kim 1999c; 韩语译文参见 Kim
2001b; 英语译文参见 Wender 2011, 13—39) 于 1940 年得到了著
名奖项芥川奖的提名。书中有两个主人公，其中一个是叙述者
南先生，他是东京一所帝国大学的朝鲜学生，能够也愿意"冒充"
日本人，不愿承认自己的民族身份，但对自己的"懦弱"感到越来
越不舒服。另一个是混血儿山田春雄 (Yamada Haruo)，他受到
了叙述者任教的夜校其他学生的歧视和排斥。起初，这种歧视
似乎源于山田春雄惯有的"肮脏外表"所表现出的经济劣势。然
而，人们逐渐发现，这个孩子的多重社会情结也与他的混血血统
有关，他的日本父亲在名义上是日本人，而实际上是日朝混血。
山田春雄的父亲对朝鲜母亲的暴力态度表明，在殖民者和被殖
民者的关系中，暴力无处不在。同时也唤起了东方主义刻板印
象——"软弱"、受害、女性化的东方人。

　　事实上，山田春雄的朝鲜母亲几乎是绝对的软弱。即使在
被丈夫刺成重伤后，她甚至也不敢考虑离开她那不正常的家庭
回到朝鲜。起初，山田春雄一个典型的被殖民主体自我抗拒
(self-rejection)行为就是他否定了与他"不光彩"的朝鲜母亲之
间的关系，从而与叙述者不愿接受自己的流散朝鲜人身份一脉
相承。这位母亲一开始也不希望暴露自己的朝鲜人身份，坚持
说山田春雄不是她的儿子(她称自己是丈夫的小妾，而不是妻
子)，他应该作为一个纯粹的日本孩子来抚养。自我抗拒最初似
乎是小说中殖民地属下阶层共同的生存方式。主人公作为一个

朝鲜人,对自我抗拒的挑战和最终的自我肯定构成了主要的叙事发展脉络。事实上,在比较语境下,主人公的情感类似于(曾经的)殖民主体的文学作品中讲法语的欧亚裔或欧非裔对非白人根源的自我否定(Ravi 2004)。

自我抗拒受到体制化的种族社群边界的驱动,这种边界是基于不同种族文化的社群之间在外表、语言和取名方式方面的差异及体制化的垂直关系(vertical relationship)。叙述者被他所教的一个孩子李某认出是朝鲜人,李某自己也是朝鲜人。他的颧骨、眼睛的形状以及鼻梁的线条出卖了他。因此,朝鲜人在颅相学上也有特别之处。李某对叙述者喜欢称自己为"Minami"而不是"Nam"感到失望。李某的生存策略是通过顽固地拒绝改变名字,公开承认自己的朝鲜社群归属,并接受由此带来的所有弊端。李某和南先生之间的朝鲜语对话,向南先生所教班级的所有其他孩子揭露了南先生的朝鲜人身份。他们感到震惊,但似乎无意公开歧视南先生。唯一一个这样做,并对着南先生大喊"Chōsenjin!"(朝鲜人)来侮辱南先生的人是山田春雄,他想用这种方式来掩饰自己作为半个朝鲜人的自卑感。山田春雄没有朝鲜名字,他的母亲贞顺(Chŏngsun)更喜欢称自己为"Teijun"("贞顺"的日语发音),以掩盖她"可耻"的朝鲜人身份。李某的指责引发了南先生严肃的自我反省。他意识到,为了进入垂直地位更高的日本社群,他试图牺牲自己原有的身份,这是一种懦弱的行为。他介入了山田春雄一家的生活,最终诱使贞顺与他说朝鲜语。他还劝说山田春雄公开承认自己内心对"可耻的非日本人"母亲的渴望，并去医院看望她。小说的主要内容是接受社会地位"低等"的朝鲜人之面部特征、名字和语言作为主人公身份的决定性部分（Hwang 2005b）。

最后，叙述者和山田春雄都找到了一种力量，可以克服支离破碎、不安全的身份强加给他们的"虚伪"，并承认种族的差异（Kim 2010b）。有趣的是，这样一个乐观结局的背景是南先生和山田春雄去上野公园郊游，并逛了一家百货商店。在商店里，这个孩子因为有机会乘坐自动扶梯和南先生慷慨地给他买时髦新衣服而欣喜若狂。在这样的背景下，山田春雄称这位慷慨的老师为"Nam"，两人都完全接受了他们原来的朝鲜人身份。这似乎表明，帝国的"文明"及所有的技术和商业奇迹通过其现代先进性提供了一种条件，让帝国殖民地属下阶层至少可以梦想着恢复和重构支离破碎、受压迫的身份。虽然金史良没有自由地充分表达出来，但认为殖民者和受害者之间的血缘关系可以带来族际"和谐"并最终同化这一想法似乎恰恰属于叙述者痛苦承认的"虚伪"范畴。小说中的朝日通婚再现了殖民统治的暴力结构，但没有克服它。这种通婚给下一代带来了痛苦的身份分裂。日本帝国少数的种族混血臣民处于明确界定的种族边界之外，地位本就不稳定，而且由于帝国各族群之间相互关系的垂直和暴力性质而变得更加不确定。

在金史良的散文中，朝鲜男人和日本女人之间的通婚也被描写成有问题、充满冲突的。他不太知名的小说《光冥》（Kōmei，1941 年 2 月）（Kim 1973—1974，Vol. 2，39—50；韩语译文参见

Kim and Kwak 2009, Vol. 3, 215—257）讲的是朝日结合的清水
（Shimizu）一家,这家的日本妻子经常在身体上和言语上虐待她
的朝鲜女佣。当女佣最终逃跑时,日本妻子怀疑她受到了“危险
思想”的影响,指控一个朝鲜学生文某煽动女佣反抗,促使警方
逮捕了这个学生。叙述者是东京的一个朝鲜知识分子,为了将
自己对日本妻子歧视行为的批评合法化,他被迫战略性地运用
了帝国当时的官方意识形态——“内鲜一体”话语（Kim 1973—
1974, Vol. 2, 43）。这并不是说日本妻子的行为不寻常。清水的
朝鲜丈夫为了避免受到无处不在的歧视,不得不将自己的姓氏
改为妻子的日本姓氏,而叙述者姐姐的孩子在当地那种社会环
境下受到日本孩子的恶性欺凌。歧视和虐待无处不在,叙述者
一方面厌恶日本妻子的家庭暴行,另一方面又怜悯她的困境。
毕竟,丈夫受到歧视使她濒临精神崩溃的边缘。总体而言,小说
给人一种强烈的印象:在以朝鲜男性为户主的朝日结合家庭中,
种族歧视也是不可避免的现实（Kim 2007）。与所有的官方声明
相反,实际上我们并没有看到“内鲜一体”。

　　金史良也从未相信“内鲜一体”的可取性。他显然对日本的
战争没有什么热情,在 1945 年 5 月被动员到中国北方前线访问
时,他利用这个机会逃离了日本阵地,加入了中共八路军。他在
中共军队里待了大约两个月,在那里也见到了一些朝鲜革命者,
最终于 1945 年 8 月回到平壤。他的中国纪行文《驽马万里》
（*Nomamalli*, 1947 年在平壤出版）是金史良以朝鲜作家的新身份
写的,其中有一章讲的是金史良和中国东道主一起参观的日本

战俘营。金史良生动地描述了日本战俘的谄媚,这可以看作是对他之前在日本帝国生活时所经历的歧视给予的一种心理补偿。"虽然他们有武士精神,但仍希望活下来",因此对他们的中国看守惟命是从。金史良这位能说一口流利日语的朝鲜人被曾经的殖民者视为"天照大神"(Amaterasu),他们希望这位曾经在东京留学的学生能帮助他们活下来并返回家园。角色完全颠倒了。"优越"的日本人对中国俘虏的残忍程度令人发指,而"低劣"的中国人和朝鲜人则善待日本俘虏,希望在自己与"日本工农"之间实现真正的"同化",并"加强日本的民主力量"。帝国的虚假国际主义暴露了它的本质,与"无产阶级"的"爱国主义和国际主义"形成鲜明对比,金史良将后者与"全人类的两位伟大导师——列宁和斯大林"联系在一起(Kim 2002b,166—187)。有一点是肯定的:他认为共产党军队的日常生活与殖民地属下阶层的日常屈辱形成鲜明对比。

　　在上述李人植、廉想涉和金史良的小说中,朝日通婚本身就充满了矛盾。在其他小说中,特别是在著名无产阶级作家韩雪野(1900—1976)创作的日文作品《血》(Chi,1942 年 1 月,韩语译文参见 Kim et al. 2003a,169—186)中,与日本女性的肉体关系对于朝鲜男性来说基本上是遥不可及的,更不用说婚姻了。这正是上文提到的无产阶级作家林和的诗中所暗示的。上文提到的金东仁的自传体散文中所描述的情况可能是一个例外:一个较富有的朝鲜人从一个贫穷的日本女艺人那里购买性服务。然而韩雪野的小说讲述的是更深刻、更亲密的朝日接触。在韩雪野的小说中,主人公之间相互爱慕,从未正式向对方表白,也从来没有机会发展成婚姻,甚至事实上的同居。男主人公兼叙述者金德(Kim Tǒk)出身于一个贫穷的农村家庭,刚去东京学习绘画时,遭到嫉妒他才华的日本同学孤立、欺负,部分原因也由于他性格内向、缺乏自我肯定。同学雅子(Masako)来救他,调解金德与日本同学的关系,最后帮助金德融入了学校生活。雅子认识到金德在艺术方面比她厉害,便开始在他的指导下学习绘画,两人都对彼此产生了沉默但强烈的感情。然而,金德很坦率地对雅子说,他在朝鲜已经有了妻子和孩子。于是雅子立即离开了金德,放弃了艺术,嫁给了一个她以前并不认识的富商。受到严重创伤的金德回到朝鲜,而他那个来自富有家庭的妻子却为了情人抛弃了他。金德不得不当街头画家来勉强维持生计,在游览温泉时意外遇到了雅子和她的丈夫。他给她画肖像,但不想收钱。雅子就在一封信里给他寄了钱,然后不辞而别。当明白最终结果只能是与自己虔诚爱慕的女人分离,金德想到了可能流淌在他血液中的痛苦,想到了他母亲临终前向他提到的人类或朝鲜人生活中无法逃避的痛苦。最后,正是这种"血"(也是小说的标题)阻碍了他与他强烈暗恋的日本女人幸福地结婚。

　　这部小说可以有几种不同的解读。特别是考虑到这本书是用日语写成并出版的,它可以被解读为一个关于朝日感情的故事,与官方的同化主义思想并不完全脱节。一个贫穷、害羞、几乎被驯服的朝鲜人在一个善良、热心的日本女士的帮助下摆脱了被同学孤立的状态,这位女士的坚定性格几乎是男性化的,这在某种程度上符合日本殖民主义的自我描写，即慷慨地帮助贫穷、"没有男子气概"的朝鲜人。事实上，金德和雅子都没有试图欺骗他们现有的配偶来实现他们之间的感情，而是在某种程度上以忠于家庭的名义牺牲自己，这使他们看起来像是日本军国主义政府在战时有选择性地宣扬的新儒家美德的典范。然而，另一种解读也并非完全不可能。被殖民的朝鲜人金德比包括雅子在内的所有同学更有才华，更充实地度过作为一个画家的假期，心地更纯洁。在金德不知情的情况下，雅子以金德的名义给那些虐待他的同学送礼物，讨好他们。然而，以这种方式购买友谊对金德来说是一件完全陌生的事情，呈现给读者的是一个单纯的艺术爱好者。与雅子不同的是，金德继续当一名艺术家，最终赢得了一定的认可。他的日本导师称赞他，他的作品为日本和朝鲜的几个著名展览所接受，雅子的丈夫不得不以一种高度尊重的方式与他交谈，这与殖民者通常对被殖民者的轻蔑态度截然不同。另外，金德的艺术创造力使他成为雅子的导师，虽然是短暂的，但这是被殖民者和殖民者角色之间一个非常重要的象征性逆转。这种艺术创造力的秘密之一是他对家乡山区景观的喜爱，这一景观在他的脑海中与已故母亲的珍贵回忆重叠在一起。在东京跟随一位日本老师学习艺术时，金德基本上一直画他家乡的山。最后，读者可以很容易得出结论，对家乡和父母的依恋是"流淌在血液中的"，这种"血液"指的是朝鲜民族文化共同体，而不是日本帝国。

　　同时代的人似乎倾向于将韩雪野的小说解读为对同化主义

的挑战，而不是讲述朝鲜人和日本人之间情深意切的故事。以信奉同化主义而闻名的文学评论家、英文学者崔载瑞（1908—1964）抱怨说，韩雪野没有讲述一个成功的朝日婚恋故事，最终却偷偷暗示了朝鲜人和日本人"血统"之间的差异性。毫不奇怪，崔载瑞认为，在理想情况下，血统应该象征着朝鲜人自我牺牲地保卫日本帝国的意愿（Ch'oe 2006, 74—82）。另外，我们很难不同意尹大石（Yun Taesŏk）的观点，他将韩雪野的"血统"解读为文化，而不是纯粹的种族"本质"（Yun 2011）。正是"故乡的大自然"使金德比他的日本同学更具创造力，这里的"大自然"也指历史上与之相关的所有文化表达方式。在尹大石看来，苦难是金德（或朝鲜人）血液中所固有的，是朝鲜文化历史经验的主要组成部分。从这些经验来看，将朝日血统混合在一起的想法似乎注定是要失败的。总督府的喉舌《每日申报》在社论中宣称，朝日通婚是"共同的种族根源"和两个民族共同的古代历史的延续（1940 年社论）。然而，一些朝鲜知识分子不以为然。韩雪野对殖民者和被殖民者之间的亲密关系持怀疑态度，这反映出虽然存在种种困难，但他愿意肯定朝鲜独立的民族历史身份。

在《血》出版的几个月前，另一位杰出的日据时期散文作家李孝石（1907—1942，第二章提到了他对俄国白人移民世界的文学探索）发表了另一篇关于朝日婚姻失败的故事，这个故事同样是用日语写的。韩雪野讲述的是两个受过教育的被殖民主体无法摆脱"血统"限制的挫败感，而与韩雪野不同的是，李孝石选择了一个略有不同但同样现实的情节，即一个来自高地位家庭且受过教育的朝鲜男性和一个日本属下阶层女性之间的浪漫关系。在他的小说《蓟叶》(*Ajami no shō*；1941 年 11 月)(韩语译文参见 Yi 2006a,Vol. 2,453—480)中,来自报刊出版界、受过高等教育的朝鲜人玄(Hyǒn)与日本酒馆女服务员麻美(Asami)同居,麻美是一个热情、独立、坚强的女人,她对玄产生了好感,并勇敢地先向他表白。

然而,玄的报刊被当局关闭,他前途未卜,除此之外,麻美的热情和玄对情人的迷恋还遇到了许多障碍。一方面,玄的父亲是一位出身贵族的退休官员,他绝不会接受一个在酒馆工作让他丢脸的儿媳,更何况她与朝鲜人之间的"血缘关系非常遥远"。他包办婚姻,逼迫玄与一个地位较高的女孩结婚,最终证明,玄很容易受到这种压力的影响。另一方面,麻美希望举行一场"体面的结婚仪式",并将自己的名字加到她事实上的丈夫的户籍上,但这一愿望不断受挫。玄仍然生活在一个父权至上的世界里,在没有父母同意的情况下,他绝不会尝试做这样的事情。与此同时,麻美因为穿着朝鲜衣服与朝鲜人出去约会而被她酒馆的日本常客嘲笑。最终,朝鲜父权制和帝国种族等级的双重压力变成了不可承受之重。在一次争吵中麻美被丈夫打了,于是她离开朝鲜回到家乡熊本。李孝石将这个故事讲述成了两个人的婚姻不幸,仅此而已。然而,它也暗示了一种可能存在的大规模普遍化现象,即被殖民者和殖民者以婚姻为基础的融合是完全不可行的,因为他们被结构性的歧视和排斥以及各个种族社群内部的权力和权威级别秩序分割开来。

　　这部小说可以结合其文本提供的典故来阅读。一开始，坚强的蓟叶顽强地忍受着天气的无常，让朝鲜主人公想起了与他同居的日本"妻子"，她的性格异常坚强和热情。对主要情节的这种介绍无疑影射了一部著名的经典作品——托尔斯泰（1828—1910）的《哈吉穆拉特》（*Hadji Murat*, 1896—1904, 托尔斯泰死后于 1912 年出版），在这部作品中，被压垮但仍然顽强活着的蓟草让叙述者想起了阿瓦尔（Avar）独立战士哈吉穆拉特的悲惨命运。现实生活中的哈吉穆拉特是一名阿瓦尔战士，后来成为酋长，他最初投诚俄国人是为了报复北高加索地区（North-Caucasus）伊玛目沙米尔（Imam Shamil, 1797—1871）及其独立的伊玛目政权。伊玛目政权当时正与俄罗斯帝国进行生死搏斗。但后来，哈吉穆拉特感到俄国方面不信任他，于是改换门庭，成为沙米尔最杰出的指挥官之一（最后他似乎与沙米尔决裂：Kaziev 2001）。然而，托尔斯泰笔下的主人公是一个悲剧人物，而不是英雄人物，他转换阵营，投靠俄军，却不被信任。当地的俄国指挥官很喜欢他，但圣彼得堡的上司却不喜欢他，最后他明白了，俄国人不会为他提供所需的军事力量解救被沙米尔作为人质囚禁的家人。他试图在侍从的帮助下突围逃跑，以便独自解救他的家人，但最终在途中被强大的俄军杀害（最早的英译本是 Tolstoy 1912；关于托尔斯泰在西方的接受和《哈吉穆拉特》中的穆斯林形象，参见 Forster 2013）。

　　这部小说早在 1917 年就被翻译成日文出版（Tolstoy 1917），李孝石这个虔诚的俄国文学鉴赏家很有可能知道这部小说。事实上,正如第二章所提到的,托尔斯泰是日据时期朝鲜知识分子崇拜的偶像,对其才华和个性的崇拜是洪命熹、李光洙和金东仁等这些截然不同的作家的共同点。鉴于托尔斯泰的作品在殖民地知识分子中人尽皆知,我们可以推测,李光洙小说的标题和开头出现的"蓟"都暗指托尔斯泰的杰作。

李孝石笔下的麻美与托尔斯泰笔下的哈吉穆拉特有一定的相似之处。就像勇敢的阿瓦尔战士一样,麻美试图让自己融入一个与日本不同的民族文化环境中。她喜欢穿朝鲜服装,这可以解读为一种象征性的文化转换,类似于哈吉穆拉特试图进行的军事政治忠诚转向。而且,就像哈吉穆拉特一样,她被与她有直接互动的"他者"(她事实上的"丈夫"玄)接受,但不被高一级别的上级(玄的父亲)接受。她最终还为自己以前的民族文化环境所排斥,这一点与哈吉穆拉特并无不同。不过与托尔斯泰笔下的主人公相反,她成功地逃回了日本,只不过她给玄的最后一封信中提及她在分手后遇到了困难(重病、住院)。总而言之,虽然麻美与哈吉穆拉特之间有着鲜明差异,哈吉穆拉特是陷入困境的"当地人",试图与殖民者结盟但以失败告终,麻美是试图成为朝鲜家庭一员但未能成功的殖民地定居者,但是李孝石将女主人公塑造成了一个"朝鲜人",类似于著名的哈吉穆拉特的故事。他似乎暗示了玄(来自富裕贵族家庭的知识分子)和麻美在等级地位上存在差异,类似于农民出身的阿瓦尔小酋长和俄罗斯帝国贵族军官之间的差距。可以说,在小说中,基于教育或职业地位以及金钱的现代新等级制度凌驾于日本殖民主义种族等级制度之上。在这个问题上,李孝石的小说延续了《南忠绪》的路线,强调了殖民地朝鲜尊卑秩序的复杂性,其中性别、财富和地位,无论是与生俱来的还是通过教育获得的,有时可以取代种族阶梯。异族通婚是一项艰巨的任务,需要跨越复杂的社会经济和种族等级制度。

如果说朝鲜人与日本人之间的爱情和婚姻还有什么希望的话,那一定是战时极端现代主义(high modernism)背景下新兴且普遍的逻辑,即万能科学所支撑的奇迹领域(关于战时极端现代主义氛围,参见 Ruoff 2010)。在李孝石早期创作的故事《绿塔》(*Roku no tō*,1940 年 1 月)(韩语译文参见 Yi 2012b)中,朝鲜人和日本情人奇迹般地结为了夫妻。在这个故事中,热情的日本女主人公阳子(Yōko)与相当优柔寡断的朝鲜情人安英民(An Yŏngmin)形成了鲜明的对比。与《蓟叶》中的玄不同,安英民是一个学者型的人,并非不能取得成功。他被提名担任京城帝国大学(首尔国立大学的前身,李孝石毕业于该大学的英语语言文学专业)英语文学讲师,这是一个颇具声望的职位。这样的提名本身就是一个小奇迹,因为除了极少数例外,京城帝国大学几乎从未雇用过朝鲜人担任长聘讲师。例如,1948 年起草韩国宪法草案的俞镇午(Yu Chin'o,1906—1987)曾于 1929 年以优异成绩毕业于京城帝国大学法律系,并被推荐担任讲师,但最终只担任了助教,然后成为临时讲师。1933 年他离开母校,轻松获得了高丽大学前身普成学院的长聘职位(Kim 2003b,211)。因此,李孝石所描述的是一个殖民地知识分子所能想象到的成功之巅峰。

　　然而,这一任命告吹,因为阳子因其情人优柔寡断而心灰意
冷企图自杀。由于极度虚弱和生病,她被带回日本,由她的叔叔
照顾,她叔叔反对她与朝鲜人结婚。不过现代科学创造的奇迹
拯救了这对恋人。碰巧英民的血型与阳子一样,英民便输血救
了阳子,日本主人公的亲属对他感激不尽,于是同意了这桩婚
事。英民也成功获得了一所大学的讲师职位。能力和勤奋至少
在一定程度上克服了殖民者的种族偏见。总之,这部小说可以
解读为作者对个人浪漫情感和理想中现代性范本这两者的可能
性持谨慎的乐观态度,而这种现代性范本的等级制度是基于精
英政治的唯才主义,而非种族差别。京城帝国大学最初录用英
民时只考虑他的学术成就,不管他的种族背景;现代医学使用他
热心提供的血液,也不管他的种族归属(Yun 2011)。血液,象征
着种族差异和歧视,在这里被挪用,用来象征现代性超越国家界
限的可能性。

　　《蓟叶》影射了托尔斯泰的杰作,讲述了殖民者对种族文化
“他者”的最终拒绝,而《绿塔》则直接提到了另一个西方文学主
题。英民必须提交一篇关于爱尔兰迪尔德丽(Deirdre)神话的学
术论文,他对涉及该神话的爱尔兰英语文学作品非常着迷,比如
威廉·巴特勒·叶芝(William Butler Yeats)的《迪尔德丽》
(*Deirdre*,1907)和约翰·米林顿·辛格(J. M. Synge)的《悲伤的
迪尔德丽》(*Deirdre of the Sorrows*,1910)。《绿塔》后半部分确实
是自传,因为李孝石自己就写了关于辛格的毕业论文(后来于
1930年出版)。他认为辛格的现实主义具有强烈的想象力、抒情

性和独特的表达方式,这使他在创作文学作品时受到了极大启发(《约翰·米林顿·辛格剧作研究》[*John Milington Synge kŭkyŏn'gu*] ;Yi 1983,Vol. 6,205—208)。李孝石的语言策略也受到辛格的影响。辛格是一位对爱尔兰古物和神话有着浓厚兴趣的爱尔兰作家,选择用英语这一世界通用语言写作,李孝石则选择日语作为一种世界语言,而不仅仅作为朝鲜殖民者的语言(关于爱尔兰在朝鲜日据时期语言辩论中的作用,参见 Yi 2012c)。

　　众所周知,迪尔德丽宁愿死也不愿被迫嫁给令人憎恨的阿尔斯特(Ulster)国王康纳尔(Conchobar),虽然纳西(Naoise)在康纳尔王的命令下被杀,但她永远忠于她与纳西之间悲剧性且热烈的爱情。她可以被视为女性浪漫激情和无畏精神的普遍象征。英民在想到迪尔德丽的悲惨命运时哭泣,这显然让他想起了阳子不可动摇的信念,与英民结婚是她唯一可以接受的命运。李孝石显然把阳子比作迪尔德丽,就像麻美被比作另一位充满激情的悲剧英雄哈吉穆拉特一样。他似乎试图通过这种方式暗中颠覆官方的同化主义意识形态,而小说表面上满足了这种意识形态的要求。日本审查员看到的读物似乎符合帝国主义原则。不过李孝石所写的确实是一个双刃剑的、模棱两可的文本,它可以被理解为是在歌颂人类浪漫情感的普遍性。事实上,它也可以被解读为是在赞美意志坚定的个人主义,这种个人主义与战时规定的一套信念相去甚远。正如阳子简明扼要地指出的那样,"我们是一样的,将我们分开的,只是(我们属于哪个)集体"。"集体"和"传统"是阳子提到的她和她的情人所克服的另一个障碍，也正是战时正统观念的基石，而李孝石在用帝国的官方语言撰写关于官方许可的异族通婚主题时，似乎试图暗中颠覆这种正统观念。

与具有明显西方主义（"欧洲主义"）倾向的李孝石不同，李光洙（1892—1950）在 1938 年到 1939 年期间转而相信日本和朝鲜之间的融合，这不仅基于朝鲜人为"自我皇民化"所做的努力，也基于两国共同的"东方"遗产之潜力。这一共同遗产将成为与不道德和扩张主义的欧洲进行生死搏斗的基础。李光洙本人也在努力运用佛教（"朝鲜人与日本帝国有注定的缘分"）和种族（"事实上，朝鲜人和日本人的血统是一样的，因为我们两千年前是一个民族"）作为论据，使自己从朝鲜种族和文化的民族主义转向主张朝鲜人完全日本化的做法合法化。然而，除意识形态转变之外，一个更实际的原因可能是他希望确保朝鲜人在所谓"大东亚共荣圈"（Great East Asian Co-Prosperity Sphere）中拥有更强大的地位，而这一希望是基于他相信日本会赢得战争的信念（Kim 2011, 173—212）。总之，1939—1945 年李光洙因在战时动员中扮演朝鲜族宣传总指挥的角色而声名狼藉。他用朝鲜语和日语发表了许多关于朝日恋情的乏味文章。这些文章的明确目的是教育他的朝鲜同胞和日本人，让他们认识到朝日混血是朝鲜全面"皇民化"的基础。

值得注意的是，尽管有明确的政治议程，李光洙仍然是一个现实主义作家，无法描绘出和谐美好的朝日婚姻画面。从这些可能亲日的作品中，可以看出一个殖民地社会的景象，在这个社会中,民族文化和阶级界限的划分几乎是必不可少的,也是不可改变的。即使在公开宣传的作品《只有心彼此碰触》(*Kokoro ai sawaretekoso*,1940 年 3 月—7 月)(Yi 1995,9—100)中,唯一成功的朝日婚姻是纯洁、勇敢和自我牺牲的朝鲜女孩金星兰(Kim Sŏngnan)和她的心上人日本军官东武雄(Higashi Takeō)之间的婚姻。他们举行了一场临时的(而非正常的)婚礼,然后一起出发去执行一项自杀性任务,说服一名中国指挥官相信日本的"善意"。很明显,对作者来说,想象他们一起英勇地死去比真实地描述他们在社会中的幸福生活要容易得多。在这个社会中,由于东武雄骄傲的军人家庭有着强烈的种族偏见,金星兰的哥哥和东武雄的妹妹甚至无法如愿地表达他们对彼此的强烈爱意。

其他作品甚至更加直白地描述了朝日爱情故事的悲剧性结局。在《少女的告白》(*Shōjo no kokuhaku*,1944 年 10 月)中,一个居住在日本的朝鲜女孩渴望成为"帝国公民",对她父母"文明程度低"和朝鲜社群完全缺乏日本人的爱国精神深感羞愧,她爱上了一个年轻的日本贵族,也相信他对自己的爱,跟他发生了关系后却遭到冷酷的背叛,而且由于婚前性行为,她被自己的家人排斥(Yi 1995,424—439)。在一部未完成的朝鲜小说《他们的爱情》(*Kŭ dŭr ŭi sarang*,1941 年 1 月至 3 月)中,主要的朝鲜主人公是个才华横溢但家境贫寒的学生,也渴望成为日本帝国公民社会的正式成员,他为了在学习期间养活自己,不得不为一位日本大学教授的女儿担任住家教师。然而,当他和他教的女孩彼此产生强烈的感情时,他被女孩的父亲无情地侮辱并赶了出去。他还被朝鲜人社群排斥，被朝鲜同学当作"种族叛徒"痛打（Yi 1995，100—152）。写到失败、困难重重的朝日爱情故事时，李光洙可以振振有词地向审查员解释说，他之所以强调在通往异族婚姻的道路上面对的困难，是为了启发朝鲜人和日本人，让他们知道必须放弃哪些偏见才能实现朝鲜和日本的完全"一体"。不过读者可以很容易就能从李光洙的作品中看出他所揭示的现实——殖民者和被殖民者之间的民族文化分离、殖民歧视以及相互不信任。

在文学领域最热情的战时合作者中，李光洙并不是唯一一个对异族通婚鼓励政策的可行性持相当悲观态度的人。另一个很好的例子是他的年轻同事、后来成为韩国著名电影导演的金圣珉（Kim Sŏngmin，1915—1969）。他原本是一个卑微的铁路职员，也是20世纪30年代末40年代初那些通过用日语出版"意识形态正确"的文学作品极大提高了社会地位的朝鲜人之一。金圣珉有一部长篇小说《绿旗联盟》（*Rokki Renmei*，1940），书名与致力于朝日"一体"理念的通敌组织同名（关于该组织及其在战时的作用，参见Nagashima 2007），该小说讲述了一个受教育程度高、高度"皇民化"的"模范"朝鲜家庭与一个日本商人家庭之间的浪漫关系。主要的朝鲜主人公是毕业于日本陆军士官学校的南明哲（Nam Myŏngch'ol），他爱上了日本商人的女儿谷津子（Yatsuko），谷津子的哥哥是他的校友，也是他的朋友。但是他最初被拒绝了，因为谷津子明白，即使他穿着日本军装，家人也绝不会容忍她与一个朝鲜人结婚。1937年甲午中日战争的爆发奇迹般地挽救了南明哲的爱情，因为战争使谷津子的家庭陷入贫困，使他们乐意把女儿嫁给朝鲜人。最后，在得到许诺可以与谷津子结婚后，南明哲去了前线，为日本杀敌，为日本而死。其实在日本，他不是一个合适的结婚对象，除非日本人家庭经济困难，使他的军队薪水显得有吸引力（Kim 1940；另外可参见 Nam 2006，24—34）。

　　最终，日本殖民统治后期朝鲜散文对异族婚恋的描写掩盖了官方同化叙事的自相矛盾性。在殖民世界中，由于种族、地位、阶级、性别等级森严且相互重叠，异族通婚往往暴露出社会经济和种族文化中的不平等和冲突，而不能以"帝国"意识形态之名缓和彼此间的对立。尽管有华丽的辞藻对"同化"进行美化，"族群"仍然是归属感之所在，对于构建一个人的主要身份至关重要。"血统"仍然支配一切，在经历了来自上层的强制同化后，"流淌在血液中"的"传统"非但没有被削弱，反而得到强化（《南忠绪》）。具有讽刺意味的是，在某些情况下可能会促使殖民者和被殖民者跨越种族边界走到一起的正是激进的反体制思想（比如《南忠绪》中"P. P"圈子所信奉的思想），而不是官方的同化言论。此外，异族通婚主题隐含着对种族障碍的某种克服，作家可以通过强调异族夫妻个人感情的普遍性，隐蔽地颠覆保守、受传统束缚之集体的主流叙事（《绿塔》）。

结论：同化从未发生

20 世纪上半叶,朝日关系和相互认知的历史可以说是两种对立意识形态的冲突史。在一种意识形态中,朴殷植的《韩国独立运动之血史》(*Han'guk tongnip undong chi hyŏls*,1919;参见上文)将日本描述为朝鲜的完全对立面,申采浩认为日本是朝鲜历史上的敌人。在另一种意识形态中,"皇民化"思想认为,朝鲜作为一个种族社群,最终必须融入一个更大的"大和民族"。公开支持同化的作家、评论家崔载瑞(上文提到过),在他的日语小说《民族的婚姻》(*Minzoku no kekkon*,刊登在《国民文学》[*Kokumin Bungaku*]第一期和第二期,1945 年 1 月至 2 月;概要参见 Sa 2011,279—288)中,用朝鲜 7 世纪著名武士金庾信(595—673)的金官伽倻家族与新罗王室之间的通婚做比喻表达了上述观点。正如伽倻、新罗和无数其他古代原始社群最终形成了朝鲜民族一样,这个民族注定要融合成一个更大的日朝社群。无论当时还是现在,通婚既被视为实现统一的有用工具,又被视为统一的象征。

殖民背景下的朝日互动就处于这两种对立的意识形态之间。一方面,不可否认的是,殖民地的族群和文化等级制度确保了日本定居者的特权地位,并迫使朝鲜人同化到殖民者的语言和文化中,导致两个群体之间的疏离感日益加深。任何鼓励异族通婚的做法都无法扭转这一局面。日据时期的散文清楚地表明,异族通婚即使发生了,其结果也只是为混合家庭及其后代创造了一个新的、相对较小的社会基础,很容易受到日本社会(非正式但痛苦的)歧视和大多数朝鲜人的排斥。朝日恋情也确实发生了,但这条路上的障碍是巨大的,在探讨这一高度热门话题的文学作品中,足以将其"成功"完成(即结婚)描述为一个奇迹或者恋人个人意志的胜利。在种族分裂的婚姻市场上,浪漫的外衣通常不过是资本主义交易的伪装,娶日本妻子或小妾在富有的朝鲜人中是一件有面子的事情。具有讽刺意味的是,资本主义交换的普遍性可能会促进被殖民歧视和特权之墙分割的两个社群之间的亲密关系。资本主义时代的现代意识形态是另一个共同点,即使是在政治上反对日本殖民主义的朝鲜民族主义者也有很多充分的理由钦佩日本的现代发展。最后还有一点也很重要,那就是"另一种现代性"的反资本主义意识形态也可以调解种族间的冲突。廉想涉的《南忠绪》向我们介绍了这样一个世界:激进的地下组织是少数几个能让混血儿感到相对自在的地方之一。

　　日本虽然是殖民者,但作为一个国家(外国),对于政治上反日的民族主义者来说,也可以成为一种现代性模式。在那些倾向于与殖民政府合作的人当中,这种理解的确是司空见惯的。然而,尽管大家都在谈论"同化",日本人(作为一个族群和个人)在朝鲜人观念中的世界版图上仍然是一个外国"他者",即使对于在日本学习、讲日语并被动员起来为 1937—1945 年日本全面侵华战争提供援助的大多数朝鲜人来说也是如此。在日本留

学的朝鲜学生，比起与其他朝鲜人的互动，与日本人的私人亲密
关系相形见绌。李光洙、金圣珉等政治上支持同化的作家也在
关于朝日通婚的政治性散文中详细描述了所有朝鲜人遭受的歧
视，其中包括那些积极配合殖民政策的朝鲜人。此外，日本的强
制同化运动在很大程度上巩固了朝鲜社群内部的民族凝聚力。
虽然日据后期的强制"皇民化"和歧视仍然令朝鲜人记忆犹新，
但随着去殖民化，朝鲜的"单一民族"形象很快在韩国和朝鲜树
立起来，并相当自然地被民众所接受（Pak 2010,103—123）。有
趣的是，在 1945 年后的日本，日本民族也很快被重新定义为"单
一民族"。帝国消失了，在日本新划定的边界内，来自朝鲜半岛
和中国台湾岛的前"帝国臣民"现在成为不受欢迎的外国人
（Oguma 2002,285—321）。在后帝国时代的日本和后殖民地时
代的朝鲜半岛，新出现的"同质性"意识形态似乎是相互强化的。
日本殖民主义最终导致了民族情绪的高涨，这种民族情绪很快
为朝鲜和韩国基于民族主义世界观、现代化/发展主义愿望的统
治思想提供了肥沃土壤。

结　论

对于整个 20 世纪的朝鲜半岛(包括朝鲜和韩国),"民族主义时代"也许是最恰当的定义。推崇"主体"思想的朝鲜在很大程度上可以被定义为一个建立在民族主义群众动员基础上的社会,这几乎是不言而喻的。在韩国,许多新自由主义的"全球化"话语也是基于提高国家(首先是经济)竞争力的民族主义愿望。无论是反对霸权(朝鲜版),还是赞同新自由主义全球体系的规则(韩国版),民族主义仍然决定着朝鲜半岛的意识形态格局,而且在可预见的未来也将如此。

几乎没有一种话语比民族主义话语更受外国尤其是邻国"他者"形象变化的影响。其中一些形象确实在现代民族主义产生之前就已存在,是经过几个世纪的互动、观察和判断形成的。例如,对日本相当负面的看法可以追溯到李氏朝鲜时期,当时人们认为日本是一个儒家化程度较低的边缘地区,这种认知与丰臣秀吉在 1592 年到 1598 年的入侵所引起的愤怒掺杂在一起(Ha 1989,14—54、292—305)。然而,朝鲜人对邻国及邻国人基于民族主义的现代认知和刻板印象主要是在 20 世纪上半叶形成的。对即将到来的殖民统治的焦虑,以及殖民经历的痛苦和诱人的现代欲望形成的民族主义愿景,勾勒出了朝鲜人对邻国的认知地图。这张地图在朝韩两国的主要问题上仍然有效。理解这张地图是作者试图完成的任务。

前殖民地时期和殖民地时期朝鲜人对邻国的认知地图大体上由渴望、恐惧、包容和排斥情绪组成，这些情绪是不断壮大的近代知识分子和相当一部分弱势群体所共有的（受过教育的人声称要表达弱势群体的感受和愿望）。正如上文所见，这些渴望大多与朝鲜国家地位恢复问题有关，而中国革命被视为重新获得独立的主要希望。同时，主要的渴望也与建立现代化新朝鲜的愿景有关。这里的蓝图显然是日本（而不是中国），对于那些希望更强大、统一的中国能帮助朝鲜恢复独立的人来说也是如此。因为苏联在 20 世纪 20 年代进行了前所未有的社会实验，在 20 世纪 30 年代取得工业化成功，所以它代表了另一种现代性。还有一个渴望是希望在实现现代化的同时维持与区域共同传统的关系，出于众所周知的原因，中国和日本是重要参照。中国的现代社会主义可能与儒家的社群主义愿景有关，明治时期日本人对王阳明学派的迷恋甚至被反对日本殖民朝鲜的政治人士积极看待。

然而，对邻近"他者"的恐惧和怨恨比渴望更易于察觉。对于一个半殖民地或殖民地来说，现代性往往被视为危机和挑战，而非机遇，不友好和具有侵略性的邻国是这一图景的突显部分。在日俄战争之前，被朝鲜视为自身独立主要威胁的是种族和文化上的外族、"落后"的专制国家——俄国，而不是"现代化"的日本。日本吞并朝鲜后，以李光洙为代表的在日本受过教育的现代化派知识分子也对殖民歧视深感沮丧，这一现实与他们自己对现代发展的希望大相径庭。这种挫败感很难在受到严格审查的战时（1937—1945）文学中自由地表达出来，但即便如此，李光洙和其他一些据称被殖民当局拉拢的朝鲜作家在用日语写作时，仍然设法在涉及朝日通婚这一热门话题的小说中揭露种族歧视和种族隔离的现实。殖民地社会的特权阶层与日本统治者之间的关系充其量只是一种基于利害关系的结合，而本质上敌对的日本形象逐渐成为朝鲜民众民族主义的支柱。

　　一般来说，民族主义的逻辑是包容与排斥。朝鲜的民族主义并不是一个例外，它是在殖民地化之前 10 年以及在殖民统治下与不同的外国"他者"互动的过程中形成的。"朝鲜人"作为"我们"群体，其外边界（outer boundaries）是由日本的殖民实践界定的：种族歧视被法制化，在日常生活中也无处不在。日本殖民统治后期包括推动族际通婚在内的"皇民化"政策本应诱导朝鲜人感到自己是一个更大的"我们"帝国的成员，但结果却恰恰相反。正如上面分析的文学作品所表明的那样，日本定居者对那些与朝鲜人结婚的日本人持歧视态度，这反而强化了朝鲜人的内群体（in-group）边界，而不是将其相对化。这些异族混血儿面临着残酷的选择。正如廉想涉和金史良所描述的，他们要么进行种族自我否定，疯狂地试图"冒充""真正的"日本人，要么接受自己的朝鲜人身份，但需要冒着被刻板印象化以及被非正式地排除在日本种族内群体之外的风险。另一个选择是将自己的跨种族身份建立在一种非种族的普遍性意识形态之上，左翼思想或基督教就是不二之选。朝鲜人在受到歧视的同时，也对在朝华侨采取了种族排外的做法,将他们视为竞争对手和"威胁",而不是反殖民斗争的潜在盟友。值得注意的是,这种排华做法与对中国革命发展的深刻而广泛的迷恋同时发生。投射在外国"他者"身上的愿望图景和民族内群体边界的逻辑确实可能是相互矛盾的。

　　日据时期的民族主义意识以一种高度微妙的模式运行,将"我们"和"他们"严格区分开来。"我们"与不同外群体(out-group)之间的情感距离,根据感知到的文化或观念的接近度而有所不同。中国人被明确标记为"他者",但朝鲜革命者很可能为中国革命牺牲,因为他们认为中国革命对共同的区域未来具有至关重要的意义。欧洲人被视为一个相当遥远的外群体,他们的文明成就令人钦佩,但以哈尔滨流亡者为代表的俄国人却有所不同,他们被视为更加"东方",比那些具有种族主义习惯和帝国主义光环的富有西欧人更加接近"我们"。外群体同质化从来都不是总体化的,例如,一个日本革命者可以无视所有的种族界限,轻松地与志趣相投的朝鲜人交往。最好的例子是金子文子(Kaneko Fumiko,1903—1926),她是一名日本女性无政府主义者,与她的朝鲜情人朴烈(Pak Yŏl,1902—1974)一起被判处叛逆罪(*lèse majesté*)(Raddeker 1997,63—88、191—233)。他们的关系显然不受种族文化刻板印象和恐惧症的影响,也证明了反体制的普遍性意识形态具有颠覆殖民内外群体边界的潜力。然而,反国家激进分子之间跨越国界的兄弟姐妹情谊并不能界定朝鲜殖民地族际关系的一般模式。

20 世纪 30 年代末 40 年代初,日本试图在侵华过程中拉拢朝鲜人合作,这一点在李光洙《只有心彼此碰触》的描述中有所体现:一名日本军官和他的朝鲜情人一起执行一项自杀式任务,去说服国民党军官放弃抗日(第六章)。虽然日本掀起"皇民化"宣传攻势,但这些并不意味着朝鲜人在朝鲜或被日本占领的中国领土上可以享有日本人的所有特权。例如,在伪满洲国,朝鲜人被官方视为"帝国公民",就像日本人一样,但相对来说,他们很少被提拔到官方群众组织(协和会等)的负责人职位,他们的孩子在伪满洲国的普通学校接受教育,而日本人则享有独立且非常优越的教育体系(Min 2013)。从 1938 年 10 月起,朝鲜人被引诱"自愿"入伍,在"间岛"特设队[tokusetsudai]服役,这是一个主要用来对付中国东北的中国(和朝鲜!)游击队的特设部队(Cui 2013)。

虽然自 20 世纪 20 年代以来国民党和中国共产党都认为有必要开展中朝抗日合作(Sin 2015),但朝鲜人特殊的"中间"位置,加上广泛报道的朝鲜排华事件(如第四章提到的 1931 年排华暴行),经常激起中国人排外的反朝民族主义。朝鲜人排斥华侨,但钦佩中国革命,与此相对应,中国爆发了反朝情绪,而这种情绪与国民党和中国共产党总部关于中朝团结的官方声明形成反差。20 世纪上半叶,朝鲜和中国的民族主义都因日本在大陆的扩张而发生异化,但两国之间的政治联盟并不意味着种族边界的模糊,相反,现代发展反而使这些边界具体化了。

日据时期对外国"他者"的认知留下了"遗产",日本殖民统治结束很久之后,在朝鲜和韩国对自己和"他者"的看法中仍然可见。对"皇民化"强制政策(包括鼓励异族通婚)的不满,既促使官方支持的朝鲜"民族同质性"信念更加坚定,也推动了朝鲜和韩国的群众动员(第六章)。在朝鲜,"民族同质性"信念最终支撑起了金日成自 20 世纪 60 年代初以来的民族主义"主体"(chuch'e)路线,这一路线意味着朝鲜有别于苏联领导的东欧集团,也有别于中国。在个人生物政治层面,这一路线意味着不鼓励与东欧人的跨种族融合(Szalontai 1963),但这种种族排外不会影响朝鲜与其东欧盟友的关系。在 20 世纪 60 年代中后期,朝鲜人与苏联公民之间的很多婚姻关系被强行取消,不管苏联配偶(主要是女性)是否愿意,都被送回苏联(Lankov 2013)。对民族"纯洁性"的强硬主张在朝鲜并没有遇到明显阻力,这很可能是几十年前殖民者对异族通婚的行政推动所招致的挥之不去的怨恨在其中发挥了作用。

朝鲜可以相对自由地在苏联和中国这两个重要盟友之间周旋,从而最大限度地获得相对自主权,而韩国在 1953 年朝鲜战争结束后基本上仍是美国的军事保护国。驻韩美军不仅发挥着军事象征性意义,也发挥着经济作用,因为在这个贫穷的国家,驻韩美军的购买力几乎是无可匹敌的。在 20 世纪 60 年代,美军大概贡献了大约四分之一的韩国国民生产总值,这些交易都是由韩国政府组织和推动的,他们主要是对外汇收入感兴趣,也渴望为驻韩美军创造"最佳条件"(Moon 1997,48—57)。

不可避免的是,韩国政府与殖民当局有着诡异的相似之处,推动与"宗主国"公民的种族间亲密关系(之前是出于政治原因,而非经济原因)。但是,国家在巨大的性市场中充当皮条客,迎合来自支配国的有钱男性的"口味",这一现实与政府当局的民族"同质性"和民族自豪感等民族主义言论背道而驰。带有男性中心主义的民族尊严受伤的痛楚,很容易在美军基地村妓女作为"堕落的女人"或"国家耻辱"的刻板印象中寻求遮蔽。在这种性别刻板印象的左翼版本中,这些女性被视为隐喻韩国作为美国军事"新殖民地"的可怜地位,她们被侵犯的身体象征着整个"受压迫的国家"(Kim 1998)。这与日据时期以"玷污"朝鲜血统为由拒绝异族通婚,将其视为一种"耻辱"的做法(第六章)一脉相承。在这两种情况下,反殖民或反霸权的态度基于父权制儒家的"纯血统"论和现代民族主义视角下独立的"血统共同体"愿景,以高度性别化的形式表现出来。在这两种情况下,混血儿童(在韩国军营,混血儿童指美国军人的欧亚混血子女)是首当其冲的受害者(Levi 1992—1993)。

　　殖民统治背景下形成的排他性民族主义在后殖民地时期表现为不愿意接受仍然留在朝鲜和韩国的华侨作为民族共同体的共同成员(关于20世纪90年代末期之前韩国对华侨的边缘化政策,参见Pak and Pak 2003;关于朝鲜华侨历史的简要描述参见Tertitsky 2014)。不过这只是1945年以前邻国认知地图留给下一代的遗产中的一部分。对苏联实验和中国革命的着迷也在朝鲜激进知识分子的意识中留下了印记。许多日据时期的激进分子最终在1945年后和1953年朝鲜战争结束之前移居朝鲜。

留在韩国的少数人遭到压制、被边缘化;尽管如此,在 20 世纪 50 年代至 70 年代韩国的激进环境中(其中许多人被迫转入地下),苏联和中国的革命经验一直被视为激进变革的经典蓝图(Tikhonov 2014)。进入 20 世纪 80 年代,地下活动家圈子将苏联和中国视为社会革命的典范。革命幻想的破灭使一些活动家适应了更具民族主义色彩的朝鲜"主体"思想,这一思想最初在 20 世纪 60 年代初被朝鲜用作与苏联和中国保持距离的工具(Lee 2007,135)。

1991 年苏联解体以及中国在 20 世纪 80 年代和 90 年代的转型对韩国的激进环境造成了沉重打击,20 世纪 20 年代形成的典型模式渐渐消失得无影无踪。20 世纪 80 年代末至 90 年代初,韩国在世界体系中的地位全面"升级"为半核心工业强国,突出体现在收入不断增加,大型企业的熟练工人加入工会,20 世纪 90 年代前的激进分子残余大多转而从事公民社会活动。他们建立的政治组织,特别是 KDLP(韩国民主劳动党,成立于 2000 年),是一个社会民主主义类型的组织,与将苏联和中国革命实验作为主要参考模式的悠久传统几乎没有联系(Gray 2008)。在社会政治光谱的另一端,日据时期将日本视为理想现代化模式的观念在韩国当权派中仍然很常见,尤其是在 1961—1988 年军事统治时期。许多韩国高官都有日本军事背景,他们经历过战时日本帝国的经济和社会管制,十分认可战后日本的"行政指导"型官僚资本主义模式(Kohli 1994)。对日本官僚资本主义模式的积极兴趣似乎一直持续到 20 世纪 90 年代中后期新自由主义冲击韩国（Johnson 1998），也就是苏联解体和人们对苏联模式（现已不复存在）的兴趣消失几年后。

如上所述，日据时期朝鲜的邻国认知所留下的遗产正在逐渐消失。民族同质性话语取代了自然消失的"内鲜一体"（"日朝同化"，参见第六章），在 21 世纪初又为韩国版的"多元文化"所取代。作为一个成长中的半核心经济体，为了应对人口和劳动力市场失衡问题，韩国需要外国劳动力，其中包括大量婚姻移民（Lee 2010，185—233）。新的外国人政策设想永久定居的移民（主要是亚洲人）能够真正融入韩国族群中，希望这些政策不会再现日本对朝同化政策的强制性（本书中提到的一些日据时期的作家曾对日本的政策做过精辟评论）。

参考文献

Abe Toshiō. 1928. Wakaki Roshia (Young Russia)(《年轻的俄国》). Tokyo: Sanseitō.

Academia Sinica, ed. 1972. Qingji Zongzhihan guanxi shiliao (Historical Materials on the Relations between China, Korea and Japan in Qing times)(《清季中日韩关系史料》). Taibei: Academia Sinica.

Alexander, Michele G., Marilynn B. Brewer and Richard K. Herrmann. 1999. Images and Affect: A Functional Analysis of Out-Group Stereotypes(《形象与影响:外群体刻板印象的功能性分析》). *Journal of Personality and Social Psychology*(《人格与社会心理学杂志》) 77: 78 – 93.

Alexander, Michele G., Marilynn B. Brewer and Robert W. Livingston. 2005. Putting Stereotype Content in Context: Image Theory and Interethnic Stereotypes(《将刻板印象内容置于语境中:镜像理论与种族间刻板印象》). *Personality and Social Psychology Bulletin*(《个性与社会心理学公报》) 31: 781 – 794.

Alftan, Vladimir A. 1896. Poezdka v Koreyu General'nogo Shtabapodpolkovnika Alftana v dekabre 1895 iyanvare 1896 g. (Korean Journey by Chief of Staff Lieutenant-Colonel Alftan in December 1895 and January 1896)(《1895 年 12 月和 1896 年 1 月参谋长阿尔夫坦中校的朝鲜之旅》). Sbornik geograficheskikh, topograficheskikh i statisticheskikh mater-ialov po Azii（Collection of Geographic, Topographic and Statistical Materials on Asia）(《亚洲地理、地形及统计资料汇编》) 69：8 – 96.

Allen, Chizuko. 1990. Northeast Asia Centered around Korea：Ch'oe Namsŏn's View of History (《以朝鲜为中心的东北亚：崔南善的历史观》). *Journal of Asian Studies* (《亚洲研究期刊》) 49/4：787 – 806.

Allen, Robert. 2009. Farm to Factory：A Reinterpretation of the Soviet Industrial Revolution (《从农场到工厂：重新解读苏联工业革命》). Princeton：Princeton University Press.

An Chaehong. 1928. Chaeman Tongp'o ŭi chetaech'aek – ipchŏk munje rŭl chungsim ŭro (The Countermeasures for our Compatriots in Manchuria：Focusing on the Issue of Naturalization)(《关于在中国东北同胞的对策：以入籍问题为中心》). *Chosŏn ilbo* (《朝鲜日报》), 12 January.

An Chunggŭn. 1999. An Ŭngch'il yŏksa（Biography of An Ŭngch'il）(《安应七传》). In An Chunggŭn chŏn'gi chŏnjip（Complete Collection of An Chunggŭn Biographies）(《安重根传记全集》). Seoul：Kukka pohunch'ŏ.

An Pyŏngjik, ed. 1979. Han Yong'un (《韩龙云》). Seoul：Han'gilsa.

Anonymous. n. d. Soobshchenie (Information)(《信息》). In RGIA (Russian State Historical Archive)(《俄罗斯国家历史档案》), fond 560, opis' 28, delo 24, 142 – 148.

Anonymous. 1884. Kuju kakkuk pyŏngbi illamp'yo（Comparison Table of Military Expenses of Various European States）(《欧洲各国军费一览表》). *Hansŏng sunbo* (《汉城旬报》) 14, 8 March.

Anonymous. 1909. Yulli Ch'onghwa：sok（General Discourse on Ethics：Continuous）(《伦理学概论（续）》). *Sŏbuk hakhoe wŏlbo*(《西北学会月报》) 12：19－22.

Anonymous. 1911. Tolstoy ong ŭi chuŭi（The Principles of Old Mr. Tolstoy）and Hyŏnse ŭi munmyŏng ŭl pip'anham：Tolstoy ong ŭi tamhwa（Criticizing the Contemporary Civilization：A Talk with Old Mr. Tolstoy）(《托翁主义与当代文明的批判：与托翁的谈话》). *Sinhan minbo*(《新韩民报》), 13 September, p. 4.

Anonymous. 1920a. Son Ilsŏn ssi ŭi Ilbon'gwan（Sun Yatsen's View of Japan）(《孙中山的日本观》). *Tongnip sinmun*（《独立新闻》）, 17 January.

Anonymous. 1920b. Ilbon'in ŭi sŏngjil kwa kŭ changnae（The Character of the Japanese and their Future）(《日本人的裹性及其未来》). Tongnip sinmun(《独立新闻》), 8 May.

Anonymous. 1920c. Chosŏn munje wa Chungguk（The Korean Question and China）(《朝鲜问题与中国》). *Tong'a ilbo*(《东亚日报》), 11 August.

Anonymous. 1921. Wŏllae hyŏpkaek kijil（［He］was Originally of a Chivalrous Character)(《原来是侠客气质》). *Tong'a ilbo*(《东亚日报》), 2 March.

Anonymous. 1922. Kagonghal manhan Chunggug'in seryŏk（The Awesome Strength of the Chinese）(《中国人的惊人势力》). *Tong'a ilbo*(《东亚日报》), 9 December.

Anonymous. 1923. Kyŏngsŏng ibalŏpcha rŭl ullinŭn Chunggug'in ibalŏpcha（Chinese Barbers who Make Kyŏngsŏng Barbers Cry）(《令京城理发师哭泣的中国理发师》). *Tong'a ilbo*(《东亚日报》), 27 August.

Anonymous. 1924a. Hobyŏng ŭro sonyŏ yuin（Enticed a Girl with a Chinese Rice Cake）(《用中国烧饼引诱女孩》). *Tong'a ilbo*(《东亚日报》). 30 September.

Anonymous. 1924b. Ilbon Sinhosi e chaehan Son Mun ssi yŏnsŏl ŭi naeyong-Taeaseachuŭi rŭl kojo（The Content of Mr. Sun Wen's Speech in Kobe，Japan – Emphasis on Pan-Asianism）(《孙文先生在日本神户演讲的内容：强调泛亚主义》). *Tong'a ilbo*(《东亚日报》), 30 November.

Anonymous. 1924c. Dr. Sun Yatsen's Speech（《孙中山先生的演讲》). *Tong'a ilbo*(《东亚日报》), 6 – 7 December.

Anonymous. 1925a. Chungguk ma'nyŏ（Chinese Witch）(《中国女巫》). *Tong'a ilbo*(《东亚日报》). 23 April.

Anonymous. 1925b. Ap'yŏn Chungdok（Opium Addiction）(《鸦片成瘾》). *Tong'a ilbo*(《东亚日报》). 1 June.

Anonymous. 1925c. Tongjŏnggŭm kyakch'ul munje ro chaegyŏng Chinain mir'ŭi（A Secret Meeting of Kyŏngsŏng Chinese on the Issue of the Sympathy Fund Collection）(《京城华人关于筹集慈善资金的秘密会议》). *Maeil sinbo*(《每日申报》), 6 July.

Anonymous. 1925d. Sanghae p'aŏptan saenghwal hadŭng kot'ong i ŏpta（The Life of Shanghai's Striking Workers is not at all Hard）(《上海罢工工人的生活并不艰难》). *Tong'a ilbo*(《东亚日报》), 11 July.

Anonymous. 1926a. Wŏlgyŏngja rŭl ŏngnyu sasal（Detaining and Murdering the Illegal Immigrants）(《扣留并击毙越境者》). *Maeil sinbo*

(《每日申报》), 17 April.

Anonymous. 1926b. Noŭn yuch'ul pangji kanggu (Research on the Ways to Prevent the Outflow of Money Paid as [Chinese] Workers' Wages) (《防止工人工资外流的方法研究》). *Chosŏn ilbo*(《朝鲜日报》), 11 February.

Anonymous. 1926c. Chungguk hyŏngmyŏng undong ŭi chiban ŭn yŏha (What is the Basis of China's Revolutionary Movement)(《中国革命运动的基础是什么》). *Kaebyŏk*(《开辟》) 65：30–43.

Anonymous. 1927a. Yŏngch'ŏn ch'ŏngnyŏn tongmaeng Rŏ hyŏngmyŏng kinyŏm (Commemoration of the Russian revolution by Yŏngch'ŏn Youth League)(《永川青年同盟纪念俄国革命》). *Chungoe ilbo*(《中外日报》), 7 November.

Anonymous. 1927b. Tongp'o ongho ŭi taeundong：pangpang kokkok ŭi sŏngwŏn sosik (A Great Movement to Help the Compatriots：News of the Petitioning Campaign Everywhere)(《一场支持同胞的伟大运动：各地声援运动的消息》). *Tong'a ilbo*(《东亚日报》), 27 December.

Anonymous. 1927c. Chosŏn sonyŏ nŭngyok (A Korean Girl Abused) (《一名朝鲜女孩被奸污》). *Tong'a ilbo*(《东亚日报》), 15 August.

Anonymous. 1927d. Sobu nŭngyok misu (An Abortive Attempt to Abuse a Small Girl) (《企图强奸小女孩未遂》). *Tong'a ilbo*(《东亚日报》), 23 June.

Anonymous. 1927e. Yŏnggu Chosŏn nongmin kuch'uk myŏngnyŏng (The Order to Expel the Korean Peasants from Yingkou)(《将朝鲜农民驱逐出营口的命令》). *Tong'a ilbo*(《东亚日报》), 21 November.

Anonymous. 1929a. Shinajin shōkō Yongsan de higyō (Chinese Workers Striking in Yongsan)(《龙山中国工人罢工》). *Chōsen shimbun* (《朝鲜新闻》), 2 August.

Anonymous. 1929b. Chunggugin yangmyŏng i pu'nyŏ rŭl nŭngyok (Two Chinese Abused a Married Woman)(《两个中国人强奸一名妇女》). *Tong'a ilbo*(《东亚日报》), 19 November.

Anonymous. 1929c. Chunggук nodongja chehan ŭl kyŏngch'al tangguk e hoso (Appealing to the Police Authorities to Limit the Number of Chinese Labourers)(《呼吁警方限制华工人数》). *Tong'a ilbo*(《东亚日报》), 22 March.

Anonymous. 1930. Nosŏa ŭi kukka poanbu 'GPU' haesŏl (The Explanation on the Russian State Security Bureau, 'OGPU')(《关于俄罗斯国家政治保卫总局"OGPU"的解释》). *Samch'ŏlli*(《三千里》)1/8: 50 - 52.

Anonymous. 1931a. Rōdō shijō no taikyōi: shinajin koryoku no taikun (Great Threat to the Labour Market: a Large Group of Chinese Coolies) (《中国苦力是劳动力市场的巨大威胁》). *Chōsen shimbun*(《朝鲜新闻》), 10 March.

Anonymous. 1931b. Chunggugin inbu nŭn haego, chosŏnin man ch'aeyong (Firings of the Chinese Workers; Exclusive Employment of Koreans)(《解雇华工,只雇用朝鲜人》). *Maeil sinbo*(《每日申报》), 8 August.

Anonymous. 1931c. Xingshi yanzhong zhi Wanbaoshan shijian (Situation is Tense - Wanbaoshan Incident)(《形势严重之万宝山事件》). *Shenbao*(《申报》), 9 July.

Anonymous. 1932. Rosŏa GPU (Russia's OGPU)(《俄罗斯国家政治保卫总局》). *Samch'ŏlli*(《三千里》) 4/10: 62 – 63.

Anonymous. 1934. Sŏyangin pyŏlchang chidae p'unggyŏng (The Sight of the Areas of Westerners' Summer Cottages)(《西方人别墅区的风景》). *Samch'ŏlli*(《三千里》) 6/9: 170 – 175.

Anonymous. 1935. Chungguk mun'in insanggi: kodok kwa p'ungja ŭi sangjing'in chigŭm chwagyŏnghan No Sin ssi (Impressions of Chinese Writers: Mr. Lu Xun, the Symbol of Loneliness and Satire, who has Now Turned Left)(《对中国作家的印象:孤独与讽刺的象征,"向左转"的鲁迅先生》). *Tong'a ilbo*(《东亚日报》), 3 May.

Anonymous. 1936. Yukkunsŏng p'amp'uret'ŭ, Ssoryŏn Kŭktong kunbi wa Chungguk kunbi (The War Ministry Pamphlet, the Soviet Far Eastern Military Preparations and Chinese Military Preparations)(《陆军部手册、苏联远东军事准备和中国军事准备》). *Samch'ŏlli*(《三千里》) 8/12: 153 – 168.

Anonymous. 1937. Pukchi paekkye Noin panggong chibu kyŏlsŏng (White Russians in Northern China Form a Branch of Anti-Communist Alliance)(《中国北方俄国白人组成反共支部》). *Tong'a ilbo*(《东亚日报》), 11 December.

Anonymous. 1938a. Ilso kyŏlchŏnjang ŭn Oemong (The Theatre of the Japanese – Soviet War is Outer Mongolia)(《日苏战争的战场是外蒙古》). *Samch'ŏlli*(《三千里》) 10/10: 112 – 115.

Anonymous. 1938b. Sŏbaengnia tongp'o ŭi unmyŏng – ch'ubang toenŭn isip man hyŏngje kangje imin. Chungang Asea ro kanda? Ŏdi ro kana? (The

Fate of the Siberian Compatriots – the Forced Migration of 200,000 Expelled Brothers. Going to Central Asia? Where do they go?)(《西伯利亚同胞的命运：被驱逐的 20 万兄弟被迫迁移。去中亚？去哪里?》). *Samch'ŏlli* (《三千里》) 10/1: 8 – 11.

Anonymous. 1939. Paekkye Noin panggong taehoe sŏngdaehi kŏhaeng (White Russians Solemnly Conducted an Anti-Communist Gathering)(《俄国白人隆重举行反共集会》). *Tong'a ilbo*(《东亚日报》), 2 May.

Anonymous. 1940. Paekkye Noin hŏn'gŭm (White Russian Contributions)(《俄国白人捐款》). *Tong'a ilbo*(《东亚日报》), 8 March.

Armstrong, Charles K. 2003. *The North Korean Revolution*, 1945 – 1950(《1945—1950 年朝鲜革命》). Ithaca: Cornell University Press.

Asahi Shimbunsha, ed. 1959. *Ueno Riichi den* (Biography of Ueno Riichi)(《上野理一传》). Osaka: Asahi shimbunsha.

Atkins, E. Taylor. 2007. The Dual Career of "Arirang": The Korean Resistance Anthem that Became a Japanese Pop Hit(《"阿里郎"的双重"事业"：成为日本流行歌曲的朝鲜反抗之歌》). *Journal of Asian Studies* (《亚洲研究期刊》) 66/3: 645 – 687.

August, Thomas G. 1985. *The Selling of the Empire: British and French Imperialist Propaganda, 1890 – 1940*(《帝国的推销：英法帝国主义宣传（1890—1940)》). Santa Barbara, CA: Praeger.

Baikov, Nikolai. 1936. *Big Game Hunting in Manchuria*(《"满洲"大狩猎》). London: Hutchinson.

Baikov, Nikolai. 1942. *Zawameku Mitsurin* (The Thickets Astir)(《密林骚动》). Trans. NiizimaJirō. Tokyo: Bungei shunjūsha.

Beckmann, George M. and Okubo, Genji. 1969. *The Japanese Communist Party 1922 - 1945*(《日本共产党(1922—1945)》). Stanford：Stanford University Press.

Bennett, Adrian A. 1993. *Missionary Journalist in China：Young J. Allen and His Magazines, 1860 - 1883*(《传教士新闻工作者在中国：林乐知和他的杂志(1860—1883)》). Athens：University of Georgia Press.

Berkman, Alexander. 1922. *The Kronstadt Rebellion*(《喀琅施塔得叛乱》). Berlin：DerSindikalist. Available：http://dwardmac. pitzer. edu/Anarchist_Archives/bright/berkman/kronstadt/berkkron. html (accessed 4 August 2009).

Bhabha, Homi K. 1994. *The Location of Culture* (《文化的定位》). New York：Routledge.

Bix, Herbert. 2001. *Hirohito and the Making of Modern Japan*(《裕仁天皇与现代日本的形成》). New York：Perennial.

Bonnett, Alastair. 2002. Makers of the West：National Identity and Occidentalism in the Work of FukuzawaYukichi and Ziya Gőkalp(《西方的制造者：福泽谕吉和齐亚·格卡尔普作品中的民族认同和西方主义》). *Scottish Geographical Journal*(《苏格兰地理学杂志》)118/3：163 - 182.

Bowen-Struyk, Heather. 2006. Rival Imagined Communities：Class and Nation in Japanese Proletarian Literature(《假想敌群：日本无产阶级文学中的阶级与民族》). *positions*(《立场》)14/2：373 - 404.

Brandt, Kim. 2000. Objects of Desire：Japanese Collectors and Colonial Korea(《欲望的对象：日本收藏家和殖民地朝鲜》). *positions*

（《立场》）8.3（Winter）：711－746.

Brandt，Kim. 2007. *Kingdom of Beauty：Mingei and the Politics of Folk Art in Imperial Japan*（《美的王国："民艺"与日本帝国的民艺政治》）. Durham，NC：Duke University Press.

Buber，Martin. 1984. *I and Thou*（《我与你》）. Trans. Ronald Gregor-Smith. New York：Scribner.

Caprio，Mark. 2009. *Japanese Assimilation Policies in Colonial Korea，1910－1945*（《日本在殖民地朝鲜的同化政策（1910—1945）》）. Seattle：University of Washington Press.

Carter，James. 2001. Struggle for the Soul of a City：Nationalism，Imperialism and Racial Tension in 1920s Harbin（《城市灵魂之争：20世纪20年代哈尔滨的民族主义、帝国主义与种族分歧》）. *Modern China*（《近代中国》）27/1：91－116.

Ch'a Sŭnggi. 2010. Hŭndŭllinŭn cheguk，t'alsingmin ŭi munhwa chŏngch'i-hak：hwangminhwa ŭi t'ek'ŭnoloji wa kŭ yŏksŏl（The Shaken Empire－Cultural Politics of Post-Colonialism：the Technology of 'Imperialization' and their Paradoxes）（《动摇的帝国，去殖民化的文化政治学："皇民化"的手段及其悖论》）. In *Chŏnjaeng ira nŭn munt'ŏk：ch'ongnyŏkchŏn ha Han'guk，T'aiwan ŭi munhwa kujo*（The Threshold Called War：The Structures of Culture in Korea and Taiwan under the Total War Regime）（《战争的门槛：全面战争体制下韩国与台湾地区的文化结构》）. Ed. Han'guk-T'aiwan Pigyo Munhwa Yŏn'guhoe，143－173. Seoul：Kŭrinbi.

Ch'aeChinhong. 2004. Han Yongun ŭi *Hŭkp'ung* yŏn'gu（Study of Han

Yongun's Novel, Black Wind）（《韩龙云小说〈黑风〉研究》）. *Kugŏ kungmunhak*（《国语国文学》）138: 369 – 402.

Chaeil Han'guk yuhaksaeng yŏnhaphoe. 1988. *Ilbon yuhak paengnyŏnsa* (The One-Hundred Year History Studying in Japan)（《日本留学百年史》）. Taegu: Kyŏngbuk inswaeso.

Chandra, Vipan. 1988. *Imperialism, Resistance and Reform in Late Nineteenth Century Korea: Enlightenment and the Independence Club*, 1896 – 98（《19 世纪后期朝鲜的帝国主义、抵抗与改革: 启蒙与独立协会（1896—1898）》）. Berkeley: University of California Press.

Chang Chiyŏn. 1971. *Wiam mungo* (The Writings of [Chang Chiyŏn, who Wrote under the Penname] Wiam)（《韦庵文库》）. Seoul: Kuksa p'yŏnch'an wiwŏnhoe.

Chang Sin. 2009. 1920nyŏndae Chosŏn ŭi ŏllon ch'ulp'an kwan'gye pŏp kaejŏng nonŭi wa "Chosŏn ch'ulp'anmullyŏng" (The Discussions on Changing and Amending the Media and Publishing-related Laws in 1920s' Korea and the "Law on the Korean Publishing")（《论 20 世纪 20 年代朝鲜的媒体出版相关法律的修订与"朝鲜出版物令"》）. *Han'guk munhwa*（《韩国文化》）47: 261 – 282.

Ch'angnang'gaek. 1933. "Chosŏn hyŏnjae ch'inmip'a, ch'illop'a seryŏkkwan: kyŏngjejŏk, munhwajŏk, sasangjŏk ŭro" (Estimation of the Strength of the Pro-American and Pro-Russian Fractions in Korea Now: Economically, Culturally, Ideologically)（《从经济、文化、思想看朝鲜亲美、亲俄势力的强弱》）. *Samch'ŏlli*（《三千里》）5. 9 (September): 22 – 25.

Chen Duxiu. 1919. Chaoxian duli yundong zhi ganxiang (Impressions of Korea's Independence Movement)(《朝鲜独立运动之感想》). *Meizhou pinglun*(《每周评论》) 14, 22 March.

Chen Duxiu. 1987. *Duxiu wencun* (Duxiu's Remaining Works)(《独秀文存》). Hefei：Anhui renmin chubanshe.

Cheng, Eileen J. 2014. "In Search of New Voices from Alien Lands"：Lu Xun, Cultural Exchange and the Myth of Sino-Japanese Friendship(《从异域寻找新声音：鲁迅、文化交流与中日友谊神话》). *Journal of Asian Studies*(《亚洲研究期刊》) 73/3：589 – 618.

Chirkin, Kirill. 2003. Lyudiisud'by. Zapiski Russkogo emigranta v Koree (People and Destiny. Records of a Russian Immigrant to Korea)(《人与命运：俄国人移民朝鲜的记录》). In Lev R. Kontsevich, Sergei V. Volkov and Tatiana M. Simbirtseva (eds) *Rossiyskoe koreevedenie. Al'manakh. Vypusk tretii* (Russian Korean Studies. Almanac. Third Issue)(《俄罗斯韩国学研究年鉴》第三期), 208 – 225. Moscow：Muravei.

Cho Kwanja. 2010. "P'asijimjŏk kongkongsŏng" ŭi naep'a wa chaegŏn (Implosion and Reconstruction of the "Fascistic Public Domain")(《"法西斯公共性"的内爆与重建》). In Yun Haedong and Hwang Pyŏngju (eds) *Singminji Kongkongsŏng* (Colony's Public Sphere)(《殖民地的公共性》), 156 – 189. Seoul：Ch'aek kwa hamkke.

Cho Myŏnggi. 2004. Yi Hyosŏk sosŏl ŭi pyŏnhwa yangsang yŏn'gu – "Pukkuk sasin", "P'ŭreryudŭ", "Orion kwa imgŭm" ŭl chungsim ŭro (A Study of the Transformation of Yi Hyosŏk's Novels – with Focus on "Personal Letters from the Northern Lands", "Prelude" and "Orion and Apples")

(《李孝石小说转型研究：以〈北国私信〉〈前奏〉〈猎户座与苹果〉为中心》). *Hyŏndae sosŏl yŏn'gu*（《现代小说研究》) 23（September）: 227 – 245.

Cho Sehyŏn. 2013. *Pusan Hwagyo ŭi yŏksa* (The History of Pusan-based Resident Chinese)（《釜山华侨史》). Pusan: Sanjini.

Cho Sŏng'un. 2011. *Singminji kŭndae kwan'gwang kwa Ilbon sich'al* (Modern Tourism and Japan Observation [Groups] in Colonial [Korea])（《殖民地的近代观光与日本考察》). Seoul: Kyŏng'in munhwasa.

Cho Tuwŏn. 1929. Otchet o deyatel'nosti predstavitelya Kominterna v Koree (Report on the Activities of Comintern's Representative in Korea)（《共产国际驻朝鲜代表活动报告》). In RGASPI (Russian State Archive of the Socio-Political History)（《俄罗斯国家社会政治历史档案》), fond 495, opis' 135, delo 162, 102 – 114.

Cho Yŏngbok. 2002. *Wŏlbuk yesulga*, *orae ich'yŏjin kŭdŭl* (The Artists who Went North – the Long-Forgotten People)（《越北艺术家：被遗忘已久的人们》). Seoul: Tolbaege.

Ch'oe Chaemok. 2005a. Pak Ŭnsik ŭi yangmyŏnghak kwa Ilbon yangmyŏng-hak ŭi kwallyŏnsŏng (Pak Ŭnsik's Yangming Philosophy and its Connections to the Japanese Yangming School)（《朴殷植的阳明学及其与日本阳明学的关系》). *Ilbon munhwa yŏn'gu*（《日本文化研究》) 16: 265 – 293.

Ch'oe Ch'ansik and Yi Haejo. 1984. *Ch'uwŏlsaek*, *Chayujong*, *Sŏlchungmae*（《〈秋月色〉〈自由钟〉〈雪中梅〉》). Seoul: Pŏm'usa.

Ch'oe Chaesŏ. 2006. *Chŏnhwangi ŭi Chosŏn munhak* (Korea's

Literature in the Time of Transition）（《转型期的朝鲜文学》）. Trans. No Sangnae. Taegu：Yŏngnam taehakkyo ch'ulp'anbu.

Ch'oe Chŏng'un. 2013. *Han'gug'in ŭi t'ansaeng* (The Birth of the Korean)（《韩国人的诞生》）. Seoul：Mijibuksŭ.

Ch'oe Chuhwan. 2008. Cheguk ŭi kŭndae wa singminji, kŭrigo Yi Kwangsu – Che2ch'a yuhak sijŏl Yi Kwangsu ŭi sasangjŏk kwejŏk ŭl chungsim ŭro (Empire's Modernity, Colony and Yi Kwangsu – on Yi Kwangsu's Ideological Trajectory during his Second Study in Japan)（《帝国的近代、殖民地与李光洙：论李光洙第二次留学日本时期的思想轨迹》）. *Ŏ'munyŏn'gu*（《语文研究》）140：421 – 446.

Ch'oe Hyŏnsik. 2011. Cheguk ŭi ch'wihyang, chŏnsitoenŭn Arirang (The Taste of the Empire, *Arirang* on the Exhibition)（《帝国的品味，阿里郎演出》）. *Taedong munhwa yŏn'gu*（《大东文化研究》）75：235 – 272.

Ch'oe Kiyŏng. 1996. Haeje：Yi Kwangsu ŭi Rŏsia ch'eryu wa munp'il hwaltong (Bibliographical Explanation：Yi Kwangsu's Russian Sojourn and Literary Activities There)（《文献说明：李光洙在俄国的旅居与文学活动》）. *Minjok munhaksa yŏn'gu*（《民族文学史研究》）9：376 – 389.

Ch'oe Kiyŏng. 2004a. *Singminji sigi minjok chisŏng kwa munhwa undong* (The National Intellectuals and Cultural Movement during the Japanese Colonial Period). （《殖民地时期的民族知识分子与文化运动》）. Seoul：Hanul ak'ademi.

Ch'oe Kwangsik. 2004b. *Tanjae Sin Ch'aeho ŭi "Ch'ŏn'go"* (Tanjae Sin Ch'aeho's *Heavenly Drum*)（《丹齐申采浩的〈天鼓〉》）. Seoul：Ayŏn ch'ulp'anbu.

Ch'oe Kyǒngsuk. 2010. *Hwangsǒng sinmun yǒn'gu* (Research on *Hwangsǒngsinmun*) (《〈皇城新闻〉研究》). Pusan：Pusan University of Foreign Languages Publishing Department.

Ch'oe Myǒngik. 1939. Simmun (The Patterns of Mind) (《心纹》). *Munjang*(《文章》) 6：12 – 50.

Ch'oe Namsǒn. 1914. Kaengsaeng (Resurrection) (《更生》). *Ch'ǒngch'un*(《青春》) 2：122 – 128.

Ch'oe Pǒmsun. 2005b. Uchida Roan Tolstoy pǒnyǒk ǔi wisang (On the Significance of Uchida Roan's Translations of Tolstoy) (《论内田鲁庵翻译托尔斯泰作品的意义》). *Ilbon munhwa yǒn'gu*(《日本文化研究》) 13：137 – 157.

Ch'oe Samnyong and Hǒ Kyǒngjin, eds. 2010. *Manju kihaengmun* (Manchurian Travelogues) (《"满洲"游记》). Seoul：Pogosa.

Ch'oe Sǒhae. 1927. Chǒn'asa (On Sending Off and Meeting) (《饯迓辞》). *Tonggwang*(《东光》) 9：29 – 42.

Ch'oe Sǒhae. 2001. *T'alch'ulgi*, *hongyǒm* (Record of an Escape, Red Flames) (《〈出走记〉〈红焰〉》). Seoul：Pǒmusa.

Ch'oe Sǒnung. 2009. 1910 – 1920 nyǒndae Hyǒn Sang'yun ǔi chabonchuǔi kǔndae munmyǒngnon kwa kaejo (Hyǒn Sang'yun's Views on Modern Capitalist Civilization and its Reform in the 1910 – 1920s) (《20 世纪 10—20 年代玄相允的现代资本主义文明观及其改造》). *Yǒksa munje yǒn'gu*(《历史问题研究》)21：11 – 44.

Ch'oe Yuch'an. 2012. Haesǒl (Interpretation) (《解说》). In Ch'ae Mansik *Naengdongǒ* (Frozen Fish) (《蔡万植〈冷冻鱼〉》), 173 – 186.

Seoul：Chisik mandŭŭn chisik.

Ch'ŏn Chŏnghwan. 2005. *Kkŭnnaji angnŭn sindŭrom* (Unending Syndrome)(《连锁反应》). Seoul：P'urŭn yŏksa.

Ch'ŏn Chŏnghwan. 2009. Haebanggi kŏri ŭi chŏngch'i wa p'yosang ŭi saengsan (Politics of Street and Production of Representation in the Liberation Period)(《解放时期的街头政治与代表的产生》). *Sanghŏ Hakpo*(《尚虚学报》) 26：55 – 101.

Chŏn Sangsuk. 2002. Chŏnhyang, sahoejuŭija tŭl ŭi hyŏnsilchŏk sŏnt'aek (Thought Conversion, the Realistic Choice of the Socialists)(《思想转向,社会主义者的现实选择》). In Pang Kijung (ed.) *Ilche ha chisigin ŭi p'asijŭm ch'eje insik kwa taeŭng* (The Understanding of and Reactions to the Fascist System by the Intellectuals of the Japanese Colonial Period)(《日据时期知识分子对法西斯体制的认识与应对》), 307 – 361. Seoul：Hyean.

Chŏn Uyong. 1989. Wŏnsan esŏ ŭi singminji sut'al ch'eje ŭi kuch'uk kwa nodongja kyegŭp ŭi sŏngjang (Formation of the Colonial Exploitation System in Wŏnsan and Growth of the Working Class)(《元山殖民地剥削制度的形成与工人阶级的成长》). *Yŏksa wa hyŏnsil*(《历史与现实》) 2：21 – 57.

Chŏn Uyong. 2003. Han'guk kŭndae ŭi Hwagyo munje (The Problem of the Resident Chinese in Modern Korea)(《韩国近代华侨问题》). *Han'guksa hakpo*(《韩国史学报》) 15：377 – 409.

Chŏng Haesik, ed. 1965. *Kuhanmal choyak hwich'an* (Collected Texts of Late Chosŏn Period and Taehan Empire's Treaties)(《旧韩末条约汇纂》). Seoul：Kukhoe tosŏgwan ippŏp chosaguk, Vol. 3.

Chŏng Inmun. 2003. 1910 – 1920 *Nyŏndae ŭi Hanil kŭndae munhak kyor-yusa* (The History of the Exchanges between Korean and Japanese Modern Literatures in the 1910s – 1920s)(《20 世纪 10—20 年代韩日近代文学交流史》). Seoul: J & C.

Chŏng Kyo. 1908. Chŏngdang tŭksil (The Pros and Contras of the Political Parties)(《政党的得失》). *Taehan hyŏphoe hoebo*(《大韩协会会报》) 3: 61 – 65.

Chŏng Pyŏng'uk. 2013b. *Singminji pur'on yŏlchŏn* (The Biographies of the Colonial Subversives)(《殖民地颠覆者列传》). Seoul: Yŏksa pip'yŏgsa.

Chŏng Sangjin. 2005. *Amurŭ man esŏ purŭnŭn paekcho ŭi norae* (A Swan's Song Sung in the Amur Gulf)(《在阿穆尔湾唱的天鹅之歌》). Seoul: Chisik sanŏpsa.

Chŏng Sŏn'gyŏng. 2013a. Yang Kŏnsik ŭi Chungguk kojŏn sosŏl pŏnyŏk mit suyong (The Translations and Reception of the Classical Chinese Novels by Yang Kŏnsik)(《杨建植对中国古典小说的翻译与接受》). In Yihwa Inmun Kwahag'wŏn (ed.) *Kyoryu wa Sot'ong ŭi Tongasia* (East Asia of Exchanges and Communication)(《交流与沟通的东亚》), 73 – 104. Seoul: Yihwa yŏja taehakkyo ch'ulp'anbu.

ChŏngYŏnghun. 2002. Yi Kwangsu nonsŏl esŏ kaein kwa kongdongch'e ŭi ŭimi (The Meanings of the Individual and Collective in Yi Kwangsu's Journalistic Writings)(《李光洙的评论中个人与集体的意义》). *Han'guk hyŏndae munhak yŏn'gu*(《韩国现代文学研究》) 12: 185 – 205.

Chonggakhagin. 1940. Sŏbaeknia Chosŏnin ŭi kŏch'wi, Chosŏnin ŭi

Kŭktong imin ŭi yŏnhyŏk (The Situation of the Koreans in Siberia. A History of Korean Migration to the Russian Far East)(《西伯利亚朝鲜人的境况,朝鲜人移民俄国远东的历史》). *Samch'ŏlli*(《三千里》) 12/3:226 - 230.

Ch'ŏnjae. 1920. Polshebikki wa Lenin kŭp kŭ sijŏng (Bolsheviks, Lenin and his policies)(《布尔什维克、列宁及其政策》). *Tongnip sinmun* (《独立新闻》), 17 February.

Chōsen Sōtokufu. 1934. *Shōwa 5nen Chōsen kokusei chōsa hōkoku zensenhen* (The All-Korean Statistic Investigation Collection, 1930)(《1930 年朝鲜统计调查汇编》). Keijō:Chōsen Sōtokufu.

Chōsen Sōtokufu. 1936. *Saikin Chōsen chian jōkyō* (The Recent Security Situation in Korea)(《朝鲜近期安全局势》). Keijō:Chōsen Sōtokufu.

Chu Chino. 1995. 19 *segi huban kaehwa kaehyŏknon ŭi kujo wa chŏn'gae* (The Structure and Develoment of the Progress and Reform Debate in Late Nineteenth Century [Korea])(《19 世纪后半叶开化改革论的构成与发展》). PhD Thesis, Seoul:Yonsei University.

Chu Yohan. 1975. *An Tosanchŏn* (Biography of An Ch'angho)(《安昌浩传》). Seoul:Samjungdang.

Chu Yosŏp. 1925. Illyŏkkŏkkun (Rickshaw)(《人力车夫》). *Kaebyŏk* (《开辟》) 58:8 - 19.

Chu Yosŏp. 2000. *Kurŭm Chabŭryŏgo* (To Catch the Clouds)(《想抓云彩》). Seoul:Choŭn ch'aek mandŭlgi.

Chung Chai-sik. 1995. *A Korean Confucian Encounter with the Modern World:Yi Hang no and the West*(《朝鲜儒家与现代世界的邂逅:李恒老与西方》). Berkeley:University of California Press.

Chūō Kōronsha, ed. 1968. *Maruyama Kaoru, Tanaka Fuyuji, Tachihara Michizō, Tanaka Katsumi, Kurahara Shinjirō*(《丸山薰、田中冬二、立原道造、田中克己、藏原伸二郎》). Tokyo: Chūō kōronsha.

Clark, Donald. 1994. Vanished Exiles: The Prewar Russian Community in Korea(《消失的流亡者:战前朝鲜的俄国人社群》). In Suh Dae-Sook (ed.) *Korean Studies: New Pacific Currents*(《韩国研究:太平洋新动态》), 41 - 58. Honolulu: University of Hawai'i Press.

Cook, Harold F. 1982. *Korea's 1884 Incident: Its Background and Kim Ok-kyun's Elusive Dream*(《朝鲜甲申政变:背景及金玉均的黄粱美梦》). Seoul: Royal Asiatic Society, Korea Branch.

Coox, Alvin. 1990. *Nomonhan: Japan against Russia*(《苏日诺门罕战役》), 1939. Redwood, CA: Stanford University Press.

Cui Fenglung (Ch'oePongnyong). 2013. Kiŏk kwa haesŏk ŭ ŭimi: 'Manjuguk' kwa chosŏn'in (The Meanings of Memories and Interpretations: 'Manchuguo' and Koreans)(《记忆与解读的意义:"满洲国"与朝鲜人》). In Kang Taemin, Hwang Myohŭi, Kim Inho *et al.* (eds) *Ch'imnyak chŏnjaenggi ch'inil chosŏn'in ŭi haeoe hwaltong* (The Overseas Activities by the Pro-Japanese Koreans during the Aggressive War)(《侵略战争期间亲日朝鲜人的海外活动》), Vol. 2, 165 - 193. Seoul: Kyŏngin munhwasa.

David-West, Alzo. 2007. Marxism, Stalinism and the Juche Speech of 1955: On the Theoretical De-Stalinization of North Korea(《马克思主义、斯大林主义与 1955 年主体演说:论朝鲜理论层面的去斯大林化》). *Review of Korean Studies*(《韩国学评论》) 10/3: 127 - 153.

Deuchler, Martina. 1977. *Confucian Gentlemen and Barbarian Envoys*:

The Opening of Korea, *1875－1885*(《儒家绅士与野蛮使节：朝鲜的开放 (1875—1885)》), Seattle, Washington: University of Washington Press.

Djagalov, Rossen. 2011. *The People's Republic of Letters: Towards a Media History of Twentieth-Century Socialist Internationalism*(《文字中的人民共和国：论 20 世纪社会主义国际主义传媒史》). PhD Thesis, Yale University.

Duus, Peter. 1998. *The Abacus and the Sword: The Japanese Penetration of Korea*, *1895－1910*(《算盘与剑：日本对朝鲜的渗透 (1895—1910)》). Berkeley and Los Angeles, CA: University of California Press.

Eagleton, Terry. 2008. *Literary Theory: An Introduction*(《文学理论导论》). Minneapolis: University of Minnesota Press.

Eckert, Carter J. 1991. *Offspring of Empire: The Koch'ang Kims and the Colonial Origins of Korean Capitalism 1876－1945*(《帝国的后裔：高敞金氏家族和韩国资本主义的殖民地起源 (1876—1945)》). Seattle: University of Washington Press.

Editorial. 1884. Aseaju Ch'ongnon (General Information on Asia)(《亚洲概况》). *Hansŏng sunbo*(《汉城旬报》) 14, 8 March.

Editorial. 1940. Naesŏn Kyŏrhon ŭi Changnyŏ (Encouragement of the Japanese-Korean Marriages)(《鼓励朝日通婚》). *Maeil sinbo*(《每日申报》), 19 December.

Elison, George. 1967. Kōtoku Shūsui: A Change in Thought(《幸德秋水：思想的改变》). *Monumenta Nipponica*(《日本文化志丛》) 22 (3/4): 437－467.

Elman, Benjamin. 2013. The "Rise" of Japan and the "Fall" of China after 1895(《1895 年后日本的"崛起"与中国的"衰落"》). In Zheng Yangwen (ed.) *The Chinese Chameleon Revisited: From the Jesuits to Zhang Yimou*(《中国变色龙再现:从耶稣会到张艺谋》), 143 – 171. Newcastle upon Tyne: Cambridge Scholars Publishing.

Feigon, Lee. 1983. *Chen Duxiu, Founder of the Chinese Communist Party*(《中国共产党创始人陈独秀》). Princeton: Princeton University Press.

Feldman, Horace. 1950. The Meiji Political Novel: A Brief Survey (《明治时期政治小说初探》). *Journal of Asian Studies*(《亚洲研究期刊》) 9/3: 245 – 255.

Finch, Michael. 2012. Suicide to Assassination: A Comparative Study of the Views of Min Yǒnghwan and An Chunggǔn on Peace in East Asia and Their Responses to the Japanese Protectorate over Korea(《自杀与暗杀:闵泳焕和安重根的东亚和平观及他们对日本保护朝鲜的反应之比较研究》). *Acta Koreana*(《韩国学报》) 15/2: 293 – 309.

Fitzpatrick, Sheila. 1979. *Education and Social Mobility in the Soviet Union*, 1924 – 1934 (《苏联的教育和社会流动 (1924—1934)》). Cambridge: Cambridge University Press.

Fogel, Joshua. 1998. The Other Japanese Community: Leftwing Japanese Activities in Wartime Shanghai(《另一类日本人社群:日本左翼在战时上海的活动》). In Yeh Wen-hsin (ed.) *Wartime Shanghai*(《战时上海》), 42 – 61. New York: Routledge.

Forster, John. 2013. *Transnational Tolstoy: Between the West and the*

World(《跨越国界的托尔斯泰：在西方和世界之间》). New York：Bloomsbury Academic.

Fujitani, Takashi. 2011. *Race for Empire：Koreans as Japanese and Japanese as Americans during World War II*(《帝国之争：二战中的韩裔日本人和日裔美国人》). Los Angeles：University of California Press.

Garin-Mikhailovsky, Nikolai. 1958. *Sobranie sochinenii* (Collected Works)(《文集》). Moscow：Gosudarstvennoe izdatel'stvo khudozhestvennoi literatury, Vol. 5.

Geyer, Dietrich. 1987. *Russian Imperialism：The Interaction of Domestic and Foreign Policy*, 1860－1914(《俄罗斯帝国主义：内外政策的互动(1860—1914)》). Trans. Bruce Little. Yale：Yale University Press.

Goncharov, Ivan. 1987 [1858]. *The Frigate Pallada*(《巴拉达号三桅战舰》). Trans. Klaus Goetze. New York：St. Martin' Press.

Gorky, Maxim. 1929 [1906]. *Haha* (Mother)(《母亲》). Trans. Nagaoka Yōshiō. Tokyo：Kaizōsha.

Gorky, Maxim. 1983 [1927]. O Garine-Mikhailovskom (On Garin-Mikhailovsky)(《加林·米哈伊洛夫斯基》). In *Garin-Mikhailovsky v vospominaniyakh sovremennikov* (Garin-Mikhailvosky as Remembered by his Contemporaries)(《同时代人记忆中的加林·米哈伊洛夫斯基》), 217－2 19. Novosibirsk：Zapadno-sibirskoe knizhnoe izdatel'stvo.

Gray, Kevin. 2008. Challenges to the Theory and Practice of Polyarchy：The Rise of the Political Left in Korea(《向多头政治理论与实践挑战：韩国政治左翼的崛起》). *Third World Quarterly*(《第三世界季刊》) 29/1：107－124.

Grebenyukova, Natalya. 2011. Delo "Kharbintsev" (The Case of the "Harbinians")(《"哈尔滨人"的案例》). Available at: *SlovoIsskustv* 30. www.slovoart.ru/node/1185 (accessed 25 February 2014).

Ha Chǒngil. 2006. Ilche Malgi Im Hwa ǔi saengsan munhaknon kwa kǔndae kǔkpoknon (Im Hwa and his Theories of "Production Literature" and "Overcoming of Modernity" in Late Colonial Korea)(《日本殖民末期林和的"生产文学论"和"现代克服论"》). In Yonsei Taehakkyo Kǔndae Han'gukhak Yǒn'guso (ed.) *Han'guk munhak ǔi kǔndae wa kǔndaesǒn* (The Modern Period and Modernity of Korean Literature)(《韩国文学的近代与近代性》), 101 – 125. Seoul: Somyǒng.

Ha Chǒngil. 2010. P'ǔro munhak ǔi t'alsingmin kihoek kwa kǔndae kǔkpoknon (The Post-Colonial Designs of Proletarian Literature and its Project of Overcoming Modernity)(《无产阶级文学的去殖民设计及现代克服论》). *Kug'ǒkungmunhak*(《国语国文学》)22: 423 – 450.

Ha Ubong. 1989. *Chosǒn hugi sirhakchaǔi Ilbon'gwan yǒn'gu* (A Study of Late Chosǒn *Sirhak* Scholars' Views on Japan)(《朝鲜后期实学家的日本观研究》). Seoul: Ilchisa.

Habermas, Jürgen. 1989 [1962]. *The Structural Transformation of the Public Sphere: An Inquiry into a Category of Bourgeois Society*(《公共领域的结构转型:论资产阶级社会的类型》). Cambridge: Polity.

Ham Taehun. 1929. Chǒnwǒn siin Esssenin ron – saugi rǔl aptugo (On a Countryside Poet, Esenin: On the Eve of the Fourth Anniversary of his Death)(《论田园诗人叶赛宁:在他逝世四周年前夕》). *Chosǒn ilbo*(《朝鲜日报》), 7 – 11 December.

Han Toyŏn and Kim Chaeyong. 2003. Ch'inil munhak kwa kŭndaesŏng (Pro-Japanese Literature and Modernity)(《亲日文学与现代性》). In Kim Chaeyong, Kim Hwasŏn, Pak Suyŏn, Yi Sanggyŏng, Yi Sŏn'ok, Yi Chaemyŏng and Han Toyŏn (eds) Ch'inil munhak ŭi naecchŏk nolli (The Inherent Logic of the Pro-Japanese Literature)(《亲日文学的内在逻辑》), 33 - 51. Seoul：Yŏngnak.

Han Sangdo. 2004. Chungguk hyŏngmyŏng sok ŭi Han'guk tongnip undong (The Korean Independence Movement amidst China's Revolution) (《中国革命中的韩国独立运动》). Seoul：Chimmundang.

Han Yong'un. 1974. Han Yongun chŏnjip (Complete Works of Han Youngun)(《韩龙云全集》). Seoul：Sin'gu munhwasa, Vols 1 - 6.

HaneMikiso. 2003. Peasants, Rebels, Women and Outcastes：Underside of Modern Japan(《农民、叛乱者、女性与被遗弃者：现代日本的阴暗面》). Lanham, MD：Rowman & Littlefield.

Hatano Setsuko. 1998. Kim Tōnin no bungaku ni miru Nihon to no kanren yōsō (The Japanese Connections as Seen in Kim Tong'in's Literature) (《金东仁文学作品与日本的联系》). In Ōmura Masuō (ed.) Kindai Chōsen bungaku ni okeru Nhon to no kanren yōsō (The Japanese Connections in the Modern Korean Literature)(《朝鲜近代文学与日本的联系》), 67 - 113. Tokyo：Ryokuin shōbō.

Hatano Setsuko. 2011. Ilbon yuhaksaeng chakka yŏn'gu (Study on the [Korean] Writers who Studied in Japan(《在日朝鲜留学生作家研究》). Trans. Ch'oe Chuhwan. Seoul：Somyŏng.

Hŏ Sŏng'il. 2005. Yu Kiljun ŭi sasang kwa simunhak (Yu Kiljun's Ideas and Poetry)(《俞吉濬的思想与诗歌文学》). Seoul：Han'guk munhwasa.

Hǒ Su. 2011. *Yi Tonhwa yǒn'gu* (Research on Yi Tonhwa)(《李敦化研究》). Seoul：Yǒksa pip'yǒngsa.

Hǒ Tonghyǒn. 2009. Kaehwagi (1876 – 1910) chosǒn chisigin ǔi Meiji yusin'gwan (The Modern Reforms Period (1876 – 1910) Intellectuals' Views of Meiji Reforms)(《开化期(1876—1910)朝鲜知识分子对明治维新的认知》). In Tongbuga yǒksa chaedan (Northeast Asia History Foundation) (ed.) *Kǔndae Hanil kan ǔi sangho insik* (The Mutual Views of Korea and Japan in Modern Times)(《近代韩日的相互认知》). Seoul：Tongbuga yǒksa chaedan.

Holmes, Colin and A. H. Ion. 1980. Bushidō and the Samurai：Images in British Public Opinion, 1894 – 1914(《武士道与武士：英国舆论中的形象(1894—1914)》). *Modern Asian Studies*《现代亚洲研究》14/2：309 – 329.

Hong Myǒnghǔi. 1935. Tae Tolstoy ǔi inmul kwa chakp'um (Great Tolstoy's Character and Works)(《托尔斯泰的人格与作品》). *Chosǒn ilbo* (《朝鲜日报》), 23 November – 4 December.

Hong Yangmyǒng. 1932. Chungguk Ssobet'ǔ undong ǔi changnae (The Future of the Chinese Soviet Movement)(《中国苏维埃运动的未来》). *Samch'ǒlli*(《三千里》) 4/5：10.

Hosaka Yuji. 2002. *Ilbon ege chǒltae tanghaji mara* (Never Allow Yourself to be Victimized by Japan)(《千万别被日本欺负》). Seoul：Tapke.

Hutchinson, Rachael. 2001. Occidentalism and the Critique of Meiji：

The West in the Returnee Stories of Nagai Kafu(《西方主义与明治之批判：永井荷风海归故事中的西方》). *Japan Forum*(《日本论坛》) 13/2：195 – 213.

Hwang Chaemun. 2011. *An Chunggŭn p'yŏngjŏn* (Critical Biography of An Chunggŭn)(《安重根评传》). Seoul：Hangyoreh ch'ulp'ansa.

Hwang Minho. 2005a. *Ilche ha singminji chibae kwŏllyŏk kwa ŏllon ŭi kyŏnghyang* (The Colonial Governmental Power and Media Trends during the Japanese Colonial Period)(《日据时期殖民地统治权和舆论倾向》). Seoul：Kyŏngin munhwasa.

Hwang Pongmo. 2005b. Kim Saryangŭi 'Pit sokŭro' (Kim Saryang's *Into the Light*)(金史良的《走向光明》). *Oeguk munhak yŏn'gu*(《外国文学研究》) 21：287 – 306.

Hwang Sŏgu. 1923. Hyŏn Ilbon sasanggye ŭi t'ŭkchil kwa kŭ chujo (The Special Features and Main Streams of the Present Japanese World of Ideas)(《当前日本思想界的特征和主流》). *Kaebyŏk*(《开辟》) 34：25 – 43.

Hwangsŏng sinmun (*Capital Gazette*). 1971 [1898 – 1910]. Seoul：Han'guk Munhwa Kaebalsa, Vols 1 – 21.

Hyŏn Chaegyŏng, ed. 2002. *Kidang Hyŏn Sang'yun munjip* (The Selected Works of Kidang Hyŏn Sang'yun)(《畿堂玄相允文集》). Seoul：Kyŏnghŭi taehakkyo ch'ulp'anbu.

Hyŏn Kwangho. 2002. *Taehan cheguk ŭi taeoe chŏngch'aek* (The Foreign Policy of the Taehan Empire)(《大韩帝国的外交政策》). Seoul：Sinsŏwŏn.

Hyŏn Kwangho. 2009. *Han'guk kŭndae sasangga ŭi Tongasia insik* (Korea's Modern Thinkers' Views of East Asia)(《韩国近代思想家的东亚认知》). Seoul：Sŏnin.

Hyŏn Sang'yun. 1917. Tongsŏ munmyŏng ŭi ch'ai wa kŭp ki changnae (The Differences between the Occidental and Oriental Civilizations and their Futures)(《东西文明的差异及其未来》). *Ch'ŏngch'un*(《青春》) 11：66－75.

Hyŏn Sang'yun. 2008. *Kidang Hyŏn Sang'yun chŏnjip* (The Collected Works of Kidang Hyŏn Sang'yun)(《畿堂玄相允全集》). Seoul：Nanam，Vols 1－5.

Hyŏn Yŏngsŏp. 1939. *Shinse iChŏsen no shuppatsu* (The Start of a New Korea)(《新朝鲜的开始》). Keijō：Osakaya shōten.

Hyun, Theresa. 1992. Translation Policy and Literary/Cultural Changes in Early Modern Korea (1895－1921)(《近代早期朝鲜的翻译政策与文学文化变迁(1895—1921)》). *Target*(《目标》) 4/2：191－208.

Iampolskii, Vladimir. 1997. Russkie emigranty na sluzhbe kwantungskoi armii (Russian Emigrants in the Employ of the Kwantung Army)(《关东军雇用的俄国移民》). *Voenno-istoricheskii zhurnal*(《军事历史杂志》) 5：60－64.

Iankovskii, Valerii. 2000. *Ot groba Gospodnya do groba GULAGa* (From the Grave of Jesus to the Grave of GULAG)(《从耶稣的坟墓到古拉格的坟墓》). Kovrov：Mashteks.

Iida Yuriko. 1984. *Kim Tong'in tanp'yŏn sosŏl ŭi kyŏnghyang yŏn'gu* (Research on the Trends in Kim Tong'in's Short Stories)(《金东仁短篇小说

的倾向研究》）．MA Thesis，Seoul：Yonsei University.

Ilgija. 1926. Chŏngno e kŭmsŏ sŏjŏk（Prohibited Books in Red Russia）(《红色俄国的禁书》）．*Tonggwang*（《东光》）7：43 – 44.

Ilgija. 1930. Rosŏa nŭn ŏde ro kana? Ogaenyŏn kyehoek ŭi silchŏk kwa kŭ changnae kyehoek（Quo Vadis，Russia? The Five-Year Plan's Results and the Further Plans）(《俄国去往何处？五年计划的成果及未来计划》）．*Pyŏlgŏngon*（《别乾坤》）33：16 – 23.

Im Hwa. 2000. *Im Hwa chŏnjip*（Collected Works by Im Hwa）(《林和全集》）．Ed. Kim Oegon. Seoul：Pag'ijŏng.

Im Hwa. 2009. *Im Hwa munhak yesul chŏnjip*（Complete Works of Literature and Art by Im Hwa）(《林和文学艺术全集》）．Ed. Sin Tuwŏn*et al*. Seoul：Somyŏng.

Im Wŏn'gŭn. 1932. Nae gap pon Rosŏa ŭi T'ŭroch'ŭk'i（Russia's Trotsky, as I Saw him）(《我眼中的俄国人托洛茨基》）．*Samch'ŏlli*（《三千里》）4/7：7.

In Chŏngsik. 1938. A tŭng ŭi chŏngch'ijŏk nosŏn e kwanhaesŏ tongji chegun ege ponaenŭn konggaejang（An Open Letter to All the Comrades on our Political Line）(《关于我们的政治路线致各位同志的公开信》）．*Samch'ŏlli*（《三千里》）10/11：50 – 59.

Institut Kitaevedeniya, ed. 1958. *Russko-kitaiskie otnosheniya，1689 – 1916. Ofitsial'nye dokumenty*（Russo-Chinese Relations，1689 – 1916：Official Documents）(《俄中关系（1689—1916）：官方文件》）．Moscow：Izdatel'stvo vostochnoi literatury.

Ishigawa Ryōta and Kim Nakki. 2007. *Tongsunt'ae wa Inch'ŏn Hwagyo muyŏk*（The Tongshuntai Company and the Inch'ŏn-centered Chinese Diaspora Trade）（《同顺泰与仁川华侨贸易》）. Inch'ŏn：Inch'ŏn munhwa chaedan.

Itō Sei, ed. 1970. *Kōtoku Shūsui*（《幸德秋水》）. Tokyo：Chūō kōronsha.

Ivanova, L. V. 2007. Deyatel'nost' russkoi shkoly v Koree（1896 - 1904）（Activities of the Russian School in Korea, 1896 - 1904）（《在朝俄国学校的活动（1896—1904）》）. *Izvestiya Rossiiskogo Gosudarstvennogo Pedagogicheskogo Universitetaimeni A. Gertzena* 10/31. Available：http://cyberleninka. ru/ article/n/deyatelnost-russkoy-shkoly-v-koree-1896- 1904- gg（ accessed 13 September 2013）.

Izgoev, Naum. 1931. Na ozere Hanka（On the Banks of Hanka Lake）（《在坎卡湖畔》）. *Novyi mir*（《新世界》）6：113 - 120.

Jager, Sheila Miyoshi. 2003. *Narratives of Nation Building in Korea：A Genealogy of Patriotism*（《朝鲜民族建构叙事：一个爱国主义的系谱》）. London：M. E. Sharpe.

Jin Chenggao（Kim Sŏngho）. 2012. Chung-cho yŏnhap hang'il t'ujaeng kwa hyŏnsil ŭi "ilsayangyong" munje（The Joint Sino-Korean Anti-Japanese Struggle and the Issue of the "Dual Usage of History"）（《中朝联合抗日斗争与"一史两用"问题》）. In U Kyŏngsŏp（ed.）*Yŏnbyŏn Chosŏnjok ŭi yŏsa wa hyŏnsil*（The History and Reality of Yanbian Koreans）（《延边朝鲜族的历史与现实》）, 103 - 133. Seoul：Somyŏng.

Jin Jungwon（Chin Chŏngwŏn）. 2014. Reconsidering Prostitution under the Japanese Occupation - Through the Korean Brothels in Colonial

Taiwan(《再论日本占领下的卖淫问题：通过考察台湾殖民地的朝鲜妓院》). *Review of Korean Studies*(《韩国学评论》)17/1：115 – 157.

Jin Yuguang. 1983. *Luhan liushinianjianwenlu* (The Record of Sixty Years' Sojourn in Korea)(《旅韩六十年见闻录》). Taibei：Zhonghua Minguo Hanguo yanjiu xueguan.

Johnson, Chalmers. 1998. Economic Crisis in East Asia：The Clash of Capitalisms(《东亚经济危机：资本主义的冲突》). *Cambridge Journal of Economics*(《剑桥经济学杂志》)22/6：653 – 661.

Kagarlitsky, Boris. 2007. *Empire of the Periphery：Russia and the World System*(《边陲帝国：俄罗斯与世界体系》). London：Pluto Press.

Kakkuk kungnyŏk pigyo (A Comparison of the Strength of Various Countries)(《各国实力对比》). 1908. *Sŏbuk hakhoe wŏlbo*(《西北学会月报》)2：15 – 20.

Kamigaito Ken'ichi. 1996. *Aru meijijin no Chōsenkan* (One Meiji [Japanese and his] View of Korea)(《明治时期一个日本人的朝鲜观》). Tokyo：Tsukuba shōbō.

Kamigaito Ken'ichi. 1997. Nakarai Tōsui's Novel, *Kosafuku Kaze* (The Wind Blowing Yellow Sand)(《半井桃水的小说：〈风吹黄沙〉》). *Japan Review*(《日本评论》)9：109 – 126.

Kang, Hildi. 2001. *Under the Black Umbrella：Voices from Colonial Korea*, 1910 – 1945(《黑伞下：殖民地朝鲜的声音（1910—1945）》). Ithaca, NY：Cornell University Press.

Kang Jae-eun. 2006. *The Land of Scholars：Two Thousands Years of Korean Confucianism*(《学者之地：韩国儒学两千年》). Trans. Suzanne

Lee. New Jersey: Homa and Sekey Books.

Kang Man'gil and Sŏng Taegyŏng, eds. 1996. *Han'guk sahoejuŭi undong inmyŏng sajŏn* (Dictionary of Korean Socialist Movement Personalities)(《韩国社会主义运动人名辞典》). Seoul: Ch'angjak kwa pip'yŏngsa.

Kang Yŏngju. 1999. *Pyŏkch'o Hong Myŏnghŭi yŏn'gu* (A study of Pyŏkch'o Hong Myŏnghŭi)(《碧初洪命熹研究》). Seoul: Ch'angjak kwa pip'yŏngsa.

Karl, Rebecca. 2002. "Slavery", Citizenship and Gender in Late Qing China's Global Context(《全球化语境下晚清中国的"奴隶制"、公民身份与性别》). In Rebecca Karl and Peter Zarrow (eds) *Rethinking the* 1898 *Reform Period: Political and Cultural Change in Late Qing China*(《戊戌变法时期再思考:晚清中国的政治和文化变革》), 212–245. Cambridge, MA: Harvard University Press.

Karlsson, Mats. 2008. Kurahara Korehito's Road to Proletarian Realism (《藏原惟人的无产阶级现实主义之路》). *Japan Review*(《日本评论》) 20: 231–273.

KatagamiNoburu. 1922. *Saikin Rosiya bungaku no igi* (The Meaning of the Recent Russian Literature)(《俄国现代文学的意义》). Tokyo: Sekai shichō kenkyūkai.

Kaziev, Shapi. 2001. *Imam Shamil*(《伊玛目沙米尔》). Moscow: Molodaya gvardiya.

Kief, Jonathan. 2013. "Antagonistic Unity": Kim Oseong, Dialectical Anthropology and the Discovery of Literature, 1929–1938(《"对抗性统一":金午星,辩证人类学与文学的发现(1929—1938)》). *Review of*

Korean Studies(《韩国学评论》) 16/2：81 - 124.

Kikuchi, Yuko. 2004. *Japanese Modernization and Mingei Theory：Cultural Nationalism and Oriental Orientalism*(《日本现代化与民艺理论：文化民族主义与东方主义》). New York：Routledge.

KilSŭng'ik. 1909. Ch'ŏngnyŏn'guk chi wŏn'gi (The Vigor of the Country of Youth)(《青年之国的活力》). *Taehan Hǔnghakpo*(《大韩兴学报》)8：16 - 19.

Kim Chaeyong. 1990. Ilche ha nodong undong kwa nodong sosŏl (Labour Movement and Labour Novels under the Japanese Colonial Rule)(《日本殖民统治下的劳工运动与劳工小说》). In Im Hŏnyŏng and Kim Ch'ŏl (eds) *Pyŏnhyŏk chuch'e wa Han'guk munhak* (The Subjects of [Societal] Changes and Korean Literature)(《变革主题与韩国文学》), 148 - 182. Seoul：Yŏksa pip'yŏngsa.

Kim Chaeyong, Kim Miran and No Hyegyŏng. eds. 2003a. *Singminjuǔi wa pihyŏmnyŏk ǔi chŏhang：ilchemal chŏnsigi Ilbon'ŏ sosŏlsŏn* (Colonialism and the Resistance of Non-Cooperation：Selected Japanese-Language Novels from the Wartime and Late Colonial Period)(《殖民主义与不合作抵抗：日本殖民晚期战时日语小说选》). Seoul：Yŏngnak.

Kim Chaeyong. 2004. *Hyŏmnyŏk kwa chŏhang* (Collaboration and Resistance)(《合作与抵抗》). Seoul：Somyŏng.

Kim Chaeyong and Kwak Hyŏngdŏk, eds. 2009. *Kim Saryang, chakp'um kwa yŏn'gu* (Kim Saryang, Writings and Research)(《金史良,作品与研究》). Seoul：Yŏngnak, Vols 1 - 4.

Kim Chech'ŏl. 1999a. Yi Hyosŏk chŏn'gi chakp'um yŏn'gu (The Study of Yi Hyosŏk's Early Writings)(《李孝石早期作品研究》). *Hanyang ŏmun* (《汉阳语文》)17：201 – 222.

Kim Ch'ŏl. 2006b. Chŏnbok ŭi kanŭngsŏng：naesŏn kyŏrhon kwa Han'guk sosŏl (The Possibility of a Subversion：Korean-Japanese Mixed Marriages and Korean Novel)(《颠覆的可能性：韩日通婚与韩国小说》).

Sae Kug'ŏ Saenghwal 16/2. Available：www. korean. go. kr/nkview/ nklife/2006_2/16_9. html，(accessed May 21, 2013).

Kim Chŏnghwa. 1995. *Kang Kyŏngae yŏn'gu* (Research on Kang Kyŏngae)(《姜敬爱研究》). Seoul：Pŏmhaksa.

Kim Chongjun. 2010a. *Ilchinhoe ŭi munmyŏngnon kwa ch'inil hwaltong* (The Civilizational Logic and Pro-Japanese Activities by Ilchinhoe)(《一进会的文明论与亲日活动》). Seoul：Sin'gu minhwasa.

Kim Chuhyŏn. 2012a. *Sin Ch'aeho munhak yŏn'guch'o* (The Prolegomena to Studies on Sin Ch'aeho's Literature)(《申采浩文学研究导论》). Seoul：Somyŏng.

Kim Chuhyŏn. 2012b. Sin Ch'aeho ga Pukkyŏng esŏ palganhan chapchi "Ch'ŏn'go" 3ho (The 3rd Issue of the Journal "Heavenly Drum" Published by Sin Ch'aeho in Beijing)(《申采浩在北京发刊的杂志〈天鼓〉第三期》). *Han'guk kŭnhyŏndaesa yŏn'gu*(《韩国近现代史研究》) 61：208 – 260.

Kim Churi. 2010b. Tonghwa, chŏngbok, pŏnyŏk：Han'guk kŭndae sosŏl sok honhyŏl kyŏrhon ŭimi (Assimilation, Conquest, Translation：The Meaning of Mixed Blood Marriage in Modern Korean Novels)(《同化、征服、翻译：韩国近代小说中混血婚姻的意义》). *Tamunhwa k'ont'ench'ŭ yŏn'gu*

（《多元文化内容研究》）3：37 - 64.

Kim Hakchun. 2000a. *Hanmal ŭi sŏyang chŏngch'ihak suyong yŏn'gu* （A Study of the Reception of Western Political Science in the Taehan Empire Period）（《大韩帝国时期对西方政治学的接受研究》）. Seoul：Sŏul taehakkyo ch'ulp'anbu.

Kim Haktong, ed. 1988. *Paek Sŏk chŏnjip*（Complete Works of PaekSŏk）（《白石全集》）. Seoul：Saemunsa.

Kim Haktong. 2007. Kim Saryang munhak kwa "naesŏn ilch'e"（Kim Saryang's Literature and "Japanese-Korean oneness"）（《金史良文学与"内鲜一体"》）. *Ilbon munhwa hakbo*（《日本文化学报》）32：253 - 274.

Kim Han'gyu. 1999b. *Han-chung kwan'gyesa*（History of Korean-Chinese Relations）（《韩中关系史》）. Seoul：Arŭk'e, Vol. 2.

Kim Hŭigon. 2013a. *Cho Sŏnghwan*（《曹成焕》）. Seoul：Yŏksa konggan.

Kim, HwansuIlmee. 2012. *Empire of the Dharma：Korean and Japanese Buddhism*, 1877 - 1912（《佛法帝国：朝鲜和日本的佛教（1877—1912）》）. Harvard：Harvard University Press.

Kim Hyŏnju. 2001a. Yi Kwangsu ŭi munhwajŏk p'asijŭm（Yi Kwangsu's Cultural Fascism）（《李光洙的文化法西斯主义》）. In Kim Ch'ŏl and Sin Hyŏnggi（eds）*Munhwa sok ŭi p'asijŭm*（Fascism in Literature）（《文学中的法西斯主义》）, 95 - 129. Seoul：Samin.

Kim, Hyun Sook. 1998. *Yanggongju* as an Allegory of the Nation：The Representation of Working-Class Women in Popular and Radical Texts（《作为国家象征的"洋公主"：通俗激进文本中工人阶级妇女的再现》）. In

Elaine Kim and Chungmoo Choi (eds) *Dangerous Women. Gender and Korean Nationalism*(《危险的女人：性别与韩国民族主义》), 175 – 203. New York: Routledge.

Kim In'gyu. 2005a. Chosŏn hugi hwairon ŭi pyŏn'yong kwa sasangsajŏk ŭiŭi (The Changes and Historical Meaning of Views on the Distinction between Chinese and Barbarians in the Late Chosŏn Period)(《朝鲜后期华夷论的变化及其历史意义》). In Im Hyŏngt'aek and Kim Chaegwan (eds) *Tong'asia minjokchuŭi changbyŏk ŭl nŏmŏ* (Overcoming the Barriers of Nationalism in East Asia)(《克服东亚民族主义的障碍》), 421 – 449. Seoul: Sŏnggyun'gwan taehakkyo ch'ulp'anbu.

Kim, Key-Hiuk. 1980. *The Last Phase of the East Asian World Order: Korea, Japan and the Chinese Empire, 1860 – 1882*(《东亚世界秩序的最后阶段：韩国、日本和中华帝国（1860—1882）》). Berkeley and Los Angeles, CA: University of California Press.

Kim Kijin (P'albong San'in). 1924. Chibae kyegŭp kyohwa p'ijibae kyegŭp kyohwa (The Culture of Dominant Classes, the Culture of Dominated Classes)(《统治阶级教化与被统治阶级教化》). *Kaebyŏk*(《开辟》) 43: 13 – 27.

Kim Kijin. 1931. Lenin kwayesul (Lenin and Arts)(《列宁与艺术》). *Pip'an*(《批判》) 1: 106 – 108.

Kim Kisŭng. 2000. Ilbon yuhak sigi Cho Soang ŭi sasang hyŏngsŏng: Tongyu Yakch'o punsŏk ŭl chungsim ŭro (The Formation of Cho Soang's Thoughts during his Study in Japan: Based on the Analysis of *Tongyu Yakch'o*)(《日本留学时期赵素昂的思想形成：以〈东游略抄〉分析为中

心》). *Samgyunchuŭi yŏn'gu nonjip*(《三均主义研究论集》) 21：25－50.

Kim Ku. 2002a［1947］. *Paekpŏm ilji* (The Autobiography of Paekpŏm [Kim Ku])(《金九日记》). Trans. To Chinsun. Seoul：Tolpegae.

Kim Kyŏng'il. 1989. 1929nyŏn Wŏnsan ch'ongp'aŏp e taehaesŏ (On the 1929 Wŏnsan General Strike)(《论 1929 年元山总罢工》). *Ch'angjak kwa pip'yŏng*(《创作与批评》) 17/1：301－339.

Kim Kyŏng'il. 2004a. *Yŏsŏng ŭi kŭndae*, *kŭndae ŭi yŏsŏng* (Women's Modernity, Modernity's Women)(《女性的近代，近代的女性》). Seoul：P'urŭn yŏksa.

Kim Kyŏng'il. 2004b. *Tong'asia ŭi minjok isan kwa tosi* (The Formation of National Diasporas in East Asia and the Cities)(《东亚的民族离散与城市》). Seoul：Yŏksa pip'yŏngsa.

Kim Kyŏngmi. 2011. *Yi Kwangsu munhak kwa minjok tamnon* (Yi Kwangsu's Literature and National Discourse)(《李光洙文学与民族叙事》). Seoul：Yŏngnak.

Kim Michael. 2013b. Cheguk ŭi kyŏnggye rŭl chaekusŏnghanŭn kwanchŏm esŏ parapon singminji Chosŏn ŭi Chunggug'in iju nodongja munje (The Problem of Chinese Migrant Workers in Colonial Korea Seen from the Viewpoint of Restructuring Empire's Boundaries)(《从重塑帝国边界的视角看殖民地朝鲜的中国劳务移民问题》). In Yu Sŏn'yŏng and Ch'a Sŭnggi (eds) *Tong'a T'ŭrauma* (East Asia's Trauma)(《东亚的创伤》), 194－218. Seoul：Kŭrinbi.

Kim Minhwan. 1995. *Kaehwagi minjokchi ŭi sahoe sasang* (The Social Ideas of the National Newspapers of the Modern Reform Period)(《开化期民

族报刊的社会思想》). Seoul：Nanam.

Kim Minhwan, Pak Yonggyu and Kim Munjong. eds. 2008a. *Ilche kangjŏmgi ŏllonsa yŏn'gu* (A Study of the Media during the Japanese Colonial Period)(《日据时期媒体研究》). Seoul：Nanam.

Kim Miyŏng. 2007. "Pyŏkkong muhan" e nat'anan Yi Hyosŏk ŭi iguk ch'wihyang (A Study of Yi Hyosŏk's Exoticism as Exhibited in the Novel "Pyŏkkongmuhan")(《小说〈碧空无限〉中李孝石的异国情调》). *Uri malkŭl* 39：239 - 267.

Kim Pyŏngch'ŏl. 1980. *Han'guk kŭndae sŏyang munhak iipsa yŏn'gu* (Study of the History of Transplantation of Modern Western Literature to Korea)(《近代韩国的西方文学引进史研究》). Seoul：Ŭryu munhwasa.

Kim Saryang. 1940. Chōsen bunka tsushin (News on Korean Culture)(《朝鲜文化新闻》). *Genchi Hōkoku*(《现地报告》) (September).

Kim Saryang. 1973 - 1974. *Kim Saryang zenshū* (Collected Works by Kim Saryang)(《金史良文集》). Tokyo：Kawade shōbō shinsha, Vols 1 - 4.

Kim Saryang. 1999c. *Hikari no nakani* (Into the Light)(《走向光明》). Tokyo：Kōdansha.

Kim Saryang. 2002b. *Nomamalli：hang'il Chungguk mangmyŏnggi* (Ten Thousand *Li* of a Dull-Witted Horse：An Account of a Flight to China [for the Sake of] the Anti-Japanese Struggle)(《驽马万里：抗日中国亡命记》). Seoul：Silch'ŏn munhaksa.

Kim Sich'ang. 2001b. *Pit sok ŭro* (Into the Light)(《走向光明》). Trans. O Kŭnyŏng. Seoul：Sodam.

Kim Sŏngjun. 1996. *Chŏng Yulsŏng ŭi ŭm'ak hwaltong e kwanhan yŏn'gu*（A Research on Chŏng Yulsŏng's Musical Activities）(《郑律成音乐活动研究》). MA Thesis, Myŏngji University.

Kim Sŏngmin. 1940. *Rokki renmei*（Green Flag League）(《绿旗军》). Tokyo: Haneda shōbō.

Kim Surim. 2008b. Cheguk kwa Yurŏp: salm ŭi changso, ch'oguk ŭi changso（The Empire and Europe: The Place of Life, the Place of Overcoming)(《帝国与欧洲:生命之地,克服之地》). In Sanghŏ Hakhoe（ed.）*Ilche malgi ŭi midiŏ wa munhwa chŏngch'i*（Media and Cultural Politics in the End of the Japanese Colonial Period)(《日本殖民末期的媒体与文化政治》), 139 - 185. Seoul: Kip'ŭn saem.

Kim Suyun. 2009a. *Romancing Race and Gender: Intermarriage and the Making of a 'Modern Subjectivity' in Colonial Korea, 1910 - 1945*(《浪漫的种族与性别:1910—1945 年殖民地朝鲜的异族通婚与"现代主体性"的形成》). PhD dissertation, University of California in San Diego.

Kim T'aeung. 2009b. 1920 - 1930 nyŏndae han'gugin taejung ŭi Hwagyo insik kwa kungnae minjokchuŭi kyeyŏl chisigin ŭi naemyŏn segye（The Mass Perception of the Diasporic Chinese by the Koreans in the 1920 - 1930s and the Internal Worlds of the Domestic Nationalist Intellectuals)(《20 世纪 20—30 年代韩国大众对华侨的认知与国内民族主义知识分子的内心世界》). *Yŏksak yoyuk*(《历史教育》) 112: 93 - 131.

Kim Tohyong. 2000b. Taehan Cheguk ki kyemongjuŭi kyeyol chisikch'ung ui "Samgukchehyuron"（"Three Countries Alliance" Idea among the Enlightenment Intellectuals of the Taehan Empire Period)(《大韩帝国时期启蒙主义知识阶层的"三国联盟论"》). *Han'guk kunhyondaesa yon'gu*(《韩国近现代史研究》)13：5 – 33.

Kim Tongch'un. 2000c. *Kŭndae ŭi kŭnŭl* (The Shadow of Modernity)(《现代的阴影》). Seoul：Tangdae.

Kim Tong'in. 1925. Kamja (Potato)(《土豆》). *Chosŏn mundan*(《朝鲜文坛》)1：18 – 27.

Kim Tong'in. 1929. Yŏin (Women)(《女人》). *Pyŏlkŏn'gon*(《别乾坤》)25：54 – 58.

Kim Tong'in. 1930. Yŏin (Women)(《女人》). *Pyŏlkŏn'gon*(《别乾坤》)34：154 – 159；35：165 – 170.

Kim Tong'in. 1932a. Aedosa：sosŏlka rosŏŭi Sŏhae (Condolatory Address：Sŏhae as a Novelist)(《悼词：小说家曙海》). *Tonggwang*(《东光》)36：97 – 98.

Kim Tong'in. 1932b. Pulgŭnsan (Red Mountain)(《红山》). *Samch'ŏlli*(《三千里》)4/4：114 – 117.

Kim Tongmyŏng. 2005b. *Chibae wa chŏhang, kŭrigo hyŏmnyŏk* (Domination, Resistance and Cooperation)(《统治、抵抗与合作》). Seoul：Kyŏngin munhwasa.

Kim Up'yŏng. 1931. Nonong Rosŏa ŭi t'onghwa p'eji munje sibi (A Discussion on the Issue of the Abolition of Currency in Workers' and Peasants' Russia)(《论工农俄国的货币废除问题》). *Pyŏlgŏn'gon*(《别乾坤》)36：66 – 67.

Kim Yerim. 2010c. Chŏnjaeng sŭp'et'ŏk'ŭl kwa chŏnjaeng silgam ŭi tongnyŏkhak (War Spectacle and the Dynamics of the Real-time War Experience)(《战争奇观与战场体验动力学》). In Han'guk-T'aiwan Pigyo

Munhwa Yŏn'guhoe (ed.) *Chŏnjaeng ira nŭn munt'ŏk: ch'ongnyŏkchŏn ha Han'guk, T'aiwan ŭi munhwa kujo* (The Threshold Called War: The Structures of Culture in Korea and Taiwan under the Total War Regime) (《战争门槛：全面战争体制下韩国与台湾的文化结构》), 63 - 95. Seoul: Kŭrinbi.

Kim Yŏnch'ang, tr. 1908. *P'idŭk Taeje* (Peter the Great) (《彼得大帝》). Seoul: Kwanghak sŏp'o.

Kim Yŏngjak. 2006a. *Kŭndae Han'il kwan'gye ŭi myŏng'am* (The Bright and Dim Sides of Modern Korean-Japanese Relations) (《近代韩日关系的明暗两面》). Seoul: Paeksan sŏdang.

Kim Yŏngsin. 2005c. Ilche sigi chaehan Hwagyo (1910 - 1931) (The Resident Chinese in the Japanese Colonial Period, 1910 - 1931) (《日据时期在韩华侨 (1910—1931)》). *Inch'ŏnhak yŏn'gu* (《仁川学研究》) 4: 207 - 244.

Kim Yŏnsu. 1985. Han'guk kwa Soryŏn (South Korea and the USSR) (《韩国与苏联》). *Sahoe kwahak yŏn'gu* (《社会科学研究》) 1(1): 195 - 211.

Kim Yunhŭi. 2009c. Rŏ-Il chŏnjaenggi Ilbon'gun hyŏmnyŏk Han'in yŏn'gu (Study on the Korean Collaborators of the Japanese Army during the Russo-Japanese War) (《日俄战争期间日军的朝鲜合作者研究》). *Han'guk sahakpo* (《韩国史学报》) 35: 295 - 328.

Kim Yunsik, 1986. *Han'guk kŭndae sosŏlsa yŏn'gu* (Research on the History of the Modern Novel in Korea) (《韩国近代小说史研究》). Seoul: Ŭryu munhwasa.

Kim Yunsik, 1987a. *Kim Tong'in yŏn'gu* (Research on Kim Tong'in) (《金东仁研究》). Seoul: Min'ŭmsa.

Kim Yunsik, 1987b. *Yŏm Sangsŏp yŏn'gu* (Research on YŏmSangsŏp) (《廉想涉研究》). Seoul: Sŏul taehakkyo ch'ulp'anbu.

Kim Yunsik. 1989. *Im Hwa yŏn'gu* (Research on Im Hwa) (《林华研究》). Seoul: Munhak sasangsa.

Kim Yunsik. 2001c. *Han-Il kŭndae munhak ŭi kwallyŏn yangsang sinron* (New Discussion on the Relationship between Modern Korean and Japanese Literatures) (《韩日近代文学关系新论》). Seoul: Sŏul taehakkyo ch'ulp'anbu.

Kim Yunsik. 2003b. *Ilche malgi Han'guk chakka ŭi Ilbonŏ kŭl ssŭgi ron* (On the Writing in Japanese by Korean Writers at the End of the Japanese Colonial Period) (《论日本殖民末期韩国作家的日文写作》). Seoul: Sŏul taehakkyo ch'ulp'anbu.

Klehr, Harvey, J. E. Haynes and K. M. Anderson. 1998. *The Soviet World of American Communism* (《美国共产主义的苏维埃世界》). Yale: Yale University Press.

Kobayashi Hiroko. 1997. *SataIneko: jikan to taiken* (Sata Ineko: Time and Experience) (《佐多稻子：时间和体验》). Tokyo: Kanrin shōbō.

Kohli, Atul. 1994. Where do High Growth Political Economies Come from? The Japanese Lineage of Korea's "Developmental State" (《高增长的政治经济从何而来？"发展中国家"韩国的日本血统》). *World Development* (《世界发展》) 22/9: 1269 – 1293.

Kokuryū Kurabu, ed. 1967. *Kokushi Uchida ryōhei den* (The Biography of Uchida Ryōhei, a Prominent Statesman)(《著名政治家内田良平传记》). Tokyo: Hara shobō.

Kominz, Laurence. 1986. Pilgrimage to Tolstoy: Tokutomi Roka's Junrei Kikō(《朝圣托尔斯泰：德富芦花的朝圣日记》). *Monumenta Nipponica*(《日本文化志丛》) 41/1: 51－101.

Kŏmnyŏl Yŏn'guhoe, ed. 2011. *Singminji kŏmnyŏl, chedo, teksŭtŭ, silch'ŏn* (Colonial Censorship, Institution and Practice)(《殖民地审查：制度、文本与实践》). Seoul: Somyŏng.

Kondō Yoshi. 1943. *Inoue Kakugorō sensei den* (The Biography of Respected Mr. Inoue Kakugorō)(《井上角五郎先生传记》). Tokyo: Inoue kakugorō sensei den kihen sankai.

Konishi, Sho. 2007. Reopening the "Opening of Japan": A Russian-Japanese Revolutionary Encounter and the Vision of Anarchist Progress (《"日本开国"重启：俄日革命的相遇与无政府主义进步的愿景》). *American Historical Review*(《美国历史评论》)112/1: 101－131.

Konishi, Sho. 2013. *Anarchist Modernity: Cooperatism and Japanese-Russian Intellectual Relations in Modern Japan*(《无政府主义现代性：近代日本的合作主义以及日俄知识分子的关系》). Harvard: Harvard University Press.

Koryŏ taehakkyo asea munje yŏn'guso, ed. 1970. *Kuhan'guk oegyo munsŏ: ch'ŏngan* (The Diplomatic Documents of the Old Korean State: Qing-Related Documents)(《大韩帝国外交文书：清朝相关文件》). Seoul: Koryŏ taehakkyo ch'ulp'anbu, Vols 1－2.

Kotel'nikov, Fyodor. 1933. Dokladnaya zapiska sotrudnika otdela kadrov IKKI F. S. Kotel'nikova v otdelkadrov IKKI I v Vostochnyi secretariat IKKI o polozhenii s koreiskimikadrami (Report by Communist International's Executive Committee's Personnel Department, F. S. Kotel'nikov, to the Communist International's Executive Committee's Personnel Department, on the Situation with the Korean Cadres) (《共产国际执行委员会人事部费奥多尔·科泰尔·尼科夫向共产国际执行委员会人事部提交的朝鲜干部情况报告》). In RGASPI (Russian State Archive of the Socio-Political History) (《俄罗斯国家社会政治历史档案》), fond 495, opis' 135, delo 191, 50‒52.

Ku Inmo. 2010. *Singminji chosŏnin ŭl nonhanda* (Discussing the Colonized Koreans) (《论殖民地朝鲜人》). Seoul: Tongguk taehakkyo ch'ul p'anbu.

Ku Sŏnhŭi, ed. 2008. *Rŏsia kungnip haegunsŏng munsŏ* (The Documents of the Russian Navy Ministry) (《俄罗斯海军部文件》). Seoul: Kuksa p'yŏnch'an wiwŏnhoe, Vol. 2.

Kublin, Hyman. 1950. The Japanese Socialists and the Russo-Japanese War(《日本社会主义者与日俄战争》). *Journal of Modern History*(《近代史杂志》) 22/4: 322‒339.

Kukhoe Tosŏgwan Ippŏp Chosaguk, ed. 1965. *Kuhanmal choyak hwich'an* (Collected Treaties of the Old Korean Empire)(《大韩帝国末期条约汇编》). Seoul: Tong'a ch'ulp'ansa, Vols 1‒3.

Kulikova, Galina. 2003. Prebyvanie v SSSR inostrannykhpisatelei v 1920-kh‒1930-kh godakh (Soviet Sojourns by Foreign Writers in the 1920s and 1930s) (《20世纪20年代和30年代旅居苏联的外国作家》).

Otechestvennaya istoriya(《俄国历史》）4：43－59.

Kŭm Pyŏngdong. 2008. *Chosŏnin ŭi Ilbon'gwan* (Koreans' View of Japan)(《朝鲜人的日本观》). Trans. Ch'oe Hyeju. Seoul：Nonhyŏng.

Kuromiya, Hiroaki. 1988. *Stalin's Industrial Revolution：Politics and Workers*, 1928 – 1931(《斯大林的工业革命：政治与工人（1928—1931）》). Cambridge：Cambridge University Press.

Kwŏn Ch'ungil*et al.* 1938. Soryŏn sajŏng ŭl tŭnnŭn chwadamhoe：t'alchu hayŏ Chosŏn e on Chŏngno sagwan ŭrobut'ŏ (Roundtable on Soviet Conditions：Listening to the Red Russian Soldiers Who Defected and Came to Korea)(《关于苏联情况的圆桌会议：聆听叛逃到朝鲜的红色俄国士兵的发言》). *Samch'ŏlli*(《三千里》）10/12：92－108.

Kwŏn Hŭiyŏng. 1999. *Han'guk kwa Rŏsia：kwan'gye wa pyŏnhwa* (Korea and Russia：Relations and Change)(《韩国与俄国：关系与变化》). Seoul：Kukhak charyowŏn.

Kwŏn Hyŏsu. 2007. *Kŭndae Han-Chung kwan'gyesa ŭi chaejomyŏng* (A Reappraisal of Modern Sino-Japanese Relationship)(《再议近代韩中关系史》). Seoul：Hyean.

Kwŏn Myŏng'a. 2005. *Yŏksajŏk p'asijŭm* (Historical Fascism)(《历史法西斯主义》). Seoul：Ch'aeksesang.

Kwŏn Podŭrae. 2003. *Yŏn'ae ŭi sidae* (The Epoch of Romance)(《恋爱的时代》). Seoul：Hyŏnsil munhwa yŏn'gu.

Kwŏn Podŭrae. 2008. Sonyŏn *kwa* Ch'ŏngch'un *ŭi ch'ang*(《〈少年〉和〈青春〉之窗》). Seoul：Ihwa yŏja taehakkyo ch'ulp'anbu.

Kwŏn Tŏkkyu. 1920. Ka'myŏng'in tusang e ilbong (A Blow on the

Heads of the Pseudo-Civilized)(《给假明人当头一棒》). *Tong'a ilbo*(《东亚日报》), 9 May.

Kwŏn Tŏkkyu. 1921. Kyŏngju haeng (Travel to Kyŏngju)(《庆州行》). *Kaebyŏk*(《开辟》) 18:60 - 76.

Kwŏn Yŏngmin. 2003. Early Twentieth-Century Fiction by Men(《20世纪初男作家的小说》). In Peter Lee (ed.) *A History of Korean Literature* (《韩国文学史》), 390 - 406. Cambridge:Cambridge University Press.

Lankov Andrei. 2013. Soviet-DPRK Relations:Purges, Power and Dissent in North Korea's Formative Years(《苏朝关系:朝鲜形成时期的清洗、权力和异议》). *SinoNK*, 29 March. Availabe:http://sinonk. com/ 2013/03/29/ lankov-on-ussr-dprk-50s-60s, accessed 5 May, 2015.

Larsen, Kirk. 2008. *Tradition, Treaties and Trade:Qing Imperialism and Chosŏn Korea, 1850 - 1910*(《传统、条约和贸易:清帝国主义与朝鲜半岛(1850—1910)》). Cambridge, MA:Harvard University Press.

Lee, Chai-Mun. 2003. The Lost Sheep:The Soviet Deportations of Ethnic Koreans and Volga Germans(《迷失的羊:苏联对朝鲜人和伏尔加河德国人的驱逐》). *Review of Korean Studies*(《韩国学评论》) 6/1:219 - 250.

Lee, Chong-sik. 1965. *The Politics of Korean Nationalism*(《韩国民族主义政治》). Berkeley:University of California Press.

Lee, Jin-Kyong. 2010. *Service Economies:Militarism, Sex Work and Migrant Labor in South Korea*(《服务经济:韩国的军国主义、性工作和移民劳工》). Minneapolis:University of Minnesota Press.

Lee, Keun-Gwan. 2008. Trope of a Sovereign State:Treaty-Making by

Korea from 1876 – 1899(《主权国家的喻示：1876—1899 朝鲜签订的条约》). *Review of Korean Studies*(《韩国学评论》) 11/3：11 – 36.

Lee, Leo Ou-fan. 1976. Literature on the Eve of Revolution：Reflections on Lu Xun's Leftist Years, 1927 – 1936(《革命前夕的文学：对鲁迅左翼时期的反思(1927—1936)》). *Modern China*(《近代中国》) 2/3：277 – 326.

Lee, Min Ju. 2008. *A Study on the Japanese Censorship in Colonial Korea：Examined by Japanese Censors*(《殖民地朝鲜的日本审查制度研究：日本审查员的审查》). Paper presented at annual meeting of the International Communication Association, TBA, Montreal, Quebec, Canada, 22 May.

Lee, Namhee. 2007. *The Making of Minjung：Democracy and the Politics of Representation in South Korea*(《民政的形成：韩国的民主与代议政治》). Ithaca：Cornell University Press.

Lee, Yur-Bok. 1988. *West Goes East：Paul Georg Von Möllendorff and Great Power Imperialism in Late Yi Korea*(《从西方到东方：穆麟德与李氏朝鲜晚期的大国帝国主义》). Honolulu：University of Hawaii Press.

Lefebvre, Henri. 1991 [1974]. *The Production of Space*(《空间的生产》). Trans. D. Nicholson-Smith. Oxford：Basil Blackwell.

Leffler, Melvyn. 1994. *The Specter of Communism：The United States and the Origins of the Cold War, 1917 – 1953*(《共产主义的幽灵：美国与冷战的起源(1917—1953)》). New York：Hill and Wang.

Lenin, Vladimir Ilyich. 1974. Collected Works(《文集》). Moscow：Progress Publishers, Vols 1 – 45.

参考文献   337

Levenson, Joseph. 1959. *Liang Ch'i-Ch'ao and the Mind of Modern China*(《梁启超与中国近代思想》). London: Thames and Hudson.

Levi, Robert. 1992 – 1993. Legacies of War: The United States' Obligation toward Amerasians(《战争遗产：美国对美亚混血儿的义务》). *Stanford Journal of International Law*(《斯坦福国际法杂志》) 29: 459 – 502.

Lew Young Ick, Song Byong-kie, Yang Ho-min and Lim Hy-sop. 2006. *Korean Perceptions of the United States*(《韩国人对美国的认知》). Trans. Michael Finch. Seoul: Jimoondang.

Lewis, Reina. 1996. *Gendering Orientalism: Race, Femininity and Representation*(《东方主义性别化：种族、女性气质与再现》). New York: Routledge.

Liang Qichao. 1947. *Yinbingshi heji, wenji* (Collected Works and Essays from the Ice-Drinker's Studio)(《饮冰室合集·文集》). Shanghai: Shanghai zhonghua shuju.

Lim, Susanna Sujung. 2009. Whose Orient is it? *Frigate Pallada* and Ivan Goncharov's Voyage to the Far East(《谁的东方？巴拉达号三桅战舰和伊万·冈察洛夫的远东航行》). *Slavic and East European Journal*(《斯拉夫与东欧杂志》) 53/1: 19 – 39. Lippmann, Walter. 1922. *Public Opinion*. New York: Harcourt, Brace.

Love, Eric. 2004. *Race over Empire: Racism and US Imperialism, 1865 – 1900*(《帝国争霸：种族主义和美帝国主义（1865—1900）》). Chapel Hill, NC: University of North Carolina Press.

Lu Guanjun. 1956. *Hanguo Huaqiao jingji* (The Chinese Diaspora

Economy in Korea)(《韩国华侨经济》). Taibei：Haiwai chubanshe.

　　Lu Xun. 1927. Kwang'in ilgi（A Madman's Diary）(《狂人日记》). *Tonggwang*(《东光》) 16：52 – 58.

　　Lu Xun. 1933. Chae churu sang（In the Drinking House）(《在酒楼上》). Trans. Kim Kwangju. *Cheilsŏn*(《第一线》) 3/1.

　　Lu Xun. 1935. Kwang'ini lgi（A Madman's Diary）(《狂人日记》). *Samch'ŏlli*(《三千里》) 7/5：292 – 299.

　　Makimura Hiroshi. 1980［1932］*Kando paruchizan no uta*（Kando Partisan's Song)(《"间岛"游击队之歌》). Tokyo：Shinnihon shuppansha.

　　Manela，Erez. 2007. *The Wilsonian Moment*：*Self-Determination and the International Origins of Anti-Colonial Nationalism*(《威尔逊时刻：自决与反殖民的民族主义的国际起源》). Oxford：Oxford University Press.

　　Marinov，Vsevolod. 1974. *Rossiya i Yaponiya pered Pervoi Mirovoi Voinoi（1905 – 1914 gody）*（Russia and Japan before the First World War：1905 – 1914)(《第一次世界大战前的俄国和日本（1905—1914）》). Moscow：Nauka.

　　Maruyama Masao，Nishi Junzo and Abe Ryuichi. eds. 1980. *Yamazaki Ansai Gakuha*（Yamazaki Ansai's School)(《山崎暗斋的学校》). Tokyo：Iwanami shōten.

　　Matyunin，Nikolai. 1894. Ob otnoshenii Korei k inostrannym gosudarstvam（On Korea's Relations to Foreign States)(《论朝鲜对外关系》). *Sbornik geograficheskikh，topograficheskikh i statisticheskikh materialov po Azii*(《亚洲地理、地形和统计资料简编》) 58：1 – 33.

　　Matyunin，Nikolai. 1898. *Pis'mo ministru Muravyovu*（Letter to Minister

Muravyov)(《给穆拉维约夫部长的信》). 28 September. In AVPRI (Archive of Russian Empire's Foreign Policy)(《俄罗斯帝国外交政策档案》), opis' 493, delo 53, 57 – 58. St. Petersburg.

May, Rachel. 1994. *The Translator in the Text: On Reading Russian Literature in English*(《文本中的译者:论俄国文学英译本的阅读》). Evanston: Northwestern University Press.

Melikhov, Georgii Vasil'evich. 1997. *Rossiiskaya emigratsiya v Kitae: 1917 – 1924 gg.* (Russian Emigration in China: 1917 – 1924)(《中国的俄国移民:1917—1924》). Moscow: Institute of Russian History.

Melikhov, Georgii Vasil'evich. 2003. *Belyi Harbin – seredina 1920-kh* (White Harbin in the Mid- 1920s)(《20 世纪 20 年代中期的白色哈尔滨》). Moscow: Russkii put'.

Michelet, Fabienne. 2006. *Creation, Migration and Conquest: Imaginary Geography and Sense of Space in Old English Literature*(《创造、迁徙及征服:古代英国文学中的想象地理学和空间感知》). Oxford: Oxford University Press.

Mihara Yoshiaki. 2010. Ch'oe Chaesŏ ŭi *Order* (Ch'oe Chaesŏ's Order)(《崔载瑞的"秩序"》). In Watanabe Naoki, Hwang Hodŏk and Kim Ŭnggyo (eds) *Chŏnjaenghanŭn sinmin, singminji ŭi kungmin munhwa* (The Subjects in War – National Culture of the Colony)(《战争中的臣民——殖民地的民族文化》), 61 – 127. Seoul: Somyŏng.

Mikhailova, Yulia. 2000. Japan and Russia: Mutual Images, 1904 – 1939(《日本和俄国:相互形象(1904—1939)》). In Bert Edström (ed.) *The Japanese and Europe: Images and Perceptions*(《日本人与欧洲:形象和

认知》)，152 – 172. Richmond：Curzon Press.

　　Min Kyǒngjun. 2013. 1930 nyǒndae huban chaeman Chosǒn'in ǔi "chaa insik" ("Self-Consciousness" of the Manchurian Koreans in the Late 1930s)(《20 世纪 30 年代后期中国东北朝鲜人的"自我意识"》). In Kang Taemin, Hwang Myohǔi, Kim Inho *et al.* (eds） *Ch'imnyak chǒnjaenggi ch'inil Chosǒn'in ǔi haeoe hwaltong* (Overseas Activities by the Pro-Japanese Koreans during the Aggressive War)(《侵略战争时期亲日朝鲜人的海外活动》)，Vol. 2, 233 – 263. Seoul：Kyǒngin munhwasa.

　　Min Sǒngnin. 1942. *Chung-han oegyo sahwa* (Tales of Sino-Korean Diplomacy)(《中韩外交故事》). Chongjing：Dongfang chubanshe.

　　Min Tugi, ed. 2000. *Sin Ǒnjun hyǒndae Chungguk kwan'gye nonsǒl sǒn* (A Selection of Sin Ǒnjun's Articles on Contemporary China)(《申彦俊的现代中国相关评论选集》). Seoul：Munhak kwa chisǒngsa.

　　Min Tugi. 2002. *Sigan kwa ǔi kyǒngjaeng* (Competition with the Times)(《与时间竞争》). Seoul：Yonsei University Press.

　　Min Yǒnghwan. 1971. *Min Ch'ungjǒnggong yugo* (Posthumously collected writings of Min [Yǒnghwan], posthumously titled Ch'ungjǒnggong)(《闵忠正公遗稿》). Seoul：Kuksa p'yǒnch'an wiwǒnhoe.

　　Min Yǒnghwan. 2007 [1896]. *Haech'ǒn ch'ubǒm* (An Autumn Sail in the Sky-like Ocean)(《海天秋帆》) Trans. Cho Chaegon. Seoul：Ch'aek kwa hamkke.

　　Minami Manshū Tetsudō Harubin Jimushō Chōsaka (The Harbin branch office of the Southern Manchurian Railway research bureau). 1923. *Shoberi no kinshō* (The recent situation of Siberia)(《西伯利亚近况》). Harbin：

Minami Manshū Tetsudō Harubin Jimushō Chōsaka.

Mochizuki Tetsuō. 1995. Japanese Perceptions of Russian Literature in Meiji and Taishō Eras (《明治和大正时代日本人对俄国文学的认知》). In Thomas Rime (ed.) *A Hidden Fire*: *Russian and Japanese Cultural Encounters*(《隐秘之火：俄国和日本的文化相遇》), 17 – 22. Stanford：Stanford University Press.

Mochizuki Tsuneko. 2012. 20 Shijichuqi Riben dui Zhongguo E qiaowenxue de renzhi (The Perceptions of China-Based Russian Diaspora's Literature in Early Twentieth-century Japan)(《20世纪初期日本对中国俄侨文学的认知》). *Eluosi wenyun*(《俄罗斯文艺》) 1：31 – 33.

Moon, Katharine. 1997. *Sex among Allies*: *Military Prostitution in U. S. -Korea Relations*(《盟友间的性行为：美韩关系中的军事卖淫》). New York：Columbia University Press.

Moon, Yumi. 2013. *Populist Collaborators*: *The Ilchinhoe and the Japanese Colonization of Korea*, 1896 – 1910(《民粹主义合作者：一进会与日本对朝鲜的殖民吞并（1896—1910）》). Ithaca, New York：Cornell University Press.

Muhak Sanin. 1935. Haesamwi kamok ibokki (The story of My Imprisonment in Vladivostok Prison)(《我在符拉迪沃斯托克监狱服刑的故事》). *Samch'ŏlli*(《三千里》) 7/1：108 – 113.

Mukherjee, Sumita and Rehana Ahmed, eds. 2012. *South Asian Resistances in Britain*, 1858 – 1947(《英属印度的抵抗运动（1858—1947）》). London：Continuum.

Mun Chungsŏp. 1998. *Hanmal ŭi Sŏyang chŏngch'i sasang suyong*

(Reception of Western Political Ideas in the Late Chosŏn and Taehan Empire Period)(《大韩帝国末期对西方政治思想的接受》). Pusan：Kyŏngsŏng taehakkyo ch'ulp'anbu.

Mun Ilp'yŏng. 1938. Na ŭi Tonggyŏng yuhak sidae (My Schooldays in Tokyo)(《我的东京留学时代》). *Chogwang*(《朝光》) 3：150–154.

Mun Sŏgu. 2008. Esenin kwa O Changhwan：si e nat'anan kohyang ŭi mot'ibŭ (Esenin and O Changhwan：The Motif of Birthplace in their Poems) (《叶赛宁与吴昌焕：诗歌中的故乡主题》). *Segye munhak pigyo yŏn'gu* (《世界文学批评研究》) 22：235–262.

Myers，Brian. 1992. Mother Russia：Soviet Characters in North Korean Fiction(《俄罗斯母亲：朝鲜小说中的苏联人物》). *Korean Studies*(《韩国学》) 16：82–93.

Nagashima Hiroki. 2007. *Nihon tōchiki no Chōsen ni okeru 'shintaisei' no siteki kenkyū* (Historical Analysis of the "New System" in Japanese-ruled Korea)(《日治朝鲜"新体制"的历史分析》). PhD Dissertation, Kyushu National University.

Naimushō, ed. 1975. Chōsenjin kaikyō (General Situation of Koreans) (《朝鲜人概况》)，Part 1，*Zainichi Chōsenjin kankei shiryō shūsei* (Collection of the Materials Related to Japan-Residing Koreans)(《在日朝鲜人相关资料集》). Tokyo：Sanichi shōbō, Vol. 1.

Nakano Shigeharu. 1976. *Nakano Shigeharu zenshū* (Collected Works by Nakano Shigeharu)(《中野重治文集》). Tokyo：Chikuma shōbō, Vols 1–28.

Nakarai Tōsui. 1893. *Kōsafuku kaze* (The Wind Blowing Yellow Sand)

(《风吹黄沙》). Tokyo：Kinkodō.

NakazatoKaizan. 1906. *Torusutoi genkōroku* (Tolstoy's Words and Deeds)(《托尔斯泰的言与行》). Tokyo：Naigai shuppan kyōkai.

Nam Manch'un. 1926. Pis'mo Pavlova/Nam Manch'un'a v Vostochnyiotdel IKKI B. Vasilyevu o rabote Zagranbyuro KKP v Shanghae (Letter from Pavlov/Nam Manch'un to the Eastern Section of the Communist International's Executive Committee to B. Vasilyev, on the work of the Foreign Bureau of the Korean Communist Party in Shanghai)(《巴甫洛夫、南曼春致共产国际执行委员会东支部瓦西里耶夫关于上海朝鲜共产党外事局工作的信》). In RGASPI (Russian State Archive of the Socio-Political History), fond 495, opis' 135, delo 124, p. 103.

Nam Pujin. 2006. *Bungaku no shokuminshugi* (Literature's Colonialism)(《文学的殖民主义》). Tokyo：Sekai shisōsha.

Nazarov, Mikhail. 1993. Russkaya emigratsiya i fashizm – nadezhdy i razocharovaniya (Russian Emigration and Fascism – Hopes and Disillusionments)(《俄国移民与法西斯主义——希望与幻灭》). *Nash sovremennik*(《我们同时代人》) 3 (March)：124 – 137.

Neumann, Iver. 2004. *The Uses of the Other：The "East" in European Identity Formation*(《"他者"的使用：欧洲认同形成中的"东方"》). Minneapolis：University of Minnesota Press.

Ng Wai-ming. 1995. The Formation of Huang Tsun-hsien's Political Thought in Japan (1877 – 1882)(《黄遵宪政治思想在日本的形成(1877—1882)》). *Sino-Japanese Studies*(《中日研究》) 8/1：4 – 22.

Nish, Ian. 1985. *The Origins of the Russo – Japanese War*(《日俄战争

的起源》）. New York：Longman.

NiuLinje. 2002. *Han'guk kaehwagi munhak kwa yang kyech'o* (Korean Literature of the Modern Reform Period and Liang Qichao)(《韩国开化期文学与梁启超》). Seoul：Pagijŏng.

No Yŏnsuk. 2005. *Han'guk kaehwagi yŏngung sŏsa yŏn'gu* [Study of the Heroic Narratives of the Modern Reform Period in Korea](《韩国开化期英雄叙事研究》). Master's thesis, Seoul National University.

Nym Wales and Kim San. 2005 [1941]. *Arirang：Chosŏn hyŏngmyŏngga Kim San ŭi pulkkot kat'ŭnsam* (The Song of Arirang：Spark-like Life of a Korean Revolutionary, Kim San)(《阿里郎：朝鲜革命家金山火花般的人生》). Trans. Song Yŏng'in. Seoul：Tongnyŏk.

O Changhwan, trans. 1946. *Esenin sijip* (Esenin Poetry Collection)(《叶赛宁诗集》). Seoul：Tonghyangsa.

O Kŭngsŏn. 1930. Nonong Rosŏa p'yegyŏn'gi (An Overview of Workers' and Peasants' Russia)(《工农俄国概论》). *Sinmin*(《新民》) 59：24 − 33.

O Sŏg'yun. 2004. Nakano Shigeharushi e nat'ananHan'gukkwan (The View of Korea shown by Nakano Shigeharu in his Poems)(《中野重治诗歌中的韩国观》). In Kim T'aejun (ed.)*Ilbon munhak e nat'anan Han'guk mit han'gug'in san* (Images of Korea and Koreans in Japanese Literature)(《日本文学中的韩国和韩国人形象》), 140 − 157. Seoul：Tongguk taehakkyo ch'ulp'anbu.

Oguma Eiji. 2002. *The Genealogy of " Japanese" Self-Images*(《"日本人"自我意象的谱系》). Trans. David Askew. Melbourne：Trans Pacific

Press.

Okamoto Shumpei. 1983. *Impressions of the Front*: *Woodcuts of the Sino-Japanese War*, 1894 – 95 (《前线印象：甲午战争木刻版画（1894—1895）》). Philadelphia：University of Pennsylvania Press.

Ota Noboru. 2012. Kokusaijin tosite no Yosano Akiko（Yosano Akiko as an International Personality)(《国际化的与谢野晶子》). In Tamara Breslavets（ed.）*Yaponiya i sovremennyi mir*（Japan and the Modern World)(《日本与现代世界》)，10 – 17. Vladivostok：Izdatel'skii dom Dal'nevostochnogo federal'nogo universiteta.

Pae Kyŏnghan. 2007. *Ssun Wen kwa Han'guk*（Sun Yat-sen and Korea)(《孙中山与韩国》). Seoul：Hanul ak'ademi.

PaeKyŏnghan. 2013. Taehan Min'guk Imsi Chŏngbu wa Chunghwa Min'guk ŭi oegyo kwan'gye（1912 – 1945)(Diplomatic Relations between the Korean Provisional Government and Republican China, 1912 – 1945)(《大韩民国临时政府与中华民国的外交关系(1912—1945)》). In Yu Yongt'ae（ed.）*Han'jung kwan'gye ŭi yŏksa wa hyŏnsil*（History and Reality of the Sino-Korean Relations)(《韩中关系的历史与现实》)，84 – 109. Seoul：Han'ul.

Pae Sŏngch'an, ed. 1987. *Singminji sidae sahoe undongnon yŏn'gu*（Research into Theories on Colonial-Period Social Movements)(《殖民地时期社会运动理论研究》). Seoul：Tolpegae.

Pae Yong'il. 2002. *Pak Ŭnsik kwa Sin Ch'aeho sasang ŭi pigyo yŏn'gu*（Comparative Study of Pak Ŭnsik and Sin Ch'aeho's Ideas)(《朴殷植与申采浩思想比较研究》). Seoul：Kyŏng'in munhwasa.

Paek Ch'ŏl. 1938. Sidaejŏk uyŏn ŭi suri（Acceptance of Epochal Accident)（《接受划时代的偶然事件》）. *Chosŏn Ilbo*（《朝鲜日报》）, 2 December.

Paek Ch'ŏl. 1989. *Kim Tong'in yŏn'gu*（Research on Kim Tong'in）（《金东仁研究》）. Seoul：Saemunsa.

Paek Tonghyŏn. 2001. Rŏ-Il chŏnjaeng chŏnhu "minjok" yong'ŏ ŭi tŭgjang kwa minjok ŭisik（The Emergence of the Word *Minjok*（"Ethnic Nation"）before and after the Russo-Japanese War and the National Consciousness)（《日俄战争前后"民族"一词的出现与民族意识》）. *Han'guk sahakpo*（《韩国史学报》）10：163 - 179.

Paek Yŏngsŏ. 1997. Taehan chegukki Han'guk ŏllon ŭi Chungguk insik（Perceptions of China by the Korean Media of the Taehan Empire Period）（《大韩帝国时期韩国媒体的中国认知》）. *Yŏksa hakpo*（《历史学报》）153：105 - 39.

Paeksan kŏsa. 1908. Siguk kwallan ch'ongnon（General Comments on Current Events)（《时事总评》）. *Taedong hakhoe wŏlbo*（《大东学会月报》）1：23 - 26.

Pak Aesuk. 2007. *Sata Ineko chakp'um yŏn'gu*（Studies on SataIneko's Works)（《佐多稻子作品研究》）. Seoul：Ŏmunhaksa.

Pak, Bella Borisovna. 2012. *An Chunggŭn - natsional'nyi geroi Korei*（An Chunggŭn - Korea's National Hero)（《朝鲜民族英雄安重根》）. Moscow：Institut vostokovedeniya RAN.

Pak, Boris Dmitrievich. 1993. *Koreitsy v Rossiiskoi Imperii*（Koreans in the Russian Empire ）（《俄罗斯帝国的朝鲜人》）. Moscow：

Mezhdunarodnyi tsentrkoreevedeniya ISAA pri MGU.

Pak, Boris Dmitrievich. 1995. *Koreitsy v Sovetskoi Rossii* (Koreans in the Soviet Russia)(《苏联的朝鲜人》). Moscow: Mezhdunarodnyi tsentrkor eevedeniya ISAA pri MGU.

Pak, Boris Dmitrievich. 2004. *Rossiya i Koreya* (Russia and Korea) (《俄国与朝鲜》). Moscow: Institut vostokovedeniya RAN.

Pak Chaech'ŏng (Ch'unp'a). 1921. Ilbon Tonggyŏng yuhakhanŭn uri hyŏngje ŭi hyŏnhwang ŭl tŭrŏssŏ (On the Current Situation of our Brethren Studying in Tokyo, Japan)(《论我国同胞在日本东京留学的现状》). *Kaebyŏk*(《开辟》) 9: 81－85.

Pak Ch'ansŭng. 2010. *Minjok, minjokchuŭi* (Nation, Nationalism) (《民族,民族主义》). Seoul: Chŏnhwa.

Pak Chinsun. 1927, Vystuplenie Pak Dinshun'ya na zasedanii koreiskoi komissii IKKI (Speech by Pak Dinshun [Pak Chinsun] at the Meeting of the Korean Commission of Communist International's Executive Committee)(《朴振善在共产主义国际执行委员会朝鲜委员会会议上的讲话》). In RGASPI (Russian State Archive of the Socio-Political History), fond 495, opis' 45, delo 12, 71－81.

Pak Chin'yŏng. 2011. Han'guk e on Tolstoy (Tolstoy Coming to Korea) (《托尔斯泰来到韩国》). *Han'guk kŭndae munhak yŏn'gu*(《韩国近代文学研究》) 23: 193－227.

Pak Chonghyo. 1997. *Russko-Yaponskaya voina* 1904－1905 *gg. i Koreya* (The 1904－1905 Russo-Japanese War and Korea)(《1904—1905 年日俄战争与朝鲜》). Moscow: Vostochnaya literatura.

Pak Chŏnghyŏn*et al.* 2008a. *Chungguk kŭndae kongmunsŏ e nat'anan Hanjung kwan'gye* (Sino-Korean Relations as Seen in China's Modern Official Documents)(《中国近代公文中的中韩关系》). Seoul: Han'guk haksul chŏngbo.

Pak Chŏnghyŏn. 2014a. 1931 nyŏn Hwagy opaech'ŏk sakŏn kwa Chosŏn minjokchuŭi undong (The 1931 Anti-Chinese Pogroms and Korean Nationalism)(《1931 年排华事件与朝鲜民族主义运动》). *Chungguksa yŏn'gu*(《中国史研究》) 90: 239 - 270.

Pak Chŏnghyŏn. 2014b. 1927 nyŏn Chaeman tongp'o ongho undong ŭi kyŏlsŏng kwa Hwagyo paech'ŏk sakŏn (The Formation of the Union in Defense of Manchuria-Based Korean Compatriots in 1927 and the anti-Chinese Pogroms)(《1927 年在"满"朝鲜同胞保卫联盟的成立与排华事件》). *Chunggukhakpo*(《中国学报》) 69: 105 - 127.

Pak Hŏnho. 1999. *Yi T'aejun kwa Han'guk kŭndae sosŏl ŭi sŏngkyŏk* (Yi T'aejun and the Character of the Modern Korean Novel)(《李泰俊与韩国近代小说的特征》). Seoul: Somyŏng.

Pak, Hwan. 2005. *Singminji sidae hanin anak'izŭm undongsa* (A History of Korean Anarchism in the Colonial Period)(《日据时期朝鲜人无政府主义运动史》). Seoul: Sŏnin.

Pak Hyŏnhwan. 1918. *Haedanghwa* (Sweetbrier)(《海棠花》). Kyŏngsŏng: Sinmungwan.

Pak Hyŏn'ok and Pak Chungdong. 2003. *Han'guk Hwagyo ŭi kyŏngje mit sahoejŏk chiwi e kwanhan yŏn'gu* (A Research on the Economic Activities and Social Status of Korea-based Resident Chinese)(《韩国华侨经济与社

会地位研究》). Research Paper, Inch'ŏn: Inch'ŏn palchŏn yŏn'guwŏn.

Pak Hyŏnsu. 2008b. Pak Yŏnghŭi ch'ogi haengjŏk kwa munhak hwaltong (The Early Life of Pak Yŏnghŭi and his Literary Activities)(《朴英熙早年生活及文学活动》). In "Pulmyŏl ŭi yŏksa" wa Pukhan munhak ("The Immortal History" and North Korean Literature)(《"不灭的历史"与朝鲜文学》). Ed. Sanghŏ Hakhoe, 161‑200. Seoul: Kip'ŭn saem.

Pak Kang. 2008c. 20 segi chŏnban Tongbug'a Han'in kwa ap'yŏn (Northeast Asia's Koreans and Opium in the First Half of the Twentieth Century)(《20世纪上半叶东北亚朝鲜人与鸦片》). Seoul: Sŏn'in.

Pak Kyŏngsik. 1986. Ilbon chegukchuŭi ŭi Chosŏn chibae (The Japanese Imperialist Rule over Korea)(《日本帝国主义对朝鲜的统治》). Seoul: Haengji.

Pak Sŏnghŭm. 1907. Kando ŭi naeryŏk (The History of Jiandao)(《间岛史》). Sŏu 11: 6‑9.

Pak Sŏngjin. 2003. Sahoe chinhwaron kwa singminji sahoe sasang (Social Darwinism and Colonial Korea's Social Ideology)(《社会进化论与殖民地社会的意识形态》). Seoul: Sŏn'in.

Pak Ŭn'gyŏng. 2002b. Han'gugin kwa pihan'gugin ‑ tan'il hyŏlt'ong ŭi sinhwa ga namgin ch'abyŏl ŭi nolli (Koreans and Non-Koreans ‑ The Logic of Discrimination Generated by the Myth of a Single Bloodline)(《韩国人和非韩国人:单一血统神话产生的歧视逻辑》). Tangdae pip'yŏng(《当代批评》) 19: 272‑287.

Pak Ŭnsik. 1909. Kuhak kaeryang ŭi ŭigyŏn (An Opinion on Improving the Old Studies)(《关于旧学改良的意见》). Hwangsŏng sinmun

(《皇城新闻》), January 30.

Pak Ǔnsik. 1922a. Pinghua shidai zhi naizheng (The Civil Wars of a Peaceful Epoch) (《和平时期的内战》). *Shiminbao* (《新民报》), 19 February.

Pak Ǔnsik. 1922b. Guomin sixiang zhi jinbu (The Progress of People's Ideas)(《国民思想之进步》). *Shiminbao*(《新民报》), 16 May.

Pak Ǔnsik. 1923a. Uri do Chungguk kakkye ǔi undong kwa ilch'iro haja (Let Us Coordinate with China's Various Movements)(《我们也要与中国各界的运动保持一致》). *Tongnip sinmun*(《独立新闻》), 14 March.

Pak Ǔnsik. 1923b. Hyǒngmyǒmg hu 12 nyǒn kan ǔi Chungguk (China in 12 Post-Revolutionary Years) (《革命后 12 年间的中国》). *Kaebyǒk* (《开辟》)39: 25 – 28, 33 – 34.

Pak Ǔnsik. 1925. Hak ǔi chilli nǔn ǔi ro cchoch'a kuhara (Find the Truth of Learning through the Skeptical Attitude!)(《通过怀疑的态度找到学问的真理》). *Tong'a ilbo*(《东亚日报》), 6 April.

Pak Ǔnsik. 1973 [1920]. *Han'guk tongnip undong chi hyǒlsa* (The Bloody History of Korea's Independence Movement)(《韩国独立运动之血史》). Trans. Kim Chǒnggi and Yi Hyǒnbae. Seoul: Irumun'go.

Pak Ǔnsik. 2002a. *Paegam Pak Ǔnsik chǒnjip* (Collected Works by Paegam Pak Ǔnsik)(《白岩朴殷植全集》). Seoul: Tongbang midiǒ, Vols 1 – 6.

Pak Ǔnsuk. 2009. " Ilmanildǒkilsim " kwa Yuktang ǔi " purham munhwaron" (The Ideology of " the Same Heart and Virtue of Japan and Manchuria" and Ch'oeNamsǒn's Theory of "*Purham* Culture")(《"日'满'

一德一心"与崔南善的"不咸文化论"》). In Yuktang Yŏn'gu Hakhoe (ed.) *Ch'oe Namsŏn tasi ilkki* (Re-reading Ch'oe Namsŏn)(《重读崔南善》), 235 - 254. Seoul: Hyŏnsil munhwa.

Pak Wŏnsun. 2006. *Yaman sidae ŭi kirok - ilche sidae put'ŏ Pak Chŏnghŭi chŏngkwŏn kkaji* (The Records of a Barbaric Age: From the Japanese Colonial Period to the Pak Chŏnghŭi Regime)(《野蛮时代的记录:从日据时期到朴正熙政权》). Seoul: Yŏksa pip'yŏngsa, Vol. 2.

Palais, James. 1975. *Politics and Policy in Traditional Korea*(《李氏朝鲜的政治与政策》). Harvard: Harvard University Press.

Palmer, Brandon. 2013. *Fighting for the Enemy: Koreans in Japan's War*, 1937 - 1945 (《为敌而战:日本战争中的朝鲜人 (1937—1945)》). Seattle: University of Washington Press.

P'alp'antong'in. 1927. Hwagyo pangmun'gi (Records of a Visit to the Resident Chinese)(《华侨访谈录》). *Tonggwang*(《东光》) 16: 45 - 47.

Pan Pyŏngnyul. 1998. *Sŏngjae Yi Tonghwi iltaegi* (The life of Yi Tonghwi, [whose polite name was] Sŏngjae)(《诚斋李东辉生平》). Seoul: Pŏmusa.

Panov, Ivan. 1929. Za bol'shevizatsiyu sovetskoi literatury (For the Bolshevization of the Soviet Literature)(《苏联文学的布尔什维克化》). *Rost* 1: 86.

Park, Hyun Ok. 2005. *Two Dreams in One Bed: Empire, Social Life and the Origins of the North Korean Revolution in Manchuria*(《同床异梦:"满洲"的帝国、社会生活与朝鲜革命的起源》). Durham: Duke University Press.

Pavlenko, Pyotr. 1937a. Chŏnjaeng sosŏl *Kŭktong* (War Novel ' Far East')(《战争小说〈远东〉》). *Samch'ŏlli*(《三千里》) 9/4：46－47.

Pavlenko, Pyotr. 1937b. *Kyōkutō：Nissō mirai senki* (The Far East：The Future Japanese-Soviet War)(《远东：未来的日苏战争》). Trans. Kamiwaki Susumu. Tokyo：Kaizōsha.

Perry, Samuel. 2014. *Recasting Red Culture in Proletarian Japan － Childhood, Korea and the Historical Avant-Garde*(《重塑日本的无产阶级红色文化：童年、朝鲜与历史先锋派》). Honolulu：University of Hawaii Press.

Petrov, Nikita. 2012. Pytki ot Stalina (Stalin's Tortures)(《斯大林的酷刑》). *Novaya gazeta*(《新报》), 27 July.

Piao Yingji. 2001. *Kŭnhyŏndae Chunghan kwan'gyesa yŏn'gu* (Research on Modern and Contemporary Relations between China and Korea)(《近现代中韩关系史研究》). Seoul：Kukhak charyowŏn.

P'idŭk taeje 1 (Peter the Great 1)(《彼得大帝 1》). 1908. *Sonyŏn* (《少年》) 1：51－56.

Pipes, Richard. 1991. *The Russian Revolution*(《俄国革命》). Vintage Books.

Pisangsi segye ŭi kunsu kongŏp chŏnmang ogaenyŏn kyehoek kwa kunsu kongŏp ŭi paltal Rosŏap'yŏn (Perspectives on the Military Industry in a Time of Emergency － Five-Year Plans and Military Industry Development, Series on Russia)(《非常时期世界军事工业展望：俄国五年计划与军事工业发展》). 1934. *Tong'a ilbo*(《东亚日报》), 19－21 February.

Pizer, John. 2006. *The Idea of World Literature*(《论世界文学》).

Baton Rouge：University of Louisiana Press.

Polyanovsky, Max. 1936. *Tropicheskii reis* (A Tropical Journey) (《热带之旅》). Moscow：Molodaya gvardiya.

Pratt, Mary Louise. 2007. *Imperial Eyes：Travel Writing and Transculturation*(《帝国之眼：旅行书写与文化互化》). New York：Routledge.

Pyŏn Sinwŏn. 1994. Paek Sinae sosŏl yŏn'gu (Research on PaekSinae's Novels)(《白信爱小说研究》). *Yŏnse Ŏmunhak*(《延世语文学》) 26：133 – 167.

Pyŏn Yŏngman. 1931. Chunggug'in ŭi saenghwallyŏk (The Life Energy of the Chinese)(《中国人的生活能力》). *Tong'a ilbo*(《东亚日报》), 7 May.

Pyŏn Yŏngman. 2006. *Pyŏn Yŏngman chŏnjip* (Collected Works of PyŏnYŏngman) (《卞荣晚全集》). Seoul：Sŏnggyun'gwan taehakkyo taedong munhwa yŏn'guwŏn, Vols 1 – 3.

Raddeker, Hélène. 1997. *Treacherous Women of Imperial Japan：Patriarchal Fictions, Patricidal Fantasies*(《日本帝国的反叛女性：父权小说和弒父幻想》). London：Routledge.

Rausch, Franklin. 2012. Visions of Violence, Dreams of Peace：Religion, Race and Nation in An Chunggŭn's *A Treatise on Peace in the East* (《暴力的幻象,和平的梦想：安重根〈东洋和平论〉中的宗教、种族与国家》). *Acta Koreana*(《韩国学报》) 15/2：263 – 291.

Ravi, Srilata. 2004.*Métis*, Métisse and Métissage, Representations and Self Representations(《表征与自我表征》). In Srilata Ravi, Mario Rutten and Beng Lan Goh（eds）*Asia in Europe，Europe in Asia*（《欧洲的亚洲，亚洲的欧洲》），299 - 319. Singapore：Institute of Southeast Asian Studies.

　　Rimer，Thomas，ed. 1995. *A Hidden Fire：Russian and Japanese Cultural Encounters*，1868 - 1926（《隐秘之火：俄国和日本的文化相遇（1868—1926）》）. Stanford：Stanford University Press.

　　Romanov，Boris. 1947. *Ocherki diplomaticheskoi istorii russko-yaponskoi voiny*，1895 - 1907（Sketches of the Diplomatic History of the Russo-Japanese War，1895 - 1907）（《日俄战争外交史纲（1895—1907）》）. Moscow：Institut istorii akademii nauk SSSR.

　　Rosen，Roman. 1902. Zapiska（Memorandum）（《备忘录》）. In RGIA（Russian State Historical Archive）（《俄罗斯国家历史档案》），fond 560，opis' 28，delo 59，55 - 74.

　　Rosen，Roman. 1922. *Forty Years of Diplomacy*（《外交 40 年》）. London：Allen.

　　Rosenberg，William G. ，ed. 1990. *Bolshevik Visions：First Phase of the Cultural Revolution in Soviet Russia*（《布尔什维克愿景：苏联文化革命第一阶段》）. Ann Arbor：University of Michigan Press.

　　Rosŏa t'ŭkchip（Special Compilation on Russia）（《俄罗斯专题汇编》）. 1931. *Samch'ŏlli*（《三千里》）3/9：62 - 80.

　　Rossov，Pyotr. 1906. *Natsional'noe samosoznanie koreitsev*（Korean National Self-Consciousness）（《朝鲜民族自我意识》）. St. Petersburg.

　　Ruoff，Kenneth. 2010. *Imperial Japan at Its Zenith：The Wartime Celebration of the Empire's 2,600th Anniversary*（《日本帝国鼎盛时期：帝国 2600 周年战时纪念活动》）. Ithaca：Cornell University Press.

Ryu Sihyŏn. 2014. *Han'guk kŭnhyŏndae wa munhwa kamsŏng* (Korea's Modern and Contemporary Age and the Cultural Sensitivity) (《韩国近现代与文化敏感性》). Kwangju: Chŏnnam taehakkyo ch'ulp'anbu.

Sa Hŭiyŏng. 2011. *Cheguk sidae chapchi* Kungmin Munhak *kwa Han-Il chakka tŭl* (The Imperial-Epoch Journal, *Kokumin Bungaku* and the Korean and Japanese Writers) (《帝国时代的杂志、国民文化与韩日作家》). Seoul: Mun.

Saaler Sven and Christopher W. A. Szpilman, eds. 2011. *Pan-Asianism: A Documentary History* (《泛亚主义:纪实史》), Vol. 2 (1920 - Present). Lanham, MD: Rowman & Littlefield.

Sagong Hwan. 1940. P'ari hamnak ŭi kyohun (The Lesson of the Fall of Paris) (《巴黎沦陷的教训》). *Maeil sinbo* (《每日申报》), 11 August.

Sakai Toshihiko. 1922. *Shakaishugi gakusetsu no tayō* (Outline of Socialist Theory) (《社会主义理论纲要》). Tokyo: Kensetsusha dōmei shuppanbu.

Sakai Toshihiko. 1923. Sahoejuŭi wa chabonchuŭi ŭi ipchi - sahoejuŭi haksŏl taeyo: 2 (The Positions of Capitalism and Socialism - Outline of Socialist Theory: 2) (《资本主义与社会主义的立场:社会主义理论纲要 2》). *Kaebyŏk* (《开辟》) 41: 36 - 43.

Sakai Toshihiko. 1924. Yumulsagwan ŭi yŏryŏnggi - sahoejuŭi haksŏl taeyo: 4 (Brief Basics of the Materialist View of History - Outline of Socialist Theory: 4) (《唯物史观简论:社会主义理论纲要4》). *Kaebyŏk* (《开辟》) 43: 47 - 56.

Sata Ineko. 1979. *Sata Ineko zenshū* (Complete Works by Sata Ineko)

(《佐多稻子全集》). Tokyo：Kōdansha, Vols 1－18.

Sato Kazuki. 1997. Same Language, Same Race：The Dilemma of the Kanbun in Modern Japan(《同种同文：近代日本汉文的困境》). In Frank Dikötter（ed.）*The Construction of Racial Identities in China and Japan*(《中日种族认同的建构》),118－135. Honolulu：University of Hawaii Press.

Satō Nobuyasu. 1900. *Pyotorutaitei*［Peter the Great］(《彼得大帝》). Tokyo：Hakubunkan.

Schmid Andre. 1997. Rediscovering Manchuria：Sin Ch'aeho and the Politics of Territorial History in Korea(《再现"满洲"：申采浩及其朝鲜疆域史观》). *Journal of Asian Studies*(《亚洲研究期刊》) 56/1：26－46.

Schmid Andre. 2002. *Korea between Empires*：1895－1919(《帝国之间的朝鲜(1895—1919)》). New York：Columbia University Press.

Shabshina, Fani I. 1992. *V kolonial'noi Koree*（1940－1945）. *Zapiski i razmyshleniya ochevidtsa*（In Colonial Korea, 1940－1945. Records and Reflections of a Witness）(《在殖民地朝鲜(1940—1945)，一个目击者的记录与思考》). Moscow：Nauka.

Sheremet, Vitaly. 1995. *Bosfor*：*Rossiya i Turtsiya v epokhu pervoi mirovoi voiny*（Bosphorus：Russia and Turkey in the First World War Epoch）(《博斯普鲁斯：第一次世界大战时期的俄国和土耳其》). Moscow：Tekhnologicheskaya shkola biznesa.

Shi Yuanhua, Shen Minhe and Bei Minjiang. 2004. *Chungguk ŏllon*, *Sinbo e kŭryŏjin Han'guk kŭnhyŏndaesa*（Korea's Modern and Contemporary History as Described in a Chinese Newspaper, *Shenbao*）(《中国〈申报〉中描绘的韩国近现代史》). Trans. Kim Sŭng'il. Seoul：Yŏksa konggan.

Shin, Gi-Wook. 2006. *Ethnic Nationalism in Korea: Genealogy, Politics and Legacy*(《韩国的种族民族主义:族谱、政治和遗产》). Stanford: Stanford University Press.

Shpeyer, Alexis. 1885. *Donesenie A. N. Shpeyera Davydovu* (A. N. Shpeyer's Report to Davydov)(《施佩耶给达维多夫的报告》). 16 January. In AVPRI (Archive of Russian Empire's Foreign Policy)(《俄罗斯帝国外交政策档案》), opis' 181/3, 1885, delo 45, 5 – 9. St. Petersburg.

Silverberg, Miriam. 1990. *The Changing Song of Nakano Shigeharu* (《中野重治的变奏曲》). Princeton, NJ: Princeton University Press.

Sin Chubaek. 2015. 1920nyŏndae Chungguk kwannae chiyŏk ŏllon ŭi Hanin minjok undong e taehan t'aedo pyŏnhwa (The Changing Position of the Media in China Proper on the Korean National Movement in the 1920s)(《20世纪 20 年代中国舆论对韩国民族运动的态度变化》). *Han'guk kŭnhyŏndaesa yŏn'gu*(《韩国近现代史研究》) 72: 89 – 113.

Sin Ŏnjun. 1927. Chungguk nodong undong ŭi yurae wa kyŏnghyang ŭi kwanch'al (The Origins of China's Labour Movement and Observations on its Tendencies)(《中国劳工运动的起源及其趋势观察》). *Tong'a ilbo*(《东亚日报》), 14 – 15 December.

Sin Ŏnjun. 1929. Chungguk hyŏngmyŏng ŭi ponjil kwa kŭ ch'use (The Essence of the Chinese Revolution and its Tendencies)(《中国革命的本质及其趋势》). *Tong'a ilbo*(《东亚日报》), 5 – 17 June.

Sin Yongha. 1976. *Tongnip Hyŏphoe yŏn'gu* (Research on the Independence Club)(《独立协会研究》). Seoul: Ilchogak.

Sin Yongha. 1986. *Pak Ŭnsik ŭi sahoe sasang yŏn'gu* (Research on Pak Ŭnsik's Social Ideas) (《朴殷植的社会思想研究》). Seoul: Sŏul taehak-kyo ch'ulp'anbu.

Sin Yongha. 1995. *An Chunggŭn yugojip* (The Posthumously Collected papers of An Chunggŭn) (《安重根遗稿集》). Seoul: Yŏngminsa.

Sinhŭngguk ŭi Sinyŏsŏng, Sinhŭng Nosŏa ŭi Yŏsŏng (The Women of the Newly Emerging Countries – The Women of New Russia) (《新兴国的新女性：新俄国的女性》). 1930. *Pyŏlgŏngon*(《别乾坤》) 27: 59 – 60.

Slavinsky, Boris. 2004. *The Japanese-Soviet Neutrality Pact: A Diplomatic History*, 1941 – 1945 (《苏日中立条约：外交史（1941—1945）》). Trans. Geoffrey Jukes. London: Routledge.

Sŏ Hyŏngbŏm, ed. 2010. *Hyŏl ŭi Nu: kaehwagi sosŏl tanp'yŏnsŏn* (Tears of Blood: Selected Novels of the Modern Reform Period) (《血之泪：开化期小说选集》). Seoul: Hyŏndae munhak.

Sŏ Kyŏngsŏk and Kim Chillyang, eds. 2005. *Singminji chisig'in ŭi kaehwa sesang yuhakki* (The Records of Studying in the Civilized World by the Colonial-time Intellectuals) (《殖民地知识分子的文明世界留学记》). Seoul: T'aehaksa.

Sŏk Nam. 1931. Yŏlgang Kŭktong chŏngch'aek kwa Chungguk ŭi kŭmhu chŏnmang (The Far Eastern Policies of the Powers and China's Future)(《列强的远东政策与中国的未来》). *Hyesŏng*(《彗星》) 1: 12 – 15.

Solomon, Deborah. 2009. *Imperial Lessons: Discourses of Domination and Dissent in the* 1929 *Kwangju Student Protests*(《帝国的教训：1929 年光

州 学 生 运 动 中 的 "控 制" 和 "反 对" 相 关 话 语》). PhD Thesis, University of Michigan.

Somov, Alexandr. 1909. *Sekretnaya depesha* (Classified Message) (《机密信息》). 24 October. In AVPRI (Archive of Russian Empire's Foreign Policy) (《俄罗斯帝国外交政策档案》), opis' 493, 1909 – 1912, delo 1279, 81 – 82. St. Petersburg.

Son Sŭnghoe. 2009. 1931-nyŏn singminji Chosŏn paehwa p'oktong kwa Hwagyo (The Anti-Chinese Riots in Colonial Korea in 1931 and the Resident Chinese) (《1931 年殖民地朝鲜的排华暴动与华侨》). *Chungguk kŭnhyŏndaesa yŏn'gu*(《中国近现代史研究》) 41: 141 – 165.

Son Yŏmhong. 2010. *Kŭndae Pukkyŏng ŭi Hanin sahoe wa minjok undong* (Korean Society in Modern Beijing and the (Korean) National Movement) (《近代北京的韩国人社会与民族运动》). Seoul: Yŏksa kong'gan.

Son Yugyŏng. 2011. P'albong ŭi "hyŏngsik" esŏ Im Hwa ŭi "hyŏngsang" ŭro (From P'albong's [Kim Kijin] 'Form' to Im Hwa's 'Shaping') (《从八峰金基镇的"形式"到林和的"形状"》). *Han'guk hyŏndae munhak yŏn'gu*(《韩国现代文学研究》) 35: 139 – 167.

Song Chaeun. 2009. Kidang ŭi minjok undong kwa chaju ŭisik: 3. 1 undong chŏnhu rŭl chungsim ŭro (National Movement by and the Independence Consciousness of Kidang [Hyŏn Sang'yun]: Focused on the Period before and after March 1 [1919] Independence Movement) (《玄相允的民族运动与自主意识:以"三一"独立运动前后为中心》). *Kongjahak*(《孔子学》) 6: 123 – 166.

Song Minho. 2012. KAPF ch'ogi munyeron ŭi chŏn'gae wa kwahakchŏk isangjuŭi ŭi yŏnghyang（The Development of KAPF 's Art Theory in its Early Period and the Influences of the Scientific Idealism）(《KAPF 早期文艺理论的发展及科学理想主义的影响》). *Han'guk munhak yŏn'gu*(《韩国文学研究》) 42：145 – 177.

Song Pyŏnggi. 2000. *Kaebang kwa yesok*（Opening and Dependence）(《开放与从属》). Seoul：Tan'guk taehakkyo ch'ulp'anbu.

Spencer, Jonathan. 2003. Occidentalism of the East：The Uses of the West in the Politics and Anthropology of South Asia(《东方的西方主义：西方在南亚政治学和人类学中的应用》). In James G. Carrier（ed.）*Occidentalism：Images of the West*(《西方主义：西方的形象》). Oxford：Oxford University Press.

Steffens, Elizabeth Ann. 1969. *Excerpts from Higuchi Ichiyō's Diaries：Ichiyō and Nakarai Tōsui*(《樋口一叶日记节选：一叶和半井桃水》). Seattle：Washington University.

Stepanov, Aleksandr. 1993. Mesto Rossii v mire nakanune pervoi mirovoi voiny（Russia's Place in the World on the Eve of World War 1)(《第一次世界大战前夕俄国的国际地位》). *Voprosy istorii*(《历史问题》) 2：156 – 163.

Stoler, Ann Laura. 2010. *Carnal Knowledge and Imperial Power：Race and the Intimate in the Colonial Rule*(性关系与帝国权力：殖民统治中的种族与亲密关系). Los Angeles：University of California Press.

Strel'bitsky, Ivan. 1896. Raport（Report)(《报告》), 1 December. In RGAVMF（Russia's State Navy Archive)(《俄罗斯国家海军档案》), fond

9，opis' 1，delo 31，98 – 104.

Strel'bitsky，Ivan. 1898. Peterburg – Glavnyi Shtab（Petersburg – Chief of Staff）(彼得堡——总参谋长)，17 March. In RGAVMF（Russia's State Navy Archive）(《俄罗斯国家海军档案》)，fond 9，opis' 1，delo 108，144 – 149.

Struve，Nikita. 1996. *Soixante-dix ans d'emigration russe* 1919 – 1989 (《俄国移民 70 年（1919—1989)》). Paris：Fayard.

Suh Dae-sook. 1970. *Documents of Korean Communism*：1918 – 1948 (《朝鲜共产主义文件（1918—1948)》). Princeton：Princeton University Press.

Sun Kezhi. 2000. *Sanghae Han'in sahoesa*：1910 – 1945（Social History of Shanghai Koreans：1910 – 1945）(《上海韩国人社会史（1910—1945)》). Seoul：Hanul.

Sun Kezhi. 2010. Jiawu zhanzheng qian Chaoxian huashang chutan（A preliminary examination of the Chinese traders in Korea before the 1894 Sino-Japanese War）(《甲午战争前朝鲜华商初探》). In Yi Haeyŏng（ed.）*Kŭndae tongasiain ŭi isan kwa chŏngch'ak*（Dispersion and Settlement of East Asians in Modern Times）(《近代东亚人的流散与定居》)，149 – 168. Seoul：Kyŏngjin.

Sun Yatsen. 1920. Shinajin no Nihonkan（The View of Japan by the Chinese）(《中国人的日本观》). *Taishō nichinichi shimbun*(《大正日日新闻》)，1 January.

Szalontai，Balazs，trans. 1963. Report，Embassy of Hungary in North Korea to the Hungarian Foreign Ministry(《匈牙利驻朝鲜大使馆给匈牙利

外交部的报告》)，2 October, History and Public Policy Programme Digital Archive(《历史和公共政策方案数字档案》)，MOL, XIX-J-1-j Korea, 13. doboz, 30/b, 005273/1/ 1963. Available: http:// digitalarchive. wilsoncenter. org/document/112781, accessed 4 May 2015.

Taehanmaeilsinbo (Korea Daily News) (《大韩每日申报》). 1997 [1904 – 10]. Seoul: Kyŏngin munhwasa, Vols 1 – 6.

Taehan Min'guk Kukhoe Tosŏgwan, ed. 1975. Kando yŏngyukwŏn kwan'gye palch'we munsŏ (Selected Documents on the Territorial Ownership of Jiandao)(《"间岛"领土归属问题相关文献选编》). Seoul: Taehan min'guk kukhoe tosŏgwan.

Tajiri Hiroyuki. 2006. Yi Injik yŏn'gu (Studies on Yi Injik)(《李人稙研究》). Seoul: Kukhak charyowŏn.

Takahashi Tōru. 1921. Chōsenjin (Koreans)(《朝鲜人》). Keijō: Chōsen sōtokofu gakumukyoku.

Takasaki Sōji. 2006. Singminji Chosŏn ŭ Ilbonin tŭl (Japanese in Colonial Korea)(《殖民地朝鲜的日本人》). Trans. Yi Kyusu. Seoul: Yŏksa pip'yŏngsa.

Tanaka, Stefan. 1993. Japan's Orient: Rendering Pasts into History (《日本东洋学：将过去转换为历史》)，University of California Press.

Tertitsky, Fyodor. 2014. The History of Chinese Entrepreneurs in North Korea(《朝鲜中国企业家史》). Choson Exchange(《朝鲜交流》)，26 August. Available: www. chosonexchange. org/ourblog/2014/7/21/ 3eh9alf0vr2vzjfdg69a6o294tstl1, accessed 5 May, 2015.

Tikhonov, Vladimir. 2009. Images of Russia and the Soviet Union in

Modern Korea, 1880s – 1930s: An Overview(《19 世纪 80 年代至 20 世纪 30 年代近代朝鲜的俄罗斯和苏联认知综述》). *Seoul Journal of Korean Studies*(《首尔韩国学研究》) 22/2: 215 – 247.

Tikhonov, Vladimir. 2011. China's Image in Korea in the 1890s – 1900s – Focusing on Daily Newspapers(《19 世纪 90 年代至 20 世纪 00 年代中国在韩国的形象——以日报为中心》). *Horizons: Seoul Journal of Humanities*(《视野:首尔人文杂志》) 2/2: 181 – 203.

Tikhonov, Vladimir. 2014. Front natsional'nogo osvobozhdeniya Yuzhnoi Korei: revolyutsionery-podpol'shchiki v Yuzhnoi Koree 1970-kh gg. (The Front for the National Liberation of South Korea: Underground Revolutionaries in 1970s' South Korea)(《韩国民族解放阵线:20 世纪 70 年代韩国的地下革命》). *Vestnik tsentra koreiskogo yazyka i kul'tury*(《韩国语言和文化中心公报》) 16: 175 – 195.

Tikhonov, Vladimir. 2015a. The Images of Russia and Russians in Colonial-Era Korean Literature: The 1930s(《20 世纪 30 年代日据时期朝鲜文学中的俄国和俄国人形象》). *positions*(《立场》) 23/2: 287 – 316.

Tikhonov, Vladimir, 2015b. China and Chinese in Colonial Korea: Discourses on China and Chinese in 1920s – early 1930s Prose Literature and Journalism(《殖民地朝鲜的中国和中国人:20 世纪 20 年代至 30 年代初散文文学和新闻中的中国和中国人》). In Vyjayanti Raghavan *et al.* (eds) *Colonisation: Comparative Study of India and Korea*(《殖民:印度和朝鲜比较研究》),169 – 201. New Delhi: Academic Foundation.

Tikhonov, Vladimir and Lee Hye Gyung. 2014. The Confucian Background of Modern " Heroes " in the Writings of Sin Ch'aeho – In

Comparison with Those of Liang Qicao(《申采浩作品中现代"英雄"的儒家背景——与梁启超的比较》). *Acta Koreana*(《韩国学报》) 17（1）：339—374.

Tikhonov, Vladimir and Owen Miller. 2008. *Selected Writings of Han Yongun: From Social Darwinism to Socialism with Buddhist Face*(《韩龙云文选：从社会达尔文主义到带有佛教色彩的社会主义》). Kent：Global Oriental.

Tkachenko, Vadim. 2000. *Koreiskii poluostrov i interesy Rossii*（The Korean Peninsula and Russia's Interests）(《朝鲜半岛与俄国的利益》). Moscow：Vostochnaya literatura.

Tŏgwŏl sanin. 1926. Rosŏa Kongsandang ŭi sin kyŏnghyang（The New Policy of the Russian Communist Party）(《俄国共产党的新政策》). *Kaebyŏk*(《开辟》) 66：40 - 46.

Tokutomi Roka. 1929. *Roka zenshū*（Complete Works by Roka）(《芦花全集》). Tokyo：Roka zenshū kankōkai, Vol. 4.

Tolstoy, Leo. 1886 [1869]. *War and Peace: A Historical Novel*(《战争与和平：一部历史小说》). Trans. Clara Bell. New York：Gottesberger.

Tolstoy, Leo. 1912. *Hadji Mur'ad*(《哈吉穆拉特》). Trans. Aylmer Maude. New York：Dodd, Mead and Co.

Tolstoy, Leo. 1917. *Haji Murāto*（《哈吉穆拉特》）. Trans. SōmaGyōfu. Tokyo：Shinchōsha.

Tolstoy, Leo. 1923. *Ŏdumŭi him*（The Power of Darkness）(《黑暗的势力》). Trans. Yi Kwangsu. Kyŏngsŏng：Chung'ang sŏrim.

Tolstoy, Leo. 1924. *Sansongjang*（The Living Corpse）(《活尸》).

Trans. Cho Myŏnghŭi. Kyŏngsŏng: P'yŏngmun'gwan.

Tongnip sinmun (*The Independent*)(《独立新闻》). 1991 [1896 – 99]. Seoul: Kab'ŭl ch'ulp'ansa, Vols 1 – 9.

Tyagai, Galina D. 1958. *Po Koree* (In Korea)(《在韩国》). Moscow: Izdatel'stvo vostochnoi literatury.

U Namsuk. 1997. Pak Ŭnsik ŭi "chagang", "tongnip" sasang (Pak Ŭnsik's Ideas on 'Self-strengthening' and 'Independence')(《朴殷植的 "自强""独立"思想》). *Han'guk chŏngch'i hakhoebo*(《韩国政治学会报》) 31/2: 65 – 87.

Ŭn Chŏngt'ae. 2007. Taehan Chegukki "Kando munche" ŭi ch'ui wa "singminhwa" (The "Jiandao Issue" and "Colonization" in the Taehan Empire Period)(《大韩帝国时期"间岛问题"与"殖民化"》). *Yŏksa munje yŏn'gu*(《历史问题研究》) 17: 93 – 122.

Unterberger, Pavel. 1898. Sovremennoe sostoyanie koreiskogo voprosa (The Contemporary State of the Korean Question)(《朝鲜问题现状》). In RGIA (Russian State Historical Archive)(《俄罗斯国家历史档案》), fond 560, opis' 28, delo 24, 114 – 130.

Vanin, Yuri, ed. 2006. *Kolonial'naya Koreya. Iz publikatsii v SSSR 1920 – 1930-kh gg.* (Colonial Korea. From the Soviet Publications of the *1920s – 1930s*)(《殖民地朝鲜:来自20世纪20年代到30年代的苏联出版物》). Tula: Grif.

Varlamov, Alexei. 2008. *Mikhail Bulgakov*(《米哈伊尔·布尔加科夫》). Moscow: Molodaya gvardiya.

Vitte, Sergei. 1902. Peregovory s Yaponiei po koreiskim delam

(Negatiations with Japan on Korea)(《与日本在朝鲜问题上的谈判》). In RGIA (Russian State Historical Archive)(《俄罗斯国家历史档案》), fond 560, opis' 28, delo 59, 77 – 115.

Vitte, Sergei. 1994. *Vospominaniya* (Memoirs) (《回忆录》). Moscow: Skif.

Volkov, Sergei. 2001. K voprosu o russkoi emigratsii v Koree v nachale 20-kh godov (On the Issue of the Russian emigration to Korea in the Beginning of the 1920s) (《论 20 世纪 20 年代初俄国人移民朝鲜的问题》). In Lev R. Kontsevich*et al.* (eds) *Rossiiskoe Koreevedenie. Al'manakh. Vypusk Vtoroi* [Russian Korean Studies. Almanac. Second Issue](《俄罗斯韩国学研究年鉴》第 2 期), 149 – 157. Moscow: Muravei.

Wada Haruki. 1978. *Nōmin kakumei no sekai*: *Esenin to Mafuno* (The World of the Peasant Revolution: Esenin and Makhno)(《农民革命的世界：叶赛宁和马赫诺》). Tokyo: Tokyo daigaku shuppankai.

Wada Haruki*et al.* , eds. 2007. *VKP(b)*, *Komintern i Korea* (VKP (B), The Comintern and Korea)(《教条派、共产国际和朝鲜》). Moscow: ROSSPEN.

Wang Hyŏnjong. 2003. Taehan Chegukki iphŏn nonŭi wa kŭndae kukkaron (Constitutionalism Discussions during the Taehan Empire Period and the Understanding of Modern Statehood)(《大韩帝国时期的宪政论与近代国家论》). In Seoul National University, Institute of Korean Culture (ed.) *Han'gukkŭndaesahoewamunhwa* (Modern Society and Culture in Korea)(《韩国近代社会与文化》), Vol. 1, 305 – 55. Seoul: Seoul

National University Press.

Wang Lin and Gao Shuying. 1991. *Wanbaoshan shijian* (Wanbaoshan Incident) (《万宝山事件》). Jilin: Jilin renmin chubanshe.

Watt, Lori. 2015. Embracing Defeat in Seoul: Rethinking Decolonization in Korea (《接受在首尔的战败:对朝鲜非殖民化的再思考》), 1945. *Journal of Asian Studies* (《亚洲研究期刊》) 74/1: 153 – 175.

Weathersby, Kathrin. 1993. *Soviet Aims in Korea and the Origins of the Korean War, 1945 – 1950* (《苏联在朝鲜的目标和朝鲜战争的起因 (1945—1950)》). *New Evidence from Russian Archives* (《来自俄罗斯档案的新证据》). Working Paper No. 8, Wilson International Center for Scholars. Available: www. wilsoncenter. org/sites/default/files/ Working_ Paper_8. pdf, accessed 17 September 2013).

Wells, Kenneth. 1990. *New God, New Nation: Protestants and Self- Reconstruction Nationalism in Korea, 1896 – 1937* (《新神、新国家:朝鲜新教徒与自我重建民族主义 (1896—1937)》). Honolulu: University of Hawaii Press.

Wender, Melissa. 2011. *Into the Light: An Anthology of Literature by Koreans in Japan* (《走向光明:旅日朝鲜人文学选集》). Honolulu: University of Hawaii Press.

Williams, Raymond. 1977. *Marxism and Literature* (《马克思主义与文学》). Oxford: Oxford University Press.

Wolff, Larry. 1994. *Inventing Eastern Europe: The Map of Civilization on the Mind of the Enlightenment* (《创造东欧:启蒙思想中的文明地

图》). Stanford：Stanford University Press.

Woo Yuzhang. 2001. *Recollections of the Revolution of* 1911：*A Great Democratic Revolution of China*(《回忆辛亥革命：中国伟大的民主革命》). Honolulu：University Press of the Pacific.

Xu Wanmin. 1999. *Chung-han kwan'gyesa* (History of Sino-Korean Relations)(《中韩关系史》). Trans. Chŏn Hosŏk *et al.* Seoul：Ilchogak.

Yamashita Yŏngae. 1997. Singminji chibae wa kongch'ang chedo ŭi chŏn'gae (Colonial Rule and the Development of the Licensed Brothel System)(《殖民统治与公娼制度的发展》). *Sahoe wa yŏksa*(《社会与历史》) 51：143 – 181.

Yan An-Sheng. 2005. *Sinsan ŭl ch'aja tongcchok ŭro hyanghane* (To the East, in the Search for the Sacred Mountains) (《向东寻找神山》). Trans. Han Yŏnghye. Seoul：Ilchogak.

Yanagi Muneyoshi. 1984. *Chosen o omō* (Thinking about Korea)(《思考朝鲜》). Tokyo：Chikuma shōbō.

Yang Hon-lun. 2012. The Shanghai Conservatoire, Chinese Musical Life and the Russian Diaspora，1927 – 1949(《上海音乐学院、中国音乐生活和俄国侨民（1927—1949）》). *Twentieth-Century China*(《20 世纪中国》) 37/1：73 – 95.

Yang Jun and Wang Qiubin. 2006. *Zhongguo yu Chaoxian Bandao quanxishi lun* (On the History of Relationship between China and the Korean Peninsula) (《中国与朝鲜半岛关系史论》). Beijing：Shihui kexue wenxian chubanshe.

Yang Yoon Sun. 2009. *Nation in the Backyard：Yi Injik and the Rise of*

Korean New Fiction (1906 – 1913) (《后院的国家：李人稙与朝鲜新小说的兴起（1906—1913）》). PhD dissertation, University of Chicago.

Yang Zhaoquan. 1987. *Guan neidiqu Chaoxianren fanri duli yundong ziliao huibian*, 1919 – 1945 (The Collection of the Materials on the Anti-Japanese Independence Movement by the Koreans in the Internal Areas of China, 1919 – 1945) (《关内地区朝鲜人反日独立运动资料汇编（1919—1945）》). Shenyang: Liaoning minzu chubanshe, Vol. 1.

Yang Zhaoquan and Sun Yumei. 1991. *Chaoxian Huaqiao shi* (History of the Korea-Residing Chinese) (《朝鲜华侨史》). Beijing: Huaqiao chuban gongsi.

Yarmolinsky, Abraham. 1959. *Road to Revolution: A Century of Russian Radicalism* (《革命之路：俄国激进主义一世纪》). New York: Macmillan.

Yasui Sankichi. 2013. *Cheguk Ilbon kwa Hwagyo* (The Japanese Empire and Chinese Diaspora) (《日本帝国与华侨》). Trans. Song Sŭsŏk. Seoul: Hakkobang.

Yen, Hawkling L. 2005. *A Survey of Constitutional Development in China* (《中国宪政发展概略》). Clark, New Jersey: Lawbook Exchange.

Yi Aesuk. 2002a. Panp'asijŭm inmin chŏnsŏnnon (Theory of the Antifascist Popular Front) (《反法西斯人民阵线理论》). In Pang Kijung (ed.) *Ilcheha chisigin ŭi p'asijŭm ch'eje insik kwa taeŭng* (The Understanding of and Response to Japanese Empire's Fascist System by the Intellectuals) (《知识分子对日本帝国法西斯体制的认知和应对》), 361 – 399. Seoul: Hyean.

Yi Chaehun, ed. and trans. 2008. *Rŏsia munsŏ pŏnyŏkchip* (Collection of Russian Documents' Translations) (《俄国文献译丛》). Seoul: Sŏnin, Vol. 1.

Yi Chŏnghŭi. 2012a. *Chōsen kakyō to kindai tōajia* (Korea's Resident Chinese and Modern East Asia) (《朝鲜华侨与近代东亚》). Kyoto: Kyoto University Press.

Yi Chŏngsŏp. 1930. Sŭt'alin ŭl chungsim ŭro - Rosŏa chŏnggye ŭi chŏnmang (Stalin in the Centre - The Outlook for Russian Politics) (《以斯大林为中心——俄国政界展望》). *Pyŏlgŏngon*(《别乾坤》) 29: 14 - 17.

Yi Chŏngsŏp. 1931. Ich'yŏjiji angnŭn oeguk ŭi myoryŏng yŏsŏng (The Unforgettable Foreign Women of the Blooming Age) (《难忘的外国妙龄女子》). *Samch'ŏlli*(《三千里》) 14/4: 68 - 70.

Yi Chumi. 2002b. Paek Sinae sosŏllon (On PaekSinae's Novels) (《论白信爱的小说》). *Tongdŏk Yŏsŏng Yŏn'gu* (《东德女性研究》) 7 (December): 103 - 1 19.

Yi Chumi. 2002c. Ch'oe Myŏngik sosŏl e nat'anan hwansang kwa hyŏnsil ŭi kwan'gye yangsang (A Study on the Relations between Fantasy and Reality in Ch'oe Myŏngik's Novels) (《论崔明翊小说中幻想与现实的关系》). *Hanminjok munhwa yŏn'gu*(《韩民族文化研究》) 10: 199 - 220.

Yi Chunggi. 2009a. Paek Sinae, kŭ miro rŭl ttarakada (Paek Sinae - Following this Labyrinth) (《白信爱:沿着迷宫走》). In Yi Chunggi (ed.) *Paek Sinae chŏnjip* (The Complete Works of Paek Sinae) (《白信爱全集》), 469 - 487. Seoul: Hyŏndae munhak.

Yi Chunggi, ed. 2009b. *Paek Sinae chŏnjip* (The Collected Works of

PaekSinae)(《白信爱全集》). Seoul：Hyŏndae munhak.

Yi Haejo. 1911. *Wŏrha kain* (Beautiful People under the Moon)(《月下佳人》). Keijō：Pogŭp sŏgwan.

Yi Hanjŏng and Mizuno Tatsurō, eds. 2009. *Ilbon chakka tŭr i pon kŭndae Chosŏn* (Modern Korea as Seen by Japanese Writers)(《日本作家眼中的近代朝鲜》). Seoul：Somyŏng.

Yi Hyeryŏng. 2007. *Han'guk sosŏl kwa kolsanghakchŏk t'aja dŭl* (Korean Novels and the Phrenological Others)(《韩国小说与骨相学的"他者"》). Seoul：Somyŏng.

Yi Hyŏnju. 2009c. *1920 nyŏndae chaejung hangil seryŏk ŭi t'ongil undong* (The Movement for the Unification of the China-Based Independence Struggle Forces in the 1920s)(《20世纪20年代在华抗日力量的统一运动》). Ch'ŏnan：Tongnip kinyŏmgwan.

Yi Hyosŏk. 1929. Pukkuk chŏmgyŏng (The Gradual Descriptions of Northern Landscapes)(《北国风光》), *Samch'ŏlli*(《三千里》) 3/11：35 – 40.

Yi Hyosŏk. 1939. *Hwabun* (Flowerpot)(《花粉》). Kyŏngsŏng：Inmunsa.

Yi Hyosŏk. 1983. *Yi Hyosŏk chŏnjip* (The Collected Works of Yi Hyosŏk)(《李孝石全集》). Seoul：Ch'angmisa, Vols 1 – 8.

Yi Hyosŏk. 1990 [1936]. *Punnyŏ*(《粉女》). Seoul：Munjang.

Yi Hyosŏk. 2006a. *Yi Hyosŏk tanp'yŏn chŏnjip* (The Collected Short Novels of Yi Hyosŏk)(《李孝石短篇小说全集》). Seoul：Karam kihoek, Vols 1 – 2.

Yi Hyosŏk. 2012b. *P'urŭn t'ap*：*Yi Hyosŏk sosŏl* （A Green Tower：Novels by Yi Hyosŏk）（《李孝石小说〈绿塔〉》）. Seoul：P'ŏp'ŭl.

Yi Injik. 1916. Sŏnin chŏltaejŏk pongni ga tonghwa e chae （The Absolute Benefits for Koreans are in Assimilation）（《朝鲜人的绝对福利在于同化》）. *Kyŏnghagwŏn Chapchi*（《经学院杂志》）10：56 – 61.

Yi Insŏp. 2013a. *Mangmyŏngja ŭi sugi* （The Memoirs of an Exile）（《流亡者手记》）. Ed. Pan Pyŏngnyul. Seoul：Han'ul.

Yi Kang. 2006b ［1933］. O natsional-reformizme v Koree （On National Reformism in Korea）（《论朝鲜的国家改革主义》）, In Yu. Vanin （ed. ）*Materialy po natsional'no-kolonial'nym problemam* 1. Reprinted in *Kolonial'naya Koreya. Iz publikatsii v SSSR* 1920 – 1930-kh *gg.* （Colonial Korea. From the Soviet Publications of the 1920s – 1930s）（殖民地朝鲜：来自 20 世纪 20 年代至 30 年代的苏联出版物），146 – 180. Tula：Grif.

Yi Kwangnin. 1989. *Kaehwap'a wa kaehwa sasang yŏn'gu* （Research on Reformist Group and Reformist Ideas ［at the End of Chosŏn Dynasty］）（《开化派与开化思想研究》）. Seoul：Ilchogak.

Yi Kwangnin. 1998. *Han'guk kaehwasa yŏn'gu* （Research on Reform History in Korea ［at the End of Chosŏn Dynasty］）（《韩国开化史研究》）. Seoul：Ilchogak.

Yi Kwangsu. 1924. Hyŏlsŏ （Blood Letter）（《血书》）. *Chosŏn mundan* （《朝鲜文坛》）1：17 – 20.

Yi Kwangsu. 1932. Chosŏn minjok undong ŭi sam kich'o saŏp （Three Basic Lines of Work in Korea's National Movement）（《朝鲜民族运动的三

条基本工作路线》). *Tongwang*(《东光》) 30: 13 - 15.

Yi Kwangsu. 1935. Tuong kwa na (Mr. Tolstoy and Me)(《托尔斯泰与我》). *Chosŏn ilbo*(《朝鲜日报》), 20 November.

Yi Kwangsu. 1959. *Kǔ ǔi chasŏjŏn* (His Autobiography)(《他的自传》). Seoul: Kwangyŏngsa.

Yi Kwangsu. 1966. *Yi Kwangsu chŏnjip* (Collected Works by Yi Kwangsu)(《李光洙全集》). Seoul: Samjungdang, Vols 1 - 20.

Yi Kwangsu. 1995. *Chinjŏng maǔm i mannasŏyamallo* (The Hearts Really Meet Each Other)(《真心相遇》). Ed. Yi Kyŏnghun. Seoul: P'yŏngminsa.

Yi Kyŏnghun. 2009d. Singminji wa kwan'gwangji: Manju ranǔn kǔndae kǔkchang (A Colony and a Tourist Destination: The Modern Theatre Called Manchuria)(《殖民地与旅游地:近代剧院"满洲"》). *Sai* 6: 73 - 112.

Yi Kyunyŏng, ed. 1992. Chosŏn Kongsandang sŏnŏn (The Programme Declaration of the Korean Communist Party)(《朝鲜共产党宣言》). *Yŏksa pip'yŏng*(《历史批评》) 19: 349 - 361.

Yi Manyŏl. 1980. *Pak Ǔnsik*(《朴殷植》). Seoul: Han'gilsa.

Yi Minwŏn. 2001a. Min Yŏnghwan ǔi oegyo hwaltong kwa oegyoch'aek (Min Yŏnghwan's Diplomatic Activities and Diplomatic Measures)(《闵泳焕的外交活动及外交策略》). *Nara sarang*(《热爱祖国》) 102: 89 - 114.

Yi Minwŏn. 2002. *Myŏngsŏng hwanghu sihae wa A'gwan p'ach'ŏn* (The Assassination of Empress Myŏngsŏng and the Flight of the Court to the Russian Legation)(《明成皇后遇刺与高宗逃往俄国公使馆避难》). Seoul: Kukhak charyowŏn.

Yi Mirim. 2001. Ch'oe Myŏngik sosŏl ŭi "kich'a" konggan kwa "yŏsŏng" ŭl t'onghan chaa t'amsaek (A Study on the Self-Reflection through "Train Space" and "Women" in Ch'oe Myŏngik's Novels)(《崔明翊小说中通过"火车"空间和"女性"进行的自我反思》). Kugŏ kyoyuk(《国语教育》) 105: 345 – 367.

Yi Oksun. 2006c. Singminji Chosŏn ŭi hŭimang kwa chŏlmang, Indo (Colonial Korea's Hope and Despair, India)(《殖民地朝鲜的希望与绝望：印度》). Seoul: P'urŭn yŏksa.

Yi Sanggyŏng, ed. 1999. Kang Kyŏngae sŏnjip (Selected Works of Kang Kyŏngae)(《姜敬爱选集》). Seoul: Somyŏng.

Yi Sanggyŏng, ed. 1999. Kang Kyŏngae chŏnjip (Collected Works of Kang Kyŏngae)(《姜敬爱全集》). Seoul: Somyŏng.

Yi Sangjae. 2004. Yi Kwangsu ch'ogi tanp'yŏn sosŏl ŭi mot'ibŭ yangsang yŏn'gu (Research on the Motives of Yi Kwangsu's Early Short Stories)(《李光洙早期短篇小说创作动机研究》). Paedal mal 34: 145 – 169.

Yi Sangŭi. 2010. Ilche ha Chosŏn kyŏngch'al ŭi t'ŭkching kwa kŭ imiji (Special Features of the Korean Police under Japanese Colonial Rule and its Image)(《日据时期朝鲜警察的特点及其形象》). Yŏksa kyoyuk(《历史研究》) 115: 165 – 185.

Yi Sijun, Chang Kyŏngnam and Kim Kwangsik, eds. 2012 [1913]. Chosŏn Ch'ongdokpu Hangmuguk chosa pogosŏ: chŏnsŏl, tonghwa chosa sahang (The Research Report by the Government General of Korea's Academic Department: on the Investigation of Legends and Fair Tales)(《朝鲜总督府

学务局调查报告:传说和童话调查情况》). Seoul: J&C.

Yi Sŏnghwan. 1938. Ilso chŏnt'u ŭi kyŏnghŏm kwa Chosŏn minsim ŭi tonghyang (The Experience of the Japanese-Soviet War and the Direction of the Popular Mood in Korea) (《日苏战争的经历与朝鲜民心动向》). *Samch'ŏlli*(《三千里》) 10/12: 35 – 41.

Yi Sŭngwŏn. 2009e. *Segye ro ttŏnan Chosŏn ŭi chisigin tŭl* (The Korean Intellectuals who Departed Overseas) (《走向海外的朝鲜知识分子》). Seoul: Hyumŏnisŭt'ŭ.

Yi T'aejun, trans. 1929 [1860]. Kŭ chŏn nal pam (On the Eve) (《前夜》). *Haksaeng*(《学生》) 1/5.

Yi T'aejun. 2001b. *Yi T'aejun munhak chŏnjip* (The Collected Literary Works of Yi T'aejun) (《李泰俊文学全集》). Seoul: Kip'ŭn saem, Vol. 4.

Yi Yangsuk. 2012c. Yi Hyosŏk ŭi " P'urŭn T'ap'e " nat'anan naesŏn kyŏrhon ŭi chŏllyak (The Strategy of the Korean-Japanese Marriages as Represented in Yi Hyosŏk's " Green Tower ") (《李孝石〈绿塔〉中的朝日婚姻策略》). *Han'guk munhak iron kwa pip'yŏng*(《韩国文学理论与批评》) 16/255: 143 – 174.

Yi Yŏngnae. 2013b. *U Changch'un ŭi makoto* (U Changch'un's Sincerity) (《柳长春的诚意》). Seoul: NCOM Publishers.

Yŏm Sangsŏp. 1927. Nam Ch'ungsŏ(《南忠绪》). *Tong'gwang*(《东光》) 9: 63 – 74; 10: 71 – 82.

Yosano Akiko. 2001. *Travels in Manchuria and Mongolia: A Feminist Poet from Japan Encounters Prewar China*(《中国东北和蒙古之旅:一位日

本女性主义诗人与战前中国的相遇》). Trans. Joshua Fogel. New York：Columbia University Press.

Young, Karl. 2004. *From Tonghak to Ch'ŏndogyo：Changes and Developments*, 1895 - 1910(《从东学到天道教：变化与发展（1895—1910)》). PhD Dissertation, SOAS, University of London.

Yu Kilchun. 1971. *Yu Kilchunchŏnsŏ* (The Complete Works of Yu Kilchun)(《俞吉濬全集》). Seoul：Ilchogak, Vols 1 - 5.

Yu Kilchun. 1987. *Yu Kilchun nonsosŏn* (Selected Treatises and Memorials by Yu Kilchun) (《俞吉濬论著选集》). Trans. Hŏ Tonghyŏn. Seoul：Ilchogak.

Yu Kilchun. 2004 [1895]. *Sŏyu Kyŏnmun* (Records of a Journey to the West)(《西游见闻》). Trans. Hŏ Kyŏngjin. Seoul：Sŏhae munjip.

Yu Kisŏk. 2010. 30*nyŏn Pangnanggi* (30-Year-Long Wanderings) (《30 年流浪记》). Seoul：Kukka pohunch'ŏ.

Yu Kŭn. 1922. Kongsanjuŭi ŭi sajosa (The History of the Communist Thought)(《共产主义思想史》). *Ch'ŏngnyŏn*(《青年》) 10：23.

Yu Sujŏng. 2011. Singminji Chosŏn i chaehyŏnhanŭn ' Manju ' ('Manchuria' as Represented in Colonial Korea)(《殖民地朝鲜再现"满洲"》). In Tong'a Pigyo Munhwa Yŏn'guhoe (ed.)*Kŭndae Tongasia tamnon ŭi yŏksŏl kwa kulchŏl* (Paradoxes and Contortions in Modern East Asia Discourses) (《近代东亚话语的悖论与歪曲》), 245 - 271. Seoul：Somyŏng.

Yu Tongjun. 1987. *Yu Kiljun chŏn* (Biography of Yu Kiljun)(《俞吉濬传》). Seoul：Ilchogak.

Yu Yǒng'ik. 1990. *Kabo kaengjang yǒn'gu* (Research on Kabo Reforms)(《甲午更张研究》). Seoul：Ilchogak.

Yuasa Katsue. 1995. *Kannani：Yuasa Katsue shokuminchi shōsetsushū* (Kannani：Collection of Yuasa Katsue's Colonial Novels)(《〈佳楠〉：汤浅克卫殖民小说集》). Tokyo：Inpakuto shūppankai.

Yuasa Katsue. 2005. Kannani *and* Document of Flames：*Two Japanese Colonial Novels*(《佳楠与火之档案：两本日本殖民小说). Trans. Marc Driscoll. Durham：Duke University Press.

Yun Ch'iho. 1971 – 1989. *Yun Ch'iho ilgi* (Yun Ch'iho's diary)(《尹致昊的日记》). Seoul：T'amgudang.

Yun Illo. 2006a. Ilche malgi Han'guk munhak ǔi saenggǔknonchǒk ihae rūl wihan siron (An Essay on Eastern Dialectical Comprehension of Korean Literature at the Close of the Japanese Colonial Period)(《论日据末期韩国文学的辩证理解》). *Tongnam ǒmun nonji*(《东南语文论集》)*p* 22：133 – 161.

Yun Kwangbong. 2004. Ilbon munhak chakp'um e nat'anan Han'gukkwan (View on Korea in the Japanese Literary Works)(《日本文学作品中的韩国观》). In Kim T'aejun (ed.) *Ilbon munhak e nat'anan Han'guk mit Han'gug'in san* (Images of Korea and Koreans in Japanese Literature)(《日本文学中的韩国和韩国人形象》), 89 – 116. Seoul：Tongguk taehakkyo ch'ulp'anbu.

Yun Pyǒngsǒk. 2006b. *Kando yǒksa ǔi yǒn'gu* (The Study of Jiandao History)(《"间岛"历史研究》). Seoul：Kukhak charyowǒn.

Yun Taesǒk. 2008. Cheǔi wa t'ek'ǔnolloji rosǒǒi Sǒyang kǔndae ǔm'ak

(Modern European Music as Ritual and Technology)(《作为仪式和技术的西方现代音乐》). In Sanghŏ Hakhoe (ed.) *Ilche malgi ŭi midiŏ wa munhwa chŏngch'i* (Media and Cultural Politics at the End of the Japanese Colonial Period)(《日据末期的媒体与文化政治》), 115–136. Seoul：Kip'ŭn saem.

Yun Taesŏk. 2011. 1930nyŏndae "p'i" ŭi tamnon kwa Ilbon'ŏ sosŏl (The "Blood" Discourse of the 1930s and Japanese-Language Novels)(《20世纪30年代的"血"叙事与日文小说》). In Chŏng Pyŏngho *et al.* (eds) *Cheguk Ilbon ŭi idong kwa Tong'asia singminji munhak* (Population Movements in Imperial Japan and East Asia's Colonial Literatures)(《日本帝国的人口流动与东亚殖民地文学》), 353–377. Seoul：Mun.

Zarrow, Peter. 2002. The Reform Movement, the Monarchy and Political Modernity(《改革运动、君主政体与政治现代性》). In Rebecca Karl and Peter Zarrow (eds) *Rethinking the* 1898 *Reform Period：Political and Cultural Change in Late Qing China*(《再论戊戌变法：清末中国的政治文化变迁》), 17–48. Cambridge, MA：Harvard University Press.